北京师范大学
国际与比较教育研究院
Institute of International and Comparative Education, BNU

中国比较教育研究50年

总主编 顾明远　　执行主编 曲恒昌

效率与公平

择校的理论、政策与实践

本卷主编 曾晓洁

山东教育出版社

图书在版编目(CIP)数据

效率与公平/曾晓洁主编. —济南:山东教育出版社,
2015
(中国比较教育研究 50 年/顾明远,曲恒昌主编)
ISBN 978－7－5328－9155－9

Ⅰ.①效… Ⅱ.①曾… Ⅲ.①比较教育学
Ⅳ.①G40-059.3

中国版本图书馆 CIP 数据核字(2015)第 244018 号

效率与公平

择校的理论、政策与实践

本卷主编 曾晓洁

主　管:山东出版传媒股份有限公司
出版者:山东教育出版社
　　　　(济南市纬一路 321 号　邮编:250001)
电　话:(0531)82092664　传　真:(0531)82092625
网　址:www.sjs.com.cn
发行者:山东教育出版社
印　刷:济南继东彩艺印刷有限公司
版　次:2015 年 11 月第 1 版第 1 次印刷
规　格:710mm×1000mm　16 开本
印　张:28 印张
字　数:416 千字
书　号:ISBN 978－7－5328－9155－9
定　价:48.00 元

(如印装质量有问题,请与印刷厂联系调换)
印厂电话:0531－87160055

总序

我国比较教育研究始于 20 世纪 20 年代，最早的研究著作是 1929 年商务印书馆出版的庄泽宣所著《各国教育比较论》。当时，各师范院校开设了比较教育课程，但新中国成立以后就中断了，外国教育研究只以苏联教育为对象，作为我国教育改革的样板。直到 1964 年，国务院外事办公室批准在高等学校设立外国研究机构，才开始研究其他国家的教育，但仍然没有把比较教育作为一门学科来研究，只是介绍一些外国教育的制度和动向。直到改革开放以后，1980年，教育部邀请美国哥伦比亚大学比较教育学者胡昌度来北京师范大学讲学，比较教育才在我国师范院校开始恢复。

1964 年高等学校建立外国研究机构时，北京师范大学外国教育研究室就在原来的基础上扩建，并接受当时中宣部的委托编辑出版《外国教育动态》杂志，供地市级领导干部参阅。该刊经认真筹备于 1965 年正式出版。可惜好景不长，1966 年"文化大革命"开始，杂志被迫停刊，研究人员下放劳动。1972 年在周恩来总理对我国外事工作的关怀下，研究室开始恢复工作，《外国教育动态》以内部资料的形式又编辑了 22 期。改革开放以后，我国在拨乱反正、恢复教育秩序的时候，迫切希望了解世界教育发展的动向和经验，经国务院方毅副总理批准，《外国教育动态》得以复刊并在国内外公开发行，1992 年该刊更名为《比较教育研究》。从 1965 年创刊至今，曲折坎坷地走过了 50 年。

应该说，《比较教育研究》及其前身《外国教育动态》在我国比较教育学科的建设以及国家教育改革中作出了不可磨灭的贡献。

1

改革开放30多年来,我国比较教育研究走过了几个阶段:

第一个阶段,1978年至1985年,是描述、介绍外国教育研的阶段。这一时期主要是介绍美、英、法、西德、日、苏6个发达国家的教育制度和教育思想。介绍了在国际教育上有较大影响的四大流派,即:以皮亚杰、布鲁纳为代表的结构主义教育思想、布鲁姆的教育目标分类思想、赞可夫的发展教育思想和苏霍姆林斯基的和谐教育思想。1982年由王承绪、朱勃、顾明远主编的新中国第一本比较教育教材问世。

第二个阶段,1986年至1995年,是国别研究和专题研究阶段。进入20世纪80年代中期以后,比较教育界认识到,要借鉴外国教育的经验,必须对各个国家的教育发展进行深入系统的研究,才能把握各国教育的本质特点和发展脉络,于是开始了国别研究,对6个发达国家的教育作了较为系统的研究。除国别研究外,许多学者开始进行专题研究和专题比较,如各级各类教育比较、课程比较和各种教育思想流派的评介。

第三个阶段,1996年至本世纪初,是深入和扩展研究的时期。从上个世纪90年代中期开始,我国比较教育研究扩展到许多发展中国家,特别是我国周边国家的教育,研究内容也从教育制度发展到课程、教育思想观念、培养模式和方法、国际教育、环境教育、比较教育方法论等诸多方面。同时,比较教育关注到教育与国家发展及国家宏观教育发展战略的比较研究,以及各国民族文化传统关系的研究。如"巴西、俄罗斯、印度、中国四国教育发展与国家竞争力的比较研究"、"民族文化传统与教育现代化研究"等,重视教育与国家发展的研究;随着我国新一轮课程改革,研究介绍了各国课程改革的经验。

第四个阶段从本世纪初至今,进入全球化时代的国际比较教育研究。我国比较教育学者开展了国际问题的研究,关注国际组织有关教育的政策及其对世界教育的影响;开展了各国教育国际化的研究;更加深入地研究各国教育公平的政策和提高教育质量的改革和举措。

我国比较教育发展的这几个阶段的研究成果在《比较教育研究》刊物中均有反映。《比较教育研究》有几个特点:一是最早、最快、最新地反映国际教育改革的动向。例如,较早地介绍美国的《国防教育法》和拉开了世界教育改革序幕的1983年美国高质量教育委员会的《国家在危险中,教育改革势在必行》;最早介绍终身教育思想;最早地把文化研究引进比较教育;较早地研究国际组织的教育政策等。这些研究对我国的教育改革都起到了一定的借鉴作用。为此,借《比较教育研究》创刊 50 周年之际,我们选择刊物中的有价值有质量的文章编辑成册,它们是:《定位与发展:比较教育的理论、方法与范式》《博学与慎思:当代教育思想与理论》《均衡与优质:教育公平与质量》《问责与改进:高等教育评估与质量保障》《光荣与梦想:世界一流大学建设》《理念与制度:现代大学治理》《创新与创业:21 世纪教育的新常态》《流动与融合:教育国际化的世界图景》《转型与提升:教师教育的改革与发展》《质量与权益:教师管理政策与实践》《传承与建构:课程与教学理论探索》《效率与公平:择校的理论、政策与实践》。

这既是一种历史的记忆,又为我国今后的教育改革保存一份有价值的遗产。我想,读者可以从中找到世界教育发展的痕迹,并得到某种启发。

是为序。

2015 年 10 月

3

目 录

1

有关择校的其他研究

导言

　　择校——是《效率与公平：择校的理论、政策与实践》这本文集的研究主题。也许，有人认为择校只是涉及中小学入学的一个"小"问题，会困惑在"中国比较教育研究 50 年丛书"这一系列丛书中为什么会选择如此小、如此专门的一个主题呢？其实，择校并不是一个"小"问题。自 20 世纪 80 年代以来，基础教育的择校便成为了世界教育改革的一个热点和主题，也是世界教育市场化改革的一股潮流。"择校"问题深刻地反映了世界社会、政治、经济以及教育发展的巨大变化。将择校作为一本文集的主题，只是因为当我们回顾教育发展的历史时无法忽视择校以及它所带来的教育理念、教育制度的巨大变化。

　　20 世纪 80 年代以来，在新自由主义思潮的影响下，世界许多国家由"大政府"向"小政府"转变，推崇市场的作用。这种转变直接成为推动西方发达国家以及一些发展中国家实施择校教育改革政策最重要的社会政治背景和改革动力。1979 年撒切尔夫人当选英国首相，撒切尔政府信奉自由市场的观点，为解决高通货膨胀、高福利、高税率及政府高开支等问题，开始实施财政紧缩，积极推行国有企业私有化，减少福利，引进竞争。1980 年，英国颁布了《1980 年教育改革法》，在教育领域规定家长具有选择学校的权利。在这之前，英国一直是由地方当局负责按片分配学生就近入学，但由于学校的反对与阻扰，这一政策推行不力。1988 年，英国再次颁布《1988 年教育改革法》规定实施自由的入学（Open Enrolment）政策，地方当局不再负责中小学生的入学分配，而是完全由家长为子女选择学校。这一"家长选择"（Parental Choice）的观念将"消费者至上"、消费者主权等市场的逻辑和原则引入教育领域,打破了英国"二战"后公立教育体制浓厚的计划色彩,为传统的教育体制注入了新的活力。为打破地方当局对公立学校的垄断,英国还推出了政府直接拨款公立学校(Grant Maintained School),以提高公立学校间的竞争。

在美国,20 世纪 80 年代初里根政府抛弃了凯恩斯主义,吸收了供给学派和货币主义的政策主张,相信市场的力量和自由竞争的作用。里根政府相继推出了一系列减少政府作用、注重市场机制的改革政策。在其任内,磁石学校得到发展,择校开始为社会所关注。1988 年新上任的布什总统,兑现其"教育复兴"的竞选口号,1989 年签署了《1989 年教育竞争优秀奖励法》,提出了"优秀磁石学校计划",力图通过家长择校促进学校的开放招生;1991 年又提出"美国 2000 年计划",推出教育券(Educational Voucher)鼓励包括私立学校在内的择校,认为唯有引入竞争才能打破传统教育体制下对公立学校的庇护,根治其垄断的弊端。1992 年在连任竞选中,布什重申择校的政策,表示必须打破政府对公立学校的庇护以及公立学校的垄断,让每一个家长和孩子都有真正的选择,都可在公立学校、私立学校或教会学校择校就读。随后,布什政府在教育财政预算中拨付了几十亿的经费用于学校选择计划和教育券的实施。1996 年,继任的克林顿政府,继续推行择校改革,但与布什政府的择校政策不同,克林顿反对教育券计划,而是积极支持特许学校(Charter School)的择校计划,将公立学校的办学权从政府手中解放出来,开放给社会与民众。随后的小布什政府和奥巴马政府也继续坚持择校的政策。

与此同时,许多国家也相继开始进行择校的教育改革。在日本,1984 年第一次将择校列入临时教育审议会"教育自由化论坛"的核心内容,主张将自由化、松绑等理念引入公立义务教育阶段,给予家长及儿童择校的自由,但招致激烈的反对,后在 90 年代经多次讨论,直至 2000 年 4 月择校才在日本得以实施。在法国,1980 年的一项法案首次提出择校,随后政府取消了实施就地入学的"入学卡",并在 1993 年发布《选择居住区以外的公立学校》教育报告,给予家长择校的权利。在瑞典,新的《学校法》也强调了择校的重要性,赋予家长的择校权。此外,20 世纪 80 年代以来,澳大利亚、新西兰、荷兰等发达国家也都推行了择校的教育改革。20 世纪 80、90 年代年代,智利、哥伦比亚等拉美发展中国家也相继实施了教育券。

联合国教科文组织在《1993 年世界教育报告》中提出了处于调整与变化的世界中的教育主题。在其论述的三个分主题中,"扩大教育选择"是最引人注目的一个主题。报告指出,80 年代世界朝着某种形式的市场经济转变,各国普遍采取措施,控制公共开支的增长,"没有几种教育制度完全不受这种全球性的影响,虽然还没有一个国家走得那么远把国立学校象工厂一样私有化,但是使教育在某种程度上关心顾客的选择,响应市场支配力量,使它少一点官僚主义,多一点效益(特别是在义务教育阶段后)的观念在世界各个地区已经得到普及"。① 正如美国的一家报纸评论所指,传统公立学校一直以来都是以一种垄断的形式存在,现在公立学校被传唤到了法庭,它要不要存在? 该如何存在? 这已成为一个需要重新考虑的问题。可以说,择校是 20 世纪 80 年代以来基础教育领域最具市场化的改革,它以一种完全不同于以往的教育改革方式开始了对传统公立学校制度的重建。美国学者 E. S. 萨瓦斯在专著《民营化与公私立部门的伙伴关系》中指出,在这场声势浩大的公立学校重建运动中,"拓展父母的选择权日益被视为撬动教育体制改革的杠杆,'选择而非选派'成为这一运动的旗帜"。② 由此可见,择校是过去 20 世纪 80 年代以来的 35 年中非常重要的一个世界教育改革议题,它所带来的教育理念与教育制度的变化是完全颠覆传统的。

《比较教育研究》也非常关注择校改革,这本文集共收录了 46 篇有关择校的论文。《比较教育研究》最早涉及择校问题的论文是 1989 年 5 月刊发的郝文斌的《教育的两种价值和两种投资——米尔顿·费里德曼教育经济思想探讨》,论文介绍了米尔顿·费里德曼教育经济思想的中心概念教育的"邻近影响"和

---

① 联合国教科文组织. 1993 年世界教育报告(中文版)[R]. 北京:中国联合国教科文组织全国委员会秘书处. 1994-05 .

② [美] E. S. 萨瓦斯. 民营化与公私部门的伙伴关系[J]. 周志忍等译. 北京:中国人民大学出版社,2002-06-01. P276.

教育券思想。1990 年 6 月《比较教育研究》刊发了王璐的《〈英国 1998 年教育改革法〉评介》,第一次介绍了英国有关中小学入学改革的择校政策和直接拨款学校政策。1997 年第 6 期刊发了曾晓洁的《美国的"择校制度"与基础教育改革》,第一次以择校为题,对美国布什、克林顿政府有关择校的教育改革政策、当时美国择校的三种形式教育凭证(即教育券)、特许学校和控股公司私校进行了介绍与评析,并对择校改革所引发的问题进行了分析。1997 年第 6 期刊发了马健生、孟雅君的《九十年代美国教育改革的一个新动向——特许学校运动述评》第一次详细介绍了美国特许学校的产生与发展,分析了特许学校相比传统公立学校所具有的新特点,评析了美国特许学校运动中所存在的问题。2000 年以后,《比较教育研究》刊发关于择校问题的文章开始大量涌现。

　　在此有必要说明的是,在这 46 篇文章中,《比较教育研究》所刊发的有关择校的文章以及本文集所选论文涉及的国家既有西方发达国家,也有发展中国家,但关于美国的择校研究居多。这主要是因为在所有进行以择校为核心的基础教育改革的国家中,美国的择校改革可以说非常全面、具有代表性。没有其他国家像美国这样进行了如此公开、普遍的关于择校问题的民众讨论和教育理论及政策研究,也没有别的国家和它一样从联邦政府到地方政府进行了如此广泛和众多的实践,从政策法规到具体举措都积累了丰富的择校改革经验。可以说,美国的择校为中国的研究者提供了多个研究视角以及全面和深入的研究资料。当然,这种研究对象的聚焦也反映出中国比较教育研究的一种历史阶段性取向,即更多地关注发达国家,反映出中国比较教育研究视野的某种局限。在今天,当选编《比较教育研究》择校的有关论文时,回望历史,这种局限就更为凸显,这不能不说是一种遗憾。

　　本册文集按其内容分为以下四个部分:择校的政策与理论;择校方案(一):教育券;择校方案(二):特许学校;有关择校的其他研究。

一、择校的政策与理论

　　择校的政策与理论,这部分共计选文 15 篇。这 15 篇文章归为两类:第一类是介绍国外,特别是西方发达国家的择校政策。王璐的《重在提高基础教育质量——英国〈1988 年教育改革法〉评介》、汪利兵、邝伟乐的《英国义务教育学龄儿童"在家上学"现象述评》介绍了英国的中小学入学择校政策、直接拨款学校以及家长选择"在家上学"的相关法律规定。曾晓洁的《美国的"择校制度"与基础教育改革》、乔鹤的《奥巴马教育政策解读》分析了布什、克林顿、奥巴马政府在择校改革方面所制定的教育政策以及具体的择校方案;曾晓东的《美国"择校"中的争论:问题的性质及制度涵义》分析了美国择校政策的价值取向,指出以"市场结构-行为-绩效"为基本信条、以效率为导向的择校政策与传统公立学校均衡、公平的价值有根本的不同,教育中的"选择"机制是针对传统公立学校制度中的"配给"机制提出的,从本质上说,择校机制是在义务教育体系的国家意志中加入个人的选择机制。这种深刻变化所带来的冲突必然会对义务教育的理念和制度产生影响。日本黑泽惟昭著、姜英敏编译的《日本教育现状与改革方向疏见》以择校制为核心介绍了日本市场原理下的基础教育改革,并对自由择校制度可能进一步扩大优质学校与"困难学校"的发展差距,以及不同社区间的差异进行了分析。谭建川的《中高一贯制:日本学制改革的一种选择》介绍了日本 20 世纪末的一贯制学制改革。这次改革的目的在于将部分初中和高中合并,促使学校体系的多元化发展,从而实现学生对不同学校的选择。文章还对改革所导致的一贯制学校精英化倾向、升学竞争低龄化、课程编排过于自由化等问题进行了分析。朱家存的《从限制到鼓励:国外择校政策透视》、占盛丽的《"准市场"机制理论与西方发达国家的择校实践》、董辉和卢乃桂的《国外择校研究的前沿图景:现象与政策》、曾晓东的《"择校"对义务教育制度的挑战及发达国家实践中的"变革"》、黄学军的《平等视野下的学校选择:类型、评介与实践》对英美以外的德国、法国、荷兰、瑞典、爱尔兰、澳大利亚等西方国家的择校政策进行了述评,涉及政策制定的背景、理论依据、择校的方案设计、择校的成效以及所引发的问题。

第二类文章是比较视野下对我国择校政策的研究。曲恒昌的《西方教育选择理论与我国的中小学入学政策》首先系统全面地介绍和分析了西方教育选择理论的本质与内容、选择的原则、类型和形式等,然后在此基础上对我国中小学的教育选择提出了政策建议。文章认为,20世纪八九十年代"我国择校的出现不是偶发的,是时代发展的产物,是市场经济高度发展的必然结果,也是我国教育改革深入发展的要求",指出"教育选择的实质是引入市场机制,激发公立学校与私立学校的竞争",[①]而不是将公立学校私有化,择校不会改变公立学校的性质,对此应给予政策支持,有步骤地加以推动和引导,并对我国择校教育券方案的设计提出了具体建议。李守福的《教育选择与选择教育——兼论公立高中是否该收"择校费"》针对我国公立高中收取择校费的问题,概述了教育选择与选择教育的历史演变,分析了"学历主义风潮"的社会根源远以及受教育权与择校权的关系,指出公立学校收取择校费的非合理性。王晓辉的《择校现象的国际观察与我国的政策选择》对择校进行了国际观察分析,指出虽然"新自由主义思潮催生了自由择校改革,但自由择校并非各国中小学招生的惟一模式,限制择校甚至是较多国家的政策选择","自由择校虽然是对家长权利的肯定",[②]但能否改善学习质量、促进教育平等目前尚无定论。我国择校所产生的高收费等问题迫切需要治理,而其根治有赖于教育资源的均衡化。

二、择校方案(一):教育券

这部分文章共计7篇,分为两类。第一类是介绍美国经济学家米尔顿·弗里德曼的教育券思想。米尔顿·弗里德曼的教育券思想是各国教育券择校方案的理论基础。1955年,米尔顿·弗里德曼第一次提出"教育券"概念,主张公校私营。在1962年的《资本主义与自由》和1980年的《自由选择》中,他就政府在教育方面的作用、学校问题等方面进行了更深入的阐述,主张用教育券的市场方法来打破公立学校的垄断,改进教育质量。米尔顿·弗里德曼在具体论述教育券方案时,首先进行了一个前提性的理论分析,即政府在教育中究竟起什么作用? 学校教育应当完全国有化吗? 这里他提出了一个概念——"邻近影

---

① 曲恒昌. 西方教育选择理论与我国的中小学入学政策[J]. 比较教育研究 ,2001.(12):42-46.
② 王晓辉. 择校现象的国际观察与我国的政策选择[J]. 比较教育研究 ,2009.(8):47.

响"来说明政府应当对教育进行干预和支持,尤其对基础教育,国家和政府有义务给儿童以"家长主义"关怀,承担责任。但他不主张教育的全部国有化,因为在他看来这将带来无法避免的垄断——"社会集权过度症",而要消除这一病症其药方便是实施教育券,改变过去政府对公立学校的直接拨款方式,将部分经费以教育券的形式向家长发放,家长和学生在公立学校和私立学校间自由择校,从而在公立学校和私立学校间引入竞争,从而促进学校的发展。郝文武的《教育的两种价值和两种投资——米尔顿·弗里德曼教育经济思想探析》着重从教育经济学的角度评述了米尔顿·弗里德曼关于基础教育、职业教育、高等教育具有"邻近影响""非邻近影响"不同的价值,因而政府应采用不同的教育投资方式的观点。曾晓洁的《米尔顿·弗里德曼"教育凭证"思想浅析》着重分析了米尔顿·弗里德曼教育券思想的"市场因素"——教育服务提供者的多元化和"消费者主权",指出教育券择校方案的实质就是办学权的开放(生产者权利)和受教育权的选择(消费者权利)。原来政府是将经费直接划拨给教育服务的卖方(学校),而通过教育券则是将部分经费提供给买方(家长及学生)。学校只有办好教育,才能吸引更多的学生入学,才能得到更多的经费。刘优良的《政策工具视角下的教育券制度解读》归纳分析了教育券的五种工具模型——自由市场模型、收入关键模型、补偿模型、私校模型和高校模型析,并对教育券的政治学、经济学和社会学的理论意涵进行了分析。

第二类文章介绍了不同国家的教育券实施政策与具体方案。郝燕青的《教育券:一种谋求社会公平的途径——美国密尔沃基市 2003～2004 年教育券计划透视》介绍了美国第一个大规模的教育券计划——威斯康星州密尔沃基市 1989 年制定并于 1990 年正式实施的"密尔沃基家长择校计划",就教育券学生获得的资格、参与学校资格、教育券的经费以及计划的实施成效等问题进行了介绍。周琴的《智利教育券政策述评》和祝怀新、应起翔的《哥伦比亚教育券政策述评》对南美两国教育券政策的实施背景、具体模式及特征、实施策略及实施效果等进行了介绍和分析。智利 1980 年为推行自由市场化改革,在教育领域实行了覆盖全国公立中小学和部分私立学校的政府教育券。20 世纪 90 年代初,哥伦比亚也开始在中等教育(6～11年级)实施教育券。通过两文的介绍与分析,可以看到两国教育券方案显著的差异。智利的教育券采纳的是米尔顿·弗里德曼的市场模式。1980年实施教育券之后,智利政府彻底改变了对公立学校的财政投入方式,开始大力扶持私立学校,扩大家长和学生选择学校的机会。但有关研究表明,智利的教育券方案并未实现预期的提高学校质量、促进教育公平等政策目标,学生的学业成就并没有明显提高,而且其政策受益者为社会经济背景好的学生。与智利不同,哥伦比亚教育券方案,没有采纳米尔顿·弗里德曼的市场模式,而是采纳了克里斯多夫·詹克斯(Christopher Jencks)的"社会政策方式",教育券计划主要针对低收入家庭,以保证这些家庭的孩子获得良好的教育机会。虽然由于经济发展的局限,尤其是1999年经济的严重衰退,哥伦比亚政府财政困难,教育券的实施受到影响,但其作用还是积极的。两国教育券推行的一个共同成效是积极促进了私立学校的发展。贺武华的《教育券在中国实践的再认识》对中国浙江长兴的教育券实践进行了介绍与分析。他认为这种"扶贫"的教育券在实践中的效果是"只发券而不择校",背离了弗里德曼通过教育券实现择校的目的,这种教育券是一种福利性的教育资助,家长更多地是择"钱"而非择校。他认为应以谨慎的态度对待教育券的实践。通过以上文章的介绍,我们可以看到教育券作为一种制度思想、一种制度设计是如何进入实践层面的,同时我们也可以看到制度理想与实践成效间的落差。的确,教育问题从来都不是那么简单。

三、择校方案(二):特许学校

如果说教育券针对的是"钱",直接改变的是政府的学校拨款方式,那么特许学校则是针对"权",直接打破的是公立学校办学的垄断权。特许学校是美国择校改革中采纳最为广泛的改革方案。美国学者雷·巴德(Ray Buddle)最早于20世纪70年代在《特许教育:学区新模式的关键》和《特许教育:重建学区》(1988)中提出"特许学校"概念,"特许"其意为"合同"(Contract)。1988年,美国教师联合会主席阿·申克尔(A. Shanker)积极倡议地方学校董事会和工会可以特许一些教师或专业人员在合同之内,建立"特许学校"。1999 年明尼苏达州在美国率先通过了特许学校法。1992 年明尼苏达州的两位教师创办了美国第一所特许学校,自此美国的特许学校开始迅猛发展。到 2003 年,40 个州和哥伦比亚特区通过了特许学校立法,大约 100 万儿童就读特许学校,占基础教育在校生总数的 2%;①另据美国教育改革中心的数据,到 2005～2006 学年,美国特许学校总数达 3 600 余所,占美国公立学校的 4%。② 2013～2014 学年,又有超过 600 所新的特许公立学校开办,截止到 2014 年,全美大约有 6 500 所特许学校,占美国中小学总数的 5%,就读学生共计 250 万名学生。③

　　文集所选的 11 篇有关特许学校的文章,从多个角度详细介绍和剖析了美国的特许学校。马健生、孟雅君的《90 年代美国教育改革的一个新动向——特许学校运动述评》、李承先和贺武华的《"特许学校"重建美国公立学校探析》、马健生的《从特许学校运动看美国基础教育改革的发展趋势》着重对特许学校的产生与发展进行了梳理,就特许学校的特性进行了分析。特许学校是一种"公校民营"性质的创新型公立学校,它的开办需得到有关部门的审批,相比于传统公立学校,它们拥有更多的自主权,但同时也对学生的表现承担着更多的责任。政府会对特许学校进行定期评估,合格者续约,不合格者将解除合约,并予以关闭。不同于公立学校只重视学术的做法,每所特许学校都有自己的特色,一般以艺术、体育等为其特色,特许学校规模较小,学生一般不超过 200 名。

　　另外 5 篇文章分别从不同视角深入解析了特许学校的有关方面。金添的《美国特许学校法解析》分析了美国 6 个州的特许学校立法,就特许学校的授权主体、合法申请人、类型与期限等加以了介绍与比较分析。傅松涛、王淑娟的《试论美国特许学校的新型绩效责任制度》介绍了绩效责任理论含义,比较分析了与传统公立学校绩效责任的差异。曾晓洁、蒋曦的《特许学校:美国公立学校

　　① Geogre W. Bush. National Charter Schools Week. FDCH Regulatory Intelligence Database, 2005-04-28.

　　② Jeanne Allen, David Heffernan. Charter School: Changing the Face of American Education. The Center for Education Reform[EB/OL]. http://www. edreform. com,2006-02-07.

　　③ Charter Schools in the United States. [EB/OL]. http://en. wikipedia. org/ wiki/ Charter_ Schools _in_the_ United_States,2015-03-06.

制度变革的新途径》从制度变革的视角,阐释了特许学校对美国公立学校制度的影响,认为特许学校的出现并不会导致公立学校公共性的失范,但促使公立学校的国家垄断制度开始向公立学校的国家与社会共建制度转变。袁婷婷的《美国特许学校:尝试把教育作为一种真正的公共品》从教育具有的正外部性切入,从公共品生产的角度分析了特许学校在新的市场经济条件下,将公立学校运营的政府机制与市场机制有效结合的积极意义。

周琴的《公平、绩效、自由选择:美国加州特许的价值分析》、薛莉娅编译的《美国特许学校的办学绩效分析》、黄学军的《美国特许学校政策:论争与走向》则基于美国学者及相关机构对特许学校的研究报告,分析了美国特许学校在公平、绩效、自由选择等方面的情况。通过这些文章的介绍,可看到不同研究报告的结论是完全不一致的。在特许学校支持者和反对者相互矛盾的数据与结论背后,它真实地反映了不同利益集团在特许学校改革中的激烈博弈。但从历史发展来看,特许学校在美国总的来讲是一个不断壮大的发展趋势。

四、有关择校的其他研究

本册文集在第四部分收录了 12 篇有关择校其他研究的论文。汪利兵的《当代英国教育的市场化改革研究》、朱科蓉的《英美教育市场化改革的价值基础及其悖论》介绍了英美两国教育市场化改革的主要举措。在英国教育市场化改革的主要举措是公助学额计划、自由入学、直接拨款学校和市场化的督导制度改革等。在美国主要是教育券、特许学校和民营教育公司对公立学校的承包等。有 5 篇文章,如尹力的《试述父母教育权的内容——从比较教育法制史的视角》、申素平的《父母、国家与儿童的教育》、彭虹斌的《择校权实现的差序格局》、骆正言的《论美国判例中家庭教育权的演变》、彭虹斌和袁慧芳的《基于就近入学政策的学校选择权发展研究》对择校中的父母教育权、选择权进行了研究。这些文章或通过相关法案、或通过判例对英国、美国、德国、日本、法国、俄罗斯等国家父母教育权的历史演变、法律规定等内容进行了考察,在这些国家扩大父母的教育权已成为一个普遍的趋势。有些文章还对我国父母教育权进行了分析,对择校改革提出了建议。阎凤桥的《国外基础教育管理及财政体制改革分析》从教育财政的视角分析了教育券的改革。潘希武的《美国教育公共性治理的公共转型》从公共治理的视角分析了教育多元中心治理和教育择校的有限尝试。另有三篇文章李湘萍的《美国择校研究的理论与方法述评》、杨明全的《择校对中小学生学业成就的影响——国外实证研究的角度》、窦卫霖和田丽的《从中美家长择校倾向的差异看教育改革路向》介绍了国外学者及研究机构或作者自己对择校问题所进行的理论及实证、问卷研究。

结语

《效率与公平:择校的理论、政策与实践》这本文集的 46 篇文章以比较的方法和国际的视野,多角度地研究了择校的理论、政策与实践,我们希望通过这本书能为读者勾画世界择校改革的图景,为读者带来关于择校研究的丰富内容与深入思考。当然,今天中国公立中小学的择校与欧美等国的择校有着不同的内涵。欧美等国的择校是政府为了在学校制度中引进竞争机制所采用的改革举措,中国的择校是家长的一种自发行为,是长时间处于一种无序的社会现象。因此,在欧美国家择校为政府所推行,政策目标更倾向于绩效,而在中国择校为政府所限制,政策目标更倾向于公平。所以,国外择校教育改革经验的借鉴,必须立足中国的现实,这也是比较教育研究一直强调的本土化原则。

但我们应认识到:第一,中国的"择校热"作为一种表象,反映了家长对优质教育资源的强烈需求与优质教育资源供给不足之间的矛盾,在中国具有普遍性;第二,由于中国市场经济的建立,"教育是一种消费",教育具有"私人物品"的特性,教育权包含教育选择权,这些观念也逐渐为人们所接受,家长的择校也反映了这种权利意识;第三,在中国,家长的教育需求越来越多样化,教育选择也越来越多样化,上私立学校、出国留学也都越来越普遍,甚至也出现了"在家上学",所以对公立学校的择校也具有一定的合理性;第四,虽然中国政府治理择校的政策是"禁止择校",但实践表明,"只堵不疏"只会导致择校问题愈发严重。从取消重点学校、治理择校"乱收费"等各项专项治理到均衡教育资源的综合治理,我国政府择校政策的演变也推动了教师流动制、名校集团化办学、九年一贯制学校和"新优质学校项目"等中国公立中小学更多制度性的改革。或许,有关择校的改革将会带来中国公立中小学制度的重建,为每一所学校带来发展自我特色的机会,为学生提供更加丰富多彩的教育,从而真正满足学生多样化的教育需求。

曾晓洁

2015 年 10 月

于北京师范大学

择校的政策与理论

一、重在提高基础教育质量
——英国《1988 年教育改革法》评介

英国从 20 世纪 70 年代中期开始了以课程为核心的基础教育大讨论,经过十多年的反复酝酿、研讨,终于在 1988 年 7 月 29 日正式颁布了《1988 年教育改革法》,以法律的形式规定了 5～16 岁基础教育阶段的课程、考试制度、管理体制等方面的重大决策。如果说《1902 年教育法》推动了英国公立中等教育的发展,《1944 年教育法》确立了由初等教育、中等教育、继续教育与高等教育组成的英国公立教育体系,那么《1988 年教育改革法》将使英国基础教育在提高质量的努力方面进入一个新的阶段。《1988 年教育改革法》共分四大部分:① 中小学;② 高等教育与继续教育;③ 内伦敦地区教育;④ 其他与总论。其中,中小学部分占了将近一半的篇幅,是这次改革的核心。本文将就这部分内容作一介绍。

(一) 全国统一课程计划

英国从未在课程方面有过详细的统一要求,为了提高教育质量,这次改革要改变过去那种各行其事的状况,提出从 1989 年 9 月 23 日始逐步实行基础教育阶段的全国统一课程计划。全国统一性课程主要体现在:

1. 教学科目

长期以来,英国基础教育阶段只有宗教是法律规定必须开设的学科。英国中等教育实行单科结业证书考试制度,学生拿下若干门学科的考试就可以毕业。学生可以根据中等后教育各专业入学考试科目自由选择中学期间的学科,英语和数学是中等后教育各专业普遍要求的入学考试科目,因此中学阶段只有这两门学科是必修的。这样造成了许多学生往往根据自己的兴趣放弃了一些重要学科,如许多男生在 16 岁之前放弃外语,许多女生放弃理科。课程的狭窄和过早的专业化严重影响基础阶段学生的身心发展和教育质量。这次改革本着宽广性和平衡性的原则,提出了 5～16 岁义务教育期间所有学生必须学习的十门必修课,其中核心学科三门,即英语、数学和理科(物理、化学、生物的综合),基础学科七门,即历史、地理、技术与设计、现代外语、音乐、体育、美术。其中现代外语从中学开始。完整的课程还包括其他学科和领域,如家政、古典学习、个性与社会教育、职业教育与指导、经济与技术等。实行全国统一课程计划是为了保证所有学生都能获得基础宽广的、与他们的需要相联系的、具有明确道德教育价值的课程结构,使他们能够更好地为担负起成人的工作和职责作准备。正如《1988 年教育改革法》第一部分第一款中所指出的,全国统一课程是为了"促进学生在精神、道德、文化、智力和体力方面的发展;为将来成人生活中的机会、责任和经验作准备"。

2. 教学目标与教学内容

这次课程改革充分吸取了近一二十年来课程理论和实验方面的新成果,反映了课程发展的趋势。首先,在教学目标上提高对学生的要求,通过制定各学科详细的成绩目标来规定教学内容。全国统一课程在教学目标上主要有两个特点:

其一,注重课程的整体性和连续性。为了保证学校之间的衔接和教学内容的循序渐进,将 5～16 岁中小学课程看作一个整体来设计。每一学科包括若干项成绩目标,每一项成绩目标划分为十个水平。成绩目标的水平与年级相对应。《1988 年教育改革法》规定了 5～16 岁期间四个关键年龄段:7、11、14、16 岁。7 岁要求达到水平 1～3,11 岁达到水平 3～5,14 岁达到水平 4～8,16 岁达到水平 5～10。在这四个年龄段将根据成绩目标的要求实行全国统一考试。

其二,知识、技能和理解三个目标并重。全国统一课程计划更加重视学科教学,重视系统知识的传授,同时也十分强调解决实际问题能力的培养。以数学为例,将"在实际性任务和解决实际生活问题中对数、代数及侧量的应用"这一成绩目标划分为十个水平,其中水平六,也就是 14～16 岁学生应达到的水平是,"能够设计任务,根据任务性质选择适宜的数学方法、资料和工具;能够检查出是否具备足够的信息,并获取所缺少的信息,能够运用试验性和改进的方法;能够运用口头、书面、视觉或具体的形式记录眼前的发现,能够作出并检验简单的概括和假设;能够对简单的情景作出某种精确程度的解释和推理"。

(二) 全国成绩评定制度

与全国统一课程计划紧密相联系的是全国成绩评定制度的建立,这在英国教育史上也是前所未有的。《1988年教育改革法》颁布以前的英国基础教育成绩评定制度是非常松散的,许多东西处在实验与探索的阶段。在初等教育阶段,著名的11岁考试已在近二十多年间逐渐消失,小学多采用学校内部测验、平时作业成绩记录与综合性档案对学生的学习和发展进行评定和记载。在中学,成绩评定也基本上是由综合性档案、平时成绩记录与考试组成成绩记录,主要记载学生每门学科平时学习成绩和作业的质量、判分情况;综合性档案所记录的情况较为详细,不仅记录学习成绩,还包括学生在态度、兴趣领域、行为、个性方面的优缺点。人们试图通过这两种手段更好地诊断学生的进步与缺点,弥补考试的不足。但这一项工作要花去教师大量的时间,并且由于处在实验与探索阶段,学校之间、地区之间存在很大差异,没有统一的规格和模式。关于考试,通常有刚进校时的能力分组测验、学期末和学年末考试以及16岁"普通中等教育证书考试"(简称 GCSE)。16岁考试是1986年开始实行的,是过去的"普通教育证书考试"(GCE,O Level)和"中等教育证书考试"(CSE)二者合并而成的,目的是消除两种水平考试并存所造成的学生的自卑心理,使所有学生具有同样的机会,另外 GCSE 证书考试更加强调能力测验,实践性考试和口试占一定比例。

新的成绩评定制度是按照全国统一课程的要求,根据各核心学科和基础学科十个水平的成绩目标,对学生在7、11、14和16岁四个关键阶段的成绩作出评定,成绩评定将包括外部的全国统一考试和学校内部的教师评定,而教师评定又包括测验、平时的档案与成绩记录。16岁全国统一考试将主要采用 GCSE考试,但需按照全国统一课程计划的要求作一些调整。以成绩目标为基础的档案与成绩记录的统一模式和指标也将产生,教师评定在学生最后成绩中要占到一定比例。新的成绩评定制度是一项宏大的工程，从设计上看有两个优点：

一是评定目的更加全面。从作用与功能上看，改变了以往只是将成绩评定单纯作为资格获取和选拔的手段，新的成绩评定通过以下五方面达到促进学习与发展课程这一最终目的：① 形成性目的：不断向教师提供决定学生下一步学习计划的信息；不断向学生本人提供明确的、易于理解的目标以及他们成绩的反馈信息；不断向教师和其他人提供确定今后需要的方法，使教师及时了解学生需要帮助的方面（诊断问题）。② 终结性目的：提供说明一个学生达到知识、技能、理解目标的全面的根据（最后成绩鉴定）。③ 评价性目的：有关学生成绩的比较性、累积性信息可以用来说明在课程与教学中，什么地方需要进一步的努力、帮助和改进（课程评价）。④ 信息性目的：帮助与家长就其子女的状况进行交流，帮助与校管理委员会、地方教育当局及社区就办学情况进行交流（信息沟通）。⑤ 专业发展性目的：教师在进行系统评定、记录和不断调整过程中彼此之间的讨论，为他们评价自己的工作、传播新的思想提供了很有价值的途径（教师自我评价）。

二是评定手段更加全面。新的成绩评定制度不仅仅局限于考试，其中档案与记录将作为考试的重要补充，并强调教师对一些不可测因素作出定性评价的作用。多方面的手段将更好地为上述目的服务。标准题库的建立将为学校内部测验提供题目来源，同时档案与记录因其累积性和连续性所具有的优势，它们可以诊断学生的问题与潜能，预测未来的成绩；及时反馈修正计划；最终形成详细的资料，发现学生基本素质的发展情况，如技能、态度、个性、兴趣、行为等。

（三）地方与学校管理体制

此次改革，教育业务方面（课程、考试、教与学）的权限更加集中在中央，相反，办学经费的使用权与教师的管理权将更多地交给学校管理委员会和校长；在中小学学生入学方面引进竞争机制；允许学校在自愿的基础上脱离地方教育当局的管理，直接接受中央的拨款，目的是扩大学校的自主权，提高学校的责任感和办学效益，扩大学校与家长在学校类型方面的选择范围。

1. 办学经费与教师管理

英国现存基础教育管理体制的最大特点是，地方教育当局拥有基础教育的控制权和管理权。地方议会中的教育委员会及其执行机关地方教育当局在中小学的组织、计划、经费的分配与使用、校长与教师的任命与管理、在职培训、学生入学分配等方面负有直接决定和控制的权力。学校管理委员会与校长只在与课程及教学有关的教育业务方面有较大的自由，可以在中央和地方的政策指导下，自行决定教学方法、教科书、学生与教师的组织等。

按照《1988 年教育改革法》的规定，所有地方教育当局管理的公立和其他团体自愿兴办的中等学校和具有 200 名学生以上的小学具有管理和使用绝大部分教育拨款的权力。在地方教育当局分配给学校的年度办学经费中，校长及校管理委员会可以支配的项目有：① 教师的工资，包括教学与非教学人员；② 日常的校舍维修与租赁费用；③ 书籍、设备及其他用具。也就是说，在大的项目方面，除了基建费用外的一切费用的使用权都属于校管会和校长所有。这项改革加强了学校管理委员会的作用，扩大了校管会的职权，在校长的帮助下，校管会具有控制学校经费使用、决定学校预算内资金分配的权力；具有决定校长、副校长及教师和非教学人员的选拔和招聘、不合格者的解聘的权力。一般情况下，地方教育当局必须任命校管会决定的人选，除非人选在学历与经验方面不符合国家的规定。加强校管会的权威、减小地方教育当局对学校的控制在很大程度上是扩大家长与社区参与学校决策的权力，因为校管会中除了教师、校长和地方教育当局任命的人选外，将近 60% 的成员是家长与当地社区人员。根据这一新的政策，校管会的所有决定都要与校长商议，征求校长的意见，校长在帮助校管会制定学校管理计划、保证其执行方面具有关键的作用。为了保证这项政策的贯彻执行，中央和各地方教育当局将有计划地对校管会成员和校长进行培训，使他们能够胜任新的职责。

在新的政策下，地方教育当局不再直接管理学校，而是趋向于负责协调整个地方教育的有效管理和教育质量的评价与监督。主要职责有：① 决定地方教育经费预算。在这一预算中，除了法案规定的那些由学校控制使用权的项目外，基建费用、地方教育行政管理费用、各种专项基金，如培训费，以及学生的费用、地方领导机构费用仍由教育当局控制。② 决定学校经费使用范围。除了法案规定可以由学校支配的项目外，由地方教育局自行决定学校支配的项目包括：学校伙食、校设与设备保险、教育专家与福利人员聘用费、基建费用、校管会成员保险等。③ 制定学校资金分配的依据。法案要求各教育当局在根据当地的情况和需要以及对学校的需求目标进行评价的基础上制定出各学校资金分配的依据，报请中央教科部批准。④ 制定校管会经费使用权的条件与要求。如果校管会长对经费和学校的管理不符合地方教育当局所制定的有关要求，教育当局可以根据法案撤销校管会经费使用的权力。⑤ 对学校管理进行监督、评价和指导。地方视导机构将加强对质量的监督与评价，要建立相应的评价监督制度包括：有效的财政监督制度、学校与地方信息管理系统、校管会财政及其他管理水平的评价指标体系。

2. 中小学入学政策

过去，地方教育当局负责按片分配学生就近入学，《1980 年教育法》曾规定家长具有选择学校的权力，但是一些很受欢迎的学校以满额为由拒绝了许多家长的要求。《1988 年教育改革法》规定了"标准数量"，即每所中小学每一年级招生人数的最高限额，在没有达到招生人数限额时，学校不能拒绝家长的要求。新的中小学入学政策的实质是，地方教育当局不再负责中小学生的入学分配，而完全由家长为子女选择学校。无疑，办学水平和教育质量将是家长选择学校的重要依据。除了极少数特别受欢迎的学校外，对于大多数学校来说吸引学生是至关重要的，因为学校的办学经费在很大程度上取决于学校在校生人数。这种公开的竞争有助于加强校管会和校长的责任意识，促其在提高办学水平和教育质量方面作出努力，否则，学校就有被淘汰的危险。地方教育当局将继续负责本地区学校的组织和计划，如果一所学校特别受欢迎，教育当局可以考虑扩大其规模。

3. 直接拨款学校

在学校管理上的另一项改革是，所有地方教育当局管理的中学和具有 300 名学生以上的小学、中间学校，可以在自愿的基础上，并通过无记名投票征得大多数家长同意，报中央教科部批准，可脱离地方教育当局的管理和控制，由中央拨款，成为直接拨款学校。直接拨款学校将继续保持自己原有的特点、规模和学生年龄范围。入学政策与其他学校一样，必须执行全国统一课程计划。直接拨款学校将每年从国务大臣那里得到办学经费，包括基建、培训等基金，拨款的依据与地方教育当局的学校资金分配依据相当。因此这类学校直接向国务大臣负责,政府将建立一个独立的信任组织向直接拨款学校提供指导和帮助,女王督学团负责对直接拨款学校进行视导和质量监督。地方教育当局在与学生福利有关的方面仍然对本地方的直接拨款学校负责,如体育、娱乐设施、学生宿舍、校服、学生的交通、特殊需要教育与职业指导等,目的是保证直接拨款学校学生与其他学生享有同样的待遇。

在直接拨款期间,校管会将对学校全面负责,支配所有的办学经费。由于在约 16～18 名成员组成的校管会中,除了 1～2 名教师和 1 名校长外,其余大多数均为家长和社区人士,因此,它为家长和社区参与学校管理提供了新的机会,从而保证学校在全国统一课程的政策指导下,更紧密地与学生的需要、家长的愿望和社区的发展相联系。必要时,校管会可以提出重新回到地方教育当局的管辖范围之内。

(四) 城市技术学院

《1988 年教育改革法》还提出在大城市人口集中的地方建立一种强调技术与科学教育的城市技术学院,作为中等学校的一种新的类型。城市技术学院与综合中学一样将招收 11～18 岁学生,但与综合中学不同的是,综合中学由地方教育当局管理,城市技术学院由独立于地方教育当局的机构施行管理。城市技术学院的特点是:

1. 政府与工商界联合兴办

政府邀请工商业界、教育基金会、慈善机构和自愿团体作为城市技术学院的兴办者与政府结成伙伴关系,两者的分工是:工商业兴办者支付校舍和设备或基建费用的大部分,政府负责少量基建费用和建校后学校的日常管理费用,包括教师工资。工商界作为学校的拥有者,负责雇用教职工,并对所付出的基建费用负责,保证校舍和设备的有效使用,而政府则负责日常办学经费的使用效益。政府办学经费的分配仍然主要以学生人数为依据,与地方教育当局学校资金分配相当。新建此类学校由工商业兴办者选择地点,建校后,兴办者在校管理委员会中占有席位,参与学校的决策。政府将建立一个独立的城市技术学院信任组织,并在教科部内设城市技术学院处,负责此类学校的协调管理、监督指导,女王督学团有权对此类学校进行视导。

2. 强调科学、技术、数学教育

在原则上,城市技术学院的课程将实行全国统一课程,同样注重课程的宽广性与平衡性,学生也必须达到成绩目标,也要参加 GCSE 考试。但在达到统一课程最低限度要求的基础上,增加科学、技术与数学的教学量,特别要把注意力放在微机的使用以及就业技能和经验的养成上。学生每天在校时间要长于其他类型学校学生,主要用于课外活动、文娱体育俱乐部、自学、实地调研、社区服务等。选拔学生主要依据申请者对这类学校的兴趣和准备程度。没有专门的入学考试。

3. 适应城市社区的需要

城市技术学院的特点就是力图反映大城市工商业集中的特点,充分利用工商业的经济实力,在课程上反映工商业的要求,强调科技教学和就业技能,强调学校与社区的联系,每所学校有一个规定的招生区域,招生须反映出这一社区人口在能力、性别、少数民族等方面的特点,这种地理上的划分目的是为了使学校成为社区的一部分,密切学校与雇主、教师与家长的联系。学校不接收区域以外的学生。

4. 作为提高教育水准的样板学校

除了扩大家长的选择范围、解决城市工商业及社区家长的需要、利用工商界的资金以外,政府建立此类学校的另一目的是提供一种样板学校来带动其他学校教育质量的提高。政府希望这类学校在办学条件、教学方法、管理措施、课程设置、课外活动、学生要求,也就是教育质量方面具有自己的优势,以自己的优势争取优秀学生,向其他好学校提出挑战,促使它们向更高的水平迈进,同时也为差校树立努力方向。

尽管此次英国基础教育改革目的明确、内容广泛、措施具体,但人们对此次改革仍持有不同意见和疑虑。主要有以下几点:① 全国统一课程的要求会阻碍学校根据地方政策和地方需要进行的课程创新,学科教学会限制学校在打破传统学科分界基础上组织课程教学;② 频繁的考试可能会主宰学校的教学活动,在整个成绩评定体制中,全国统一考试会占主导地位,教师的记录与评定难以发挥应有的作用;③ 直接拨款学校似乎具有更大的自由,但政府可能会通过拨款施以更多的控制。目前很难预料有多少学校愿意脱离地方教育当局去承担更大的责任,给学校更多的自由以提高办学水平,这仅仅是一种未经检验的假设,政府给予直接拨款学校更多的资助,可能使之成为一种选择性学校;(4)城市技术学院由于课程上的特点可能会加剧理科和数学教师短缺的状况,工商业会给予多少支持也值得怀疑。

(本文发表于《比较教育研究》1990年3期。作者王璐,时属单位为北京师范大学外国教育研究所)

二、美国的"择校制度"与基础教育改革

"择校制度"(selecting system)是近几年来美国基础教育改革中最引人注目的改革措施。过去,在美国传统的公立学校制度下,各州均实行"就地入学"的政策。这种"择校"就读的选择只发生在公立与私立、教会学校之间,而且局限于少数富裕的家庭或有宗教信仰要求的家庭。现在这种选择则被推进到公立学校之间,并且要求更多的家庭普遍拥有这种选择权,公立学校的垄断地位及体制受到了从未有过的挑战。

(一)"择校制度"的推行背景

20 世纪八九十年代,美国通过"择校制度"进行的基础教育改革具有一种"市场价值取向",旨在把美国的公立教育体制和管理方式从过去的"政治行政模式"转化为一种"经济市场模式",从而减少和克服过去公立学校体制的"垄断"与"官僚",为广大儿童和家长提供更多的选择自由权利。这一指导思想与美国整个政治、经济政策的转变有着密切的联系。五六十年代,美国历届总统吸收了罗斯福新政的经验,与国家垄断资本主义发展相适应,在政治、经济政策上继续强调国家干预,并通过立法进行了一系列完善国家垄断资本主义机制的改革与调整,一系列的改革促进了经济发展和社会繁荣。进入 70 年代,美国经济出现了结构性经济危机特别是经济滞胀的困扰,美国经济理论界和政府都感到凯恩斯新主张的大政府、高税收、高福利政策的失败。于是,在 80 年代初,倡导自我放任,弘扬市场机制,反对国家干预,主张小政府、低税收、改革福利制度

的供应学派和货币学派便逐渐成为美国新时期的政治、经济政策的基础。里根总统相继推行了紧缩货币、减税及税制改革、收缩福利等一系列减少政府作用、注重市场机制的改革政策,这使美国的经济再度出现了繁荣。可以说正是这一转变,构成了美国基础教育改革的一个崭新社会背景。它对美国公立基础教育制度的影响就在于让人们重新思考了政府在教育中的地位和作用。

历次教育的失败和公立学校教育质量的不断下降则是"择校制度"推行的教育背景。美国要求公立学校进行教改的呼声从 50 年代起一直没有中断。60 年代进行了"新三艺"课程改革;70 年代实施了回复基础运动;80 年代《国家处在危险中,教育改革势在必行》更是引起了美国大规模的教育改革。然而,正如分析家们所指出的:美国 80 年代的教改所奉行的是一种"强化的策略",所有的措施都在不改变原有体制的前提下进行。改革虽然获得了一些成果,但公立学校的实际状况并没有较大改观,公众对公立学校的怀疑态度及不满也越来越强烈。据 1988 年《纽约时报》制作的一项全国民意调查:39%的美国人认为公立学校越来越糟,特别是城区学校最为突出。据统计,在波士顿、芝加哥、纽约等城市辍学率已高达 40%。1988 年《儿童》杂志的民意调查发现:因为公立学校质量问题,51%的家长愿意将自己的孩子送去私立学校。在 1970~1988 年中,美国私立学校入学率增加了 6%,而公立学校入学率则降低了 17%。正是在上述教育背景下,80 年代末,美国一些教育改革者们便在历次教政不尽人意之后选择了"消除公立学校垄断,强化学校教育竞争的"择校制度,并使之日益获得了越来越多的公众支持。

(二)"择校"的教育政策及其具体形式

1. 布什、克林顿总统关于"择校"的政策主张

1988 年在总统竞选中,布什提出了"教育复兴"的竞选口号,向美国人民保证他将致力于教育改革以提高公立学校教育质量,建立良好的学校教育环境,承诺要成为一位"教育总统",在其关于基础教育的政策中,他提出了最富争议的包括私立学校在内的选择计划。1989 年 4 月,布什总统签署了《1989 年教育优秀奖励法》(The Educational Excellence Act),其中包括的优秀"磁石学校计划"(magnatic school plan),其目的之一便是通过家长为其子女选择学校而促

进开放式招生,该计划得到了每年 1 亿美元的拨款。1990 年春,布什总统在其宣布的"美国 2000 年教改法案"中明确提出要推行择校,并主张在公立及私立学校广泛的范围内开展。从此,"择校"便成为美国教育界关注的热点。1991 年布什总统提出"美国 2000 年计划",呼吁进行全国教育改革,其中很重要的内容之一就是鼓励选校计划。在 1993 年教育财政预算中,他提出将 32.3 亿美元用于学校选择计划,他还声称,"我的计划将给予教师更多的灵活,以帮助社区创建新的美国学校"。正如美国评论家们所指出的,布什的择校计划为公立学校制度拉响了一枚定时炸弹,"择校"在一定程度上将会改变或重建美国基础教育的结构及体制。

克林顿最早表明其教育政策是在 1992 年的总统竞选辩论中。他对美国学校的教学质量深表忧虑,在学校选择这一热点问题上,他表示了与布什不尽相同的观点。他强调不反对公立学校间的竞争,但反对将公共经费提供给私立学校的"教育凭证"。他提出了一个仅是在公立学校范围内进行的有所限制的选择计划。他说:"我认为我们不应该将公众的税款用于私立学校,但我赞同公立学校的选择"。他计划促使父母和教育工作者一起建立起全国的课程标准及全国的考试制度;增加教育改革"开端计划"的经费;增加"第一项"(Charper Ⅰ)的政策和预算,以帮助减少富裕学生和贫困学生间的差别;增加学校使用经费的灵活性等。在克林顿所有教改政策中,最雄心勃勃的是与学校选择有关的"特许学校计划"(charter school plan)。该计划的目的是改变公立学校的垄断,增加父母的选择,因为"学校学区对公立学校的独家垄断是国家学校问题的核心。在该计划下,教师和其他社区组织、企业等都可以申请开办学校。克林顿赞同这项计划,并多次拨款用于特许学校的实验。1995 年他还在国情咨文中积极主张各州以立法形式支持特许学校的创立。

将克林顿总统的"特许学校"计划与布什总统的"教育凭证"计划相比较,我们可以看到,这两路计划其实是从不同的方面促进了美国公立学校体系中竞争的产生,营造着类似"市场"的某些机制:"教育凭证"强调的是把"钱"补助给家长——"学校的顾主",使他拥有选购学校教育服务的权利与能力;而"特许学校"强调的是把"权"转让给学区中的其他组织或个人——"学校的经营者",使学校有不同的经营主办者,从而提供更多类型的学校服务。形象地说,布什的政策注重"买方",克林顿的政策则注重于"卖方"。但二者的政策都使美国公立学校制度和相当程度的"独家垄断"开始了很大的变化。如果我们可以把过去美国政府用公共税款保养起来的公立学校体制称之为一种带有"行政色彩"的体制的话,那么新的变化正在促使这种"行政色彩"为一种"市场色彩"所替代,或者说"点缀"。正如美国的评论家所说,学校正在进入市场的中间地带。

2."择校制度"的各种具体形式

"择校"这一概念自 70 年代卡特政府时期提出后,在 20 多年的时间里一直成为美国基础教育改革的一种尝试。尽管维护原有的公立学校制度的主张一直在政府立法中占据优势,但各种各样的实施择校制度的形式在许多州内开始出现,它们是:磁石学校、教育税减免、教育凭证、特许学校和"控股公司私校"等。鉴于目前在美国教育实践的重要性,下面集中介绍和分析教育凭证、特许学校、控股公司私校这三种形式。

(1) 教育凭证(Educational Voucher)——增强"教育购买力"。所谓教育凭证即是指政府发行给学生家长的一种证券,它代表一定数额的现金,作为专门帮助家长为其子女选择学校的费用。家长不能直接向政府兑换现金,学校收取教育凭证后再向政府兑现现金。"凭证"概念在美国的社会福利、公共服务中是一个广泛应用的概念,它所具有的好处在于"消费者拥有不同的供应者,因而享有选择最符合他的需要之选择自由"。

关于凭证用于教育的理论研究,最早始于 60 年代末。后来,公共政策研究中心(The Center for the Study of Public Policy)于 1970 年提交了《教育凭证,向父供补助,资助基础教育的报告》。报告论述了有关教育凭证的讨论,并提出了 7 种教育凭证模式。在所有教育凭证的具体实施中,最具代表性的是 1989 年 3 月威斯康星州议会通过的密尔瓦基教育凭证计划(the Milwandee Voucher Plan)。该计划规定州政府将资助一定数量的贫困家庭的儿童自由选择愿意就读的学校(不包括教会学校)。该计划于 1990 年 9 月正式开始实施,1 000名密尔瓦基市低收入家庭的儿童进入了非宗教的私立学校;1992 年 9 月又有 500 名学生进入 6 所私立学校。1992 年,在评估的基础上,威斯康星议会决定继续支持学校选择计划。

教育凭证关注的是家长的择校能力,或者形象地说是"家长的教育选购

27

力",是一种以"钱"为基础而推行的择校制度。从表面上看来,让贫穷家庭子女持有教育券(即教育凭证)进入私立中小学是为了达成受教育的机会的公平性(因为美国私立学校的办学素质优于公立学校,富有者子女多数均进入私立学校,造成教育机会的不公平)。事实上,教育券另一个目的是迈向教育的自由化,让公私立学校能够公平地竞争,所以一些学者认为,在中小学实施教育券可促使教育机会平等、效率与自由三方面获得一致和谐与平衡的实现。在这一意义上,我们也可以把"教育税减免"也归为类似性质的措施。因为教育税减免就是指减除非公立学校学生家长的教育税。在美国,非公立学校的学生家长在支付昂贵的私校或教会学校费用的同时,根据法律还要另外为公立教育纳税,这就大大增加了上非公立学校学生家长的财政负担,从而限制了家长对非公立学校的选择。教育税减免克服了非公立学校与公立学校竞争中的这一不利因素。如果说教育凭证是政府以"投入"方式增加家长的教育购买力的话,那么教育税减免就是以"养活家长开支"的方式来保证家长的教育购买力。

(2) 特许学校(charter school)——公校委托私营。所谓特许学校是指州或市政府与一些团体、企业及个人签订合同,将某些公立学校的主办权交付他们,由承租者提供拥有各自不同教学特点的学校教育,并实行开放招生。特许学校的出现使学校类型更加多样化,为学生及家长增加了更多的学校选择,它打破了过去只由政府来办公立学校的局面,可以说是一种富有挑战性的尝试。这种公校委托私营的方式被美国人称之为"公校私营"。90 年代,在克林顿政府的支持下公校私营成为流行全美的一个新现象,社会舆论则普遍认同它是美国公立教育发展的新方向和希望。

这种"公校私营"早在六七十年代在美国就有先例,当时它是以"教学合同"(performance contracting)的方式出现。这种合同一般是由教育委员会和教育企业签订,主要是把学习不好的学生的辅导工作委托给教育企业,用合同的方式把双方责任和利益明确下来。如果教育企业把学生的学力提高到一定水平,那么教育委员会根据合同支付报酬;如果提前或超出了合同规定水平,那么按比例支付辅助金。根据美国全国教育协会报告书的资料,1970 年签订这种合同的学区教育委员会,全国达 150 个,其中 18 个学区得到了辅助金。九十年代,特许学校的出现则使公校私营更加深入、广泛。1990 年加利福尼亚进行了全美最大胆的实验,将 100 所公立学校签约给私人组织,由它们来具体承办。1993 年 9 月 18 日,马萨诸塞州进行了全美在教育上最引人注目的尝试,将 15 所公立学校由 13 个私人组织经营。这些组织包括教育联盟、社区组织、大学、非营利的基金会及营利的公司(如韦特公司)等。1994 年 10 月 3 日,康州首府霍斯福德(Hortfrd)决定将其整个公立学校系统完全交给一个民营公司管理。据统计,到 1996 年通过特许学校法案的州共计 25 个,另外哥伦比亚地区也通过了特许学校法,全美特许学校共有 246 所。

特许学校的创立允许私人资金较多地流入公立学校体系,毫无疑问这将使美国几百年来的公立学校制度发生一些"根本性"的改变,可以说"私营化"的倾向以及部分特许学校企业化的经营都使公立学校所维护的公共价值观念、社会赖以存在的共同精神受到了冲击。而对这些变化,美国教育界人士也都持不同意见。赞同者认为,"这是追求我们的孩子学业优异成绩的一个里程碑";反对者则指出"如此这样,我们留给孩子们的将空无所有,你们简直拿他们当牲口看待,这是对腐败的一张请帖"。

(3)"控股公司私校"——私立学校新现象。与传统私立学校并存,美国目前出现了一种由控股公司开办的私立学校,人们将之称为"控股公司私校"。它的出现也同样为父母选择学校提供了一种新的选择。美国传统的私立学校大都由教会或一些宗教组织或私人组织开办,入学一般有较多的条件限制,且学费昂贵(一般为 7 000~15 000 美元)。全美中小学生中仅有 11% 的学生进入私立学校。随着学校选择舆论的高涨,选择意识的增强和择校需求的日益强烈,九十年代一些控股公司也介入了私立学校领域。它们开办一些私立学校专门为那些想让其子女得到最好教育但进不起贵族式私立学校,且又不愿意把孩子送到教会学校去的家长们提供的学校教育服务。这些学校往往收取和公立学校相差不多的学费,如诺贝尔教育动力公司在加利福尼亚 11 所这样的学校其收费标准为 4 750 美元(包括学费和放学前后的管理费)。此外,它还开办同样性质的幼儿中心。当然控股公司仍是赢利的,如 1994 年诺贝尔教育动力公司总收入为 3 400 万美元,其纯利为 190 万美元。

目前,在美国随着类似诺贝尔教育动力公司这样经营私校日益增多,还出现了它们自己协调管理组织。如诺贝教育动力公司所在的协调机构"全国独立学校联合会",其成员包括 64 家不同的控股公司,所经营的控股公司私校达 120 所,在过去六年的时间里公司学校的数量增加了一倍。这种新型私校增长迅速的现象也反映出:美国人越来越认识到,公共教育对所有儿童都是有利的。对于可以有代价地提供较好的学校团体来说,是存在着发挥作用的地方的。

(三) 择校制度给美国基础教育带来的影响及问题

目前,教改推行的择校制度对美国基础教育所带来的影响还刚刚开始,但所引起的变化无疑是深刻的,在某些方面可以说是重建着美国公立学校的结构与制度。我以为这主要体现在以下三个方面:

1. 对教育观念的影响

过去人们在公立学校是社会民主建立的基础观念下,一直把教育看作是国家的责任,并认为理所当然地学校应当国有化,否则便不可能提供被认为是对社会稳定所必需的共同价值标准,这个论点推到极端,它不但要求政府管理学校,而且还强迫人们进入这种学校。可以说,在十九世纪和二十世纪初,美国建立伊始,来自受压迫的移民带来了不同的语言、文化、思想及社会风范,社会需要建立和发展公立学校成为历史的必然。公立学校在完成上述任务方面也的确起到了重要的作用。然而,正如一位美国教育研究者所说:围绕着学校问题如今发生了很大争议,历史已进入了未曾有过的新时期,作为昨日坚如磐石的公立学校体系已被传唤到了法庭,它要不要存在,如何存在,正在受到审理。美国人开始反思,认为目前美国公立学校的低质量、低效率和脱离实际,其根源都在于公立学校制度本身的"垄断"及"官僚"。在经过认真思索之后,美国人如今也提出了一个新的教育观念,即政府应该资助教育,但并不一定直接提供这种教育。这就如同在美国,政府提供医疗卫生保健卡,但却不开杂货店卖面包一样。美国人开始认识到,避免政府在基础教育发展中这种"资助者"和"提供者"两种身份的二合一,是引入竞争消除公立学校制度"垄断"及"官僚"的一种有效方式。在这些认识的变化中,"竞争"的观念和"市场"的观念日益明确。另外,择校制度在美国基础教育中的导入其深层的原因还在于美国目前自由主义市场经济的发展,要求注重消费者的权益,它要求发生一种变化,在教育消费上通过"市场"将过去就地入学的行政权力性规定改变为学生家长"按需要自主择校"的市场权力性选择。教育是一种消费的观念得以强调和重视。

2. 对教育行政体制的影响

择校制度的推行将对美国地方控制教育的教育行政体制产生重要影响,学校本身的权力将相对扩大,联邦政府对教育的影响也会有所增强。以推行市场机制为目的的择校制度要求每所学校必须从地方教委获得更多的自主权。教育凭证计划要求打破"就地入学"的限制,实行开放招生,学校必须拥有自行决定招生人数、收费标准等方面的权限;同时,它还将一部分权力有效地划归了家长,从而使家长对学校管理、组织、教学等方面的参与有了切实可行的方式。特许学校的出现,公校私营使学校本身在政策、人事方面享有了自主。霍斯福德的签约合同里就有一条规定,即把学校同地方教委发生的争执交由仲裁的最后决定。这种权力下移的趋势正是择校推行的结果。在这些变动之下,可以预计随着择校制度的普及,地方教委的职责将很可能转为主要依据"合同"对各特许学校所承担的任务进行评估、检查和监督。

美国联邦政府对教育影响的增强主要体现在如下的一些举措上:1990 年联邦政府制定了《国家六大教育目标》,1990 年 4 月又制定了《美国 2000 年教育战略》,这些文件强调:确立国家教育目标,确定国家统一的课程标准,建立统一的学业考试制度等,都是与家长择校计划相配套的措施。美国政府在极力引进"教育市场"的同时,极力要实现自己的目标,这势必加强联邦政府对学校教育的影响。

3. 对公立学校的教育财政体制产生重要影响

美国每年的教育经费为 3 300 多亿美元,大部分经费来自州和地方政府,联邦政府拨款大约为 200 亿美元只占总预算的 6%。因此,地方政府和州对学校的财政状况更具决定作用。在传统的公立学校体制中,公立中小学的教育经费一般是以地方税收(财产税)为主,辅之以州教育拨款和少量的联邦资助。由于地方税收主要来自财产税,故在贫穷地区教育经费比较紧张,州政府往往拨以更多的经费来保证教育资源的公平性。择校制度对上述学校财政体制产生的影响,主要体现在以下几个方面:第一,择校入学必然打破学区的地域限制,从而要求教育体系内部资金重新分配。教育凭证制度的实施部分改变了州及地方政府将教育经费直接分配到校的方式。学校是否能够得到教育凭证这部分拨款依赖于它的教学质量及自身信誉等诸多因素。另外,由于家长是自由择校,除公立学校外,他们还可以选择私立学校、教会学校等,这意味着政府教育经费有一部分将流入非公立学校。第二,教育税减免的实行将减少公立学校的教育经费。过去选择非公立学校的家长仍需交纳教育税,实施教育税减免后他们一年可以减免 250~500 美元的教育税款。故随着上非公立学校人数的增加,由教育税而筹集的公立教育经费必然会出现下降。

从表面上看,引起的变化只是一种教育资金的重新分配,但深刻的影响却在于它可能从根本上对公立教育制度产生动摇。但在择校制度下,属公立学校的教育经费部分流向非公立学校,各种私人资金也以不同方式开始渗透公立教育领域,公立教育体制与结构开始从一种"完备"状态出现一种"分化",越来越多类型的非公立学校同公立学校平起平坐,公立学校也出现了公校私营的状况。上述行政制度和财政制度上的这些变也许可以使我们初步窥见这种重建的方向。

择校制度在给美国基础教育带来竞争机制的同时,也带来了一些问题。这些问题是:第一,宗教与政府问题。如果教育凭证也可用于教会学校,势必违背美国宪法关于"政府与教会相分离的原则"。但事实上,教会学校的教育也并非在方方面面都贯穿宗教精神,国家补助教会学校的钱也用于非宗教的课程,但问题是这种划分在实际教育经费的使用中难以审查;第二,竞争与公立学校问题。包括磁石学校、教育凭证、特许学校和控股公司私校等各种形式在内的择校制度无疑使美国的基础教育出现了一个"市场",对生源、教育经费的竞争给公立学校的存在提出了挑战。许多组织的代表人物批评说,自由择校将断送公立学校体制;而择校的支持者们则认为,对公立学校的威胁来自其自身的缺陷,而不是它们的成就。但问题是这些新型的学校自身的质量是否一定会好过公立学校,这仍是不能肯定的问题;第三,公平问题。择校的支持者们认为跨区择校为克服居住区带来的"阶层隔核"及促进各族间的"民族融合"提供了有效的"沟通和途径",这时的沟通与融合是人们自己选择的结果,不同于公立学校人为地被迫组合到一起,或者说根本没有机会组合到一起。但实际的情况是在自愿的情形下,这样的组合很大程度上只是一种理想而不是现实。另外,家长们如果无力"增补"教育凭证之外的学费,那么这种择校仍是取决于私人资金和个人财富的多少,这在根本上仍解决不了由贫富决定的选择权。

综上所述,美国择校制度的理论基础是新自由主义经济学,其教改的根本目的是用市场方式重建公立学校制度,其具体目标是提高质量及效率、充分满足各种教育需求。与过去教改完全不同的是,它试图通过自由择校引进竞争和市场机制,为基础教育的发展找到一种新的发展动力——"市场的力量"。在多样化市场需求下,公立学校体系的"垄断"开始打破,多种新型学校的出现促进了学校教育服务的多样化发展,学校教育服务体系开始从一种"供给者体系"转向"需求者体系"。正是这种根本性的变化使择校制度具有非常重要的意义。

参考文献:

1. 教育参考资料[J]. 1990(9);1989(2).

2. Education USA 6 Jan. ,26 Oct. ,23 Nov. ,1992.

3. (台)教育资料文摘[J]. 1995(5);33;1994(12);157.

4. 参考消息[N]. 1995-10-4.

5. 米尔顿·弗里德曼. 资本主义与自由[M]. 北京:商务印书馆,1956;87.

6. 黄志成. 八十年代末美国教育改革的两大浪潮[J]. 外国教育资料,1992(5);8～9.

(本文发表于《比较教育研究》1997 年 6 期。作者曾晓洁,时属单位为北京师范大学国际与比较教育研究所)

三、日本教育现状与改革方向疏见

（一）社会变革与教育病理

"教育病理"一词的出现，标志着现代教育的失衡令人堪忧。步入新世纪的日本教育疾病没有丝毫好转的迹象。据文部省 1999 年《教育白皮书》的统计，校内欺负事件虽然出现了减少趋势，但是"长期缺勤率""辍学率"却逐年上升，校内暴力也比以往有所增多，少年犯罪率则高达第二次世界大战以来的第四位，罪行为越发凶残、粗暴。关于班级崩溃①，虽没有全国范围内的统计数据，但是根据神奈川县和东京都的调查来推测，小学至少会有 10％，中学可能达到 14％左右。连文部省都认为，班级崩溃已发展到"任何学校都有可能发生的现象"。

上述统计首先表明，教育失衡在初中表现得尤为明显。因此，必须从初中或初、高中阶段着手探讨其病理。当然，对于上述数据也有必要进行更为客观、全面的分析。正如东京大学的佐藤学教授所指出，教育病理现象的严重与否存在着较大的地区差异，不应将东京地区的统计数据扩展至全国。笔者在多年的考察和研究经历中也深深感到，教育现象的解读必须从多角度入手，如学校教师之间的关系、地区差异或地方教育行政管理特点等。

---

① 班级崩溃指在日本的中小学中由于学生逃学、不合作等原因，导致的无法维系正常教育教学的现象。

但是不管怎样,现代教育病理的直接原因是"消费社会"和"信息社会"的到来对传统社会的深刻冲击。第三产业就业人口超过 50% 的 70 年代中期可作为社会变革的分水岭。文部省 2000 年颁布的《学生指导诸问题》中的相关数据表明,长期缺勤生①以 1975 年为界呈现出逐渐上升的趋势(很遗憾,除了长期缺勤生以外,没有其它统计数据)。在长期缺勤生增加的同时,高中入学率在 1974 年已高达 90%,之后出现缓慢增长,目前达到 97% 左右。缺勤生增多与高中普及率提高之间的逆向关系,说明缺勤生的出现并增多的原因,从过去的升学压力转向"一旦失败,就无法面对挫折"的不安。一些教育病理学者将其称为"现代型缺勤现象"。[1]评论家小浜逸郎在其著作《面对人生思想入门》中解释道:"现代化导致了对现代体制的厌倦和排斥。"另外,辍学生急增也是现代社会特有的现象。由于文部省是从 1997 年开始对辍学者进行统计的,因此我们无法臆测 1997 年以前的数据。但是,国民教育研究所凭借高中入学率和毕业率推算出的数据表明,50 至 60 年代的辍学生大多数是定时制学校的学生,其辍学原因多与经济困窘相关,70 年代以后才出现"非自愿入学"和"为了改变职业"等理由。从后者的辍学原因看,自愿辍学多于环境逼迫。

缺勤生、辍学生是随着经济高速增长时代的到来及其终止而产生的。本文以为,它是日本现代化过程中的派生品,也是日本教育出现现代病理的契机。

1972 年,第三产业的从业人数第一次超过第二产业,并从 1974 年开始出现经济负增长,宣告了高速经济增长时代的结束。1975 年,第三产业的就业人数超过全国人口的 50%,标志着日本摆脱工业立国的局面,进入后工业资本主义阶段。除此以外,"高度信息社会"、"高度消费社会"、"知识社会"、"第三次浪潮"等词的出现,也反映出社会的转轨特征。

社会变化必然影响学校教育,本文从以下五点概括这些影响:

(1)计算机的普及促进了第一、第二产业的软件化,但是远不及它对第三产业的巨大影响。"重厚长大"、划一的金字塔型企业组织大部分转型为"轻薄短小"、灵活的企业模式。作为现代学校范式的企业产生质变,学校必然受其影响。

---

① 长期缺勤生:原文为"不登校生",指一学期的缺勤率达到 30 天以上的学生。

（2）经济增长所带来的物质极大丰富，导致消费的增加和服务业的多样化，产生了丰富的社会选择机会和大众的"分众化"、"小众化"。这些变化都极大地动摇了以集体教育为主的传统学校体制。

（3）新技术革命使得社会对劳动熟练工的需求减少，而对小时工、临时工的需求急剧增加。同时，新机械、新技术的导入增强了不断"研修"的需要，并用迅速适应新情况的"应变"能力代替了需常年积累的熟练技术。小时工和临时工不需要特别的职前准备和研修也能立即投入工作，因此，即使人际关系不理想，也可轻易换到工作。在这样的状态下，以往支配日本企业界的集团理念很难存续下去。

（4）社会变化通过就业信息、小时工经验等途径直接传入学校，大大削弱了学生们"为将来忍耐当下"（也称工具性，这是现代学校不可或缺的意义所在）的愿望，即时享乐型思维得到普遍肯定。

（5）在日本急速增长为经济大国的同时，欧美各国却逐渐失去了它们对日本的榜样作用。失去追逐目标的成人未能向下一代提示新的目标。

社会的变化投射到学校，影响了作为劳动力后备军的学生们。各种就业信息和小时工经验都会从各个方面对学生产生影响，也会使敏感的学生们很快感知社会的变化。如果继续用固定僵化的模式要求学生，只会面对诸多困难。日本的教育出现校内欺负、长期缺勤、辍学等病理现象，正是国家进入后现代社会所产生的历史性、社会性变革的表现。

作为医治教育疾病的处方，有两种改革模式：一是新自由主义的教育改革，即从根本上改变战后教育的理念和制度，采用自由竞争与自我负责的改革路线；二是市民主义教育改革，即不是简单强调个人之间的自由竞争，而是眷顾社会的弱势群体，扩大公共空间，建立各类人群得以共生的社会。

（二）市场原理下的教育改革

1. 择校制度的提出及其发展

第一类处方在日本乃至世界都已有相当的市场。例如，70 年代末到 80 年代，英国的撒切尔夫人将新自由主义理念作为缓解财政危机的出路；美国的里根政府提出减少政府管制，推行自负盈亏政策等。

日本于1984年成立临时教育审议会,审议会的一系列咨询报告也是这些理念下的产物。现在的日本教育基本上是按照这些咨询报告中提出的改革设想发展而来的。例如,继临时教育审议会之后,关注高中问题的第14届中央教育审议会虽然作出了正确诊断,认为"差异"是教育病理的根本原因,但是竟把引入竞争机制、建设特色高中作为其药方,其结果,不仅未能解决矛盾,而且更加剧了困境。

90年代后半期,高等教育领域大力宣传大学的独立行政法人制度,初高中教育阶段则宣扬"择校"制的合理性,部分地区已开始实行择校制。择校制不仅与教育病理的恢复具有十分密切的关系,也将是今后教育改革的主题。因此本文将重点探讨这个问题。

目前,择校论只出现于东京都的一些社区(东京都品川区已从2000年春季开始实行择校制度),而且有批评者认为这是变相促进学校间合并和政府取悦民众的手段。

但是,择校制的另一意图也是值得关注的,即灵活地重组公共教育,试图通过择校重新建立起学校与家长、学生之间新的交流渠道。显然,这些措施会拥有更多的支持者,并且在市场原理的浪潮中被人们视为治愈教育病理的灵丹妙药。将有更多的人们赞同这些做法,导入择校制的地区也会不断增加。

第一次提出这个构想是在1984年的"展望世界京都座谈会"。由于择校制被指定为临时教育审议会"教育自由化论坛"的核心内容,曾引起激烈的争论。择校制度的宗旨在于将自由化、松绑理念导入公立义务教育阶段,给予家长和儿童选择学校的自由。但是,这个构想并未得到预期的赞同。日教组等教育运动团体和公共教育的设立者文部省都不约而同地反对这一构想,理由是教育的市场化不应深入到义务教育阶段,择校只会加速校际差距的扩大。在一片反对声中,"自由择校论"也在相当长的时间里销声匿迹了。

但是,日本行政改革委员会的"松绑支委会"于1996年旧话重提,主张要打破公立学校僵化、封闭、划一的局面,必须在公立学校中导入市场竞争原理。为此,有必要在全国范围内实施择校制度。该提议再次引发了社会关于择校制度的争论。在这次争论中,反对方忧虑择校制将导致校间差距的扩大;赞同方则提出择校制度的实施必然推动特色高中的建设,从而缓解根据学生成绩列出学校排行榜的现象。随着 90 年代社会主义国家的纷纷转型，新自由主义进一步蔓延于社会，过去人们普遍认同的"消除差异等于平等"的理念业已动摇。因此，择校制度不会遇到太大的阻碍。

2. 择校制——"选择与责任相结合的教育改革"

财团法人社会经济生产性本部（龟井正夫会长）的社会政策特别委员会（堤清二委员长）发表了题为《选择·责任·连带的教育改革——学校功能恢复视角》的报告书（以下简称《报告书》）。该《报告书》用长达三年的时光对择校制进行了各种研究，可谓择校论的集大成式报告。

《报告书》批驳了迄今为止的各种择校论，认为它们"脱离现实，距离解决问题的根本途径相差太远"。在批判的基础上，《报告书》对现有制度提出了一系列改革建议，力图以学校为核心，对教育系统各方面进行系统、全面的改革。其内容广泛涉及废除学区制和学习指导要领（相当于我国的教学大纲）、废除大学入学考试以及大学入学名额限制等。倘若只对报告书的部分内容进行评价，显然违背了报告书的基本宗旨。但是本文不得不坚持指出，大学入学名额限制和入学考试的废除、学习指导要领的废除在今年之内得到全面推行恐怕不太可能。最终的结果可能是，择校制作为惟一被保留的改革内容存留下来。

正如《报告书》的题目所提示，报告的目的是给日本教育提供"药方"，根据"选择"的自由与由此产生的自我"责任"来建构新的"连带"关系。择校本身并不值得怀疑，值得怀疑的是方法的合理性以及由此而来的结果。

在择校论中，最为核心的内容是赋予校长人事权、预算权等，并大力加强这些权利，从而实现在校长领导下将学校由划一转向个性化的目的。看来，废除学区制，使家庭（家长与学生）自由选择学校是利大于弊的措施。家长和学生可以选择更为适合自己的学校，学校也会为了回应学生与家长的信赖，更为努力地工作。在死水一潭的公立学校之间导入竞争原理，并且通过这些措施，促进家庭与学校、学生和教师之间相互选择的关系，这是择校论的重点所在。然而，事实真的是这样的吗？

3. "择校论"的意义与存在的问题

对于保守、无力且缺乏生气的公立中小学来说，择校制如一付强心剂。明治维新以来,学区只是国家作为统治国民的手段。必须打破学区限制,尊重个人的自由择校意愿,在学生、家长与学校教师之间建立一种共同纽带,在这一过程中教育病理也是有望治愈的——报告书是这样陈述的。

报告的择校主张是无可厚非的,其效果亦毋庸置疑。但是我们在同声喝彩的同时也应关注到择校制的副作用。例如:

(1)学校间的差异有进一步扩大的危险。中央教育审议会作为文部大臣的咨询机构,在第14期会议中重点探讨过高中教育问题,指出学校间的质量差异是教育病理的主因。但是,文部省开出的处方一味推行入学考试多样化、高中特色化等政策,丝毫没有关注过去为消除学校间差异所做的诸多实际工作,如"综合选拔制度"、"缩小学区"等。显然,该改革认为只要拓宽高中教育的入学渠道与途径,就能向那些随着信息、消费社会的到来变得多样化的学生们提供多种选择机会,就能消解过去在一元价值(偏差值)下的学校排序,校际差异也会随之消失。改革的口号"走向多样选择下的升学制度"正是第14期中央教育审议会会议精神的具体体现。

改革实施至今已过了10年,高中之间的差异是否已经消除?抑或出现缓解的趋势?只要看看书店里琳琅满目的应试书籍和资料,就足以了解现在的情形了。

10年来致力于特色高中的建设,宣扬"自由择校"的结果就是今天随处可见的高中校际差距。学校多样化的推进根本没有起到缩小校际差距的作用。由此可以推断,即便在所有公立初中等学校推行自由择校制度,也无法避免上述局面。今天的自由择校论者却浑然不觉。

(2)教育界普遍抱怨的是,大多数家长和学生在择校时,并非将学校特色与理念作为选择依据,而是只考虑学校内是否存在欺负现象,是否出现班级崩溃,或者学校规模是否太小以至于几年后就会消失等因素,用否定的眼光观察学校的时候居多。因此,只要有一件类似的传闻出现,就会迅速蔓延于整个社区,学生数就会剧减,甚至导致学校倒闭。1996～1998年间在东京都足立区试行"弹性学区"制以来,出现了规模较小的小学越发缩小,中学生过分集中于名门高中等现象,问题高中的学生也开始大量转学。一桥大学的久富善之教授已通过调查证实了这个事实(今年1月在东京都日野市举行的研讨会中发表的资料）。公立义务学校的发展比高中更加关系到所在社区的发展，小学的兴衰有时会影响整个社区的兴衰，更会导致社区间差距的拉大。这一点必须得到全社会的关注！

（3）退一步讲，假如我们像择校论者所期待的那样，实现了自由择校，的确会实现各学校的"差异化""个性化"。但是，会不会因此造成学校内部的相对平均化？从小学开始就形成的学生集团在自主择校的幌子下可以原封不动地一起升到高中，学校与家长则会以自由择校的名目支持这种现象。在这种状态下，学校教育将会出现什么样的局面？中央教育审议会第 15 次会议所指出的"生存能力"（"共生能力"）是在与他人交流的过程中才能得到培养的，"他人"之中包括社会的各种群体而不仅是经过精心选择的伙伴。惟有在与不同之人的共生中，个性才会得到真正的伸张，使每一个人都具有闪光点。自由择校制度下形成的"均质化"集团有成为封闭集团的危险，甚至不排除排斥、歧视其他集团的可能。

（4）既然存在差异，就必然会有学生趋之若鹜的学校和门庭冷落的学校。前者由于无法无限度地容纳学生，自然会对应募生进行选拔，这就又回到学校选拔学生而不是学生选拔学校的局面。在这个方面，英国可作为我们的前车之鉴。英国的罗纳德·多尔指出："热心于子女教育的父母们争相把子女送到声誉好的学校，应募者超过学校容量，学校就通过面试等手段筛选家长和学生。虽然筛选标准十分暧昧，但是家庭环境的好坏、学历高低等无疑会成为重要条件。其结果，必然导致新的不平等，学校将被分化为家庭环境好、成绩优秀的中产阶级子弟云集的学校与社会福利照顾下的下层家庭子弟集中的学校。而且，这种差异将会不断加大，从而违背择校制度的初衷。"[2] 目前，日本也存在同样的现象。公立高中分为"进步学校"与"指导困难学校"。[3]

总之，本文认为"择校"制度下的平均化将会导致学校内部的一体化，无法在更为广泛的领域内形成交往范围，不仅无法达到共生的目的，而且有可能适得其反，将学校推入相互竞争的境地。如前所述，这是择校制度所产生的副作用。扩大学校、社区间差异的处方，是绝不应采纳的。

（三）市民主义理念下的教育改革

1. 市民主义教育改革

本文提出市民主义的教育改革，在把市民理解为社区住民的基础上，提倡社区合作下的学校再生。积极参与对商品的检验，并对其制造过程提出各种要求，是近年来消费者运动的新趋势。我家附近的"生活俱乐部"等自发市民团体，为了购买更好的产品介入产地和生产过程，同时经营非赢利性事业为社区服务，最近甚至选出代表来参加市、区议会，积极参与社区内的政治活动。

市民主义教育改革论主张，将上述市民运动的理念实践于教育改革中。为此，必须改变把学校、教师与学生、家长对立为买卖双方的看法，包括家长、子女在内的所有市民应积极参与教育提供者的工作。并且，学校的管理事业应转变为社区社会和市民社会共同的事业，而不仅仅是学校与教师的责任。这决不是异想天开。事实上，目前在全国的部分学校中正在进行这样的尝试。例如，在单位制高中，修满 80 学分的学生就可打破学年规定提前毕业。而且，在该高中实施的是"事务代替"制，从事社会活动（包括临时工）和家务劳动都可换算为学分。金泽市的单位制高中承认在超市和百货店的打工经历；静冈市承认在附近医院中进行的应急实习经历，受到学生的普遍好评。当然，也有人将其批评为"廉价出卖学分"的行径，但是本文以为，应从积极的视角去看待这个现象。因为，学校的本质就在于把社会生存所需的知识、技能纳入教育之中。"事务代替"制的宗旨在于将过分封闭于学校的知识技能教育还给社会，向社会寻求帮助，邀请他们参与到教育中来。可以认为，这是作为服务方的学校与作为消费者的市民社会、社区之间的相互合作。

除"事务代替学分制"外，另一著名的改革为综合科的实施。该学科始于 90 年代，是将基础学科和一些专业学科结合在一起开设的新课程。综合科的一大特点是邀请社会专业人士充当校外教师。校外教师有企业主、商店老板、演员和运动员等。这也是企图将学校与市民社会联系起来的努力之一。这些努力获得了超乎想象的成果。

校内外的合作教育不仅在高中以制度化的形式存在，在小学和初中也以非制度形式实行着。例如，参观社区的一些设施；邀请传统匠人到小学讲课等。

我在大学讲课时也采用过这种方法,颇受欢迎。

福岛县的有些中学邀请毕业生和部分家长参加"就业讨论会",学生从各自的立场谈其具体经验。新泻县的一些小学邀请家长与老师共同参与平日的教学,并邀请家长参与教学课程的设置。这样的例子俯拾即是。随着综合课的实施,这样的现象将有增无减。结果是得到更好的教育效果。

随着高学历、老龄化社会的到来,将会有更多的家长与社区人士能够并愿意与学校进行合作。只要能动员社会的力量参与学校,学校教育也将恢复其本然之性,不再用封闭的课程来禁锢学生。课程将越来越灵活,学校也会恢复活力,教育的恢复不需要导入市场原理。在出生率不断降低的今天,学生之间的残酷竞争是可以被相互合作所代替的。向学校教育注入民间的生机,是市民社会教育改革的主要思路。

2. 社区的合作学习网

要想缓解市场原理的弊端,必须杜绝促进学校之间竞争的局面。相反,应增加校际间的交流。首先是纵向交流,即邻近中小学之间的联络和合作;其次是横向交流,即在同级学校之间取长补短,相互加强批评与帮助,最终形成小学—初中—高中之间的合作关系。本文以为,惟有在这样的环境中才有可能缓解日益加重的学校病理现象。

此外,还要加强学校与所在社区的社会教育机构、文化福利设施、企业商店及其他教育文化团体之间的合作,寻求它们的帮助,把全社会建设成一个以学校为核心的合作学习网。

如果能够建起这样的网络,学校的课程将远远超乎一所学校能够想象得到的丰富程度。正如前文所述,今天我们面对的是在后工业社会环境中已习惯于多种选择的学生。对他们进行的教育,必须提供多种教育内容。因此,在上述合作学习网络中,学生可通过与社区的人们进行交流,学习作为国民、地球市民、社区住民所应具备的各种基本技能。同时,还可以学到其它独特的选修科目。必须再次强调,追求学校的个性化并不是教育的目的,促使每位学生的个性化才是教育真正的追逐目标。即使从财政角度来看,将社区的教育能力导入学校是节省经费、挖掘新教育资源的重要途径。

合作学习网的建设无法也不应由一所学校建立。为了使学习网具有长久的生命力,应使社区各部门的代表参与、组织相关机构。例如,德国的"合同制学校管理"、意大利的"学校评议会"等;日本国内比较有名的例子有川崎市的"社区教育委员会"。在川崎市,所有中学学区各设 1 个"社区教育委员会",由学生、社区青年和社区教育机构、市民代表等定期召开会议,利用空余教室探讨诸教育问题。虽然也有部分批评者指出,该委员会的委员长期固定,不利于集思广益,但是委员会的成立无疑是新的创意,学校不再以"成品"的形式呈现给学生,而是在社区的合作下创立新学校,并在此过程中逐渐扩大符合市民社会发展的公共空间。

最后,让我们再回过头来看最近的教育基本法修改。修改结果虽然尚待新近成立的"教育改革国民会议"商榷后公布,但是从中曾根文部大臣最近的演说中可以推测,日本将教育的核心定位为"尊重日本的历史、文化、传统",即爱国主义教育。去年的国旗、国歌事件以及各学校的反映表明,日本政府企图用爱国主义教育的烟幕来回避市场原理进入教育后产生的诸多矛盾和混乱。与其这样,不如创建人们"共生"的社区,培养人们的公共意识,进而形成不同社区之间的连带关系。公共性进一步普及,就不必刻意强调爱国主义,也能够形成在尊重他人个性基础上的连带意识,而这也正是市民主义教育改革的根本宗旨所在。

参考文献:

[1] 龙川一广. 家庭中的儿童、学校里的儿童[M].

[2] 罗纳德·多尔. 质疑桥本的"行政改革"与新自由主义[J]. 中央公论(日文版),1997(11).

[3] 黑泽惟昭. "指导困难校"——其现状与解决方法[M].

(本文发表于《比较教育研究》2001 年 10 期。作者黑泽惟昭,时属单位为日本东京学艺大学;姜英敏(编译),时属单位为北京师范大学国际与比较教育研究所)

四、西方教育选择理论与我国的中小学入学政策

近年来,在美、英等西方国家,教育选择理论迅速传播,各种教育选择形式破土而出,形成一股择校浪潮。在我国各大城市,社会各界对中小学择校也是议论纷纷。尽管各级教育主管部门不时出台一些限制择校的政策规定,但择校仍在无序发展。鉴于此,认真地探讨一下西方国家的教育选择理论及其实践的经验教训,对我国中小学入学政策的调整也许是有益的。

(一) 教育选择理论的基本架构

早在 20 世纪 50 年代,美国学者米尔顿·弗里德曼倡导的学券制实际上已包含着教育选择理论的若干要素。但是,系统、全面、深入地论述这一理论,则是在 90 年代初。1991 年,美国著名学者、教育经济学家亨利·莱文(Henry M. Levin)发表了《教育选择经济学》(The Economics of Educational Choice),Edwin G. West 发表了《公立学校和过重的负担》(Public Schools and Excess Burdens),标志着这一理论已渐成熟,成为指导美国及其它西方国家择校及教育私营化的主要理论依据。该理论是在全球经济市场化、文化生活多元化、个人需求多样化以及居民生活水平不断提高而公共教育质量日趋下降的形势下产生的。[1]

1. 教育选择的本质与内容

西方教育经济学家指出,教育选择最深厚的理论基础,在于人生而自由的最根本的哲学理念和信条,即人人享有政治、经济、文化、安全、言论等等自由;享有自由选择政治、经济、文化以及教育的权利。也就是说,教育选择权本质上

是一种不可剥夺的基本人权,实施和维护教育选择,也就是维护人权。

教育选择的内容是十分广泛而复杂的,但基本上包括以下几个方面:① 对学校类型的选择。各种不同背景的学生及家长可以根据自身的需求,选择进入公立或私立、宗教或非宗教、学术或职业等不同类型的学校。② 对特定教育计划、教育形式或方式的选择。各个学校的课程设置,特别是选修课可能是不同的;各个学校的校风可能有别;各个学校的办学特色和教学方法也可能差别较大;各个学校的校规和校纪也不尽相同。学生及其家长有权根据自己的愿望进行选择,以满足其特定的需求。③ 对学校质量的选择。在各种因素的共同作用下,各个学校的教育质量和办学效益是不同的,有的差别还很大。学生及其家长有权选择不同质量,特别是高质量的教育。[2]

2. 教育选择的原则

然而,专家指出,教育选择是相对的,而不是绝对的;是有条件的,而不是无条件的。因此,实现有效、有益的教育选择必须尊重以下原则并处理好相应的关系:

(1) 个人利益与公共利益兼顾。教育既要满足个人发展的需求,又要满足国家和社会培养公民、推进民族团结和国家发展的需求,二者必须兼顾。政府应尊重个人的选择自由,个人进行教育选择时也应尊重国家和民族的利益,而不应损害它。

(2) 自愿与强制兼顾。学生个人及其家长有自愿选择教育的权利。但是,如果这种自由不符合或损害国家或民族的利益,那么政府及有关组织机构就有可能限制个人的选择自由而实施强制选择。例如,学龄儿童不去上学而选择前往工厂做工挣钱时,政府将依据有关法律强迫要求其入学。

(3) 愿望与能力兼顾。政府无疑应当尊重个人教育选择的自由和愿望,但个人为实现愿望而进行教育选择时,必须考虑自己的能力。作为政府,也应当在力所能及的范围内,对愿望合理而能力不足的学生个人及其家长予以适当的支持。

3. 教育选择的类型

莱文等教育经济学家认为,教育选择可以分为两大类:市场选择和公共选择。所谓市场选择,主要指通过市场机制的运作满足学生及其家长需要的教育选择。其主要实施途径是建立和改进私立学校，推行学券制，实行税收优惠或减免等。公共选择是学生及其家长在公共学校体系范围内作出的教育选择。例如，在学区或更大范围内，学生选择自己喜欢的公立学校；选择学区内的磁石学校；在学校内选择不同的课程计划或教师等。

市场选择和公共选择的主要区别在于，前者突破了计划管理的模式和学生必须就近入学的传统做法，学生可以在公立学校和私立学校之间进行自由的选择；高质量、办学特色鲜明的学校也可以吸引学区外的学生前来就读，从而实现学生与学校的双向选择。与此同时，政府不仅对这种选择在法律上予以保证，而且在财政和其它方面也给予支持。而公共选择则狭窄得很，只是在公共教育体系内部做有限的、低层次的选择。

当然，市场选择并不排除政府必要的干预和宏观调整。例如，政府不仅对实施学券制的学校在课程设置、提高必要信息、禁止种族歧视和保证公民教育方面规定了基本的标准，而且，即使对私立学校，也有相应的最低限度的要求。这种必要的、有限度的政府干预，无疑是教育市场选择得以健康运作的基本保证。

市场选择和公共选择有本质区别，但它们又相互联系、相互促进、共同发展。例如，由于得到强大的公共财政的支持，公立学校的办学条件通常优于私立学校，这就迫使私立学校充分发挥市场调节的作用，努力提高教育投资的效益和办学质量，以获得生存和发展；与此同时，面对着充满生机和活力的私立学校和其它市场选择形式，公立学校如不加大改革力度，其固有的地盘和优势便会一天天缩小，由此增加了它们的危机感、责任感，推动公立教育的改革和发展。

4. 教育选择的方式

赫尔奇曼（Hirschman）等人提出，使各种组织有效地提供服务并对顾客意愿及时作出反映的方式主要有两个：退出（Exit）和发表意见（Voice）。退出指的是，从一个提供者转到另一个提供者的行动。当一个人不满意一种产品和服务，而用另一种产品或服务取代它时，或者从一个提供者转到另一个提供者以求购买时，人们采用的这种方式就被称为"退出选择"。这种非情感的转移对生产者提供了一个重要的警示信息：如果他们想生存下去，就必须对顾客的这种选择及时作出反应。相反,发表意见指的是,通过抗议、讨论、谈判、投票或其他的顾客参与途径,以达到获得更好服务和及时反馈的目的。这种选择行动,往往带有更大的个性特点,通常需要个人和群体的密切合作才能达到目的。[3]

教育选择通常就是采用这两种方式。当学生和家长对所上学校不满意时,他们可能采取退出的方式,转至学区内或学区外的其它学校、甚至私立学校就读,也可能选择家庭学校(Home Schooling)。然而,这种选择付出的成本往往很高:到距家很远的学校上学,不仅耗费更多的时间,而且将支付很高的交通费;如将家庭迁往新学校所在地,将支付昂贵的搬迁费。因此,退出选择受到某些因素的制约。但是为了孩子未来的发展,许多家长仍然选择了这种方式。发表意见这种教育选择方式比较方便,运用得更普遍。学生家长通过各种途径参与学校的民主管理,力争使学生获得质量更高、形式更多样的教育服务。但是,这种教育选择的效果往往有限,因为它是在原有体制和制度的框架内运作,很少触及深层次的问题。

退出和发表意见这两种教育选择方式彼此并非完全割裂,也是你中有我、我中有你、彼此交织的。例如,在家长们进行退出选择的同时,也可能对所选学校的工作积极发表意见;当家长发表意见成效不大时,他们可能转而采用退出的选择方式。

5. 教育选择的形式

教育选择的形式是多样的,而且在不断发展。欧美许多国家都不同程度地进行了教育选择的实践活动,但美国最活跃、最具代表性,因此本文主要介绍和探讨美国的实践。

(1) 20 世纪六七十年代,体现公共选择精神的公开招生(Open Enrollment)和磁石学校(Magnet School)得到了一定的发展。所谓公开招生,就是允许适龄儿童到居住地以外的公立学校就读。所谓磁石学校,指的是以自身独特的设施和专门化课程吸引本学区或学区以外学生的学校。这些学校的共同特点,就是打破学生只能在居住地入学的传统,学生可以在更大的公共教育系统范围内进行教育选择。

(2)学券制。简单地说,学券制就是给学生家长发放一种有价证券,学生家长可以使用该证券在政府批准的任何学校中支付其子女上学所需的学费或其它教育费用。实践中,学券更多地用于支付到私立学校上学所需的费用。因此,属于教育市场选择。

90 年代以来,学券制在美国得到了一定程度的发展。全美许多州都较大规模地推行了学券制。尽管美国各州学券的面值大多与生均成本相关,但各州的标准并不一致;与此同时,有的州根据学生家庭收入状况规定了不同的学券面值,有的则只有一种面值。同时,各州对获取学券支持的学生资格的规定也不相同,有的规定只有低收入家庭学生才有资格享受,有的则无此规定。

(3) 特许学校(Charter School)。特许学校虽然表面看来是一种公共教育选择的形式,但实际上是一种公校私营,带有强烈的市场选择性质。具体做法是:某教育公司或个人志愿组合与地方教育委员会签定合同,接管和运营办学质量差、家长不满意的学校;教育当局按当地生均教育经费标准为承包者提供经费支持,并提出办学的质量要求;承包者制定教学计划和质量指标,全权负责学校的管理,包括选聘教师、确定课程、教学内容、方法以及日常管理。目的是通过引入市场机制,提高公立学校的质量。这种办学形式始于 1990 年,发展很快,目前全美已有 1 700 多所,其中成就最突出的当属爱迪生公司,它管理着 79 所不同类型特许学校的 3.8 万名学生,分布于全国 17 个州。[4]

(4) 学费税收减免(TTC, Tuition Tax Credits)。美国的一些州规定,当纳税人为其上私立学校的孩子缴纳学费时,他可以申请一定数额的税收减免,以支持其教育选择。教育经济学家认为,公民已经通过所缴税款支持公立学校了,其子女上私立学校交费,意味着他们将支付双重的教育费用,这是不公平的。TTC 一般是根据纳税人的收入税而减免的,且所减数额占学费的比例是固定的,减免的数额有一个上限限制,但通常并不限制每家上私立学校的儿童数。也就是,家中有几个孩子上私校,就可获得几份减免。

由上可见,90 年代以来的美国教育选择,主要指的是义务教育阶段的选择,而不是非义务教育阶段的选择;主要是政府法律和财政支持下的教育选择,而不是完全个人付费的教育选择。

6. 教育选择的目的

80 年代以来,西方国家公立教育体系的弊端日渐明显:管理体制僵化,投资效益下降,教育质量不高,难以满足知识经济时代的挑战。在这种形式下,发达国家特别强调教育选择,则有其特定的考虑和特定的目的:(1)满足知识经济时代公民日益强烈的多元化和多样化的教育需求。(2)通过教育选择,引入竞争机制,用市场的手段实现教育资源的最佳配置,提高教育投资效率。(3)通过学生选择,以及相应的师资及其它教育资源的选择,改革管理体制,提高管理水平,激发教师工作热情,提高教学质量和水平。(4)通过教育选择,加速教育私营化进程,建立适应知识经济时代要求的新的教育体制和模式。

7. 教育选择的直接理论基础

教育选择的最直接的理论基础是经济学中的消费者主权理论。西方经济学家认为,物质生产的最终目的是满足消费者的需求。生产什么,生产多少,生产什么质量和规格的产品,都必须以消费者的需求为依据,生产必须围着消费者转,消费者是真正的上帝,只有尊重消费者选择产品和服务的主权,生产活动才能正常进行并得以发展,这是经济活动的一项基本原则。

80年代以来,随着市场经济的原则和机制逐渐深入教育领域,不少人开始把教育视为一种产业而不再是一种纯粹的公益或福利事业。他们认为,教育产业包括产品、服务和学校三部分,[5]市场经济中的消费者主权理论也适用于教育事业。消费者主权理论为教育选择提供了坚实的理论基础。

西方教育经济学家指出,既然学校教育是一种产业,学生及其家长便是该产业所提供的服务的消费者,学校与学生及其家长之间便是教育产品的生产者(提供者)和消费者的关系,因此,学生及其家长有权对他们所应享受的教育的数量、质量、方式、方法等进行选择,政府应当尊重并满足他们的选择要求。例如,不同学生的家庭可能有不同的哲学和宗教价值;不同儿童有不同的兴趣和发展潜力;不同学生可能有不同的学术或职业要求等等,学生及其家长有权根据自己的需求进行教育选择,作为教育产品提供者的学校或相关的政府部门,应当尊重并努力满足他们的需求和选择。相反,如果忽视或剥夺学生及其家长的教育选择权利,那么,如同经济领域中的计划管理一样,教育服务必然陷入官僚主义和僵化管理的泥潭,无力迎接知识经济的挑战。

当然,教育消费者主权不是绝对的,学生及其家长必须尊重教育选择的上述若干基本原则。

（二）对我国中小学入学政策的思考和建议

近几年来，在我国的大中城市，中小学和初中入学问题成了社会关注且争论极大的一个热点。争论的主要问题是：① 在坚持按居住地就近入学政策的同时，可否允许部分学生选择居住地以外的公立学校就读。② 选择私立学校的学生是否应当获得政府的财政支持以及以何种方式支持。

西方国家较完整的教育选择理论的正式提出只有十年左右的时间，还不完善。例如，教育市场选择与物质生产的市场选择究竟有哪些异同？原因何在？市场选择对教育公平与效率关系究竟会带来哪些影响？等等，不仅在理论上尚未作出令人满意的回答，而且在实践中也暴露出不少问题。然而，据笔者的考察和分析表明，这一理论的确是适应时代需要而产生的，在很大程度上反映了现代教育发展的规律，打开了教育改革的突破口，因而具有强大的生命力。中国国情与美国等西方国家不同，它们的选择理论及其实践当然不能照搬。但是其基本精神是适用于我们的，某些具体做法对我们也有参考价值。

1. 西方教育经济学家指出，在现代社会，人们既有享受教育的权利，又有选择教育的自由，这是基本的人权。中国作为一个实行市场经济的社会主义国家，其政府是最广大人民群众最大利益的代表者，理所当然地应当支持广大群众的基本权利，支持教育选择。因此，在当前条件下，在坚持就近入学为主的政策的同时，原则上应当允许部分有特殊需要和相应能力的学生到居住地以外的学校就读。当然，在进行这种教育选择时必须遵循相应的原则。

2. 八九十年代后，面对知识经济浪潮、人们需求日益多元化和多样化的严峻挑战，僵化的、质量低下的公立教育难以应对，教育选择，特别是市场选择应运而生。这清楚地说明，现在的教育选择不是偶发的，它是时代发展的产物，是市场经济高度发展的必然结果，是教育改革深入发展的要求。

80 年代以来，我国开始从计划经济向市场经济转轨，市场经济的原则逐步向社会生活的诸多方面渗透，社会经济获得了空前的发展，人们的物质生活水平提高了，精神文化生活和教育的需求不仅层次提高而且呈现出多元化和多样化的趋势。然而，我国的公立教育还远远没有摆脱计划经济管理的羁绊，无法适应急速发展的市场经济的需要，教育改革势在必行。这表明，中国与美国同样面临着公立教育体系与迅速发展的市场经济严重脱节的矛盾。因此,中国教育改革的出路与美国类似,也应当在教育中引入市场机制,进行教育选择。

3. 西方教育选择的理论和实践表明,教育选择的实质是引入市场机制,激发私立学校与公立学校之间、私立学校之间、公立学校之间开展公平的竞争,争生源,争师资,争资源,从而提高办学效益和质量,而不是将大部分公立学校变成私立学校,实行学校私有化。这清楚表明,教育选择不会改变公立学校的性质,没有什么可怕的。即使是私立学校,在社会主义的中国,其基本功能也是培养社会主义的建设者和接班人,是公益性的。因此,政府允许学生在公私立学校之间进行选择,并对符合标准的私立学校进行一定的财政支持是完全合理的、必要的。

4. 美国等西方国家的实践表明,学券制是一种较好的教育选择形式,可以借鉴采用。学券既可以用于公立教育的选择,也可以用于公私立教育之间的选择。根据中国现行的经费管理体制,笔者认为,我国的学券制应不同于美国,具体设想是:① 同一拨款单位(政府)辖区内的所有学龄儿童可以在该区内选择任何一所学校(义务教育阶段)就读,政府可按该区生均经费和各校实有学生数支付经费。通常可不支付学生因择校离家过远而产生的交通费等项开支。② 当学生选择辖区外的学校就读时,原辖区应发给该生一张与本区生均经费等值的学券,择校学生可持此券支付学费,而不管就读学校实际教育成本。如学券价值低于该校生均经费,不足部分可向择校学生索取。因择校而追加的交通费也应由择校生负担。③ 上述学券既可以用以选择公立学校,也可以选择政府认可的私立学校。④ 政府部门或其委托的中介机构,应及时、准确、全面地向学生及其家长提供有关学校的信息,以供选择参考。⑤ 地方可以制定相应的法规支持和规范学券制,但应限于义务教育阶段的学校教育。这种教育选择会不会导致学生混乱、无序地大流动呢? 不会的。因为这种择校将激励各校为争夺生源而改进教学,提高办学质量。当绝大多数学校的质量普遍提高,普通校与重点校的差距缩小时,择校的学生人数只会减少而不会增加,况且,择校通常要支付高昂的交通费和其它费用,并带来某些不便,这些将制约无效或低效的择校。

5. 私立学校是推行教育选择的支点和重要砝码,但我国的私立学校起步不久,良莠不齐,政府应制定法律,采取相应措施予以支持和引导。美国、印度、法国等大国私立中小学在校生均占学生总数的 10％左右,大多数国家在 20％上下,而我国尚不足 1％,有很大的发展余地。

教育选择是引入市场机制、优化资源配置、提高教育投资效益和教育质量的重要途径,也是教育改革的突破口。我国实施教育选择的时机已渐成熟,各级政府应当有步骤地加以推动和引导。

参考文献:

[1] 李占鹰. 美国学券制理论争议探析[D]. 1999.

[2] Henry Levin. The Economics of Education of Choice[J]. Economics of Education Review. 1991(2).

[3] Elchanan Cohn and Geraint Johnes. Recent Developments in the Economics of Education[M]. Edoward Elgar Publishing,1991:265.

[4] 赵中建. 教育可以借鉴吗?[J]. 教育参考,2000(3):38-39.

[5] 曲恒昌. 当今世界教育私营化特点探析[J]. 比较教育研究,2001(1).

(本文发表于《比较教育研究》2001 年 12 期。作者曲恒昌,时属单位为北京师范大学国际与比较教育研究所)

五、英国义务教育学龄儿童"在家上学"现象述评

提起义务教育,人们一般会想到家长有义务送学龄子女到学校接受一定程度的教育,地方政府有义务为本学区学龄儿童提供足够的学校和设施。在欧美一些发达国家,当前却出现了许多家长选择在家教育自己的子女,而不是送孩子去传统的学校,政府也在法律层面对学龄儿童"在家上学"做出了一些规定。这些发展,对于传统意义上对义务教育的认识是一个突破,如不再要求学生的义务教育在学校进行;义务教育更加强调学生的个别化学习(Learning),而并非一定是传统的学校教育(Schooling);义务教育在借助学校实现数量普及之后,学校如果在学生个别化教育方面没有突破,将导致家长和社会的信任危机,"在家上学"(Home Schooling)就会成为家长的一个选择。

本文主要以英国为案例,对"在家上学"现象的背景、法律依据,现状与问题进行介绍和分析,并探讨其对今后义务教育发展可能的影响。

(一) 背景

"在家上学"现象的出现,来源于义务教育发展到一定阶段人们对学校教育的种种不满。在义务教育发展初期,各国政府的政策重点是数量的发展,如开办更多学校以提升义务教育的普及率,不断提高义务教育的年限等。家长们更多地考虑自己的子女能否在学校中获得学额。在这个阶段,学校教育以"大班教学"、"统一标准"和"齐头并进"的方式,带来了义务教育的迅速普及。

不过,即使在义务教育发展初期,人们对"工厂化"的那种学校教育的抱怨

就从来没有停止过。在思想层面,早期就有"进步主义教育思潮",其上游思想来源于卢梭、杜威,甚至更早。进步主义教育批评学校教育中的反个体主义现象,强调尊重学生个体的兴趣、天赋和需要,在二战之前,就有许多教育家在实践层面加以推动。此后,特别在 20 世纪 60 年代,英国出现了所谓的"开放学校运动",使学校教育在尊重学生个体需要方面取得了很大的进展。尽管如此,到了 20 世纪 70 年代,不满学校教育的呼声再次响起,那些对学校教育的整个体制,包括课程和教学方式不表认同的人士,提出了"去学校化运动"(deschooling)。20 世纪 80 年代之后,随着新自由主义思想的抬头,英国在教育方面更是将学校(教师)和学生(家长)的关系定位为服务提供者和消费者之间的关系,提出"消费者至上"作为教育制度改革的出发点,极大地改变了以往学生(家长)在教育制度中的弱势地位。

上述情况说明,学校教育作为普及义务教育的主要渠道,存在许多先天的缺陷:① 庞大的班级人数限制了教师的个别化教学,学生的个体需要容易受到忽视;② 统一的学业标准使学生个体的潜能很难得到最大限度的发挥;③ 教学安排机械刻板,缺乏必要的相关性(relevance)和灵活性(flexibility)。当然,针对学校教育的这些缺陷,英国政府也一直努力在通过各种教育改革加以改进,如工党政府在 1997 年上台之后,提出削减班级规模,也就是我们所称的"小班化",采用个别化的课堂教学策略,课程标准更具灵活性,教学安排也努力贴近学生的需要和生活实际。但是,还是有许多家长仍然对学校教育缺乏信心,他们宁愿放弃学校,在家亲自担负起教育自己子女的角色。

(二)法律规定

英国目前并没有针对"在家上学"问题制定专门的法律,不过父母为其子女选择"在家上学",拥有充分的法律依据。家长和地方教育当局在涉及义务教育学龄儿童"在家上学"方面的法定责任,主要有下述几个方面。

1. 家长的责任

结合自《1944 年教育法》颁布以来历年的教育立法,《1996 年教育法》第 7 条明确规定:"每个义务教育学龄儿童的家长都应通过正常入学,或其它方式,使其子女接受符合其(a)年龄、能力与倾向,和(b)任何可能出现的特殊教育需求的、有效的全日制教育。"

　　根据上述条款,父母在法律上有责任确保其处于义务教育学龄的子女接受有效的和适当的全日制教育。至于教育方式,除正常入学,如进入当地的公立学校或各种类型的私立学校之外,也可采用"其它方式",如"在家上学"。这项条款传达了这样的精神,即"义务教育是强制性的,而到校入学则不具强制性。"[1]

　　至于上述条款中提到的"适当的教育",在法律上没有给出一致的定义。不过在后来的几桩诉讼案件中,法官对何为"适当的教育"做出了各种具体的解释。如在1981年沃切斯特(Worchester)法庭的一项诉讼中,法官宣示"适当的教育"是指:"① 为儿童在现代文明社会的生活做准备;② 帮助学生发挥他们最大的潜能。"在1985年另一项类似的诉讼案件中,法官指出,"适当的教育是指为学生在当地社区中的生活,而不是整个国家的生活做准备,只要它不妨碍儿童日后根据自己的意愿选择其它生活方式"。[2]

　　任何家长都有权选择在家教育自己的子女,不论其种族、信仰、收入、社会地位和自身的教育水平。他们不必拥有任何教师资格文凭,不必遵循国家课程的规定,不必遵守与学校同样的作息时间表,不必采用正规的上课方式,不必事先制定详细的方案和固定的教学时间表,不必让儿童参加义务教育各主要阶段的全国统一考试(Key Stage Tests,简称SATs)。[3]家长选择在家教育自己的子女时,也不需要得到任何机构的批准,不需要通知地方教育当局并与他们保持定期的联系。

　　2. 地方教育当局的责任

　　虽然父母对子女教育方式的选择拥有充分的自由,但是他们在履行自己的法定职责时,仍然要受到地方教育当局的监督,地方教育当局在法律上有责任确认父母为儿童提供了适当的教育。

　　如《1994年教育法》第37条规定,"如果发现义务教育学龄儿童的父母并没有履行责任时,地方教育当局有责任提出警告,要求家长符合地方教育当局的要求,让儿童通过正常入学或其它途径,接受适合其年龄、能力和倾向的有效的全日制教育"。《1996年教育法》第437条第(1)款也明确指出,"如果地方教育当局认为其辖区内某一义务教育学龄儿童没有通过正常入学或其它方式得到适当的教育,就应该向其家长发出书面通知,要求家长在通知规定的时间内使他们确信该名儿童正在接受适当的教育"。

如果地方教育当局就某一儿童的教育问题非正式地要求家长提供信息,家长可以多种方式证明该儿童正在接受有效的和适当的教育,如递交一份报告,出示儿童的作业样本,邀请一位督学在儿童在场或不在场的情况下来家里访问,带着儿童或单独在其它地方约见督学、出示由公认的第三方机构认可的教育方案或以其它适当的方式出示相应的证据。在 1998 年 6 月发布的题为《儿童在家上学:英格兰和威尔士》(Educating Children at Home, England and Wales)小册子中,英国教育和就业部(DFEE)指出:"然而,地方教育当局不是当然有权进入家长的住所。家长可以拒绝在家会面,如果他们能够以其它方式证明他们正在提供适当的教育,如出示作业样本或同意在其它地方会面。"[4]

当义务教育学龄儿童没有在学校接受教育,而地方教育当局又对家长所提供的教育持有强烈的疑问,地方教育当局可以非正式地要求家长提供相关信息。当家长提供了这些信息,地方教育当局据此认为家长为儿童提供了适当的教育,就不应采取进一步行动。如果地方教育当局在征求家长信息并给予家长一定的时间改进自己的教育安排之后,仍然认为儿童没有受到适当的教育,那么他们就可以向家长下达入学令,不过这项行动要通过法院进行,如果家长通过各种证据使法院确信他们提供了适当的教育,那么这项入学令就有可能被法院封杀。

3. 撤消注册

对于已经在学校入学的学龄儿童,家长可以撤消注册,选择在家教育的方式。如 1995 年教育(学生注册)条例第 9 条规定:如果"学生不再到学校上学,学校当局收到了家长有关该学生正在校外接受教育的书面通知,"就可以将该学生从学校花名册中除名。

家长在开始在家教育自己的子女时不需要征得地方教育当局的批准,而且,只要家长将在家教育自己子女的意图通过校长通知了学校董事会,他们也没有义务再通知地方教育当局。不过,根据该条例第 13 条第(3)款的规定,学校当局必须在 10 个工作日内将该学生撤消注册的情况通报地方教育当局。

(三) 现状与问题

根据英国教育和就业部(DFEE)的统计,1996/1997 年度英格兰有 12 700名儿童被排除在小学、中学和特殊学校之外,每年约有 15％的公立学校的学生在未经批准的情况下缺席至少半个学日,这样的数字已持续了十年,加起来等于每年缺席约 800 万个学日,此外,有多达 50 000 儿童在校外接受教育。1997/1998 年度的数据显示,5～16 岁的人口有 9 144 000 名,但只有8 583 400名儿童注册入学。[5] 这些数据说明,许多家长和孩子对于学校教育存在着强烈的怀疑态度。

根据英国 1999 年发布的一项对"在家上学"问题的全国性调查,[6] 英国许多家庭之所以放弃学校,选择在家教育自己的子女,几乎有一半以上的原因与学校有关,如"对学校教育表示不满"、"班级规模过于庞大"、"恃强凌弱的学校文化"等,另有三分之一的原因与学生有关,如"我们想激发孩子学习"、"这是孩子的选择"、以及"符合孩子的需要",还有五分之一的家长称他们的动机是源自他们的理念和信条以及社会的道德失范。当在家教育子女的家长们加强相互之间的沟通,以及当他们接触到更多的相关文献时,他们选择在家教育子女的做法更加从理念出发,他们通常相信,现有的教育制度需要改革。

在家长的背景方面,一般认为,选择在家教育子女的家长通常是受过训练的教师,或者本身就是受过良好教育的中产阶级专业人士。但是上述调查表明,采用"在家上学"的家长中,只有四分之一是受过训练的学校教师,其中许多人仅有短暂的执教经验,而有三分之二的家长没有接受过任何教学方面的训练;仅有十分之一的家长是专业人士,六分之一的家长从事熟练或半熟练工作;接近半数受访家长本身的教育程度没有超过 11 年义务教育。[7]

此外,1998 年发布的一项调查表明,只有 14％选择"在家上学"的家庭遵循全国统一的国家课程,而 58％的家庭并没有采用;各年龄段的阅读标准没有得到优先的考虑,有些儿童很早就开始阅读训练,而有些则很晚才开始。该调查还发现,"灵活性"是在家上学的显著特点,家长通常在不同的时间根据不同的儿童采取不同的教学方法,强调为"在家上学"的儿童提供高度个性化的课程。该调查最后的结论是:"在家上学的儿童显然从得到更多的关注及符合他们兴趣的那种灵活的课程中受益,他们变得更加自信和自强,并展现出良好的学业水平。"[8]

在考试方面,"在家上学"的儿童不参加公立学校的各种阶段性考试,但是,他们可以通过注册成为校外考生,参加中等教育普通证书(GCSE)和高级水平(A Levels)考试,并且在年龄上可以提前,据此成就他们的大学之路,他们也可以参加国家职业文凭(GVQ)和普通国家职业文凭(GNVQ)的考试。①

尽管有了许多积极的发展,"在家上学"仍然存在一些令人担心的问题,主要包括以下几个方面:

1. 家长是否具备教育子女的能力

这是我们首先感到担忧的问题。一般而言,当儿童年纪尚小,学习比较基础的科目时,许多家长感到自己是能胜任的,此外,家长还可以在朋友或亲戚的协助下使儿童得到适当的照顾。但是随着儿童年龄的增长,许多家长会逐渐感到力不从心,可能需要诸如家庭教师或专业团体的协助。在这方面,英国也出现了一些在家教育的专业服务机构,如 Schoolhouse、在家教育协会、Education Otherwise 等,并且都拥有自己的专业服务网站,使家长在专业方面得到了很大的支持,但政府方面的支持似乎还比较缺乏。

2. "在家上学"儿童的社会化问题

许多人质疑"在家上学"的儿童的社会化问题,担心由于减少了与同伴的互动,不利于儿童社会化的发展。但是"在家上学"提倡者却不认为同伴互动是社会化的关键,除非家庭本身比较封闭,此外,学校也不是儿童接触社会的唯一方式。他们认为,诸如博物馆、俱乐部和野外活动,也可以为儿童接触社会提供大量机会。关于"在家上学"儿童社会适应方面的争议,学者拉里·夏伊尔斯(Larry Shyers)和托马斯·斯梅德利(Thomas Smedley)在 1992 年曾做过相关的调查,其中夏伊尔斯的研究发现,"在家上学"的学生在社交方面比一般的在校学生更加适应。他在结论中指出,当我们质疑"在家上学"儿童的社会化问题时,我们似乎问错了问题,真正的问题症结应该是"在校学生的社会适应性为何

---

① 高级水平(A Levels)考试、国家职业文凭(NVQ)和普通国家职业文凭(GNVQ)是英国为结束义务教育的学生继续学业提供的三种主要课程。A Level 课程属学术性课程,以升大学为主;NVQ 课程为职业性课程,面向就业;GNVQ 课程介于两者之间,既可作为升学的依据,也可作为就业的依据。

如此之差"。斯梅德利的研究虽然采用了不同的方法,但也得出了相同的结论,即"在家上学"的儿童比在校学生成熟,而且具有更好的社会适应性。[9]

3. "在家上学"儿童的学业评估问题

一般而言,地方教育当局对学生的学业评估主要有三类:第一是与考试有关的评估,第二是与同龄儿童进行比较,第三是儿童个人的进步评估。有些采用"在家上学"的家庭非常不认同竞争性的评估方式,认为评估应该着重于儿童个人的进步,而不是与他人进行比较。当然,地方教育当局对儿童个人的进步评估也非常重视,但是在具体的评估方法上有很大的差异。例如:有些会要求父母和儿童保存记录,有些则完全依据与儿童的对话或检查儿童的作业来评断,这些差异主要是因为地方教育当局本身对在家上学有不同的看法,有时甚至在同一个地方教育当局,意见也不尽一致。

(四) 若干思考

在义务教育制度确立之前,当教育还只是少部分上层阶级的专利时,家庭教育和以小班及导师制为特点的贵族学校一直是少数上层子弟接受教育的主要方式。现代学校制度是伴随着现代义务教育制度产生与发展的,因为义务教育制度的确立要求全部的儿童都能接受教育,而学校制度使儿童大批量、大规模接受义务教育成为一种可能。然而,"批量生产"、大班教学、整齐划一的学校制度虽然在一定阶段扩大了大多数儿童的教育机会,但是其缺乏灵活性的教学安排及对儿童个体需求的漠视,在义务教育发展到更高的阶段,必然会遭到许多家长的反对。"在家上学"现象就是其中的一种重要的表现形式。在这里,我们惊奇地看到,以前为社会上层所专有的教学方式又回来了,而且尝试者不限于社会上层家庭。英国"在家上学"现象为我们重新思考义务教育制度提供了许多新的思维,其中包括:

1. 义务教育的实现方式多样化

英国的义务教育立法为我们提供了这样的精神,即义务教育是强制性的,而到校入学则不具强制性。以前义务教育也提多样化,但仅限于学校类型,如公立与私立学校的选择。义务教育学龄儿童可以不去学校,在家接受父母或专聘教师的教育,对我们而言是一种新的思路。英国在这方面已有一些成功的实践,也许当我国义务教育发展到一定程度,也会面对同样的问题。

2. 家长主体意识的觉醒对学校制度的挑战

"在家上学"现象凸显了家长主体意识的觉醒。他们知道自己和自己的子女需要什么样的教育,并为此不惜挑战传统的学校制度。家长从迷信学校到质疑学校,从视学校为儿童成长的保险箱到勇于直面学校的种种缺失,并为此采取行动,这些无疑对学校教育提出了新的挑战,如果不重视家长和学生的需求,不重视个别化学习,当沉睡的家长一旦觉醒,学校很难逃脱被抛弃的命运。

3. 义务教育从强调入学数量到重视个体的学习质量

学校是儿童学习的重要场所,但不是惟一的场所,也不一定是最佳的场所。以往评估似乎只要学生到了学校,有质量的、适当的学习就会自动发生,事实显然不是如此。英国"在家上学"现象表明,有些家长更看重"在家上学"给儿童带来的符合他们能力、兴趣和倾向的个别化学习安排,而良好的立法环境及与普通在校生同等的考试准入,使他们的子女可以通过"在家上学"找到进一步升学或就业之路。

参考文献:

[1][4] Elective Home Education Legal Guidelines [EB/OL]. http://www. home-education. org. uk/guide. htm

[2] A Summary of the Law Relating to Home Education in England and Wales [EB/OL]. http:// www. education-otherwise. org/legal/ txsumlaw. htm

[3] UK Home Education:The Basics [EB/OL]. http://www. orchid. eurobell. co. uk/dyslexics/uk home ed. htm

[5] The Third Way in Education:Thinking the Unthinkable [EB/OL]. http://www. btinternet. com/~jspr/Research/Researchpaper/3-13. htm

[6] A Nationwide Study of Home Education:Early Indications and Wider Implications [EB/OL]. http://www. btinternet. com/~ jspr/ Research/Newspaper/ednow. htm

［7］Home Education：A Critical Evaluation ［EB/OL］. http：//www. btinternet. com/～jspr/Research/Newspaper/ace. htm

［8］Home Education：A Critical Evaluation ［EB/OL］. http：//www. btinternet. com/～ jspr/Research/Newspaper/Exeter. htm

［9］Meighan，R. Home-based Education Effectiveness Research and Some of Its Implication ［J］. Education Review，1995，47(3)：280-287.

（本文发表于《比较教育研究》2003 年 4 期。作者汪利兵、邝伟乐，时属单位为浙江大学教育学院）

六、"准市场"机制理论与西方发达国家
的择校改革实践

随着世界各国经济、政治和社会领域的变革，全球化趋势的加强，人们对教育提出了更高的要求，世界范围的教育改革如火如荼。随着 20 世纪 80 年代以来新自由主义理念影响力的逐渐扩大，对公立学校质量低下和效率不高的批判日益增多，择校逐渐成为许多国家教育改革的中心议题。英国牛津大学沃尔伏德教授（Walford）从理论层面将这种改革总结为"准市场机制"（quasi-market mechanism）的运作。[1]本文主要以西方发达国家中小学阶段的择校改革实践为研究对象，说明择校背后的理论及其实践中存在的问题。

（一）什么是"准市场机制"？

教育"准市场机制"概念的提出是相对于传统的"准公共教育体系"和传统市场体系。二战后至 20 世纪六七十年代教育被当作政府向公众提供的服务，政府直接参与教育的供给和管理，但同时在庞大的公立教育体制之外仍有一个按市场体制运作的私立学校领域，整个教育体系表现为"准公共"性。70 年末以来，随着各界对公立教育的批判逐渐增多，择校提倡者们认为政府过多地干预教育事务阻碍了教育的发展，应该由市场替代政府行使部分职能。而且由于教育产品的独特性，教育活动不能像新自由主义者所提倡的那样完全按照市场原则运作。[2]首先，择校改革中，教育需求方和供给方之间并不存在真正意义上的货币交换。虽然教育的供给方——学校间已开始为争取教育资源而相互竞争，但教育，尤其是基础教育的提供仍被普遍认为是政府的职责，政府仍以不同

的方式承担着大部分公民的教育经费。其次,家长和学校在整个教育体系中仍没有或者不可能获得完全的选择自由。接受义务教育是几乎每个国家宪法中都规定的一项义务(虽然同时也是一项权利),家长必须为其子女选择一所学校,不管所选的学校是否满意。同样,学校不能像商人那样出于营利目的开展教育活动,它们必须遵循教育规律,受政府更多的控制。第三,当前教育至少在教育质量上仍具有等级性,因此并不是所有的教育消费者都能在教育市场上获得最大的收益——教育市场的"帕累托效率"(Pareto Efficiency)很难实现。虽然法律承认并保护家长的自由选择权,但政府和学校却不能保证家长能因其子女学校教育的失败而获得相应的"补偿"。[3]

"准市场"机制是政府控制与市场自由运作间的"中间道路"。[4]择校改革追求的是家长选择、自由竞争机制的实现,这种改革的实现需要有两个必要条件,即"如果家长的选择是在掌握正确信息的基础上所做的明智决定(informed choice),如果教育体系中存在足够多样化的学校类型"。[5]而以这两个"如果"为前提的市场机制,即便是在教育资源充足的国家目前也很难真正达到。

(二) 择校改革中准市场机制的运作

80 年代以来西方发达国家基础教育阶段以择校为核心的改革层出不穷。例如,英国 1980 年的"资助学位方案"(Assisted Place Scheme),1986 年后"城市科技大学"(CTCS)的发展,美国学券制(school vouchers)的试验和特许学校(charter schools)的发展,新西兰 1989 年开始的"明日之校"改革(Tomorrow's Schools reform),澳大利亚 1993 年启动的"未来学校"项目(Schools of the Future program),以及法国和德国 90 年代以来在公立学校体系内开展的一系列改革,等等。虽然各国的择校改革各有特色,在政府对市场的规范程度,私人部门参与的程度和择校与竞争间的关系等方面都有一定的差异,[6]但总体上,这些改革都旨在通过赋予家长择校的权利,在教育领域引入市场机制,促进学校(包括公私立学校)间的竞争,从而改善教育质量,提高教育效率。在政策层面这些改革都具有以下特点:政府从意识形态和财政上都给予私立学校支持;政府限制甚至减少对公立学校的财政资助;私立学校受到政府越来越多的规范;公立学校在组织和管理层面获得越来越多的自由;政府试图在全国推行适用于公私立学校的国家统一课程体系和标准化考试。

择校改革中，作为需求方的家长对学校的选择是改革的出发点，但在准市场机制下择校改革同时也包括供应方的学校对儿童和家长的选择，即家长和学校间的双向选择。

1. 需求方：家长的选择

在西方国家，私立学校（至少其中一部分）通常比大部分公立学校在公众中有更好的形象，因此"择校很多情况下与私立教育是同义词"。[7]但家长的选择不一定意味着家长一定偏爱私立学校。对部分家长来说，某些优质的（精英）公立学校可能是他们的首选，而私立学校只是他们为了避免其子女分入不满意的公立学校而做的决策性选择。同时，伴随着公立学校的市场化和政府对私立学校越来越多的资助和规范，私立学校和公立学校之间的差距也正在慢慢缩小。正如玛金森（Marginson）所提到的，"公立学校收费的正规化意味着从家长的观点来看，学校教育双元制中的公私立学校正在融合。选择不是在免费公立学校和收费私立学校间进行，而是关系一个更大的问题，即家长的支付能力（affordability）和不同学校间价值（value）的问题"。[8]其中，家长的"支付能力"指家长为其子女选择满意的学校时所具备的能力，"价值"代表家长择校的标准。在准市场体制下，部分家长因"支付能力"的有限而不可能完全按照理想标准择校。

（1）家长择校的标准。家长择校的标准有很多，一般可分为三个：学校离家的距离、学校的形象、孩子的意愿。公立学校采用的"就近入学"原则在择校改革中遭到了严厉的批判，当前的择校改革也正是希望向家长提供超越地区限制的择校自由。然而，不管是出于方便还是经济考虑，学校的地理位置仍是影响家长择校的一个重要因素。在法国和德国，即使其子女就读的是一所寄宿学校，家长们也乐于为其子女选择一所离家近的学校。[9]第二个重要因素是学校的"形象"，这涉及学校的教学质量、宗教信仰、种族构成、学校文化/社会氛围、学校的某种特点（如教学语言）等。具有不同社会文化背景的家长对学校"形象"中的各因素有不同的权重。在荷兰，除学校地理位置外，教学质量和宗教信仰是家长择校的两个主要标准。[10]而学校提供学区内其他学校不具有的教学语言，则对少数民族家长具有特别的吸引力。[11]第三，儿童自己的兴趣愿望也在家长的选择中占有一定份量。有时家长会把孩子的小伙伴是否就读于同一学校作为选择的主要原因之一,因为友好的同伴关系有助于孩子的身心健康。有的家长甚至把择校的权利完全交给了孩子。[12]

"选择"是一个社会性的文化概念,处于不同阶层和具有不同文化背景的家长,其择校的标准也各不相同。[13]有研究者认为,除荷兰的教育体系显得相对较为平等外,[14]其他国家的择校改革都或多或少带有偏向性。以法国为例,资产阶级家长通常将其子女送入私立学校,或者附近优秀的公立学校。而大多工人阶级或移民家长则不得不将孩子送入到一般的公立学校或处于国家教育体制边缘位置的少数民族学校。因此,不少研究者都批评当前的择校改革加剧了社会不平等,是一项只有利于中产阶级的教育改革。家长择校标准随时间推移其重心也在变化,正从以"过程"(process)为标准转向以"产品"(product)为标准。[15]20世纪80年代初父母较为重视学校课程以及孩子在学校中的感受,[16]但到90年代中期以后父母最关心的却是孩子的考试成绩。[17]各国在实施教育分权化的同时加强了对教育结果的控制也印证了这一点。

(2)家长能否全面准确了解择校信息。"家长掌握正确信息后的明智决定"是择校改革下市场机制得以实施的前提之一,[18]家长拥有多少信息以及信息的质量如何都反映了家长的择校能力,而这与家长的教育水平、经济状况、社会地位等都密切相关。

不同于传统公立教育体制的"就近入学"原则,在市场体制下,具有选择权的家长只有了解自身对孩子的期望,寻找所需的学校信息,理解并正确选择经过处理的信息,才能成为优秀的"学校教育购买者"。[19]但并非所有家长都有这种愿望和相应的能力。1980年英格兰和威尔士实施"资助学位方案",受益者多为中产阶级家庭,因为他们不仅有更多的途径了解相关信息,并且能够了解该方案对其家庭及子女的意义。[20]美国学者韦特和斯尼德[21]研究了美国教育私营化过程中信息和选择之间的关系,发现高收入阶层家庭更易于以较少的信息成本获得更准确的相关信息。择校改革中的信息不对称将会进一步强化社会的分层和教育不公平。

同样,城乡之间也存在学校的供给以及信息数量和质量之间的差别。许多大城市的学校无论在质量、数量还是多样化上都比中小城市或郊区乡村占有优势,大城市的家长和儿童有更多的途径获得各种信息,也更善于在各种信息中做出选择。对法国和德国择校改革的地域差异研究就证实了这一点。[22]

2. 供应方:学校的选择

供应方(即学校)的多样化足以满足不同家长的需求,这是择校改革目标得以实现的另一个必要条件。"准市场"体制的运作过程中,教育体制中公私立学校的关系发生了一定的变化,学校类型更为多元化。然而,学校教育质量的参差不齐,加上学校对家长的选择,只有部分家长/学生从教育的多元化发展中获益。

(1) 准市场体制下学校的变革。择校改革通常与以分权制、校本管理或私营化为主题的改革有着密切的联系,但私立学校和公立学校在这些改革中却面临着不同的境遇。

无论在地方、州(郡)还是联邦(中央)政府层面,私立学校正获得越来越多的政府资助。荷兰政府在财政上对独立学校和公立学校几乎一视同仁,[23]英格兰和威尔士在 20 世纪 80 年代以后颁布的教育政策几乎都提到对私立学校的财政资助,美国的学券试验很大一部分是政府为就读于私立学校的学生提供资助。但伴随财政资助的是政府的规范。"天下没有免费的午餐",虽然许多私立学校反对,但接受越来越多的政府规范和限制似乎是不争的事实。瑞典随着学券体制的发展正引入新的全国课程体制,荷兰和法国受资助的私立学校与公立学校一样采用国家统一课程,澳大利亚除塔斯马尼亚州外于 1995 年前开始标准化考试。[24]

与私立学校的情况相反,政府对公立学校的资助有紧缩的趋势。澳大利亚90 年代教育改革削减了维多利亚州的公立学校教育经费。[25]瑞典在公立学校体制内开展类似于学券的改革,[26]公立学校不得不与私立学校展开争夺政府经费的竞争。这种竞争的影响既有积极的一面,也有消极的一面。一方面,公立学校为了在竞争中生存将不得不提高学校的教育质量和办学效率,但另一方面,由于资金不足和不公平的竞争环境,其中一些处于劣势的学校可能为了获得办学资金,不得不在接受工商业界的资助后实施捐资者提出的一些不符合教育原则的商业要求。同时,这些学校在生源上也将存在问题,不是学生不够,便是生源素质较差。英格兰和威尔士在城市技术学院建立后,"抢"走了周围公立学校的"好"学生,引起这些公立学校的强烈不满。[27]在政府资助减少的同时公立学校也获得了一些自由。梅吉尔(Mei-jer)等人认为荷兰公立中小学在改革后将在组织、招生、教职员聘请和人力资源管理、行政机构等四个方面获得更大的自由。[28]

另一种重要的变化同时涉及公立学校和私立学校,即教育体制变得更具有等级性。这将在后面论及。

(2)学校对儿童/家庭的选择。择校不仅意味着家长的选择也意味着学校对儿童和家庭的选择,尤其是对那些供不应求的"好"学校。虽然择校改革研究中对于学校一方的实证研究很少,但并不难理解学校喜欢录取某些有特点的学生。许多学校注重学生的学业能力,有的学校则可能注重学生所具备的一些特殊才能,如运动才能等。同时,有的学校也会考虑家长的教育程度、家长对孩子教育的关心以及家长的社会地位等。[29]家长的教育程度越高,其子女一般就更具有可教育性(educable);家长积极参与学生的学习,教师的工作量在某种程度上就可以有所减轻;社会地位较高的家长还可以在经费筹集、提供专业化咨询等方面帮助学校。法国大城市中著名的公立学校能够很容易挑选到中上阶层的学生,而贫困地区的公立学校则不得不录取来自中下层阶级的学生。[30]新西兰质量较好学校的理事委员会(Boards of Trustees)通常由具有专业知识的(如担任律师或会计等职务)的家长来担任并提供免费专业咨询,但质量差的学校由于其理事委员会的成员以从事蓝领工作的家长为主,因此不得不付费以获得专业咨询。学校间的贫富差距日益扩大。[31]

学校用于选择学生和家长的标准有的是开放的,也有的是隐蔽的。一些以高质量取胜的学校可能会在录取学生时设置入学考试,也有的采用面试的方式。学校一般会声称挑选学业能力强或具有特殊才能的学生,但有时一些阶级或种族因素也会是背后的主要原因。

家长和学校的选择都基于一定的标准,因此,在择校改革的双向选择效应下,并非所有的家长和学校都有能力自由地进行选择。并且随着对学校的评价由学校教育过程标准转向学校教育的产出标准,这种双向选择得到了进一步加强。

（三）对择校改革部分结果的评估

评估择校改革可以根据改革的预设目标，也可以根据改革所出现的所有结果。[32]官方文件中陈述的择校改革的目的是提高公立学校的质量和整个教育体制的效率，以更少的政府投入获得更大的教育产出。当前对择校改革的评估主要集中在以下三个方面：对教育质量和效率的影响，对社会公平的影响，政府角色的变化。

1. 对学校质量和效率的影响

准市场体制下公立学校是否能够提高质量，学生成绩能否提高，学校效率是否有明显改善？这些都是改革提倡者和怀疑者关心的问题，但目前的实证研究尚无定论。但至少有一点可以肯定，改革没有出现原来预期的"巨大的改善"。[33]许多研究者通过比较公私立学校间接评估择校改革的效果，但结论也是各有千秋。[34]

至于效率，由于政府在减少公立学校经费的同时增加了对私立学校的资助，因此很难说政府对于教育的投入是增加，还是减少，加上学校教育成果难以测量，改革后有关效率的目标更难有一个明确的说法，但有研究者认为改革可能会增加教育的成本。[35]

2. 对社会公平的影响

准市场体制下的择校改革也对社会公平产生了影响，出现了如不同群体间教育资源的不公平分配、学校乃至整个社会的分层等现象。[36]在阶级、种族、性别和学业能力基础上处于不利处境的学生将不得不就读于质量差的公立学校，有特殊需要学生的平等受教育权利更是得不到保障。吉维兹等人（Gewirtz et. al.）根据择校与市场的关系将家长分成三类，包括"有特权/有技术的选择者（the privileged/skilled choosers）、半技术择校者（the semi-skilled choosers）和隔离者（disconnected），而工人阶级或新移民家庭在教育市场上通常处于不利地位"。[37]有研究者甚至认为，在"地方等级化学校"体制条件下的择校改革，将导致教育资源从"最需要的儿童转到了最不需要的儿童"。[38]

学生及其家庭群体分层的同时，学校也出现"内在分化"和"外在分化"的趋势。[39]好学校有良好的形象和更多的政府资助，更容易吸引好学生，如此良性循环,进一步促进了学校的发展,而"差"学校接受的政府资助逐年减少,生源素质也不如意,在教育竞争市场上常常处于不利地位。社会地位、种族身份和社会性别等概念都是相互重叠的,学校也越来越出现分层和隔离。另外,除了教育资源在不同社会、种族和社会性别群体间的不平等分配,择校所导致的双向选择也使得社会成员缺乏一种相互理解和宽容的心态。[40]这显然有悖于教育所具有的促进社会公平和融合的功能。

3. 对政府角色的影响

择校改革通常伴随教育分权化改革出现,即政府从学校管理中退出,因此有人认为择校改革是政府作用的变小。这种说法可能在学校运作的管理层面是正确的,但同时择校改革中也存在一种政府控制"重新集权化"的趋势。[41]在分析澳大利亚"未来学校"改革项目时,塞登(Seddon)发现择校改革实际上是中央当局确定了"优质"教育的标准,而学校或家长只能自觉或勉强地接受这些标准。[42]另外,政府给予私立学校更多资助的同时也附加了更多的规范和限制。政府在"学校教育这项事业"中仍旧是一个"必要的、连续的存在",[43]从某种意义上讲国家政府的这种权力变得更强大了。

(四) 结语

择校改革的浪潮仍在继续,其所遭遇的批判也很多。沃尔伏德批判择校改革是政府为减少对学校资助而做出的借口,[44]但建立在提供(准)市场原则、竞争和效率基础上的改革仍是现在和将来的一个大趋势。虽然准市场机制的运作可能在不同国家有所不同,有的国家可能是一种较为隐蔽的方式,但仍是有许多类似的特点,尤其是当涉及改革的结果时。教育体系内存在"追求自由选择的使命与追求平等机会这一更重要使命间的矛盾"。[45]在教育资源有限的情况下,追求效率的教育政策往往会以牺牲教育的公平性为代价,而强调公平则可能会导致效率的低下。究竟如何平衡这两者的关系,需要在各国教育实践和理论的进一步发展中不断探索。

参考文献:

[1][17][24][29][33][38] Walford,G.(ed.)1996. School Choice and

Quasi-market. Oxford shire：Triangle.

[2] 不少研究者提出类似的观点。如，Bartlett，W. 1992. Studies in Decentralization and Quasi-markets，Quasi-markets and Educational Reforms：a Case Study. Bristol：University of Bristol. Karsten，S. & Teelken，C. 1996. School Choice in The Netherlands. In G. Walford（ed.）1996. School Choice and Quasi-market. （pp. 16-32）. Oxfordshire：Triangle. Gordon，L. 1996. School Choice and the Quasi-market in New Zealand：Tomorrow's Schools' today. InG. Walford（ed.）（1996）. School Choice and Quasi-market. （pp. ）. Oxfordshire：Triangle.

[3][36][44] Walford，G. 1996a. School Choice and the Quasi-market. InG. Walford（ed.）（1996）. School Choice and Quasi-market. （pp. 1-16）. Oxfordshire：Triangle.

[4][43] Gordon，L. 1996. School Choice and the Quasi-market in NewZealand：'Tomorrow's Schools' today. InG. Walford（ed.）（1996）. School Choice and Quasi-market. Oxfordshire：Triangle. p. 131.

[5] Stillman，A. & Maychell，K. 1986. Choosing Schools：Parents，LEAs and the1980 Education Act. Windsor：NFER-Nelson. 转引自 Karsten，S. & Teelken，C. 1996. School Choice in the Netherlands. InG. Walford（ed.）1996. School Choice and Quasi-market. （pp. 16-32）. Oxfordshire：Triangle. p. 22.

[6] OECD. 1994. School：A Matter of Choice. Paris：OECD. Walford，G. 1996a. School Choice and the Quasi-market. InG. Walford（ed.）（1996）. School Choice and Quasi-market. （pp. 1-16）. Oxfordshire：Triangle.

[7][8] Marginson，S. 1996. Marketisation in Australian Schooling. InG. Walford（ed.）1996. School Choice and Quasi-market. pp. 111-127. Oxfordshire：Triangle. p. 112. p. 114.

[9] Fox，I. 1985. Private Schools and Public Issues. London：Macmillan. Zanten，A. van. 1996. Market Trend in the French School System：Overt Policy，Hidden Strategies，Actual Changes. InG. Walford（ed.）（1996）. School Choice and Quasi-market. pp. 63－75. Oxfordshire：Triangle.

[10][14][23][39][45] Karsten, S. & Teelken, C. 1996. School Choice in The Netherlands. InG. Walford（ed.）1996. School Choice and Quasi-market. (pp. 16-32). Oxfordshire：Triangle.

[11][26] Miron, G. 1996. Choice and the Quasi-market in Swedish Education. InG. Walford(ed.)1996. School Choice and Quasi-market. pp. 33-47. Oxfordshire：Triangle.

[12][20] Zanten, A. van. 1996. Market Trend in the French School System：Overt Policy, Hidden Strategie, Actual Changes. In G. Walford（ed.）（1996）. School ChoiceandQuasi-market. pp. 63 — 75. Oxfordshire：Triangle.

[13] Ball, S. 1993. Education Markets, Choice and Social Class：the Market as a Class Strategy in the UK and the USA. In：British Journal of Sociology of Education,14, pp. 3-19.

[15][22][27] Walford, G：1996b. School Choice and the Quasi-market in England and Wales. InG. Walford(ed.)（1996）. School Choice and Quasi-market. (pp. 49—62). OxfordShire：Triangle. p. 57.

[16] Elliott, J. 1982. How Do Parents Choose and Judge Secondary Schools? In：R. McCormick（ed.）Calling Education to Account. Milton Keynes：Open University Press.

[18] Stillman, A. &Maychell, K. 1986. Choosing Schools：Parents, LEAs and the 1980 Education Act. Windsor：NFER-Nelson.

[19] Schneider, M. 2001. Information and Choice in Education Privatization. In：Levin, H. M.（ed.）.（2001）. Privatizing Education：Can the Market place Deliver Choice, Efficiency, Equity, and Social Cohesion? pp. 74-105. Oxford：Westview Press. p. 73.

[21] Witte, J. F. 2000. The Market Approach to Education：An Analysis of American First Voucher Program. Princeton, New Jersey：Princeton University Press. Schneider, M. 2001. Information and Choice in Education Privatization. In：Levin, H. M.（ed.）.（2001）. Privatizing Education：Can the

Market Place Deliver Choice, Efficiency, Equity, and Social Cohesion? pp. 74-105. Oxford: Westview Press.

[25] Marginson, S. 1996. Marketisation in Australian Schooling. InG. Walford (ed.) 1996. School Choice and Quasi-market. pp. 111-127. Oxfordshire: Triangle.

[28] Meijer, J. , Peetsma, T. T. D. , Vermeulen, M. & Karsten, S. 1995. Vrijheid van Inrichting, Onderzoek onder Bestuur en Schoolleiding. Amsterdam: SCO-Kohnstamm Instituut. 转引自 Karsten, S. & Teelken, C. 1996. School Choicein The Netherlands. InG. Walford (ed.) 1996. School Choice and Quasi-market. pp. 16 — 32. Oxfordshire: Triangle. p. 24.

[30] Zanten, A. van. 1996. Market Trend in the French School System: Overt Policy, Hidden Strategies, Actual Changes. InG. Walford (ed.) (1996). School Choice and Quasi-market. pp. 63-75. Oxfordshire: Triangle. pp. 69-71.

[31] Gordon, L. 1996. School Choiceand the Quasi-marketin New Zealand: Tomorrow's Schools' Today. InG. Walford (ed.) (1996). School Choice and Quasi-market. (pp.). Oxfordshire: Triangle.

[32] Levin, H. M. & McEwan, P. J. 2001. Cost-effectiveness Analysis: Methods and Applications. 2ndedition. Thousand Oaks, Calif. : SagePublications. 2ndedition.

[34] Witte, J. F. 2000. The Market Approach to Education: An Analysis of American First Voucher Program. Princeton, New Jersey: Princeton University Press. McEwan, P. J. 2001. The Effectiveness of Public, Catholic, and Non-religious Private Schools in Chile's Voucher System. In: Education Economics, 9(2), 103-129.

[35] Levin, H. M. 1998. EducationalVouchers: Effectiveness, Choice, and Cost. In: Journal of Policy Analysis and Management, 17(3), 373-392.

[37] Gewirtz, S. , Ball, S. J. & Bowe, R. 1995. Markets, Choice and Equity in education. Buckingham: Open University Press. 转引自 Walford, G: 1996b.

School Choice and the Quasi-market in England and Wales. InG. Walford (ed.) (1996). School Choice and Quasi-market. (pp. 49-62). OxfordShire: Triangle. p. 58.

[40] Walford,G:1996b. School Choice and the Quasi-market in England and Wales. InG. Walford (ed.) (1996). School Choice and Quasi-market. (pp. 49-62). OxfordShire:Triangle. (p. 60)

[41] Marginson, S. 1996. Marketisation in Australian Schooling. InG. Walford (ed.) 1996. School Choice and Quasi-market. pp. 111-127. Oxfordshire:Triangle. p. 91.

[42] 转引自 Marginson, S. 1996. Marketisation in Australian Schooling. InG. Walford (ed.) 1996. School Choice and Quasimarket. pp. 111-127. Oxfordshire:Triangle. p. 120.

（本文发表于《比较教育研究》2003 年 6 期。作者占盛丽,时属单位为香港中文大学教育学院）

七、教育选择与选择教育
——兼论公立高中是否该收"择校费"

每当夏末秋初之际,从小学的新生入学到各级学校的升学考试以及毕业生求职,形成了一股巨大的社会洪流,冲击着千家万户,影响着整个社会。在当今社会中,学校教育对社会影响之广泛与持久已经达到了登峰造极的地步,以致我们很难再找出另一种社会现象能出乎其右。

学校教育之所以能够释放出如此巨大的能量,皆因为它具有选择人才的功能。这既是教育的选择,同时又是社会的选择。前者包括学校对入学者的选择和求学者对学校的选择,后者是指社会依据学历对人才的判定与选择。换句话说,教育中的这种相互选择制度日臻完善以及同社会生活中劳动人事制度的紧密祸合,使得"学历"成了每个人在从"自然人"向"社会人"转化过程中成功尺度的主要标志,成为决定一个人地位、待遇等社会身份的基本要件。随着学历主义风潮的日益炽烈,它已经成为一种巨大的社会驱动力,无所不在地影响着整个社会生活的方方面面,长期持久地影响着从幼童到老人的每一个社会生命体。

(一) 教育选择与选择教育现象的历史嬗变

教育选择与选择教育是教育历史发展过程中出现的一种孪生现象,同时又是随着人类社会的发展而不断发展变化着的。

众所周知,自有人类社会,就有了教育这种社会现象。但是原始社会早期的教育实践活动并不具有选择的功能,同时人们也没有选择教育的意识与行为。这是受当时社会生产力发展水平低下的限制,学校教育尚没有出现的缘故。教育选择功能的形成以及人们选择教育要求与愿望的产生,是在人类进入阶级社会特别是在出现了学校教育之后。人类进入阶级社会后,教育就具有了鲜明的阶级性,特别是随着学校教育的出现,不仅阶级色彩日益浓厚,同时也为学校教育的目标与规模所限,学校教育自身也就逐渐开始具备了选择受教育者与被受教育者选择的双重性格。

在古代的奴隶社会和封建社会中,学校教育是灌输与传播统治阶级思想意识和伦理道德、培养阶级统治人才的工具。古代学校教育这种赤裸裸的阶级性,决定了它对受教育者选择是有严格的阶级或等级标准的。从受教育者的身份来看,古代社会学校所选择的教育对象主要是富有阶级的子弟;从经济层面来看,富有阶级是生产资料的占有者,所以也只有他们的子弟才具备接受学校教育的经济实力。相比之下,被统治阶级的子弟受其经济地位的限制,根本不具备接受学校教育的经济实力,因此也就不可能去选择学校教育。所以,在古代社会里,教育选择与选择教育这种现象有着很大的历史局限性,它只是发生在统治阶级的群体之内,并不具有广泛的社会性和普遍性。

当人类进入现代社会以后,学校教育的性质逐渐发生了变化,学校开始从少数富有阶级子弟所垄断的特权转变为面向全体公民子女服务的机构。现代社会学校教育的变化主要表现为如下几个方面:首先是学校教育制度体系日趋完善,各级各类学校教育的性质、培养目标以及相互之间的衔接关系等都有了明确的制度化规定;其次是学校教育的规模得到了空前的扩大与发展,中小学教育的逐步普及以及义务教育制度的广泛实施,使基础教育逐渐具有了全民教育的性格;第三是高等教育规模的迅速扩大以及入学人数急剧增加,也使其开始由精英教育的学府逐渐转变成为青年大众服务的教育机构。

造成这种变化的根本原因,首先是随着科学技术的飞速发展与社会生产力水平的迅速提高,社会生产等部门对从业者素质与技能的要求也不断提高,古代社会中师徒或父子相传式的培养方式显然无法满足这种需求,所以从业者的这些素质与技能必须也只能通过学校教育的方式来获得。这种人才培养方式的改变又促使学校教育的培养目标从单一化转变为多样化,即从古代社会那种培养阶级统治人才的单一目标转变为培养现代社会发展所需各种人才的多元目标。其次,民众随着生活水平的提高不仅对教育之需求空前高涨,而且对学历水平的需求也随着社会生产技术构成水平的不断提高而提高。再次,教育经费来源的多元化以及社会民主化程度的不断提高,教育特别是基础教育已经成为一种公益事业,公民以纳税人的身份参与到教育事业中来,对教育有了更大的发言权。最后,国家、社会对教育功能的认识与观念发生了根本性的转变,教育不仅被看作是阶级统治的工具,更被视为是促进社会进步和经济发展的重要杠杆,教育的价值取向多元化,对教育的投入显著增加。

尽管随着现代社会学校教育事业的发展,学校对受教育者的选择以及受教育者对学校的选择无论在范围上还是在内容上都发生了巨大的变化,但较之古代社会而言,在选择方法上并未有根本的改变。

从理论上讲,学校选择学生是为了使所招收的新生具备其培养目标所需的基本素质和基础知识,以实现教育效益的最大化。在尚找不出其他更好方法来取代考试的情况下,考试便成了惟一的选拔方法。学校对入学者也只能通过考试的形式来进行选拔。学校教育对学生的这种选拔方式又决定着学生对学校教育的选择方式。也就是说,学生在选择学校之际,也只能通过自身的考试成绩来决定自己对学校的选择。

从内容与范围上讲,现代社会的学校教育对入学者的选择以及求学者对学校教育的选择都发生了很大的变化。从学校方面看,对入学者的选择范围得到了空前的扩大,选择标准更加制度化,出身、性别、信仰以及经济状况等已不再成为制约学生能否入学的因素?从学生方面看,不仅所有适龄青少年都具有选择学校教育的权力,而且由于学校教育事业的发达,可以选择的范围又十分广泛。因此,在现代社会中学校与学生之间的这种相互选择已经具有了普遍的社会性。

但是,通过考试来进行相互选拔的方法依旧延续下来,或者说这种相互选择仍然是通过考试的方法来实现的,考试成绩仍然是决定双方取舍的基本依据。在这种以考试成绩为基本选择标准的前提下,由于包括自身素质在内的方面也都通过考试来做出判定(不管它是否科学与合理,现实就是这样),因此努力提高考试成绩便成了第一要义的东西。

总之,无论古代社会还是现代社会,自学校教育出现以来就存在着教育选择与选择教育这种社会现象,而且这种选择的主要途径或手段就是考试。当然,在这里我们还必须指出的是在现代社会里人们选择教育的目的发生了根本性的变化,不再直接是为了入仕为官,而是追求尽可能高的学历。

(二) 学历主义风潮是选择教育的集中表现

学历是社会成员接受正规学校教育的一种经历与标志。在现代学校教育制度中,任何一级学校的学习结束之际,学校都要对考试合格者授予相应的毕业证书,作为完成该阶段学校规定课业的一种资格证明。在结束高等教育学业之际,除毕业证书外,经过考试和论文答辩还要对合格者授予相应的作为一种学术水平标志的学位证书。

学位制度在古代社会中就有其雏形存在。古代社会教育中最为完备的学位制度应该首推我国古代的分科取士即科举制度。科举制度始于隋场帝大业二年(公元 606 年),历经唐宋等朝代,时至明清时期又细分为郡试、乡试、会试和殿试,对其合格者分别授予生员(秀才)、举人、贡生、进士等称号,这就是一种学位。这种学位不仅是等级身份的证明,而且也是封建统治阶级选拔官吏的基本依据。

实际上,人类自从进入阶级社会后,由于学校教育制度同官吏选拔制度的结合,学校教育的功能就发生了变化,这主要表现在学校教育在培养人才的同时,也逐渐地承担起人才(官吏等)的培养与筛选的功能。学校教育之所以能够承载起这种功能,主要是由主客观两方面的因素决定的,主观因素是指社会生活中存在这种实际需求,客观因素是学校教育具有这种客观属性。因此,在生产力发展水平十分低下和以专制统治为特征的古代社会里,统治阶级对人才(官吏)进行筛选的职能也只能由学校这个客体来履行。但是,学校教育承载起筛选人才功能的一个直接后果,触发了对学校教育功利主义价值取向的追求,学校教育逐渐被异化成为入仕为官的敲门砖。古代社会中的"学也,禄在其中矣","仕而优则学,学而优则仕"的价值取向对古代教育乃至现代教育的发展都产生了深远的影响。

由此可见,在古代社会中学校教育的人才筛选功能同官吏选拔制度的结合,一方面异化了学校教育的目的,另一方面又触发了功利主义教育思潮的形成。同时,这种功利主义教育思潮的泛滥反过来又对学校教育起到一种催化作用,使学校教育的人才筛选功能变得愈加鲜明赤裸。

在现代社会里,学校教育培养目标的多元化是社会生活对人才需求多样化的客观反映。时至今日,社会所需的各种人才几乎都由学校负责进行培养,学校已经成为培养社会所需各级各类人才的一种社会化的机构,因此学校教育在社会发展中的作用也显得愈加重要,以至人们将教育视为决定社会发展水平与速度的最重要因素。随着学校教育规模的不断扩大和功能的日益多样化,它已成为每一个人"自然人"向"社会人"转化的必经之路,成为个体成长过程中不可或缺的重要环节,成为社会及民众须臾不可离开的一种社会存在。因此,每一个人在自己成长过程中都要根据自身的需要与可能对教育作出数次选择。一般地说来,这种选择开始于接受完义务教育,终结于高等教育结束。

然而现代社会在教育规模不断扩大与普及水平不断提高的同时,学校教育人才筛选的功能不仅未能逐渐减弱,反而是在不断地增强。造成这种状况的根本原因是由于社会的劳动人事制度越来越依存于学校教育制度,与学校教育制度之间的祸合日趋紧密的缘故。于是,作为接受学校教育的标志——学历的作用也就愈显重要,学历的高低成了决定一个人社会地位、经济收入以及发展前途的重要资本。教育的工具主义色彩越来越浓,追求高学历的社会风潮愈演愈烈。

学历主义社会的典型特征是受教育的程度以及毕业学校的社会知名度被作为衡量一个人能力高低的主要标准和录用人才的基本依据。在学历主义社会里,学历又是一面镜子,一方面它聚焦着社会成员自我实现与追求的目标,另一方面又折射出将来预期的社会价值。获取更高的学历也就预期着将会得到更高的社会地位。因此,学历主义的这种社会心态和价值取向所带来的直接后果必然是加剧了各级学校教育特别是高等教育的升学竞争,并由此引发了围绕择校权的争议与思考。

(三) 公立高中收取择校费是对教育权的肆意践踏

追求高学历的直接表现就是对学校教育进行选择,在现代社会里这种选择又是社会成员对其所享有的教育权的合法利用。因为受教育权不仅是人权的重要组成部分,而且它还包括接受教育权利与选择教育权利的双重含义。

　　这里所要讨论的主要是择校权与收取择校费的问题。从我国的实际来看，这个问题突出发生在义务教育结束之后的公立普通高中教育阶段，特别是一些重点(或示范)高中。

　　我国实施的是九年义务教育制度，这意味着学生在初中毕业即义务教育结束之际，就面临着人生第一次的严峻选择。这次选择一般包含两个层次的内容，第一个层次是在普通高中教育和中等职业教育之间的选择，第二层次是具体到对某所学校的选择。前者是对学校教育类型的选择，后者是对具体某所学校的选择。

　　目前，各地较为通行的做法是教育行政主管部门对公立普通高中学校下达招生指标，即计划内招生名额。学生在中考时选择本学区或者行政区域的高中填报志愿，学校根据考生的考试成绩进行录取，这是计划内的招生。除此之外，各级别的重点或示范高中乃至非重点(示范)高中在完成计划内招生后还招收择校生。为了规范招收择校生工作，不少地方还专门作出了相应的规定，有的地方要求公办普通高中在招收择校生时要遵守所谓的"三限"政策，即限分数，限人数，限钱数。有的地方还要求学校在招收择校生前要到当地价格主管部门办理收费许可证，并在学校收费处的醒目位置公示择校生的收费标准。有上级主管部门的红头文件，又有价格主管部门的许可证，对择校生收取择校费看似名正言顺有据可查，其实是于理不通。

　　公办高中的性质决定了它不应该收取择校费。公办高中的办学经费来自政府拨款即纳税人所交纳的税款。在现代社会市场经济体制下，教育如同社会公共设施建设、国防等领域，社会成员个体是不可能通过交换行为来换取所需服务的。因此，只能是由政府按照公民的共同意愿用税收来建设这些设施或机构来提供这种服务，这就使这些领域或部门具有了公益的性质。公办高中是由政府举办的教育机构，理所当然地具有强烈的公益性质。

　　教育权虽然包含接受教育和选择教育(学校)的权利，但是为社会发展水平所限在保障受教育权和选择教育权过程中所通行的原则又是不同的。保障受教育权通行的是平等的原则，即社会(通过政府组织)要保障每个人都能够享有平等的受教育权利，任何组织(或个人)都不能剥夺，如义务教育制度就是这样；教育选择权(或择校权)通行的是机会均等原则，即机会对每个人来说都是均等的,不受性别、出身、经济条件、信仰等条件的限制。但它所强调的是机会均等,也就是说虽然人人都有这种机会,但是不是保障每个人都能获得所要选择的教育或学校,因为能否实现自己的选择还须经过一定程序。现时所通行的做法就是考试,按考试成绩的高低来决定这种机会的获得与丧失。公办高中为其公益性所决定,在学生择校权的问题上必须遵循机会均等的原则,保障学生的择校权如同保障其受教育权一样是其义不容辞的义务与责任,任何理由都不可能成为违背或破坏这个原则的口实。

"招收择校生本身就是为了保障学生的择校权",这是招收收费择校生的一个基本观点。实际上,这种观点的要害不仅是对择校权的片面理解,而且也是对机会均等原则的歪曲。

实际上,学生初中毕业升高中之际填报志愿的本身就已是一种择校行为,是学生对高中学校进行的选择,学校按照学生的考试成绩进行录取,因此从这个意义上讲高中就已经在招收择校生了。现在讨论的择校权问题是指计划外招收的收费择校生的问题。既然计划内录取的和计划外收费录取(甚至也有名额和分数线限制)的两类学生同样都是在择校,那么学校在保障学生择校权的同时,有什么理由还要在计划招生名额之外单独划出一块来招收收费择校生,并依此来标榜保障学生的择校权呢?难道招收计划内学生本身就不是在保障学生的择校权吗?

机会均等原则的基本前提是实行单一的录取标准。招收计划外收费择校生的要害是在保障学生择校权的问题上实行了双重标准,即在对一部分学生实行单一分数标准的同时又对另一部分学生实行金钱(或加分数)标准。于是,机会均等原则在这里不见了,因为家庭经济状况成为制约学生能否具有择校权的一个要件。所以那种认为招收收费择校生是在保护学生择校权的观点若不是出于对择校权含义的无知,就是对机会均等原则的肆意践踏。这里还必须指出的是,实行这种双重标准的直接后果不仅是没有保护而且还剥夺了一部分学生的择校权。也就是说,按学校实际招生能力本应该被录取的一部分学生由于被人为划定的录取分数线挡在了学校大门之外,所以他们的择校权(由于交不起择校费)就这样被无情地剥夺了,尽管剥夺者甚至还摇晃着保护择校权的旗帜。

"对择校生实行收费制度是因为他们没有达到录取分数线",这是主张招收收费择校生者们所能做出的又一种解释。众所周知,录取分数线是依据报考人数、考试成绩以及学校招生名额等 3 个基本因素确定的,并不是一成不变的恒数。不同学年度有不同的录取分数线,是路人皆知的常识。问题是既然学校有招收计划内外两种学生之和的能力,那么为什么不按实际接受能力来确定录取分数线呢? 人为地抬高录取分数线,只不过是为招收收费生制造的一种借口而已。因为如果按照学校实际招生能力来确定招生名额和录取分数线,不仅能够公平地保障学生的择校权,而且也就不存在招收未达到录取线学生的问题了。

"这是为了弥补教育经费的不足",这是另一个说法。由于题目和篇幅所限,这里不准备讨论如何保障教育经费的充足度问题。但应该指出的是教育经费与择校权完全是两回事,我们不能将教育经费不足问题作为歪曲择校权或剥夺一部分学生择校权的借口,道理就象不能因为教育经费不足而去剥夺学生受教育权利一样的简单。同时还有一个不能让人忽略的事实是,能够收取高额择校费的大都是各级别的重点或示范高中,比起非重点或示范高中来它们的日子要好过得多,经费也相对充足得多,同时它们的"买点"不是经费缺乏,而是学校的社会知名度。年均收取的择校费甚至远远高于大学的学费,难道高中生年均所需培养费比大学生还多吗? 因此,这种观点同样也是站不住脚的。

招收收费择校生不仅仅是公办高中学校自身的问题,它还涉及到一些教育主管部门乃至价格主管部门,因为它们也都想从中分得一杯羹或获得一定的利益,所以问题就变得复杂起来,其解决也可能需要一个过程。但是一个根本前提是观念的转变与更新,是对择校权准确的理解与认识,如果把择校权视为教育权的一个重要组成部分,是一种神圣不可侵犯的权利;如果认为在一个法制与民主不断健全的社会里,作为各级政府的职能部门特别是教育主管部门有责任与义务率先垂范地去保障每一个社会成员的合法权益,那么不仅这个问题会容易地得到解决,而且由此繁衍的一些腐败现象也会随之销声匿迹了。从这个意义上说,正确理解择校权问题还有着净化社会风气的作用。

(本文发表于《比较教育研究》2003 年 12 期。作者李守福,时属单位为北京师范大学国际与比较教育研究所)

八、从限制到鼓励：国外择校政策透视

（一）政策的转变：从限制择校到鼓励择校

"就近入学"是世界各国在普及教育以后所采取的通行做法，在 20 世纪 80 年代以前曾是发达国家在义务教育阶段所普遍遵循的基本原则。作为发达国家的代表，美国在 80 年代以前，各州均实行"划分学区、就近入学"的政策，受教育者在选择受教育学校方面的自由受到很大限制，一般只能在学区内到公共教育当局指定的公立学校就学。择校只限于少数富裕家庭选择私立学校、有宗教信仰要求的家庭选择教会学校。

地处中东地区的以色列，由于受到平等主义世界观的影响以及对民族一体化的关注，长期以来一直致力于使教育机会和教育成就平等化，严格限制择校。为此，以色列在小学和初中阶段的教育，学区的划分非常严格。在以色列，学生大致可分为社会地位较高的和社会地位较低的两部分，学区的划分往往经过精心的设计，以确保这两部分学生在学校能够真正融合到一起。为此还制定了详细的管理规则。这些规则要求建立真正的由各种学生组成的家庭化班级。[1]

然而，自 20 世纪 80 年代以后，西方发达国家对义务教育阶段的入学政策作了重大调整，逐渐放松了对就近入学的限制，甚至推行鼓励择校的政策。在美国，1988 年布什在总统竞选时提出了"教育复兴"的竞选口号，向选民承诺将致力于教育改革以提高公立学校教育质量，建立良好的学校教育环境，在其关于基础教育的政策中，提出了最富争议的包括私立学校在内的选择计划。1989 年 4 月,布什总统签署了《1989 年教育优秀奖励法》,希望通过家长为其子女选择学校而促进开放式招生。1990 年春,布什总统在其宣布的"美国 2000 年教改法案"中明确提出要推行择校,并主张在公立及私立学校广泛的范围内开展。从此,"择校"便成为美国教育界关注的热点。1991 年布什总统提出"美国 2000 年计划",呼吁进行全国教育改革,其中很重要的内容之一就是鼓励选校计划。在 1993 年教育财政预算中,他提出将 32.2 亿美元用于学校选择计划。[2]

克林顿执政期间继续推行学校选择政策,只是在具体措施方面表示了与布什不尽相同的观点。他强调不反对公立学校间的竞争,但反对将公共经费提供给私立学校的"教育凭证"。他提出了一个仅是在公立学校范围内进行的有所限制的选择计划。为此,他推出了一个与学校选择有关的"特许学校计划"(charter school plan)。1995 年他还在国情咨文中积极主张各州以立法形式支持特许学校的创立。

现任总统布什一上台就公布了一个名为《不让一个儿童落后》的教育蓝图,由此推出了本届政府的教育新政策,其中之一便是促进获得信息的家长的选择。具体包括:1. 为家长提供学校情况报告。学生家长通过获悉各校所有学生的成绩报告卡,可以为其子女做出基于这些信息的学校选择。2. 为特许学校提供经费资助,包括开办费、设备费及与创建高质量学校相联系的其他费用。3. 资助创新性学校选择计划和研究。教育部长将向那些为扩大家长选择以及研究学校选择之结果做出创新努力的人士和机构提供资助。4. 推广教育券制度,即如果学校连续三年不能提高其学生的成绩,则家长有权用公共经费为其子女选择其他公立或私立学校。[3]

与美国一样,自 20 世纪 80 年代以来,英国政府也广泛推行择校政策。教育被看成是一个开放的市场,家庭是市场的消费者,可以根据学校的办学质量为子女选择学校就读。1980 年,保守党上台不久即公布了《1980 年教育法》。该法规定,家长具有在公立学校体系内进行选择的权力,并有权得到关于被选学校情况的资料。除非这些学校已经人满为患或有其他充分理由拒绝,家长的选择一般都应得到满足。此后,《1988 年教育法》的颁布,进一步扩大了家长择校的权力,该法通过实行"开放入学"的政策,把招生的权力由地方教育当局移到了学校,并通过增加学校的类型来扩大择校的范围。进入 90 年代以后,家长的选择又得到了进一步的扩大。《1993 年教育法》再次使家长择校得到更多的帮助。地方教育当局被要求向公众公布更多的关于学校的信息以及其他行为指标。[4]

此外,澳大利亚、新西兰等国也在尝试推行择校政策。就连限制择校最坚决的以色列,在过去的 10 年中,教育当局对推动学校融合以及保持政府对所有教育活动全部负责的立场也开始动摇。人们对学区划分规定的执行越来越松弛了。因为公众对学校融合政策的反对意见越来越大,认为按片划分就近入学的制度剥夺了父母为他们的孩子自由选择学校的民主权利。随着中央政府对学生入学控制的放松,以色列出现了下述两种类型的竞争:一是学生家长之间为给子女选择最好的学校而进行的竞争;二是各学校之间为吸引好学生而进行的竞争。[5]

(二)政策转变的动因:从"大政府"到"小政府"

促使西方发达国家教育政策转向的因素是多方面的。国内有学者从理论依据、经济因素、教育因素等方面对其进行了较全面的分析。[6]笔者以为,推动西方发达国家教育政策转向最主要、最直接的动力是从"大政府"到"小政府"的转变,这种转变促成了择校制的形成。

长期以来,在如何处理政府与市场的关系问题上,西方一直存在着"大政府"与"小政府"之争。一般而言,在和平时期,人们多倾向于选择"小政府";相反,一旦遇到社会危机、特别是在战争时期,公众和社会往往拥护"大政府"。

从西方社会发展史来看,近代以来一直受自由主义传统的影响。密尔、洛克、亚当·斯密等人的政治经济主张颇受欢迎。与此相对应,西方在教育问题上很早就有"小政府"的观念。约翰·密尔就主张:"政府只要决心要求每个儿童都受到良好教育,并不必自己操心去办这个教育。做父母的喜欢让子女在哪里得到怎样的教育,这可以随他们的便,国家只须帮助家境比较困难的儿童付学费,对完全无人负担的儿童代付全部入学费用,这样就足够了。……这种由国家设置和控制的教育,如果还有存在之余地,只应作为多种竞赛性的实验之一而存在,也只应以示范和鼓舞其他教育机关达到某种优良标准为目的来进行。实在说来,只有当整个社会状态落后到不能或不想举办任何适当的教育机关而非由政府担负起这项事业不可的时候,在'两害相权取其轻'的考虑之下,才可以让政府自己来主持学校和大学的业务;……如果国内不乏有资格能在政府维护之下举办教育事业的人士,只要法律既规定实行强迫教育,国家又支付贫寒子弟助学金,以保证办学不致得不到报酬,那么,他们就会能够也会情愿根据自愿原则办出一种同样良好的教育的。"[7]

然而,20世纪上半期的世界性经济危机和世界大战,公众和社会不仅接受甚至要求政府对社会经济生活的介入,从而使得政府在经济和社会生活的各个层面上扮演着强有力的角色。"大政府"由此形成。"大政府"的主要表现和标志就是广泛推行福利国家政策。以美国为例,从1950年到1991年,列入政府计划的总的社会福利开支,以每年约7%的增长率上升。这是接近于国民生产总值(GNP)或国内生产总值(GDP)一倍的增长率(如下表1和表2)。[8]

表1　列入政府计划的社会福利开支(百万美元)①

年份	社会保险	政府援助	医疗健康	住房	其他社会福利	总数
1950	4 947	2 496	2 064	15	448	9 970
1960	19 307	4 101	4 464	177	1 139	29 188
1970	54 691	16 488	9 753	701	4 406	86 039
1980	230 000	73 000	27 000	7 000	14 000	351 000
1992	617 000	208 000	70 000	21 000	22 000	938 000

资料来源:1995年《总统经济报告》,第278页。

---

① 表1未将退伍军人补贴和教育津贴计入福利国家范畴内,因为这些政府援助早在福利国家时代之前很久就有了。另,1950年的紧缩由计算得来。所有紧缩率适用于国内生产总值,只是"医疗健康"除外,它依据的是有关医疗照顾的消费者价格指数。而当时的美元数据引自1975年和1995年的《统计摘要》。表中的类型包括行政开支和资本支出。

表 2 年平均实际变化的百分比

1950~1992	7.56	6.53	2.39	13.95	5.20	6.58
1950~1970	9.81	7.02	3.78	18.06	9.17	8.08
1970~1992	5.55	6.09	1.14	10.34	1.72	5.24

资料来源:1995 年《总统经济报告》,第 341 页。

20 世纪中期,美国芝加哥大学教授弗里德曼和著名经济学家哈耶克(F. A. Hayek)等人再次积极倡导"小政府"政策,主张教育市场化,并提出了具体的政策主张(如由政府发放教育券等)。在弗里德曼看来,19 世纪后半叶以来建立起来的公共教育制度是一种政府的垄断。由于这种教育制度缺乏必要的市场竞争的约束,无论从经济、社会还是从教育上看都是失败的,因为它导致效率低下,资源浪费。学校对学生、学生对自己的学习均不负责。要改变这种状况,惟一的出路是实行市场化。对于基础教育,他主张应将对公立学校的直接补助改为由政府向学生家庭直接发放教育凭券(voucher)的办法。同样,哈耶克也认为,市场是教育活动的基础和依据,应将市场的竞争原则运用于教育领域。但是所有这些主张在当时都因缺乏社会现实基础而未能付诸实施。

20 世纪 80 年代以后,"大政府"的弊端日益暴露出来:长期的福利国家政策,导致了政府的极度膨胀,滋生了官僚作风,造成了政府和社会工作的低效和浪费。对此,戴维·奥斯本和特德·盖布勒在《改革政府—企业精神如何改革着公营部门》一书中曾有过精彩而充分的分析:"花在纽约市每个穷人身上的公家经费和私人捐款 1983 年平均为 7 000 美元,可是只有 37% 到了穷人手里。"[9]这一状况迫切需要实施新的社会改革。于是新保守主义的有关政策主张大行其道。具体表现就是在经济和社会政策方面大力推行私有化,对社会福利制度进行全面改革。

与政府机构一样,在福利政策体制下,公立学校同样不尽人意。与私立学校相比,公立学校不仅办学效益不高、办学质量低下,而且纪律松弛,甚至缺乏安全感。"传统的公共教育是官僚主义模式的经典范例。它自上而下是集权的,条条框框很多;每一所学校都是一个垄断机构;消费者选择的余地很小;每一个人的饭碗与他们的工作成绩是不挂钩的。它是一种保证稳定而不是变革的制度"。[10]为革除这一弊端,教育改革被提上日程。其突出表现就是政府有意识地淡出对基础教育的直接控制,而将竞争机制引入基础教育领域,走市场化之路,让消费者(学生及其家长)根据自己的需要和判断选择学校。因此,推行择校政策也就成了西方发达国家教育改革的必然选择。

(三)政策效果:褒贬不一

综观国外诸项择校政策,其最突出的目标就是追求效率——如何更有效地提高教育质量,怎样更有效地配置教育资源。就政策的实质而言,都是试图借用市场手段来实现改革的目标。正因为如此,在国外,择校问题始终与教育市场化问题密切相关。是否允许择校的问题往往就是要不要将市场机制引入教育领域(基础教育领域)的问题;至于具体的择校政策则是基础教育市场化的程度与方式的问题。关于国外择校政策的实际效果,目前还缺乏明确的结论。就公众与研究人员的态度而言,赞成者有之,反对的人也不少,双方往往各执一词。赞成者看到是,择校制度不仅给学生与家长带来了更多的教育自由,而且对改善公立学校的教育质量确有裨益。例如,特许学校的"家庭式的氛围"颇受教师和学生的称赞。家长们也由于能够更多地加入到学校的管理中来,而有了"受欢迎"的感觉。此外,特许学校对待暴力、酗酒和毒品的严厉态度也使这些情况的发生大大减少,在这里,学生普遍反映有安全感,更能专心致志地学习。

对择校制持批评态度的人的主要依据是:第一,择校制导致了学校和学生的分化。由于学生家长在知识背景和社会交往上的不平等,任何一种择校机制中都存在着加剧学生等级分化的固有趋势。学生的分化必然造成学校的分化。受欢迎的学校往往能够招收到大量的中产阶级的子女,因为他们互相选择。其他不受欢迎的学校,只能招收大量有特殊教育要求的、被其他学校排挤出来的学生,这些学生往往来自贫困家庭,或者在学习上有困难。由此,那些处境不利的学校将雪上加霜,甚至变成"收留弃儿的垃圾场"。第二,择校制并不一定能提高学校水准。学校的成功发展,有时是因为它们吸引了大量有较高能力的学生,有时是因为课程范围的扩大、教学方法灵活一些,或是基础设施增加了,这些与"择校"没有必然的联系。[11]第三,自由市场经济的理论并不能照搬到学校教育之中。因为教育并不象经济那样能就投入与产出的效益作出明确的判断,而且培养人也不可能短期之内就能见到成效。再说学校为追求"可见"的效率

（即让家长看见学生的学习效果），在教育评估上可能会过分倚重考试成绩，而忽视学生内在的难以用考试检测出来的综合能力。还有，教育的商业化可能使某些所谓的教育公司以牟利而不是以教育作为其最终目的。这样会最终导致学生被放到一个次要的位置上，成为教育公司谋求利润的牺牲品。[12]

（四）启示：我国不宜推行择校制

针对上述争论，结合我国国情，笔者认为，我国应审慎对待择校制，至少在近若干年内还是应该坚持就近入学政策。因为：

第一，推行择校制，有可能加剧义务教育阶段教育机会的不平等。从某种意义上说择校就是走市场化的道路。有学者指出，在每一种自由市场机制条件下，毫无例外的是，强者要比弱者更易生存，这不仅是因为他们能力更强，而且因为他们有足够多的资源能使那些竞争规则对他们更为有利，教育市场也不例外。况且，教育市场还有其自身的特殊性——它的顾客不仅是接受教育服务的消费者，而且还要为这个市场提供原材料。这种原材料质量的高低直接影响它的最终产品的质量。学校作为自由市场上的一个公司，不仅要争取到顾客——即那些给他们付费的学生；还要争取到作为原材料的学生，只有这种学生才能保证他们生产出高质量的教育产品，从而保证学校在教育市场上的较高声望。教育市场上顾客的这种双重角色使最好的学生和最好的学校之间结成了一个秘而不宣的同盟。[13]这种同盟将对自由竞争产生严重的威胁，最终必然破坏教育机会均等的原则。

我国同一地区公立学校之间存在较大差距，不具备平等的竞争起点，如果推行择校制，更容易造成义务教育阶段教育机会的不平等。并且，我国某些公立学校的薄弱，主要是由于投入不足造成的，至于学校老师与领导则是很努力的，只是"巧妇难为无米之炊"；而西方国家特别是美国，其公立学校办学质量差，则往往是由于学校不负责任造成的。市场化、引入竞争机制对西方国家可能是有促进作用的，但对我国则未必奏效，甚至是不公平的。

第二，近年来的教育实践表明，我国目前还不具备推行择校制的条件。即便是同一区域的学校之间差距不大，推行择校制——走教育市场化之路，也需要相应的制度保障，否则很"容易使学生成为教育公司谋求利润的牺牲品"。而我国目前的市场化程度和市场管理制度都还不够完善,不能适应教育市场化的要求。近年来一些民办学校的倒闭证明了这一点。据报道,"新世纪"学校曾是武汉市响当当的民办学校。2000 年 12 月 19 日该校突然宣布"解散"。紧接着,2001 年 2 月,该市私立华奥学校、香梅高中相继关门。仅"新世纪"的倒闭,就使数百名师生受害,家长数百万元血汗钱被圈走。据了解,这些学校都存在严重的资金违规行为,借办学圈来大量钱财后进行非教育投资,最终导致"财政危机"而不得不关门。有关人士认为:之所以出现这种状况,办学者负有不可推卸的责任。"新世纪"在其一份办学实施方案中,竟毫不隐瞒地写道:"从经济效益的角度来看,创办外国语学校是一个一劳永逸的投资项目,而且每年都有比较稳定的经济收入,且风险小、见效快。"赤裸裸的一份商业计划! 其实,民办学校成批倒闭,并非武汉独有的现象,出于同样的原因,北京、上海等城市也是如此。[14]

参考文献:

[1][5][13] 张燕编译. 以色列中小学教育的市场化倾向[J]. 外国中小学教育,1997(4).

[2] 曾晓洁. 美国的"择校制度"与基础教育改革[J]. 比较教育研究,1997(6).

[3] 赵中建. 不让一个儿童落后——美国布什政府教育改革蓝图述评[J]. 上海教育,2001(5).

[4][11] 李祯. 英国家长择校的政策与实践[J]. 外国教育研究,2000(2).

[6] 许明、胡晓莺. 当前西方国家教育市场化改革述评[J]. 教育研究,1998(3).

[7] 约翰·密尔. 论自由[M]. 北京:商务印书馆,1959:115-116.

[8] 约翰·F·沃克、哈罗德·G·瓦特. 美国大政府的兴起[M]. 重庆:重庆出版社,2001:260.

[9][10] 戴维·奥斯本、特德·盖布勒. 改革政府——企业精神如何改革着公营部门[M]. 上海:上海译文出版社,1996:译者序第 1 页,296.

［12］史静寰. 当代美国教育［M］. 北京；社会科学文献出版社，2001：240.

［14］记者. 办学还是圈钱？武汉民办学校一窝蜂倒闭［N］. 南方周末，2001-10-12.

（本文发表于《比较教育研究》2003 年 12 期。作者朱家存，时属单位为北京师范大学教育学院）

九、美国"择校"中的争论：问题的性质及制度涵义

引言

当前，"择校"已经成为大中城市中一个热点话题。家长、教育部门、学者都参与了讨论，但是，多年后的今天，"择校"似乎仍然是一个无解的话题，无论支持还是反对"择校"，都会陷入观念的争论或观念和实践间的冲突中。在政府方面，始终坚持义务教育要就近入学的策略，而在实践中，又不得不为"择校"留有空间。在家长方面，没有参与择校的家长批评"择校"的存在，影响了教育的公平竞争；而为孩子择校的家长又批评政府的择校标准不清晰，让他们用试错的方式参与整个选择过程，付出了太多的心理成本。

也许是"择校"现象过于直接地将不同群体的利益冲突呈现在人们的面前，我国的择校研究多集中于列举择校现象的弊端或优势，并在此基础上讨论择校是否违法、择校费是否合理、择校是否破坏了教育公平等问题。对择校优势和弊端的认识不是经验性的，就是依据一些根本原则和文本断章取义地加以判断，解决择校问题的建议也较为简单且态度鲜明，即反对择校和鼓励择校。但是这两种态度都缺乏相应的较为有力的理论支撑，没有将建议放置在教育目标、政治程序、经济效率、法律实施可行性的框架下进行分析。因此，不管支持或反对择校，其观点都显得偏激、片面和过于简单。

基于对现有研究中存在问题的认识，笔者认为，关于择校的研究迫切需要摆脱个体经验的认识，从规范和实证两个方面对择校问题进行综合研究，提高

现有研究的系统性,以全面奠定择校政策制订的知识和信息基础。作为发展中国家,比较研究往往是启动研究的基础。然而,美国的择校无论是改革目标还是择校方式,都和中国有着根本的差异,于是,人们否认美国择校研究对于中国的借鉴价值。但是,如果超越现象的讨论,我们会发现,中国和美国的"择校"实际上在规范方面都面临着义务教育的统一、标准化与多样化个性需要之间的冲突,存在着就近入学的平等化策略与选择的效率导向之间的根本矛盾。从规范的意义上研究美国择校中的基本问题及其制度涵义,对莫定"择校"政策分析的理论基础具有不可替代的意义。我国的学术界迫切需要从研究美国的文献中,扩大对"择校"问题的研究视域。

(一)美国"择校"中遇到的主要问题

"择校",不管其形式上是采用特许学校、学券制还是采用磁石学校、学费补贴(tuition tax credits)的方式,都质疑了传统公立学校的价值及其运作方式,而制定"择校"政策的核心,便是在特定的、限制性的背景下,不同群体相互作用,达成共识的理性过程。政策优先顺序的更换和替代,实际上反映了占据统治地位的观念对政策的裁量。[1]整体上,美国各州关于"择校"的立法过程遇到了三个方面的根本性问题。

1. "择校"带来的价值问题

能否在公立学校内或公立学校外设置"选择"空间?有学者形容这种争论恰似宗教争斗,对市场的坚定信仰和对传统的公立学校价值的推崇使得观念上的冲突基本无法调和。[2]尽管学校选择过程中的市场结构、信息状态、参与者行为还没有搞清楚,相互作用的传导机制还没有设计完备,但是,"市场结构—行为—绩效"已经成为市场信奉者的基本信条。[3]从这样一些基本信念出发,经济学家相信,通过给予家长推出(exit)机制,家长就可以拥有自然选择的过程,就可以以非常小的成本,在教育的供给者和消费者之间建立联系。[4]由家长代替行政机构进行选择的过程,首先提高了家长对公立教育制度的效用感受,这是赋权带来的效率提高;其次,选择学校的机制迫使学校进行组织改革,聘用合格的老师,设计更加符合学生需要的课程、更友好的师生关系,这些都会对教学互动过程产生影响,最终,将会提高学生的学业成绩,[5]这便是市场结构带来的产出提高,是市场的效率。

效率导向的"择校"方案与传统的公立学校价值体系有着根本的不同。公立学校是建立在这样的理念上的,即同一学区的孩子,一同乘坐校车去学校,接受同样的教育;学校由校董会加以民主管理,教师自由地实施有效的教育。通过公立学校,培养公民意识和整个国家在文化和意识上的同质性,最终将年轻人融合到国家中。[6]在教学方面,坚信任何儿童都可以通过适当的课程达成合适的认知目标,在认知领域是没有阶级划分的。把教材程序、指导技术、学习方法作为独立变量加以设定,对教学过程的黑匣子进行分析,对师生沟通过程进行结构分析,都可以提高教学的效率。教师的教学和学生的学习都是纯粹的技术性行为,是不受社会因素的影响的。[7]

"择校"带来的价值冲突还不仅这些。美国大多数州的"择校"仅在公立学校体系内进行,如亚利桑那、佛罗里达的特许学校等,但是,美国克里夫兰的学券计划则是将教会举办的私立学校也包括在内,直接挑战了美国宪法关于公立教育世俗性的规定。[8]

2. "择校"结果的评价问题

对于"择校"的支持者来说,推行"选择"机制的根本原因是希望通过选择,提高公立学校体系的效率。这涉及对择校结果的评价,评价应该包括辍学、留级率、高中毕业率和高等教育人学率等。[9]由于这些数据都不容易得到,绝大多数文献都以标准化的成绩测试结果作为评价的标准。"择校"是否带来了学生学业成绩的提高?如果真的带来学业成绩的提高,那么,又应该怎样评价这种学业成绩的改善呢?

比较"择校"的效果,关键在于试验组和控制组的设计。早期的研究都以参加"择校"的学生作为试验组,而把未参加择校的公立学校的学生作为控制组。在这样的研究设计下,参加择校的学生的成绩明显高于控制组的学生。后来的研究者认为,"择校"学生的成绩优势在很大程度上可以认为参加择校项目的家长的"选择"效应,(selection effective)的贡献。相对于留在公立学校的家长,他们更关心孩子的学习,更多地参与孩子的学习过程。[10]学券计划自我选择的前提就决定了即使有入门条件,参加学券计划并愿意为孩子选择私立学校支付额外资金的家长,往往是有较高教育动机的家长,他们的孩子成绩优于其他学生。

美国最早实施学券计划的密尔沃基市的学业评价更显戏剧效果。因研究密尔沃基市学券计划而闻名的约翰·威第(J. Witte)在经过几年的研究后，报告说，"择校"的学生相对于仍然在公立学校的同伴成绩没有明显的提高。[11] 而另外一些学者，如格林(J. Greene)以及皮特森(P. Peterson)对同一项目研究 3 年后，通过和当年申请参加择校没有获得学券，至今仍在公立学校读书的学生作为控制组进行比较，却得出效果明显的结论。最近，威廉·豪威尔(William G. Howell)等人对纽约市、代顿市和华盛顿特区这 3 个城市的学券计划成效进行了评估，研究样本仍然是申请加入学券计划的学生、成功获得的学生是试验组，未获得学券、仍在公立学校读书的学生是控制组，这样就去除了家长的选择效应。威廉·豪威尔等在报告中指出，[12] 从公立学校转入私立学校的非洲裔美国人中，1 年后，其综合阅读和数学成绩的国家百分位排名(NPR, National Percentile Ranking)平均上升了 4.5 个百分点，而没有证据表明其他种族的试验组有明显的差异。

相对于学券计划，美国学者对特许学校计划的研究要系统得多。和学券计划多由私人资金资助不同，特许学校计划主要由州政府通过法律的形式加以实施，必须向公众提供年度报告，以说明计划开展的绩效。从特许学校较普遍的 3 个州的报告来看，特许学校的绩效均明显高于普通公立学校。在亚利桑那州，在特许学校有 3 年教育经历的学生，其数学和阅读成绩高于传统的公立学校的学生。2003 年，全州"斯坦福-9 考试"结果表明：州内 25 所中小学数学和阅读考试成绩最好的学校中，有 17 所是特许学校。总体而言，亚利桑那州的特许学校的办学绩效比其相应的传统公立学校表现要好。[13] 在加州，2003 年特许学校年度报告也表明开办 5 年以上的特许学校的办学绩效高于非特许的公立学校。开办 5 年以上的特许学校的学业成绩指数的得分为 689（1 所学校得分的目标为 800）。乔治亚州 2004 年的研究报告也提出：大部分特许学校的学生在州的考试中达到或是超过了他们相对应的传统公立学校的学生，并有 74% 的特许学校达到了年度适度进步(ADP)的要求。而在全州只有 64% 的学校达到同样的目标。

以上研究报告都在总体上显示了公立学校和特许学校绩效上的差异，由于特许学校的规模较大,大多数研究并没有提供关于家长"选择"带来的影响。然而,只要特许学校还没有完全取代传统公立学校,先期自愿进入特许学校系统学生的家长相对于还留在传统公立学校学生的家长,就更加具备希望变革的"准备"和"愿望",而这一点,也恰恰是对子女学习有力的支持。由于特许学校是在公立学校内部的变革,对传统公立学校价值冲击并不是致命的。目前,特许学校取得的绩效被广泛接受,并成为特许学校改革的巨大推动力。

3."择校"带来的社会问题

在关注"择校"是否真的会带来学生成绩提高的同时,对"择校"带来的社会问题的研究却显得更加沉重和现实。这个问题便是"择校"机制是否带来阶层的分离。目前,美国的学券计划主要是提高低收入阶层选择私立学校的能力,看上去是改善不利阶层的教育机会,不会增加社会阶层分离。但是,社会不利阶层实际上也是分层的。一些学者通过实证研究发现,中下阶级白领阶层比劳动阶层能够更容易、更会利用这些机会。例如,海伦·布塞尔(Helen Bussell)对小学"择校"过程的研究发现,[14]在做出"择校"决定的过程中,工人阶级的父母更多地利用学校提供给他们的信息,而中产阶级的家长却往往利用更加广泛的信息资源,从而对"择校"过程和他们的权利更清楚。这样,除了有形资本产生的社会阶层在影响教育外,"择校"机制的设立又增加了"文化资本"的优势,文化资本使得中下层白领的信息优势和知识优势在子女"择校"过程中突显出来。这样,"择校"计划使得真正的低收入者因文化资本的缺乏,而陷人更加不利的地位。

除了担心社会阶层在学校体系中的分离之外,美国社会还一直担心"择校"机制会导致种族分离。[15]美国学者格雷戈里·韦伊(Gregory R. Weiher)和肯特·特丁(Kent L. Tedin)对美国德克萨斯1 006名家长的调查表明,家长们虽然在影响因素排序中都没有把种族因素考虑在"择校"的因素中,但是,通过对家长实际选择行为的多因素分析却发现,家长选择的特许学校中,本族裔的构成要比其原有的公立学校高11~14个百分点。正因为如此,美国一些学者认为,"选择"机制会将家庭的选择能力、动机和资源等因素带人选择过程。"种族"的偏好,实际上是"择校"机制设计中最需要担心的内容。于是,学者们反思,用几十年时间促成的阶层融合,包括黑人和白人学生的融合,公立学校中推行的不同阶层间的融合是否会由于时下对效率的追求而再次走向分离？

（二）美国"择校"主要问题的制度涵义

1. 价值冲突的制度涵义

教育中的"选择"机制是针对传统公立学校制度中的"配给"机制提出的，到底是"选择"好，还是"配给"好？对这个问题的回答反映了不同规范的冲突，也反映了一个时期占据主流价值体系的思想对教育的影响。从理论上来讲，"选择"或是"配给"都不具备天然的优势，只是资源配置的不同方式而已。然而，伴随着传统公立学校体系的诸多问题，反对者便希望通过"选择"机制纠正现有机制的缺陷。于是，为了推进改革而激烈地批判现有体系就成为可行的方案。不同规范的冲突演变成为制度上的较量。

应该说，现有公立学校体系的运行机制是和其制度目标相一致的。统一、融合制度目标与"配给、基准化"的财政和人力资源配置机制存在着内部的一致性。"择校"机制的引入改变了"配给"的资源配置机制，也就改变了传统公立学校体系中制度目标和资源配置之间的一致性。今后，是否会随着机制创新，不断修正我们原有的义务教育理念，是"择校"在制度上不断完善的重要着力点。

2. 技术创新的制度涵义

技术形态影响制度变革已经被理论和人类制度变迁的历史所证明。以桑代克和弗洛伊德为代表的科学认知理论，否认认知的阶级性，强调认知过程的技术特征，认为在合适的教师、合适的教材和合适的教学方法作用下，就可以达到合适的认知结果。而近些年来对学习动机、师生关系、学校气氛、家庭社会环境的研究都证明了非教学专业技术因素对学习成果的影响。从社会和组织因素中寻找影响学习成绩的因素，直接导致了对学校进行组织改造的诉求。

和资源配置方式一样，公立学校的组织方式也和原有的公立学校制度目标有内在的一致性。当认知探索将动机、师生关系、学校气氛和家庭纳入影响学生成绩的变量范围后，通过学校分类实现对以上关键因素的干预，是在制度上将其"显性化"的一个步骤。在美国，和义务教育相伴随的就近入学制度，借助人们分类居住的学区差异，实际上将学生进行了划分。城市中心学校学生与郊区学校学生在学习动机和家庭教育环境上的差异，带来了师生关系、学校气氛的差异。而美国大量私立学校的存在，又在制度上固定了家庭经济实力带来的教育差异。

目前在美国实行的择校计划，试图通过扩大教育选择权，将教育上的优势扩大至更广泛的阶层。实际结果显示出，有效使用这种选择权的是受过较好教育，但经济实力略差的家庭。这说明，美国在实施"择校计划"时，正在减轻家庭经济实力对教育机会的影响，而在制度上起到了不断强化文化资本对教育差异的影响。

3."择校"社会问题的制度涵义

考察义务教育的演进史，可以清楚地看到民族国家意志的深刻影响。从本质上说，"择校"机制就是试图在义务教育体系的国家意志中，加入个人的选择机制。这样，个人选择给义务教育体系带来诸多的社会压力就会很容易理解了。

美国的"择校"机制突出了文化资本在"选择"中的优势，在社会按照经济实力分层的传统逻辑外，又加入了按照文化资本分层的逻辑。于是，社会公众在社会阶层之外，又增加了能够"适应和利用"制度以及不能很好地"适应和利用"制度的群体。而选择过程中文化背景和价值体系的趋同趋势，也使得社会在"选择"的力量作用下，正逐步划分为越来越小的社会群体。"选择"的力量是否会带来社会结构的"马赛克化"？这是"择校"给我们带来的值得思考的制度涵义。

在我国，教育被称为是"民生"的第一构成因素，在美国，教育是社会制度的主要构成部分之一。"选择"机制的加入绝不仅仅是教育在"公平"和"效率"间摆动的问题，它还有更深刻的社会制度意蕴。

参考文献：

[1] Lance D. Fusarelli. The Political Dynamics of School Choice [M]. Palgrave Mcmillan Press，2003：15.

[2][9] Paul Teske. Mark Schneider，What Research Can Tell Policymakers about School Choice [J]. Journal of Policy Analysis and Management，2001，Vol. 20，No. 4609-631.

［3］Caroline M Hoxby ed. The Economics of School Choice［J］. The University of Chicago Press，2003：4.

［4］约翰·E. 邱伯,泰勒·M. 默. 政治、市场和学校［M］.蒋衡等译.北京：教育科学出版社,2003.36.

［5］邱小健. 择校：一个值得研究的经济学问题［J］.教育科学,2003(4)：12.

［6］OECD. Demand-Sensitive Schooling?［R］. Evidence and Issues, 2006：22.

［7］佐藤学. 课程与教师［M］. 钟启全译. 北京：教育科学出版社,2003. 291-295.

［8］［11］John Witte. The Market Approach to Education：An Analysis of America's First Voucher Program［M］. Princeton：Princeton University Press，2000.

［10］Henry Levin. Educational Vouchers：Effectiveness，Choice and Costs［J］. Journal of Policy Analysis & Management,17(3)，374-375.

［12］William G. Howell，Patrick J. Wolf，David E. Campbell，Paul E. Peterson. School Vouchers and Academic Performance：Results from Three Randomized Field Trials［J］. Journal of Policy Analysis and Management，2002，Vol. 21，No. 2,192.

［13］陈建莹. 美国特许学校绩效研究［D］. 2005：26-27.

［14］Helen Bussell. Choosing a School：The Impact of Social Class on the Primary School Decision-making Process［J］. International Journal of Nonprofit and Voluntary Sector Marketing. 2000，Volume 5 Number 4. 373-387.

［15］Gregory R. Weiher，Kent L. Tedin. Does Choice Lead to Racially Distinctive Schools? Charter School and Household Preferences［J］. Journal of Policy Analysis and Management，2002，Vol. 21，No,1，79.

（本文发表于《比较教育研究》2008 年 10 期。作者曾晓东,时属单位为北京师范大学教育学院）

十、择校现象的国际观察与我国的政策选择

新自由主义思潮正在国际流行和激荡。这种思潮在教育领域的突出表现就是主张自由择校。一些国家的教育改革试图突破关于学校设置与招生的传统规定，给学生家长以更大选择学校的自由。一时间自由择校似乎已经成为国际教育改革的共同趋势，但实际上各个国家学校招生的模式并不一致，这需要我们进一步研究探讨和审慎对待。

（一）学校招生的基本模式

一般来说，公共基础教育学校的招生范围均按照学生的居住地划分。所谓学校分区，就是根据学校的招生能力和相应年龄段学生的人口分布情况划分一定地理或管理区域，本区域内的学生只能在规定的一所或几所学校注册学习。但是，不同国家有不同规定，不同时期也有不同的改革，依据国外学者的划分，国际学校分区和招生大体上有四种模式：严格的学校分区、例外的学校分区、完全的自由择校和限定的自由择校。[1]

1. 严格的学校分区

学校招生按照学生居住地严格分区，就近入学。实行这一模式的国家主要在亚洲，如日本、韩国，欧洲只有希腊，在经合组织国家中只占 1/10。我国的台湾和香港也基本实行这种模式。

2. 例外的学校分区

学校招生基本以学生居住地划分区域，就近入学，但允许特殊情况的例外。

例如,法国自上世纪 60 年代开始实施的"学校区域图"近年来有所松动,允许学生去本学校分区之外的学校就读,前提是不超出学校的接受能力。针对可能的超额问题,要求优先招收以下学生:残疾学生;优秀奖学金生;社会资助生;接受重要医疗,其医院靠近所要求学校的学生;接受特别学科教育的学生;有兄弟或姐妹在所要求学校就读的学生;其居所更靠近所要求学校的学生。

实施这一招生模式的国家主要有:德国、法国、卢森堡、奥地利、葡萄牙、美国(虽然择校的动作极大,但 3/4 的地区仍以分区为主)、加拿大,它们在经合组织国家中约占 37%。

3. 完全的自由择校

实施完全自由择校的国家有比利时、英国、新西兰、匈牙利、捷克,在经合组织国家中约占 1/4。略有不同的是比利时在宪法中早就承认家长的选择权,而其他国家则是在新自由主义的影响下所采取的新举措。但在执行中有退后的倾向,如英格兰尝试某些限定措施。

4. 限定的自由择校

在这一模式中,家长自由择校为基础原则,但政府有所控制,即同时考虑社会的普遍利益,如社会融合问题。实施这一模式的国家有瑞典、丹麦和西班牙等,在经合组织国家中也约占 1/4。

教育和学校,正如世界上任何物质一样都必然存在差异,但世界各国义务教育阶段的公共学校资源基本均衡,这是我们对国际择校现象观察的最直接认识。如果择校有限制,那么限制的是所有学生和家长,包括所有富人和权贵,这是我们观察的另一认识。

(二)私立学校:竞争的减压阀

在西方国家,大部分私立学校均与中世纪教会学校有某种渊源,但这些私立学校在现代教育系统中的地位已极少宗教色彩。家长选择私立学校的目的主要不在于宗教信仰,而看重的是它们相对自由的办学机制,周到的服务意识和良好的校园环境。以法国为例,绝大多数法国人赞成国家资助私立学校,他们把私立学校作为子女争取更好发展机遇的场所,因为私立学校的教学方法更为灵活。[2]

实际上,私立学校已经成为公立学校竞争的减压阀。比利时之所以能够实施完全自由的择校政策,在于私立学校占有较大比例。根据经合组织《教育概览》最新版的数据,2006 年比利时的私立教育在基础教育中的规模已经超过50%。

法国虽然实施比较严格的学校分区政策,也得益于较大比例的私立教育。2006 年法国小学和初中私立教育的学生占相关教育学生总数的比例分别为14.5%和21.1%。法国对私立教育实际上采取一种"赎买政策",国家负责签约私立学校教师的工资,而私立学校则须遵守国家颁布的课程大纲。1996 年国家支付了私立学校教师工资 499.94 亿法郎,占全国教师工资总额的12.3%。[3]

丹麦也是私立教育比例较大的国家。2006 年,丹麦初等教育中的私立学校学生数为 12.1%,初中的这一比例为 24.0%。而私立学校人数达到如此高的比例,则在于国家对私立教育的资助。丹麦于 1980 年代实施按学生人数拨付经费的政策,因此 10 年间私立学校学生人数增长 50%。[4]

小学和初中私立教育比例较高的国家还有澳大利亚,相关数据分别为29.5%和 32.5%。

而在私立教育份额较小的国家,如美国、英国、日本、韩国,也由于国家对私立教育基本没有支持,学费相对昂贵,因此家长更多地选择公立学校,而不是私立学校。

2006 年经合组织国家公立与私立学校的中小学学生分布(%)

	初等教育			中等教育第一阶段		
	公立教育	国家资助的 私立教育	独立的 私立教育	公立教育	国家资助的 私立教育	独立的 私立教育
澳大利亚	70.5	29.5	a	67.5	32.5	a
奥地利	95.1	4.9	x	92.3	7.7	x
比利时	45.9	54.1	m	43.6	56.4	m
加拿大	94.2	x	5.8	94.2	x	5.8
捷克	98.8	1.2	a	97.9	2.1	a

	初等教育			中等教育第一阶段		
	公立教育	国家资助的私立教育	独立的私立教育	公立教育	国家资助的私立教育	独立的私立教育
丹麦	87.9	12.1	n	75.7	24.0	0.3
芬兰	98.7	1.3	a	95.9	4.1	a
法国	85.0	14.5	0.5	78.6	21.1	0.3
德国	96.7	3.3	x	92.1	7.9	x
希腊	92.9	a	7.1	94.7	a	5.3
匈牙利	93.2	6.8	a	92.5	7.5	a
冰岛	98.8	1.2	n	99.3	0.7	n
爱尔兰	99.2	a	0.8	100.0	a	n
意大利	93.2	a	6.8	96.4	a	3.6
日本	99.0	a	1.0	93.3	a	6.7
韩国	98.7	a	1.3	81.2	18.8	a
卢森堡	92.9	0.6	6.5	79.9	11.9	8.2
墨西哥	91.9	a	8.1	87.6	a	12.4
新西兰	87.9	10.1	2.1	83.5	11.6	5.0
挪威	97.7	2.3	x	97.2	2.8	x
波兰	98.1	0.5	1.4	97.3	0.8	2.0
葡萄牙	89.2	2.6	8.3	88.2	6.6	5.2
斯洛伐克	94.9	5.1	n	94.2	5.8	n
西班牙	68.5	28.2	3.4	68.1	28.9	3.0
瑞典	93.5	6.5	n	92.4	7.6	n
瑞士	96.1	1.2	2.7	92.9	2.5	4.6
土耳其	98.2	a	1.8	a	a	a
英国	94.7	a	5.3	93.7	0.9	5.4
美国	90.2	a	9.8	91.6	a	8.4

注释：a 无此分类，m 无此数据，n 可忽略不计，x 包含在其他栏目之中。

资料来源：OECD, *Education at a Glance* 2008，OECD Indicators[M]. Paris：OECD, 2008.

（三）自由择校是否带来平等？

在新自由主义看来，自由择校不仅是家长权利的诉求，更是促进教育平等的有效途径。

一般来说，学校分区都是以学生居住地为地理区域来划分学校招生。这本身就存在着不平等。因为历史的原因，几乎在所有国家的大城市中，优质学校总是集中于经济和文化相对发展的中心城区，而这些城区的地租和房价均高于其他城区，居民多以富人为主。

在实施学校分区国家的较早时期，中心城区还存在着富人与穷人混居于同一幢楼不同楼层的状况，学校学生成分的阶级分化不算严重。随着城市化步伐的加速和外来人口的增加，卫星城市和新居民小区的不断涌现，学校学生来源出现分化，乃至于一些学校的学生呈现出单一化倾向，这就是平民子女集中化，继而是学业失败集中化。而治愈教育不平等的良药，就是新自由主义所开出的"自由择校"。

在英国，撒切尔夫人主导的保守党政府于1988年颁布了《教育改革法》，规定家长具有完全自由选择学校的权利，政府则提供全国考试成绩的各学校排行榜供家长参考，但录取的最终决定权属于学校。

美国自1980年以来开始在基础教育中实施择校改革，从里根到小布什几届政府采用了特许学校、教育券、私立学校奖学金等多种途径和方法。然而，自由择校并未收到预期的效果。据调查，美国"择校"的学生相对于仍然在公立学校的同伴成绩没有明显的提高，特别是文化资本使得中产阶级子女的信息优势和知识优势在"择校"过程中突显出来，而真正的低收入者因文化资本的缺乏陷入了更加不利的地位。[5]

英国的大部分家长对自由择校的兴趣并不大，仍然为子女选择分区内的学校。自1998年开始，一项关于选择过程的法令要求学校招生政策的透明，小学不得继续以学习成绩为基础，中学则必须接受部分学习成绩较差的学生。[6]

有学者进一步发现，在国际学生成绩评估项目（PISA）中，任何实施自由择校的国家都未能进入学校成绩排行榜上的前列,这些国家学习成绩较差学生的比例也不明显小于其他国家。[7]

总之,自由择校应当是对家长权利的一种肯定,但是否能够改善学习质量并惠及所有学生,促进教育平等目前尚无定论。

其实,无论自由择校还是限制择校,基本着眼点都在于保证教育的基本平等。特别是在义务教育领域,国家应当维护教育的公共性,平等地对待所有学校和学生,保持教育资源供给的平等性。基于学生居住地划分学校招生区域的模式,确实存在着先天的不平等。优质学校总是集中在经济、文化和社会环境相对优越的城区,而这些城区的居民以社会中上层居多,这似乎是不可逆转的现实。这意味着越是条件优越的家长,越有可能将子女送进优质学校。但是,我们还无法找到按居住地划分学校招生分区以外的更好标准。如果以学生成绩为标准,有悖于义务教育的均衡与平等原则。如果以家长的社会地位或收费的额度为标准,更是对教育基本人权的侵犯。

美国经济学家弗里德曼(M. Friedman)预言:"择校可以打破目前经济不公平的基础。择校也许不会改善富人的学校质量,然而却会适度改善中产阶级的学校质量,大幅度改善贫困阶层的学校质量。"[8]但也有学者指出,"学校分区的取消会给予优越家庭更多选择学校的机会"。结果可能是,"坏公民,但却是好家长离开(规定的分区学校)","好公民,但可能是坏家长留下"。[9]

然而,无论自由择校,还是限制择校,都是一个国家或地方政府的决策,可能是相对于本国国情最好的抉择,但绝不会是完美的政策。

(四) 另一种路径:中国的学校分片与择校

与世界任何国家不同,我国的择校完全是另外一种路径。先是重点学校制度凸显了教育资源的不均衡,后是"应试教育"催生了择校的追逐,最后是"教育产业化"炒热了择校浪潮。我国已有类似国外学校分区的规定,但是这些规定在教育资源极端不均衡的状态面前显得十分无奈,主要表现为:

● 政策规定不够严谨。"就近入学"的本意应当是学生居住地与学校相对就近,或者是某小学相对某所中学较近。但是随着我国城市居民居住条件的改善、住房的不断搬迁,原有的学校布局与居民的居住格局已有相当大的差异。居民的户口所在地和实际居住地可能完全不同。而原有学校,特别是重点学校的地点未变,家长和学生舍近求远地追逐好学校就不可避免。

● 学校招生标准混乱。列入"就近入学"划片的学校,基本上是一般学校,而一些名牌学校就根本没有参与到划片的政策中。例如,一些大学的附属中学一般只接收本校员工的子女,附近居民的子女士很少能够有机会进入这些中学。有的学校只在一些超常儿童实验班、英语实验班向外界招收学生。有的中学虽在招生咨询中明确告知家长普通班有对外招生的名额,但只限文体和科技特长生,并且人数极少。另外,还有很多重点学校都把划片范围限制极小,对周边居民子女基本不适用。而且在报名时,需要准备一些如获奖证书原件及复印件、各类特长生的证明之类的诸多材料,只有通过验证后才能有报名的资格。对于报名参加英语实验班的学生,则需要参加全区统一的考试,这样的规定明显有违免试的政策。

● 机会不平等。所有重点学校招生的潜规则就是权力、人情加金钱,入门费动辄几万,这是导致择校热的根本原因,也是造成社会不满的本质原因。择校已成为危及义务教育,乃至整个社会和谐的毒瘤,而这一毒瘤长期割舍不去的原因正在于权力本身。

诚然,我国择校问题的根本治理在于教育资源的均衡化。但这是一个长期的工作,与其说等待下去,无异于认可现状。况且,未来的均衡也只能是相对的,学校之间的差异不可避免。就我国目前状况而言,根本谈不上自由择校,当务之急是遏止高额收费的择校,真正体现教育平等。这就是要强化学校分区、就近入学的原则。这是我们实施义务教育必须坚持的原则,也是构建和谐社会所要求的原则,而要让这一原则真正落实,就必须将其纳入法律面前一律平等这一法制根本原则。在这一原则之下,应当实施如下改革:

第一,我们要以科学的发展观建立相对均衡的义务教育布局,在保证学校经费拨款以学生数量为基本依据,保证学校设施和师资质量基本达标的前提下，精确划分学校招生的地理区域，并作严格规定。

第二，考虑到当前我国城市居民的分布与学校的布局状况，仅仅按照（户口）居住地限定注册学校亦不现实。可能的办法是将居住地与学生家长（父或母）的工作地点综合考虑，由家长任选其一且基本不变，然后由地方政府统筹安排每所学校招生的地理区域。

第三，地方政府和新闻媒体要切实承担起保证义务教育公正的责任，保证学校招生过程的公开透明。就像阳光是防止细菌滋生的最重要条件一样，只要学校招生过程透明，择校中的腐败行为就会降到最低。

第四，扶持和鼓励民办学校发展，允许其合理收费，提高办学质量，打造品牌与特色，逐渐形成可与公立学校相竞争媲美的局面。

第五，对于一些重点中学应可以允许根据某种特长适当筛选，但规则必须公开，并禁止额外收费。

当然就目前形势来看，实行这些措施的困难可能非常大。但是，长痛不如短痛，只要建立起规则，一个人人遵守、无一例外的规则，困扰我国"择校"的问题就会迎刃而解。

参考文献：

［1］［4］［6］［7］Nathalie Mons. Les Nouvelles Politiques éducatives, La France Fait-elles Les Bons Choix? ［M］. Paris：PUF，2007. 137-143，145，160.

［2］Gabriel Langouët. Ecoles Publiques et écoles Privées：Les Choix des Familles. Le systèm éducatif, Cahier francais，1998，N°285，marsavril：17.

［3］Ministère de l'Education Nationale，de la Recherche et de la Technologie. Le compte de l'éducation［R］. Paris：Ministère de l'Education Nationale，de la Recherche et de la Technologie，1997：115.

［5］曾晓东. 美国"择校"中的争论：问题的性质及制度涵义［J］. 比较教育研究，2008(10)：22-25.

［8］Leube，R. Kurt.（ed）. The Essence of Friedman. Stanford，California：Hoover Institution Press. 1987：97，引自于朱丽华，择校——新自由主义影响下美国基础教育改革政策［J］. 中国青年政治学院学报，2008(2)：103-107.

［9］Agnès van Zanten et Jean-Pierre Obin，La carte scolaire［M］. Paris：Puf，2008：55，76.

（本文发表于《比较教育研究》2009 年 8 期。作者王晓辉，时属单位为北北京师范大学国际与比较教育研究所）

十一、奥巴马教育新政解读

2008 年 11 月 4 日，巴拉克·侯赛因·奥巴马成功当选为第 44 位美国总统，他也是美国历史上第一位非裔黑人总统。在当前金融危机的背景下，失业率居高不下、大型企业濒临倒闭、伊拉克战争等国内国际种种问题困扰着美国乃至整个世界，奥巴马此时的就职可以说是"受任于败军之际，奉命于危难之间"。

为应对席卷全球的经济危机，奥巴马采取"全面出击"的战略，并取得了一定进展。教育改革就是其应对战略的重要内容之一。在其上任不到半年的时间，奥巴马对教育给予了大力支持，不仅"绘就美国教育改革蓝图，而且获得巨额拨款支持"，[1]向美国民众递交了一份表现不凡的"教育答卷"。

（一）奥巴马教育新政的主要内容①

自 20 世纪 60 年代中期以来，影响和制约美国教育改革和教育政策制定的因素主要集中在两点：一为联邦政府在全国教育事务中所扮演的角色与承担的义务；二为公立学校的地位与效率。可以说，美国艰难曲折的教育改革过程，就是两大政党和各利益集团之间围绕这两点展开争斗与博弈的过程。[2]文中笔者对于奥巴马教育新政的梳理亦体现了这两条线索，及其相互之间的关系。

---

① 本部分内容主要引自 Barack Obama and Joe Biden's Plan for Lifetime Success through Education. http://www.barackobama.com.

1. 高等教育资助计划

高等教育资助计划在奥巴马教育新政中处于优先地位，该计划旨在使学生和家长能负担得起高等教育费用。其主要内容有：① 机会税收优惠计划。该计划要求受资助的大学生每年从事 100 小时无偿的社区服务，达到此要求的学生家庭可享受 4 000 美元的退税优惠。这笔钱足以支付公立大学 2/3 的学费或大多数社区学院的全部学费。[3]② 助学金。奥巴马计划将去除免费申请联邦学生资助法案（FAFSA）及其复杂的计算程序，简化助学金的申请过程。③ 大学入学准备。奥巴马将提供 2 500 万美元作为各州的配套资金，开发早期评估项目，通过该项目可以使得 11 年级的学生及其家庭及时决定毕业时是否能上大学。④ 佩尔赠款。奥巴马会将佩尔赠款额度增至 5 400 美元，并确保低收入家庭的学生接受佩尔赠款奖励的最大额度不断递增。⑤ 注重社区学院的伙伴关系。该计划通过资助有较高需求的职业和技术教育、实施新的文科学位联合培养计划、以及奖励那些增加了毕业生数量、将学生送入四年制院校的社区学院，以此来提升社区学院的实力。⑥ 银行资助。奥巴马将废除那些昂贵的私人贷款计划，直接为学生提供资助。[4]⑦ 奥巴马决定大幅度提高联邦帕金斯贷款（Federal Perkins Loans）的额度。

由上述举措可见，奥巴马的高等教育计划旨在扩大高等教育的普及并为有需要的人群提供资助，尤其对于低收入人群而言，大学或者职业教育程度对他们的家庭及以后的经济状况有着十分重要的改善作用。[5]然而，该计划的具体落实需要大量的经费支持，如何分配经费、如何分配教育经费是联邦政府不得不考虑的首要问题。毫无疑问，奥巴马的高等教育资助计划将为美国高等教育带来重大变革，无论是学生选择上大学、家长提供资助方面，还是大学如何支配自己的经费方面，都将发生变化。

2. "0 至 5 岁计划"

"0 至 5 岁教育计划"是带有奥巴马印记的新教育政策，其内容是每年由联邦政府拨款 100 亿美元，资助各州普及学前教育，希望借助该项目使每个儿童在幼年时期都能获得平等的教育，在入学前都能作好充分准备。[6]具体内容包括：① 早期教育拨款。这些拨款将为高质量的儿童保育、早期教育、孕妇以及其他"0 至 5 岁"服务提供资助。各州也需有与联邦拨款相匹配的资助。② 普及幼稚园。联邦和各州将提供资助,促进各州为所有儿童开办义务的、普及性的幼稚园。③ 开发早期开端计划和开端计划的潜力。奥巴马计划首先将增加对开端计划的资助,以便使低收入家庭的学龄前儿童掌握必备的学习技能,同时也注重提高开端计划和早期开端计划的质量。政府将提供25亿美元的资助用于建设或扩充区域性培训中心,以帮助开端计划中心建立成功的运行模式。④ 儿童和家属照管税收优惠。奥巴马计划将实施儿童和家属照管税收优惠,使得低收入家庭在儿童照管方面能享受到50％的优惠。⑤ 儿童保育发展拨款计划(Child Care Development Block Grant,CCDBG)。奥巴马将在布什政府政策的基础上调整该计划,为低收入家庭的儿童保育提供关键性支持和资助,并为生均经费的增加提供充足的资金支持。他们将增加双倍于CCDBG计划的资源,用于开发可反映儿童保育更高标准及教师培训和专业发展的分级体系。⑥ 支持亲子计划。奥巴马政府将为低收入家庭及初次妈妈提供家访计划,由专业人员对孕产妇、婴儿的身体及精神健康提供有效的帮助。⑦ 总统早期学习委员会。该举措将鼓励联邦和州之间、私立和非营利部门之间针对一些项目计划进行必要有效的对话,这些项目计划是为了强化某种最优实践模式,收集、整理并传播有关早期教育最新和有效的研究结果。

奥巴马的"0至5岁教育计划"体现了其对学前教育的关注和重视,也更多地着眼于中低收入群体的现实需要。奥巴马坚信对于儿童及学前教育的投资,无论对儿童自身,还是家庭、国家乃至整个社会都有着重要的意义。在提出该计划的同时,也有人质疑该举措与美国业已成熟完备的开端计划及早期开端计划有着重复之处,如何充分有效地利用现有资源,并在现有的基础上实现自己的政策理念,是奥巴马政府应考虑的问题。

3. 教师问题

教师问题是奥巴马教育新政中备受瞩目和争议的一点。美国有着教师不必为学生成绩负责的历史传统。基于美国基础教育薄弱、学生基本能力欠缺的现实,人们也将责任更多归咎于学校和教师。为此,奥巴马提出了优秀教师计划,并希望把实施教师绩效工资的学区再增加150个。其有关教师改革的内容主要包括:

(1)教师招聘。奥巴马将设立"教师服务奖学金计划",使四年制的大学生或两年制的师范研究生只要愿意在高需求领域或地区从事至少 4 年以上的教学工作便可获得奖学金,奖学金的具体分配情况则视学生的学术成就及反映其教学成功的其他潜在指标而定。

(2) 教师培养。首先,奥巴马政府将采用以绩效为基础的教师教育模式,对准教师的评价也将以其绩效表现为基础,如评价教师备课和课堂教学、学生作业、以及教学对学生学习需要的满足程度等,从而使教师能有效地开展工作;其次,继续实行专业发展学校模式,该模式融职前教师培养、在职教师培训和学校改革为一体,不仅有助于提高教师工作效率,亦有助于提高学生的学习成就。奥巴马将提供 1 亿美元的资助用于推动基于学校与大学合作的教师教育改革。第三,为高需求领域提供优质师资。奥巴马将出台"教师实习计划"(Teacher Residency Program),每年将有 30 000 名经过扎实训练和充分准备的应聘者进入高需求地区的学校从事教学工作。

(3) 教师保持。奥巴马计划将加强对教师的指导,将经验丰富的教师与新教师配对开展工作。给予教师有偿共同规划的时间(Paid Common Planning Time),教师可以在一起评价学生学业、备课、设计课程、进行研究等。

(4) 教师奖励。奥巴马计划认为应根据学生进步来奖励教师。奖励那些指导新教师的资深教师、不断提高自身教学技能的教师、在教学中持续取得进步的教师以及服务于偏远地区、或者数学、科学等特殊领域的教师。对于不合格的教师也将有惩罚措施。

(5) 绩效工资。绩效工资方案主张评价教师不能仅依据学生的标准测验考试,还应参考同事意见、课堂评估结果及其他指标。这将意味着需要教师承担更多的责任,打破教师的"铁饭碗",因此在教师群体中引起了很大的争议,遭到全美教育协会(National Education Association)的反对。尽管如此,奥巴马政府依然努力寻求教师的配合,尊重教师的权利,使他们在绩效工资制度的制定和实施过程中可以发出自己的声音,并鼓励各地的学校系统要与教师和家长一道,共同制定出奖励工作业绩突出的优秀教师制度。[8]

4. 数学和科学教育

2009 年 4 月 27 日,奥巴马宣布了在科学研究、创新和教育等方面的新计划和投资,提出了"竞争登顶"(Race To the Top)全国性计划。该计划的出发点是提高学生在数学和科学方面的成绩,让美国学生在国际数学和科学成绩的排名在未来10年从中等达到"优秀"。[9]

奥巴马改革数学和科学教育的计划具体包括:① 招聘优秀的数学与科学教师。② 增强科学指导。奥巴马将与各界领导一起努力设立灵活有效的机制,以确保各年级的学生都能学习科学课程和知识。③ 改进并优先科学评估。确保科学评价着眼于学生的质疑以及高水平的思考能力,同时要求学生能够设计并进行调查研究,分析和呈现数据,以及撰写研究成果,并为之辩护。④ 技术投资。奥巴马将在现有的联邦教育技术性项目基础上,提供5亿美金的配套资金以确保科学技术与学校教育的有效整合。

鉴于对科学的重要性的认识,奥巴马数学和科学教育改革计划旨在提高教育质量、提升学生的科学知识水平及学习能力,强调科学在教育中的重要作用。

5.《不让一个儿童掉队法》

《不让一个儿童掉队法》(NCLB)自实施以来,存在着诸如经费不足、过于强调应试等问题。奥巴马认为该法存在的问题在于只提出问题,却没有从根本上解决或者没有及时解决问题,因此新政府将对《不让一个儿童掉队法》加以完善。

奥巴马建议:① 改进评价机制。应将资助用于对更高层次的技能进行广泛评价,这些技能主要包括学生运用技术、进行研究、参与科学调查、解决问题、提出自己的观点,并为之辩护等能力,且评价应该有及时的反馈,以便教师改进教学,促进学生学习;② 改进责任机制。责任机制着眼于评价学生和学校的持续进步,并采取不同于阅读和数学考试的评价办法,这也有助于学生能持续在校学习直至毕业,而不是仅仅为了分数惩罚他们。[10]

6. 择校与特许学校

奥巴马一直反对教育券,而支持特许学校和公立学校。奥巴马在演讲中提到:"我会努力使特许学校真正负起责任来。办学成功的特许学校将获得发展所需的支持,而那些不成功的特许学校将不得不关闭。"[11]

为此,奥巴马提出:① 创新学校资助,增加特许学校经费,并强化其责任。② 支持办学成功的学校,关闭表现差的特许学校。奥巴马认为应该取消对特许学校的限制,提出增加特许学校数量,并增加对其资助的主张。特许学校的增加意味着家长择校权力的扩大,这样公立学校面临的竞争和挑战就会增加,教育资源将重新分配,很多教师可能会从公立学校流入特许学校。但此举也会导致教师工会的规模的减小,威胁到教师工会群体的既得利益,因而受到一些教师的抵制。

7. 降低辍学率

美国中学阶段的辍学现象较为严重,这对于整体公民素质、社会稳定等都有着潜在的不利影响。为此,奥巴马呼吁对占全美一半辍学率的 2 000 所中学予以特别关注。他说,"每一个美国人都应该拥有高中以上文凭,高中辍学不应该是(人生)选择之一,这不仅是自暴自弃,也是对国家的放弃"。[12]为减少辍学率,奥巴马将着眼于:①《中学成功法案》。该法案将致力于通过联邦资助改善那些绩效不佳学校的学生教育状况。首先,要求各州为提高中学生的学业成就拟定详细的计划;其次,开发并应用早期数据分析系统及早发现那些最具辍学可能的学生;第三,为学校领导、教师及其他专业人员的专业发展及其指导提供资助,以便他们能满足多样化的学生需要,并采取能够应对挑战的、基于研究的最好实践及相应课程,同时为全面的、学校范围的努力和学生个人努力提供支持和资助。② 改进学校。联邦政府支持,并鼓励学校为了获得更大的成功进行自身重组。③ 为帮助学生毕业提供有效的竞争性拨款。这些拨款将通过提高州、地方领导者及外部领导者(基金会、政治家、企业家及社区领导)的能力,使他们共同努力,提高毕业率。

8. 其他改革

首先是加强校长领导。为加强校长领导、提高校长素质,奥巴马政府将进行如下改革:① 进行专业发展基础建设。创建或扩充各州处于领导地位的学院,为各州教育领导者的专业发展提供支持和帮助;支持对校长培训的方式方法进行研究。② 支持专业发展的连续性。奥巴马政府将为各州提供资助和指导开发多元认证体系,该体系将有助于校长职业生涯的发展,尤其是在初任校长的阶段。

其次是重视家长参与。奥巴马的个人成功在很大程度上得益于其接受了良好的家庭教育及其母亲潜移默化的影响,因此他非常重视家长在教育中的作用。他主张:① 每一位所接受资助的学校对学生行为和共享价值观都应有明确的高要求和期望,而这种期望也是学校教育者和家长一致接受的;② 政府鼓励学校和家长就学生考勤、行为表现及家庭作业等签订家校合同;③ 在所在区域接受资助的所有学生都应进行某种形式的社区服务活动。

另外,奥巴马在首次教育演讲中还建议延长教学时间,增加教学日,大力发展并支持一些课后学习项目,如"21 世纪学习中心项目",从而使全国 100 多万学生受益。奥巴马政府将为各州和地方具有课外学习需要的学生提供 20 亿美元的资助。

(二)奥巴马教育新政的特点及其发展趋势

1. 特点分析

首先,奥巴马教育新政注重教育政策的正义性。正义的教育政策意味着对教育资源进行更为自由、公平、合理的分配,结合奥巴马自己的出身及成长背景,他更认同"孩子们的教育不应由他们父母的社会和经济地位决定"。[13]无论怎样的家庭背景,所有孩子都有权接受良好的教育。为此,他才会不遗余力地增加教育投入,努力改善美国适龄人口接受教育的环境,切实提高每个人的受教育水平。而且,他还注重对于弱势家庭子女的教育,这对于处于不利地位的人群改变自身境遇和命运而言更有着重要的意义。

第二,奥巴马强调个人和组织对于国家和社会的责任,提倡"在美国的学校里培养新的责任感文化"。奥巴马在其演讲中曾多次提到团结和责任,提出美国的强大需要所有民众的努力。这点具体到教育政策时就表现为强调学校和教师以及学生个人的责任,不只对自己负责,更要对国家和社会负责,如果每个人、每个组织都能尽好自己的职责,将是一种间接的对国家和社会的贡献。

第三,以教育质量为本。由于教育培养的各级各类人才将直接服务于社会的各个领域,因而,奥巴马非常重视教育质量及教育所培养出来的人才质量。奥巴马教育新政的种种举措,如实施教师绩效工资制、重视家长参与、改革数学和科学教育评价标准、改进课堂教学等无不体现了他对于教育质量的重视,从中我们亦可以看出奥巴马已经将教育质量问题提高到战略高度来认识,并付诸实践。

2. 发展趋势

首先,教育投入将继续增加。根据奥巴马的计划,政府将会增加教育投入。美国政府将在 2010 财政年度中把用于教育的预算增加近两倍,其中教育部预算为 1 278 亿美元,而这一数字在 2009 财年仅为 462 亿美元。此外,在国会刚刚批准的 7 870 亿美元经济刺激方案中,也有 50 亿美元用于教育投资。[14] 而"美国复苏与再投资计划"也将 1 000 多亿美元投向教育,这些投入旨在使美国培养的劳动者具有更高的技能,从而在国内和国际市场上更具竞争力。

第二,迎接挑战,坚持变革。奥巴马教育新政更多是在继承布什政府政策的基础上稳步革新,他既要平衡各方利益,又得实现自身的教育理念。奥巴马属于民主党,民主党标榜代表弱势群体的利益,其中就包括了教师工会和教师群体。在其竞选总统的过程中,教师群体给予了奥巴马大力支持。因此,如果奥巴马的教育主张与教师群体存在着可能冲突,在其新政实施过程中必然会遇到来自教师群体的压力和挑战,从其上任这几个月的表现我们可以一窥其抗压能力,以及改革教育的坚定决心。为此,我们有理由相信在其今后的执政过程中会将这种精神坚持下去。

第三,教育权力重心上移,重视联邦政府在教育改革中的作用。奥巴马教育新政主要是通过联邦对教育的大力资助而体现的,通过教育拨款将教育改革的权力集中在联邦政府手中,各州的改革也建立在联邦拨款的基础上,这就巩固和加强了联邦政府和州政府在教育改革中的地位和作用,使得联邦可以统一调配教育资源,在掌握全局的基础上进行合理分配。

第四,口头改革向立法转变。目前奥巴马教育新政的很多主张都处于口头层面,我们并不怀疑奥巴马改革教育的决心和勇气,然而要使其政策得到真正的落实,必须借助于司法这个强有力的武器,这不仅使处理教育问题时有法可依,亦有利于以法律的形式平衡不同群体的利益,从而使改革能顺利推行。

参考文献:

[1] 巧借"救市"推教改——有关专家解读奥巴马的教育新政策[N]. 中国教育报. 2009-05-12.

［2］［3］［6］郭玉贵.平衡·改革·争议 看"奥巴马时代"的教育走向［N］.中国教育报.2009-01-20.

［4］Anna Weinstein. Obama on College Funding［EB/OL］. http://www. education. com/magazine/article/Obama College _Funding/ 2009-05-06.

［5］奥巴马将改革教育援助资金 扩大高校教育普及［EB/OL］. http://news. qq. com/a/20090506/000651. htm,2009-05-05.

［7］Anna Weinstein. Obama on Early Childhood Education［EB/OL］. http://www. education. com/magazine/article/Obama _ Early _ Childhood _ Education/? page＝2,2009-05-06.

［8］Anna Weinstein. Obama on No Child Left Behind［EB/OL］. http://www. education. com/magazine/article/Obama_Child_Left_Behind/? page＝3. 2009-05-06.

［9］［11］奥巴马宣布科学研究、创新和教育投资新计划［N］. 科技时报,2009-05-06.

［10］［14］美国亚洲文化学院教授郭玉贵谈:奥巴马教育新政［EB/OL］. http://club. xilu. com/weienqing/msgview-991898-104. html,2009-04-22.

［12］张玲.奥巴马 vs 麦凯恩 美国总统大选中的教育风向［J］. 上海教育,2008(11A):20.

［13］［美］沃尔泽.正义诸领域:为多元主义与平等一辩［M］.褚松燕译.南京:译林出版社,2002:269.

［14］奥巴马提出全面教育改革计划［EB/OL］. http://news. xinhuanet. com/newscenter/2009-03/11/ content_10987284. htm,2009-03-11.

（本文发表于《比较教育研究》2009 年 9 期。作者乔鹤,时属单位为北京师范大学国际与比较教育研究院）

十二、国外择校研究的前沿图景：现象与政策

不论是基于国际观察还是既有研究，我们大体可区分出两类不同的"择校"问题。①一种体现为受教育者（家长或监护人）"自发"兴起的教育选择现象，这类社会实践历史久远，且至今仍屡见不鲜。相形之下，另一类择校问题却多指那些由政府主导、以"政策驱动"（policy-driven）的教育政策。此类"择校"政策往往受"新自由主义"意识形态的影响，乃是"熊彼特竞争型国家"实施公共部门改革的一部分。[1]

尽管"现象"及"政策"往往难以截然分开，但环顾全球，我们确实看到"择校"在一些国家主要体现为"自上而下"的政策安排，而在另一些国家则更多地表现为"自下而上"的社会现象。当前，国外择校研究文献的积累已相当丰富，且数量仍在稳步递增。其中，对美、英等西方国家择校"政策"的研究虽然仍居主导，但讨论非西方国家择校"现象"的文献也日益涌现。②这不仅进一步丰富并深化了人们对择校问题的认识，也使我们能在一个更大的"国际坐标"上检视

---

① 英语文献中，有人以"小写的选择"（choice）和"大写的选择"（Choice）分别指称这两类择校问题。

② 例如，在 Plank 与 Sykes 主编的《选择"选择"：国际视野下的择校》（Choosing Choice: School Choice in International Perspective）（2003）、Forsey 等主编的《择校的全球化？》（The Globalization of School Choice?）（2008）、Chakrabarti 与 Peterson 主编的《国际择校：探索"公——私合作"关系》（School Choice International: Exploring Public-Private Partnerships）（2009）以及世界银行发行的《关于学券和基于信仰教育供给的最新证据》（Emerging Evidence on Vouchers and Faith-Based Providers in Education: Case Studies from Africa, Latin America, and Asia）（2009）等文献中，都加入了不少亚、非、拉等地区与国家的择校现象与政策问题，等等。

择校问题。鉴于此,本文将主要从"现象"和"政策"两个方面窥探国外择校研究的前沿图景,并对中国的择校提出相关的思考。

(一)择校现象:多重需求的驱动

历史和现实的经验似乎表明,择校是一种有其自身逻辑的社会现象。从国际范围来看,至少有三种社会诉求在此间发挥着关键作用。

其一,阶层再生产。这主要是指中产阶层家长在其"习性"(habitus)的影响下,更倾向于放弃政府的教育安排,动用其经济、社会与文化资本为子女另行择校,以维持其固有的社会地位。这不仅在英、美等国十分突出,而且几乎在各国的优势阶层中普遍盛行。例如,在爱尔兰,政府虽未引入学校竞争机制,但中产阶层家长却利用其经济资本"开创"出一个私营教育市场,以维系子女的社会地位优势。[2] 在法国、德国、希腊的大城市中,此类迹象也在不同程度上浮现,① 即使是在阿根廷、印度、坦桑尼亚等发展中国家,此类现象也并不罕见。[3]

其二,实现社会流动。尽管择校体现为中产阶层试图维系其优势地位的行动策略,但其他群体却渴望通过择校实现社会流动。据维特瑞迪(Viteritti)的分析,美国城市学区的非洲裔和拉丁裔家长对学券和特许学校的支持率仍然高涨,而公平地分享优质教育及其收益的需求则是背后的重要驱力。[4] 即便在一些发展中国家,弱势群体行使的各种本地化择校行为也与这种需求息息相关。又如,以印度为例,弱势群体家长对教育并非漠不关心,他们之所以积极为子女在公立学校之外选择"低收费私立学校",正是渴望子女获得其想象中"更好"的教育,从而换取更好的工作、婚姻和社会地位。[5]

其三,渴望文化自主与社会公正。那些被边缘化、被压迫的族群渴望获得政治赋权以及实现社会正义的需求,也会以"择校"的形式体现出来。根据皮德鲁尼(Pedroni)对美国"密尔沃基学券计划"的研究显示,那些非洲裔和其他少数族裔家长之所以支持该计划,并非是对"新自由主义"和"新保守主义"意识形态的认同,而是对分配正义、文化自主及教育自决的追求,他们希望学券能为其

---

① 可参见《教育政策学报》(Journal of Education Policy)2007 年 22 卷第 1 期关于"欧洲择校问题"专刊中关于希腊、法国、德国的论文。

带来真正回应他们需求的教育,并由此改变本族群被边缘化的社会处境。[6]在全球化移民潮的影响下,不少欧洲国家少数族裔的政治文化需求也在择校过程中得以彰显。例如,在荷兰和比利时等国,穆斯林学校的出现恰恰反映了这些少数族裔家庭对自尊、积极的文化身份和非歧视性环境的渴慕。[7]

总之,这类"自下而上"的择校行为(运动)是在多种社会需求的驱动下兴起和演变的。这些需求既来自不同的社会阶层和群体,也见于不同发展水平的国家和地区。尽管不同群体的具体诉求或许截然不同,但他们都在利用各自的能动性并以独特的方式去拓展自己的教育选择空间。正是在这个意义上,择校才表现为一种全球化的趋势。

(二) 择校政策分析:方案设计的"全球—本地"化(glocalization)

如前所述,作为改革政策的"择校",其主要理论依据即是"新自由主义"意识形态。这种崇尚"市场"魔力、追求"效率"和"竞争力"的思维框架,已脱离抽象的理论形态而成为一种几乎弥散全球的"社会想象"。[8]它不仅对各国公共政策的制定具有重要影响,而且在很大程度上已渗透进入们"日用而不知"的信念体系中了。

在这种背景下,教育对"国家"与"个人"的意义几乎被重新界定。在国家层面上,为适应"新自由主义"全球经济的发展,教育再生产"高增值"劳动力的经济功能被高度重视,而以往主导教育政策的"平等"和"民主"等价值原则已逐渐"失宠";在个人层面上,教育更多地被视为一种私人物品,而不再是一种关乎公共福祉的公共物品。教育在实践上要更多地参照市场逻辑来运作,而不再遵从民主原则来管理;家长的角色更多被界定为教育服务的消费者,而较少为参与民主事业的公民。这种教育价值"重新分配"的取向,在近30年中已呈现出扩散全球的势头。[9]

然而,正如"新自由主义"在全球的扩散并不平衡一样,各国在处理教育与市场关系的问题上,也绝然不是向"市场化"一边倒。相反,就教育政策的设计而言,更多国家则是介于"市场化"和"非市场化"之间,扭合不同的价值原则而形成某种"折衷"之策。

在莱文(Levin)看来,择校方案的设计应考虑"选择自由"、"效率"、"公平"

及"社会凝聚"四种价值原则。[10]以此观照,国际上的确存在一系列突出某方面价值的政策设计,如荷兰、比利时、新西兰及英国的方案就突出了"选择自由";而美国的《不让一个孩子掉队》法案所包含的择校条款,却指向了"效率"原则;美国部分地区以及哥伦比亚的"定向学券"(targeted voucher)计划则凸显了"公平"原则;美国"磁石学校"则期望以特色课程吸引不同背景的学生入学,以达至"社会凝聚"之目的。但即使在这些方案中,仍可发现各种价值原则之间不同程度上的"妥协":在以"选择自由"为主的设计中,各国都通过"均等资助"以维持基本的公平;注重"效率"的择校方案也为"弱势群体"预备了优先权;旨在增进"公平"和"社会凝聚"的政策也为个体的选择自由留有适当空间。如果在全球视野下审视各国的政策设计,不难发现各国实践中的择校方案多是基于自身的政治、经济、文化情境而做出的本土化"政策嫁接"(policy hybridization)。

瑞典的择校政策便鲜明体现了这种"嫁接"的特征。当前,瑞典的义务教育入学政策有如下特点:强调教育"公平"与社会"整合"的历史传统;分权与集权平行展开;公立学校系统仍为主导;分区就学仍是重要的学额分配原则;发放普遍性学券支持择校;以竞争激励各类学校提升效率。[11]显然,这样的制度安排扭合了其"社会民主"的价值传统与"新自由主义"意识形态,几乎兼顾了"选择自由""效率""公平"与"社会凝聚"。类似的设计在以色列特拉维夫市(Tel Aviv)推行的"有控制的择校"改革中也有体现。[12]可以说,在这种"全球—本地"的互动机制下,多数国家都完成了(或探索着)某种形式的"政策嫁接",从而使相关的政策意图合法化。

(三) 择校政策分析:实施成效的争论

尽管在新自由主义的"社会想象"主导之下,择校往往被喻为化解经济和社会问题的良药,但综合既有的研究,却发现这种"自上而下"的择校政策成效是含混且极具争议的。

第一,谁之自由、何等自由? 择校鼓吹者相信,改革将赋予更多人以自主选择的机会,而现实中参与选择的家长也似乎越来越多。但在选择究竟带给人们多少"自由"、哪些人获得了"自由"等问题上却应当存疑。事实上,择校改革的受益者多为中产阶层,那些弱势社区的家庭则在"择校竞技场"中处于劣势。此外,看似"胜出"的中产阶层家长真的赢得"自由"了么？一项对澳大利亚家长的质化研究显示,在新自由主义社会转型过程中,中产阶层家长的头脑已然被"个人主义""竞争性"和"虚荣性"观念所囚牢,就在他们感到"自主"的同时已沦为新自由主义的"臣民"(neo-liberal subjects)。当学校被强行推向市场时,择校对很多人而言就成为"别无选择"的"选择"。[13] 在这个意义上,与其说择校带来"自由",不如说个体已沦为市场的附庸。

第二,"选择"真能提升学校"效能"吗？当前关于学校效能的争论,大都以学生的"学业成绩"进行度量。虽然变量如此明确,但结论却大相径庭。一方面,美国的确有不少基于"准实验"的研究指出,择校令参加此类计划的学生成绩"显著提升",这甚至得到哥伦比亚、智利、瑞典、荷兰、英国、捷克、埃尔及利亚等国的数据支持。[14] 然而,也有大量研究表明,无论是"学券"还是"特许学校"的成效总体上是"含混"的。在美国,依据不同样本得出的结论并不一致,而依托全国数据的分析结果也并不乐观。[15] 另据威特(Witte)对多国"学券"政策的比较,也发现不同方案对学生成绩的影响在整体上是模糊的。[16] 尽管支持者一再声称,学界对择校计划的"有效性"已达成广泛"共识",但另一些学者则认为,所谓的"共识"不过是鼓吹者"绕开传统学界而向外界推销政策理念"的说辞罢了。[17]

第三,择校方案的"效率"如何？既有研究多注重分析方案的收益(如"成绩高低"),却并未真正考虑相应的成本。贝尔菲尔德(Belfeild)和莱文(Levin)指出,若真在教育系统内广泛引入竞争,相应的管理成本却不可小觑。例如,实施一项全州范围内的学券计划,在学生的数据采集和监控、交通、管理以及信息服务等方面增加的开支,可能达到现行生均培养成本的四分之一;同时,若对这类地方化推进的改革进行统一管理,增加的交易成本可能是相当巨大的。以加州为例,州政府原来只需监管约 1 000 个学区,实施大范围择校计划则令政府不得不为近 700 万学生和约 25 000 所学校建立拨款账户。[18] 此外,来自瑞典的研究也反映了择校竞争似乎并未降低教育成本,反而倾向于增加成本。[19] 因此,择校改革"投入少、产出高"的"效率"神话不免也值得怀疑。

第四,择校促进教育服务的"多元化"？来自欧、美等国的研究表明,随着择校等相关政策的实施,各类学校间的课程与教学活动并未如期待中那样愈发多样,却在整体上呈现出明显的趋同与标准化迹象。[20]这种现象不仅在正式教育中如是,甚至在"营利"的私营教育中亦是如此。一项对日本"影子教育"市场的研究发现,竞争并未促进教学方式的多元化,而仅在服务对象上呈现出微小的分化(如满足不同需求的"补底教学""跃进教学"及"备考教学"机构),而不论何种补习服务都受制于日本传统的课程与考试哲学,别无新意。[21]所以在很多时候,市场机制更多是逼迫教育服务提供者开展"营销",而并不是真正意义上的教育创新。[22]

第五,择校对教育和社会"公平"有何影响? 承上所述,大范围择校政策的推行,更多是令那些掌握信息、持有多种资本、具备择校能力的中上阶层家庭受益。据泰勒(Taylor)新近对英国的一项研究显示,尽管择校并不是加剧社会经济分割的主因,但择校的存在确实未能减缓这一趋势。从长期来看,当越来越多有能力的家庭在择校竞争中"胜出"时,那些"失败"的、低社会经济地位的家庭则愈发被滞留在"贫民学校"。[23]另外,杜尔迪(Dougherty)等对美国康乃狄格州一个市郊学区的研究也表明,当控制了房屋和社区特征等因素的作用后,"种族"因素对家长是否决定"以购房来择校"的影响力在近十年间有增无减。[24]这说明除了社会分层,种族分割也仍旧存在。

如果说上述"选择导向"的政策设计难免会对"公平"原则造成破坏,那另一种"公平导向"的择校方案是否能补其所缺呢? 从美国的情况来看,往往是受过良好教育、学习动机强的学生更可能获得"学券",而那些最为贫穷的家长则倾向放弃选择的权利。[25]更为关键的问题是,那些获得"学券"的学生又是否真能从中受惠呢? 德鲁卡(Deluca)等便指出,这些方案的成效并不显著,原因是此类政策虽然必要,但却不足以解决弱势家庭所面临的困难。这些家庭世代生活贫困,他们的需要也远远超过"学券"所能提供的"救助",如果在住房、心理、就业以及信息等方面的援助无法到位,那这些改革也注定无法长久。[26]可见,仅寄希望于将"机会"带给弱势群体,就可以改善他们的生活境遇,从而达至社会"公平"与"社会凝聚"的逻辑,未免显得过于天真。

(四) 结语

面对国外择校研究的最新成果,也许用"复杂"一词来形容择校问题反倒最为贴切。这意味着,我们不能将"择校"简化为"新自由主义"的产物,因为无论是从历史的深度还是空间的广度来看,择校现象(实践)的缘起都受到多重社会需求的策动,这其中既有社会经济方面的,亦有政治文化方面的,它们的互动和嬗变"嵌植"于一个"构造复杂"的历史过程之中;同样,也不能将教育及社会问题的化解简单寄希望于"新自由主义"的"市场化"处方。一方面,"市场化"能否与各国的具体实际"兼容",这本身受一系列复杂本土情境的制约;另一方面,就西方国家的实践经验来看,在改革"是否有效"的问题上学界还远未达成"共识"。[27]

反观中国大陆的"择校热",显然它既是一种"现象",也是一个亟待政府干预的"政策"问题。但是,干预的有效性有多大,取决于我们对"现象"本身的了解有多透。当前,择校问题的讨论异常火热,不少政策建议也屡见报端。例如近来有人建议,应借教师绩效工资改革之机,尽快建立教师校际流动制度,促进师资均衡从而遏制择校问题。这些建议的初衷甚好,但似乎并未从"利益相关者"(如教师)的视角去审视政策该如何设计,是否的确可行。如果仅是出于"技术-工具理性"的考虑,将社会问题视为客观的"技术"问题,则不免又陷入将问题"简单化"的圈套。因此笔者认为,不能仅依据对择校问题的现有认识就急于"开处方",深入的政策研究实属必要,这有助于我们真正掌握择校现象屡禁不绝的深层逻辑。

参考文献:

[1] 卢乃桂,董辉. 审视择校现象:全球脉络与本土境遇下的思索[J]. 教育发展研究,2009(20).

[2] Lynch, K&Moran, M. Markets, Schools and the Convertibility of Economic Capital of Class Choice [J]. British Journal of Sociology of Education. 2006,27(2):221-235.

[3][5][12][13][21] Forsey, M. & Davies, S. &Walford, G. (Eds.). The Globalization of School Choice? [M]. Oxford:Symposium Books. 2008. 9-25,185-208,111-130,73-94,231-248.

［4］ Viteritti, J. P. School Choice: Howan Abstract Idea Became a Political Reality ［M］. Brookings Papers on Education Policy. 2005. 137-156.

［6］ Pedroni, T. C. Market Movements: African American Involvement in School Voucher Reform ［M］. NewYork: Routledge. 2007. 149-159.

［7］ Merry, M. & Driessen, G. Islamic Schools in Three Western Countries: Policy and Procedures ［J］. Comparative Education. 2005, 41(4): 411-432.

［8］［9］ Rizvi, F. & Lingard, B. Globalizing Education Policy ［M］. NewYork: Routledge. 2010.

［10］ Levin, H. M. A Comprehensive Framework for Evaluating Educational Vouchers ［J］. Educational Evaluation and Policy Analysis, 2002, 24(3): 159-174.

［11］［19］ Bunar, N. Choosing for Quality or Inequality: Current Perspectives on the Implementation of School Choice Policy in Sweden ［J］. Journal of Education Policy, 2010, 25(1): 1-18.

［14］ Patrinos, H. A. Education Contracting: Scope of Future Research. In R. Chakrabarti & P. E. Peterson (Eds.). School Choice International: Exploring Public— Private Partnerships ［M］. Cambridge: The MIT Press. 2009. 246.

［15］ Feinberg, W. & Lubienski, C. Introduction. In Feinberg, W. & Lubienski, C. (Eds.). School Choice Policies and Outcomes: Empirical and Philosophical Perspectives ［M］. N. Y. : SUNY Press. 2008. 1-20.

［16］［18］ Sykes, G. , Schneider, B. & Ford, T. G. (Eds.). Handbook of Education Policy Research ［M］. NewYork: Routledge. 2009: 491-501, 513-527.

［17］［27］ Lubienski, C. , Weitzel, P. , &Lubienski, S. T. Is There a "Consensus"on School Choice and Achievement? Advocacy Research and the Emerging Political Economy of Knowledge Production ［J］. Educational Policy, 2009, 23(1): 161-193.

［20］Lubienski, C. , Gulosino, C. &Weitzel, P. School Choice and Competitive Incentives：Mapping the Distribution of Educational Opportunities across Local Education Markets ［J］. American Journal of Education. 2009. 115：601-647.

［22］Lubienski, C. Public Schools in Marketized Environments：Shifting Incentives and Unintended Consequences of Competition-based Educational Reforms ［J］. American Journal of Education. 2005(111)：464-486.

［23］Taylor, C. Choice, Competition, and Segregation in a United Kingdom Urban Market ［J］. American Journal of Education. 2009(115)：549-569.

［24］Dougherty, J. School Choice in Suburbia：Test Scores, Race, and Housing Markets ［J］. American Journal of Education. 523-548.

［25］Witte, J. F. The Market Approach To Education. An Analysis of America's First Voucher Program ［M］. Princeton, New Jersey：Princeton University Press. 2000.

［26］Deluca, S. & Dayton, E. Switching Social Contexts：The Effects of Housing Mobility and School Choice Programs on Youth Outcomes ［J］. Annual Review of Sociology. 2009(35)：457-491.

（本文发表于《比较教育研究》2010 年 12 期。作者董辉、卢乃桂,时属单位为香港中文大学教育学院）

十三、"择校"对义务教育制度的挑战及发达国家实践中的"变革"

（一）引言：围绕"择校"的多种声音

随着义务教育制度的普及，在惠及大众的同时，多样化的、对优质教育的需要与义务教育平等、标准化供给之间的矛盾也越来越凸显出来。在西方发达国家，对家长学校选择权的推崇，早在 20 世纪 50 年代就经由著名自由主义经济学家米尔顿·弗里德曼（Milton Friedman）的研究，获得了许多社会认同。到了 20 世纪 80 年代末，伴随着里根总统和撒切尔夫人的执政，新自由主义成为发达国家政治、经济领域的主流价值体系，家长选择学校的权利开始通过"学券计划"（voucher project）和"特许学校"（charter school）运动进入义务教育的实践领域。

当"选择"机制进入义务教育体系后，自然引发与原有义务教育理念、制度的冲突，学者、教育政策制定者和受教育者之间争论不断，发出了多种"声音"。美国克里夫兰地区的密尔沃基市是美国第一个实行学券制度的地方，最早和经常被引用的当属美国学者约翰·威特（John F. Witte）对密尔沃基市学券项目的研究成果。[1]研究成果显示，学生的学习成绩对定义和控制单元等重要的统计问题具有高度敏感性，"择校"的学生相对于仍在公立学校的同伴没有明显的成绩提高。该研究质疑了"选择"机制的效果，也质疑了"选择"机制的必要性。英国伦敦大学教育研究院院长杰夫·威蒂（Geoff Whitty）等人在对英国、澳大利亚、新西兰、美国、瑞典5个国家分权和择校趋势进行事实研究的基础上,对效果、效率和平等之间的关系进行了探讨。他们的主要结论是:允许家长进行择校,会驱使学校进行学习成绩导向的教育,造成不同学校学生构成成分和学校供给性质的变化;从效率上看,择校也许提高了单个学校的资源利用程度,但在履行提供平等的教育机会的责任方面,却带来了大量的问题。[2]该研究最大的贡献在于将"择校"效果分解为效果、效率、平等三个方面,突出了"选择"的社会影响。

和学者的研究不同,OECD作为一个经济和社会发展方面的国际智囊组织,认识到义务教育的传统理念从根本上说是政治性的,[3]而现有的"择校"研究则更多地体现为效率诉求。于是,OECD通过对许多国家的择校制度进行扫描,展示了这些国家在择校方面的实践,分析教育"选择"和"平等给予"两种公共资源配置机制在参与者结构、制度变迁、制度激励方面的差异。

在我国,由于实行社会主义市场经济的时间还很短,即使在知识界,对教育等"市场失灵"领域的结构特征、各主体的选择行为、信息状态对人的行为的影响以及政府与市场的关系等都还不够清楚。[4]因此,对择校问题的研究多集中于对现象的分析,停留在列举择校现象的弊端或优势,并在此基础上讨论择校是否违法、择校费是否合理、择校是否破坏了教育公平等浅层次的问题。对择校优势和弊端的认识不是经验性的,就是依据一些原则和文本断章取义地加以判断,没有站在国家基本制度设计所需要的政治、经济和伦理层面上全面地、多角度地认识择校问题。解决择校问题的建议也较为简单且态度鲜明,即反对择校和鼓励择校。但是,这两种态度都缺乏相应的较为有力的理论支撑,没有将建议放置在教育目标、政治程序、经济效率、法律实施可行性的框架下进行分析,因此不管支持和反对择校,其观点都显得偏激、片面和过于简单。

基于现有研究的缺陷,我们认为择校研究迫切需要摆脱个体经验,分析"选择"机制与义务教育理念的冲突以及这种冲突的制度意义。

(二)"择校"与义务教育理念的冲突及其制度含义

作为人类增进社会安全和幸福的国家实践,义务教育制度在内容上是实践和理念的内在统一。义务教育理念无疑是平等、国民等政治理念在教育中的反映,其目标是增进代际平等,培养具有民族国家意识、具备基本读写能力的公民。和该理念相对应,义务教育在实践中以"免费"、"就近"、"强迫入学"为基本特征。然而,当"选择"机制被引入义务教育实践领域后,实践与理念之间的内在统一性被打破了。

1. 义务教育的主要理念与供给制度

尽管经济学家往往用经济收益解读国家投资义务教育的动机,但国家发展义务教育的动机显然主要来自政治上民族国家的统整和经济上促进工业社会建设。在这样的动机下,普及义务教育的社会实践究竟蕴含着怎样的理念? 换句话说,义务教育要培养什么样的人? 用什么方式培养?

(1) 义务教育培养具有基本读写素养的公民,促进民主、平等社会的形成。政府希望通过为学生提供规范的、正统的知识,包括国家的语言和传统,首先培养尊重传统和规范的公民,其次是培养公民意识和整个国家在文化和意识上的同质性,最终将年轻人融合到国家中。[5] 义务教育制度的确立使学术、艺术、生活文化和道德得以现代化。民族国家的统整和工业社会的发展促进了义务教育的普及,而学校教育的普及与发展又促进了民族国家的统整和工业社会的发展,两者形成了相得益彰的关系。[6]

(2) 教学的改进可以让所有儿童达到义务教育的标准。心灵是非物质的,却是可以控制的,认知领域没有阶级性,任何儿童都可以通过适当的课程达到合适的认知目标。义务教育制度建立在民族国家和工业经济的背景下,其价值体系反映了现代理性主义。在理性主义看来,教师的教学和学生的学习都是纯粹的技术性行为,是不受社会因素影响的。[7]

(3) 义务教育由政府直接免费提供。和以读写能力为核心的公民素养教育与以技术理性为特征的教学理念相对应的是政府直接供给的实践制度。儿童不仅属于家庭,还属于国家,国家按照教学的技术标准免费提供义务教育机会,儿童必须接受义务教育。为了方便儿童就学,政府普遍接受就近提供的教育机会配置原则。于是,统一、免费、就近、强迫就成为国家提供义务教育制度的典型特征。

2. "选择"对义务教育理念与制度挑战

虽然义务教育制度是基于公共利益由国家提供基本公共服务的制度,但是在惠及民众的同时,从它产生的那天起,就面临着各种各样的挑战。在美国,阿米绪人基于宗教信仰在最高法院起诉州义务教育法的案例,就集中体现了义务教育这一符合公共利益的制度对小群体利益的侵犯。[8]而 1972 年美国最高法院对著名的"威斯康星诉约德尔案"诉讼的判决,也成为两种文化发生冲突时发扬妥协精神的教育诉讼案例。这对我们正确认识家长的教育选择行为也极具启示意义。择校,是在行为上对原有义务教育机会的逃离,它在两个方面挑战了义务教育理念与制度。

(1)尊重个人选择权利。20 世纪 80 年代以来,市场化取向的社会改革在经济上对微观市场活性的考虑优先于政府的宏观干预,强调作为个体的潜力和动机发挥出来了,宏观经济的表现就会好起来。其结果就是,在西方世界里,人们对国家的作用产生了怀疑,认为"二战"后直至 20 世纪 80 年代,竞争主要体现为国家间的竞争。但随着经济的全球化,国家之间的边界不明显了,竞争由国家转向个体。这样,义务教育阶段公共性理念就受到个人需求的强大挑战。家长为子女选择合适的学校,就是希望学校满足个人工作竞争的需要,服务于提升个人社会流动的欲望。希望将多样化的人聚集在一起进行主流价值体系的灌输,最终形成共同政治信念和伦理规范的"熔炉"式义务教育,正在面临个人需求的强大挑战。

(2)推崇学校多样化。反感于义务教育的整齐、划一,择校的支持者试图通过引入市场力量来纠正国家领导下义务教育对个人的"异化",建立多样化的、对个体需求敏感的学校。择校支持者所持有的义务教育理念,从近几十年来教育研究话语变化中就可以很清晰地察觉到。在 20 世纪 60 年代,教育中多使用基础、测算、建设、系统、结构、体系等工程类语言,而到了 20 世纪 80 年代后,教育文献中经常使用的语言就变成了效率、多样化、需求、选择、绩效、问责等市场语言。①

---

① 教育话语的变化可以通过比较不同时代影响深刻的两个报告得以发现。一是 1968 年世界教育规划大会上 UNESCO 的报告,反映了建设义务教育体系的工程学倾向,将测算经费和教师需求作为奠定义务教育基础的核心工作;二是 1992 年卡内基金会的报告:School Choice: a Special Report,和 OECD 的报告:Demand Sensitive Schooling。

（3）重视同伴效应。和义务教育理念对技术理性的推崇不同，近年来教育心理学研究结果表明，"同伴效应"（peer effect）[9]对儿童的学业成绩及日后的社会、经济收益都有显著影响。"同伴效应"、家长的期望与学校教师的行为和学校文化，综合地影响个体在今后的竞争力。这种发现挑战了传统的义务教育理念中关于技术理性的判断，也挑战了义务教育理念中用统一的标准、通过合适的程序给予儿童就可以产生合适的读写能力的观念，让更多的家长认识到，只有进入合适的学校，与合适的人群交往，才能培养下一代的竞争力。

在个人竞争、多样化、效率等理念逐渐代替公民素养和基本读、写、算能力及标准化提供等理念的现状下，义务教育制度正在经历前所未有的挑战。义务教育包括社会生活中的教育实践、形而上学的教育理念、教育制度。[10]按照剑桥大学政治学教授昆廷·斯金纳（Skinner）的观点，一切公共政策现象都是形而上学的观念和社会实践相互影响的结果，公共生活向政治家们提出了一些重大课题，引起了对许多结论的怀疑，而政治学家的辩论逐渐形成新的政治观念。[11]义务教育实践为社会成员提供了共同的正式经验，有助于社会能力和文化融合等公共利益的实现。[12]在功能性的实践背后，是以高度的理性为前提的，它蕴含着民族国家时代的政治理论。所以，择校现象的普遍出现，绝不仅仅意味着教育学者需要对择校做出优缺点的比较，然后在此基础上，做出的政府应该禁止或政府应该支持的简单结论。

当我们放大研究的视野，站在广阔的政治经济学角度分析择校现象时，我们发现，义务教育阶段的"择校"现象体现了义务教育的理念和人们择校行为之间的矛盾和张力。从这个角度上说，择校行为与义务教育就近入学原则之间的冲突，实际上反映了个人的竞争性利益与义务教育所强调的公共利益之间的冲突。于是，我们的结论也就不是急于做出应该中止或者支持的判断，而是在"民族国家"概念不断面临重构需要时，在经济方式由大规模、工业化转变为消费个性化的经济背景下，在知识经济和全球化的时代中，重新发现义务教育所应该具备的"公共空间"，重构教师和学校的公共使命。择校行为一次次冲击义务教育的公共利益理念，逼迫义务教育的信念体系不断退缩。在继续调整公共利益空间的同时，在义务教育的同一、划一性理念之外，开始尊重个人选择的自由，为选择自由留有空间；在继续强调平等教育权的同时，开始强调学校应该对个体需求的敏感、多样化等理念，强调以体制和供给者的多样化实现教育服务供给的多样化。这已经成为今后义务教育体制改革的趋势。

（三）"择校"与义务教育理念冲突引发的实践变革

20 世纪 80 年代后，义务教育实践已经出现了许多富有政治意义的变革。择校对义务教育理念的挑战，逐渐地体现在教育制度的变革中。

1. 在教育体制改革中体现选择

在义务教育对公共利益的强调不断弱化后，在教育制度中直接为"选择"留下制度空间就成为最激进的实践变革。此类教育实践探索又可以分为两种：一种是学券制度，完全用选择替代教育机会的配给制度，在制度中完全体现选择的自由；另外一种是特许学校，是有条件的选择制度。它将选择的范围界定为公立学校内。在特许学校制度下，公立学校占主导地位的教育机会配给制度就和选择权在制度上"和平共处"了，既不是学券制度下的"选择"对"配给"制度的完全替代，也不是传统公立学校体制的完全配给。这是选择权与配给制共同发挥作用的美国模式。

在体制设计中为家长选择留有空间，日本也有自己的模式。在日本，义务教育供给标准几乎完全一致，财政投入按照统一标准加以预算，教师在学区范围内实行轮岗制度，[13]财政和人事制度的设计目标都是为了保证义务教育机会公平。即使如此，日本还存在大量的"塾"，据调查，1993 年有 24% 的小学生和 60% 的中学生参加课后补习。[14]这些纯市场经营的补习学校，满足了家长为子女进行竞争性投资的需要，又保护了义务教育的平等理念。

通过体制改革，不断协调家庭的选择权和义务教育平等诉求之间的关系，舒缓义务教育理念和教育实践间的"张力"，是 20 世纪 80 年代以来世界范围内教育体制改革的主要切入点。这样，在政府直接提供之外，特许提供、协议提供、补助、志愿服务等供给方式纷纷引入教育体制，为满足多样化的教育需求提供了制度上的保证，同时，又不违背公共财政的基本职能。

几种主要的教育服务供给制度安排一览表

制度安排	各种教育服务
政府服务	传统公立中小学系统
政府出售	地方公立中小学接收外区学生,由父母付费
政府间协议	学生到邻近的城镇去上学;送出学生的城镇向接收学生的城镇付费
特许经营	政府将教育服务的生产指定给特定的私营部门,家庭向私营部门购买教育服务
补助	私立学校因接收每位注册学员而接受政府补助
凭单(学券)	小学的学费凭单,大学中的退伍军人福利
自由市场	私立学校
志愿服务	教区学校
自我服务	家庭教育

资料来源:E. S. 萨瓦斯. 民营化与公私部门的伙伴关系［M］. 中国人民大学出版社, 2002 年,第 88 页。

以上列举的几种主要的义务教育供给模式,除政府服务主渠道外,其他供给渠道都存在如何与政府服务方式对接和如何被义务教育制度接纳的问题,也是义务教育制度改革的主要话题。

2. 家长和社群参与的政治实践

除了体制改革外,通过加大学校管理的开放性,将家长引入学校管理中,减少"选择"这种"用脚投票"机制对义务教育传统的冲击,也是世界范围内教育实践的努力方向之一。赫尔奇曼(Hirschman, A. O.)认为,需求可以通过逃离(exit)行动来表示,也可以用另外一种方式——表达(voice)来表示,表达也是选择的一种方式。[15]于是,家长和地方社群作为一个独立的影响因素,和择校现象一起,改变了传统的义务教育权力结构中行政化权力代替公共权力的绝对权威。

OECD 在描述 20 世纪 60 年代之后的改革趋势时曾经说到,家长和代表不同利益的社群在学校治理中的作用不断加强是这个时期的典型特征之一。[16]在英格兰和威尔士,政府制定了《家长宪章》(1994),规定家长有权查阅孩子的成绩报告单,有权对学校进行经常性的、独立的视察。这份宪章显示出政策对家长角色的重新界定:由强调家长的义务,转向强调家长的权利。[17]近 10~15 年,英格兰的每一所学校都有自己的治理团体,由 9~20 人组成,由他们所代表的利益群体选举或任命。这种治理团体在学校的预算、课程决策、学习成绩报告,甚至包括任命、评价等人事工作中发挥核心作用。在芬兰、奥地利,也有类似的家长选举活动,选举出来的家长和其他社群代表一起组成对学校的管理团体。

在西班牙,家长通过组织专门的家长协会的方式影响教育政策,全国有 65% 的小学生家长、有 58% 的中学生家长是这些家长协会的付费会员(fee-paying members)。在日本,新近引入了一种学校咨询体系,其目的就是提高社区代表和家长对学校决策的参与权。[18]

在择校实践中,以家长和社群参与为特征的实践是非常复杂的,当学校日益受到政府和市场力量的驱动时,社群和学校之间的关系面临重新构建的迫切需要。

3. 削弱选择与均衡间张力的程序制度

以学券为媒介的择校制度和有限选择的特许学校制度都是基于效率诉求的制度设计,并未考虑它们对于社会融合等政治目标的影响。实际上,如果对家庭的选择行为不加限制,选择的负外部性会带来社会"碎片化"的倾向,不利于社会融合。为此,发达国家政府在给家长选择权留有空间的同时,普遍采取严格选择程序设计,实施合理选择程序管制的策略。程序管制的意义,正如美国学者约翰·威特对密尔沃基市学券计划进行追踪后所揭示的那样,择校制度中选择程序的设计对学券计划实施效果的影响远远大于是否实施学券计划。

(1)抽签制在择校中的应用。优秀私立学校的学额是有限的,如果选择的人很多,那就存在究竟谁能够获得选择权的问题。在选择程序不确定的情况下,市场规律和权力就会发挥作用,获得优先选择权。这时,金钱和权力的不平等分布就会通过教育选择权的获得将不平等扩展到教育领域。

在教育这样的公共领域,判断政策效果的标准往往基于人类长期以来形成的规范。现代公共政治领域也有流派差异,但是各流派都同意公共资源的配置要和市场力量相反,至少不会和市场力量相得益彰。因此,教育选择权的获得和金钱、地位相结合是不被现代政治观念所接受的。所以在选择中出现超额需求,即需求超过供给能力时,抽签制就成为公共资源配置的主要方式了。在日本,一些优质的教育机构也常常面临 50∶1 的选拔率,这时,抽签制就成为决策方式。在密尔沃基学券计划实施过程中,当私立学校面临超出其供给能力的需求时,也实行抽签制。[19]

(2) 特许下的选拔制。经济学家主张家长的教育选择权是为了提高效率,然而用抽签制配给资源,其配置效率是非常低的。但是在公共领域,当存在需求超过供给时,抽签在许多时候是唯一的决策方式。在教育领域中,是否具有对抽签制的替代方式以提高制度效率? 出于教育内容与教育者兴趣、素质相匹配的需要,当对某类教育的需求超过供给能力时,往往会对受教育者进行选择,如考试选拔制度。

在义务教育阶段,由于长期奉行划一的教育,考试选拔制度一般不会采用。但是,在强调办学特色的私立学校、特许学校,法律可以允许它们采用经过批准的选择程序。这些程序允许学校挑选和它们的教育需要相适应的特征选择,并且通过教育行政机构的审查向社会公布,但不能超过被批准的范围。[20]

从世界各国增加家长教育选择权的实践中可以看出,择校行为与义务教育所蕴含的社会融合、教育公平的理念之间需要平衡。所以,择校行为不能与家庭的社会经济背景高度相关。在择校的制度设计中,能否让贫困家庭的子女也能够享受到选择学校的权利,选择学校的家长是否属于择校政策所锚定的目标群体是影响政策社会效果的关键。不管是选择程序,还是社会动员和宣传以及资格审定,都必须具备政策上的内在一致性。这种一致性来自对已经规定了的义务教育政治观念的遵守。

结论

自 20 世纪 80 年代以来,"重建"重要的教育概念,如教育、教学、教师等就构成了教育研究的主流。在"重建"过程中,中国社会带有许多现代化过程被"压缩"的典型特征,传统与现代化之间的矛盾还没有完全融合,就迫不及待地被后现代的多个主张所驱使。从现象上说,我国许多教育现象的表征与国际现象不同。在择校问题上,中国政府和发达国家政府的立场不同,讨论的问题也似乎不同。但是,如果站在义务教育的正统性和规范性以及正在不断被知识经济和多样化的群体利益所分割的角度分析择校现象,我们就可以发现,中国和发达国家择校的本源性和历史性意义是相同的,都是适应民族国家需要的义务教育正在面临多方面的挑战。

不管我们是否愿意,择校问题已经构成了现实的教育问题。世界范围内教育实践领域已经积累了很多经验,在制度上也有相应的变革尝试,但是,义务教育理念的"重建"还处于多种纠葛和冲突中。"择校"试图在平等受教育权的理念之外,再引入经济效率的概念,既引发我们对这个现实问题的思考,又引导我们把民族国家背景下的义务教育作为一种既有的观念来超越。义务教育理念的"重构"正好说明了昆汀·斯金纳所提出的社会生活与理论之间相互作用的非线性特征。

参考文献:

[1] John F. Witte The Market Approach to Education:an Analysis of America's First Voucher Program' [J]. Princeton University Press,2000,The Milwaukee Voucher Experiment. Educational Evaluation and Policy Analysis1998(20):229-251.

[2] Geoff Whitty,Sally Power and David Halpin. Devolution and Choice in Education——the School,the State and the Market [M]. Open University Press,1998. 109.

[3][5][16][18] OECD. Demand-Sensitive Schooling? [R]. Evidence and Issues,2006. 24,22,83,83-87.

[4]道格拉斯·C·诺斯. 制度、制度变迁与经济绩效[M]. 杭行译. 上海:格致出版社,上海三联书店,2008:24.

[6][7] 佐藤学. 课程与教师[M]. 钟启泉译. 教育科学出版社. 2003. 序言,291-295,123-124.

[8] 林达. 阿米绪的故事[EB/OL]. http://www. douban. com/review/1325443/2008-03-29.

[9] Glewwe,P. Estimating the Impact of Peer Group Effects on

Socioeconomic Outcomes: Does the Distribution of Peer Group Characteristics Matter? Economics of Education Review, 1997, 16(1): 39-43.

[10][11] 昆廷·斯金纳. 现代政治思想的基础[M]. 段胜武等译, 求实出版社, 1989:3.

[12] 埃尔查南·科恩. 教育券与学校选择[C]. 刘笑飞等译. 北京:北京师范大学出版社, 2008:24.

[13] 彭新实. 日本的教师培训和教师定期流动[J]. 外国教育研究, 2000(5):49-52.

[14] Mark Bray. The Shadow Education System: Private Tutoring and Its Implications for Planners.

[15] Hirschman, A. O., Exit, Voice and Loyalty: Responses to Decline in Firms, Organizations, and States [M]. Harvard University Press, 1970.

[17] Geoff Whitty, Sally Power and David Halpin, Devolution and Choice in Education—the School, the State and the Market, Open University Press, 1998.

[19] John F. Witte, 'The Market Approach to Education: an Analysis of America's First Voucher Program'[M]. Princeton University Press, 2000: 151.

[20] The Arizona State Legislature. Charter School Law Arizona Revised Statutes Education Code P15-181 to P15-189 [EB/OL]. http://www. azed. gov/ charterschools/ info/ districtinfo/ CSLawALIS. pdf, 2009-09-29.

（本文发表于《比较教育研究》2010 年 12 期。作者曾晓东, 时属单位为北京师范大学教育经济学研究所、北京师范大学中国教育调查与数据分析中心）

十四、中高一贯制：日本学制改革的一种选择

（一）中高一贯制构想的出现与确立

早在 1966 年 10 月，中央教育审议会（以下简称中教审）在《扩充和完善后期中等教育的咨询报告》中就提出进行初中和高中六年一贯制教育的建议，此后又在 1971 年 6 月的《关于今后学校教育的综合扩充、整建的基本措施》的报告中再次提出取消入学考试，实施初高中连贯的教育。尽管这一学制改革的构想在数次审议会报告中均有提及，但是日本政府却一直难以下决心实施，原因在于中高一贯制并不是将"633"学制进行彻底修改，而是在原有学制的基础上，另外将一部初中和高中合并起来，促使学校体系多元化。在这样的理念下，中高一贯制学校很难避免与非一贯制学校出现竞争，有可能进一步激化早已严峻的考试竞争问题，加之《学校教育法》并未对一贯制学校的定位、目标等进行相关规定，因而中高一贯制改革一直悬而未决。

不过，随着 1982 年上台的中曾根内阁追随英美等国施行新自由主义（Neo-liberalism）路线，日本政府开始强调市场作用的最大化和政府干预作用的最小化，新自由主义路线逐步在教育改革中占据上风。特别是 20 世纪 90 年代以后，随着经济全球化、泡沫经济崩溃、政府负担加重等现实因素以及跨国企业竞争日益激烈，日本财经界时刻处于深刻的危机意识之中，他们迫切期待把市场机制引入教育实践，通过学校的自由竞争办学、家长的自由竞争择校来引导教育资源的有效分配和消费，以此培养具有创造性的国际性人才。在学制方面，

以企业界人士为主的改革推进派认为,应该使教育不再仅仅将学生限定于一元化的入学考试竞争,需要建立多样化、复轨制的学校体系,赋予学校和家长更大的选择权,发展有特色的中高一贯制学校制度。经济团体联合会在 1996 年的报告中呼吁:"将 15 岁的春天从考试压力中解放出来","优质人才应该更早进行培养","否则长此以往日本将失去活力,不再维持世界领袖的地位"。[1] 1997年 6 月,中教审发表报告,再一次提出构建中高一贯制教育,认为优点在于:学生可免受高中入学考试选拔的影响,形成轻松安定的学校生活环境;可展开有计划、连续性的教育指导;可促进学生个性和才能的培养;可以开展各种不同年龄学生的集体活动,从而更好地培养学生的社会性和丰富的人格。[2]

经过中教审数次报告的强调以及财经界人士的推动,中高一贯制终于获得政府认可,文部省(2001 年更名为"文部科学省")开始着手修改《学校教育法》,并于 1998 年 6 月通过了《对学校教育法等进行局部修改的法律》,在《学校教育法》中添加了关于名为"中等教育学校"的中高一贯制学校的相关规定。此外,日本政府也对《公立义务教育各学校标准法》、《公立高级中学标准法》、《市镇村立学校职员酬金负担法》、《义务教育费国库负担法》、《义务教育诸学校设施费国库负担法》、《关于地方教育行政的组织和运营的法律》、《教职员任免法》等多项法律进行相应修订。1999 年 4 月 1 日,《对学校教育法等法律进行局部修改的法律》正式实施,虽然当时设置的中高一贯制学校仅有 4 所,但是已经成为日本战后学制改革的重要标志。

(二) 中高一贯制学校的模式与进展

目前中高一贯制学校主要有三种构建模式:① "中等教育学校",即新设实施六年整体性一贯教育的学校,不过当前期三年课程结束,学生可依个人意愿参加其他高中的入学考试;② "并设型"一贯制学校,即将隶属于同一地方自治体的初中和高中用较为宽松的方式连结起来,该校初中生不进行高中入学选拔,且两校间的课程设计连贯相通;③ "联合型"一贯制学校,一般由一所高中和几所初中构成,这些学校隶属于不同的地方自治体,在课程方面没有严格要求连贯相通,但是可以相互协定课程设计内容,编制相同主题基础的教育课程和学校活动。在上述三种模式中,"中等教育学校"和"并设型"在《对学校教育法等法律进行局部修改的法律》中有明文规定,而"联合型"是后来根据实际情况在《学校教育法施行规则》的修订条款中规定的。

在课程编制上,首先,中高一贯制学校必须迎合课程改革的总体原则,即培养以独立学习、自我思考为内涵的"生存能力"。具体而言,前期(初中)课程主要培养基础性学力,同时通过体验性学习活动,开发学生对学习的欲望、兴趣以及探究课题的能力;后期(高中)课程着重培养逻辑性思考判断、课题解决的能力。第二,课程安排要突出发展个性,增加选修学科课时,构建轻松宽裕的学习环境。第三,加强对未来生活方式、自主选择出路的能力的培养,促使学生自主选择,自我负责。中高一贯制学校大多开设了"产业社会与人类"课程,介绍产业社会中大企业所需要的人才标准,以此培养学生基础性的职业观,并结合后期课程中的相关职业选修课,培养学生自我规划、自主选择的能力。

为了赋予"中等教育学校"和"并设型"学校更大的课程自由度,日本政府制定了《教育课程基准特例》,提供了课程放宽特例:① 在前期(初中)阶段,选修科可取代必修科,在任何学年、学科都可开设选修课;② 可设定超越一般初中的选修科学时,可削减 70 学时以内的必修科作为选修科学时;除外语以外的选修科各学年应超过 35 学时;外语科各学年以 105～140 学时为上限,由各学校自定教学时数;③ 后期(高中)阶段开设"学校设定科目"及"学校设定学科",并可将 30 学分(一般高中为 20 学分)计入毕业所需学分。2004 年 3 月,文部科学省针对中高一贯制学校的课程进一步进行"规制缓和",规定前期课程与后期课程的各学科、科目间相关联的部分可以拉通进行教学;后期课程的一部分,可以移至前期阶段来实施。

为了确保学生、家长进行实质性选择,并促使一贯制学校逐步走进入们的生活,1999 年 1 月日本政府在《生活空间倍增计划》及同年 9 月文部省修改的《教育改革计划》中提出具体设置目标,即从通学区域考虑,中高一贯制学校的最低设置目标为每县 5～10 所,全国总计为 500 所左右。另外,文部省于 1999 年 6 月组建了"中高一贯制推进会议",积极探讨中高一贯制学校的设置问题和充实完善此类学校的方法与政策。在官方的大力推动下,中高一贯制学校数量逐年增加,1999 年仅为 4 所,而到了 10 年后的 2009 年,已达到 370 所,其中"中等教育学校"42 所,"并设型"学校 247 所,"联合型"学校 81 所。[3]

（三）中高一贯制引发新的教育危机

中高一贯制背负着日本政府的期待和多重使命，从 1999 年开始得以实施。不过，让人始料未及的是，它虽然得到官方、经济界的支持，但是质疑和反对的声音却一直没有停过。特别是随着中高一贯制学校的增多，引发了新的教育危机。

第一，一贯制学校出现精英化倾向，加剧了教育的城乡差距。"中等教育学校"与"并设型"学校属于开放型招生，它们在预算、设施、教师配备等方面都要比一般中学要好，而且可以更大范围和更大规模地进行招生，自然成为家长优先考虑让孩子选择的明星式学校。尽管为了避免由于学校竞争导致学生产生考试压力，很多一贯制学校不举行学力测试而采用例如面试等方法，但是实际上只要申请入学者人数超过招生人数，学校就必然会想办法从申请者中选拔出最优秀的学生。从这一点而言，中高一贯制学校违背了中教审在报告中反复提到的"不会将一贯制学校变成升学考试的精英学校"的初衷。另外，从地域来看，"中等教育学校"与"并设型"学校多位于城市，由于其日益精英化的教育现实，吸引了越来越多的学生报考，而位于边远地区的"联合型"学校以及其他非一贯制学校则在招生竞争中处于劣势，进一步加剧了城乡之间的差距。

第二，中高一贯制导致升学竞争低龄化，加剧学生阶层分化。尽管中高一贯制学校从形式上取消了初中升高中的入学考试，能够使中等教育更为轻松，但是问题在于初中入学阶段的考试选拔是无法避免的。这样，应试教育和毕业后的去向选择问题就前移至小学阶段。由于部分一贯制学校成为当地的升学名校，造成申请入学者的数量要远远大于招生定额，例如东京都立的 10 所中高一贯制学校 2011 年共招学生 1 389 人，但是多达 10 365 名小学毕业生报考。[4]这种发展态势一方面使小学阶段的教育更倾向于应试教育，另一方面也会迫使学生在小学毕业，也就是 12 岁时做出重大的去向抉择。所以，尽管孩子们好像是将"15 岁的春天"解放出来了，但是实际上却提前三年被套上了升学竞争的枷锁。

另外，由于中高一贯制学校毕竟数量较少，那些有幸在竞争中获胜而入学的学生仅占很少一部分，而剩下更多的还是一般中学的学生，他们还跟以往一样,并没有"从初升高考试压力"中得到解放,也无法接受"轻松、一贯性的教育"。在这样的情况下,学生在初中入学阶段通过择校,产生一贯制学校学生和非一贯制学校学生的阶层分化,加之一贯制学校在高中入学阶段即使招收三年制初中毕业生,在数量上也是极少的,从而又会产生免试进入高中的一贯制学校学生和通过考试进入高中的学生之间的分化。这样,本应该在义务阶段完全平等的学生,却通过提前到小学的竞争出现具有实质意义的地位分化,而小学阶段是儿童身心发展的重要阶段,此时加重学生负担,势必影响他们的身心发展。

第三,课程编排过于自由化,造成学生学力低下。日本教育在 90 年代以来的教育改革思路在于通过给学生以宽松自由的空间以期充分发挥学生的个性特长,培养创新意识、创造能力和生存能力,培养具有国际竞争能力的人才。从理论上讲,这种理念应该能够改变日本当下教育刻板、僵化、封闭的现状,也适应信息化、多样化和个性化社会的新要求,不过在实际的操作中,却出现了"矫枉过正"的现象。本来日本中小学近年来在全面实行周五日制的同时,已经大幅度减少授课时间和授课内容,再加上中高一贯制学校课程安排十分自由,学生没有中考压力,加之教师在教学时往往过度尊重学生的自主性,非但没有扭转校园暴力、旷课退学等"教育病理"现象,反而使学生学习意愿更加低落,教师无法有效进行教学,从而造成学力迅速下降。并且,由于部分中高一贯制学校在高中阶段不再进行学生募集,一些在学习过程中出现不适应本校特色的学生很难通过转校进入其他高中。另外,由于中高一贯制学校在课程编制上享有特权,很多课程内容可以在低学年提早实施,而且在课程范围与内容上限方面未受限制,因此一部分以升学为目的的公立一贯制学校开始滥用特权,往往在高中二年级便早早结束高中阶段的教学任务,最后一年进行大学入学考试的特别训练,反而使升学竞争问题进一步恶化。

(四) 简评新自由主义引领下的学制改革

自 20 世纪 90 年代以后,新自由主义提倡效率、竞争、自由化、市场化的理念成为改革主流,由国家管理的公共教育领域在地方分权化、体制松绑的形势下,其平等、民主、和平的教育理念逐步瓦解。虽然日本政府一再强调导入中高一贯制教育的目标是实现"重视个性"、"扩充学校选择权"、"促进学校的活性化",希望以此为突破口促进基础教育良性发展,但其背后隐含的仍旧是新自由主义的教育理念。具体而言便是通过以父母为中介的教育消费者选择权的松绑,进一步强调教育的提供者和消费者双方在教育领域中的义务和责任,尤其是教育消费者以类似于"用脚投票"的选择方式,决定学校的生源、声誉和经费的流向和导向。

事实上,义务教育不同于私立部门所提供的教育,公共物品的性质决定了它只适合于由公众利益为代表的政府来提供,在效率上让有限的教育资源得到充分利用,在公平上促进教育资源的合理分配。日本政府从战后开始的数十年间,花大力气通过"633"制推进义务教育的均衡发展,为其他后发外生型现代化国家提供了很好的教育发展样本。但是近年来的新自由主义教育改革却反其道而行之,高唱自我决定论,以个人的自由、选择的自由为借口,把孩子的一部分教育责任从学校这种公共的责任主体转移到家庭这种私人的责任主体上来,能否进入日益精英化的公立一贯制学校取决于家庭的教育能力和经济状况,必然造成社会阶层以及学校之间依据等级优劣而被序列化的现象。而且,中高一贯制学校在课程编排、学分设置以及内容选择等方面都过于强调由学生自己承担相应责任,看似尊重儿童的能力和个性,但是实际上却意味着学校放弃了公共教育所具有的保障儿童具有平等学力的重要功能。其实,学制改革的根本目的是要使每一个学生都能获得最充分的发展,因此必须兼顾精英教育和大众教育,优先考虑并保障弱势群体的学校选择权的机会。但是遗憾的是,日本政府并未认识到这一问题的重要性,中高一贯制背后隐含的是少数人择校自由和多数人择校不自由的矛盾,可以说是开了历史的倒车。

进一步而言,以市场理念来推动学制改革,看似选择权回归到学生手中,但是实际上学生拥有的仅仅是表达选择的意愿,而并非实际选择的行为。在激烈的升学竞争中,不是学生选择学校,而是学校通过建立具有强烈倾向性的程序和标准来录取更多优秀的学生,以保证教育有更好的产出,而同时为了使资源有最大的产出,拒绝接受那些学习成本很高的学生。另外,在市场竞争中,新自由主义思想所倡导的父母选择权是把家长当成"顾客"、"客户"来看,这种"商业化"的方式实际上使"经济思维"取代了"教育理性",家长与学校的关系建立在

"教育消费"的关系上,家长以这种方式参与学校教育反而强化了对学校教育的抵触和怀疑。在这样的改革现状下,学校教育越来越强调其工具价值而置其内在价值于不顾。其结果是,最好的学校不是那些能最大限度地提高学生学习成绩的学校,而是能够充分筛选和选择学生的学校。这也说明仅仅依靠市场这只"无形的手"来改革学制会存在着很多无法解决的问题。

针对中高一贯制改革,东京大学教授藤田英典指出:"在公立一贯制学校还为数极少的时候,只是表现为精英学校的数量稍微增加了一些,但在一贯制学校增多的时候,就会给中等教育带来新的扭曲","这种事态本身就意味着'633'制教育体制的改变"。[4]学制改革不只是简单地改变学习年限的分段,在本质上应该是解决现行学制中存在的问题,更新各级教育特别是基础教育课程的指导思想,精心设计和安排整个课程体系,进行教育价值观的深层变革。可是,在起于上世纪末的学制改革中,中高一贯制作为与"633"制并存的学制体系,并未从教育自身的逻辑出发深入探讨各级各类学校的性质、任务、入学条件等方面的问题,只是依靠市场竞争机制增设部分偏重精英教育的学校,最终成为满足财经界创造性人才培养的要求而临时"加装"上去的教育体系。可以说,只要以升学为主导的教育现状和长期没有得到解决的社会问题、经济问题仍然持续,仅仅依靠新自由主义这样的外在作用力来促动学校体制变革是不能够持久和有效的。因此,从中高一贯制学校的构建来看,新自由主义的改革理念只是学制改革的"催化剂",如果忽视其他教育改革配套措施,尤其是忽视从教育的内在规律出发来进行改革的话,其良好的目标是无法实现的。

参考文献:

[1] 日本経済団体連合会. 創造的な人材の育成に向けて—求められる教育改革と企業の行動—[R]. 1996.

[2] 中央教育審議会. 21世紀を展望した我が国の教育の在り方について[R]. 1997.

[3] 文部科学省. 学校基本調査[EB/OL]. http://www.mext.go.jp/b_menu/toukei/chousa01/kihon/kekka/k_detail/1300352.htm. 2011-05.

[4] 東京都教育委員会. 都立一貫校ガイド[R]. 2011.

[5] 藤田英典. 走出教育改革的误区[M]. 北京：人民教育出版社，2001：49.

（本文发表于《比较教育研究》2012 年 10 期。作者谭建川，时属单位为西南大学外国语学院、国际与比较教育研究所）

十五、平等视野下的学校选择：
类型、评价与实践

所谓学校选择，就是鼓励家长根据自身偏好或儿童需求去选择学校。这是学校选择区别于公立学校入学分派制的根本特征，不管什么类型的学校选择，它们都处于强制分派的对立面。然而，我们不能笼统地谈论学校选择，学校选择名义下的实践类型丰富多样，它们之间在理论根据和运作程序上有着明显区别。要想对学校选择有比较清晰的理解，我们需要对这个复杂的图景进行剖析，对多样化的学校选择进行分类辨析，并对主要的学校选择进行比较与评价。

（一）学校选择的分类模式

多样化的学校选择实践引起了大量研究者的关注，他们从不同角度对学校选择实践做了分类，以便更加清楚地认识学校选择。诸多分类模式中，影响较大且具代表性的有库克森（Peter W. Cookson）提出的连续谱、希尔（Paul T. Hill）提出的制度框架和威特（John F. Witte）提出的选择范式。

1. 库克森的分类

库克森（Peter W. Cookson）提出的分类方法，可以勉强地称之为"学校选择的连续谱"。库克森认为，无论学校选择类型多么丰富，它们都可以被纳入受控的选择与开放入学两个极限之间，大多数学校选择处于两者之间的中间地带。[1]所谓受控的选择，根据库克森的看法，就是学校选择的设计者对家长的选择行为施加了某种限制,比如限制可供家长选择的入学区域和学校类型。所谓开放入学,与受控的选择恰成对照,就是几乎没有任何限制的学校选择。理论上讲,家长可以选择进入符合自身偏好或儿童需求的任何一所公立学校,而学校则可以在入学申请超过招生额度的情况下进行自主选拔。因此,我们可以根据学校选择所受到的限制程度,将它们由高到低排序,由于排序依据的限制标准不同,结果也就不一样。

库克森认为,有 12 种基本的学校选择类型。[2]他将它们列举如下:学区内的选择、跨学区的选择、部门(公立学校)内的选择、跨部门的选择、受控的选择、磁石学校、中学后的选择、第二次机会计划、特许学校、工作场所训练、教育券计划和学费的税收减免。在这 12 种学校选择中,中学后的选择和工作场所训练不属于学校选择研究通常关注的范围;第二次机会计划是专门为学习困难的或特殊教育需要的学生服务的,也不属于常规的学校选择类型,尽管这种计划是非常必要的。库克森的分类模式主要基于美国的学校选择实践,范围略显狭窄。更重要的是,库克森并没有建立起明确的分类标准,因而他的分类模式也稍显凌乱。整体上看,他主要将学校选择的区域和部门作为分类依据,但是对受控的选择、磁石学校、特许学校、教育券计划的排列,区域和部门两个分类标准还缺乏解释力。库克森还需要加入其他的分类标准,才能建立真正的学校选择的连续谱。

2. 希尔的分类

第二种是希尔(Paul T. Hill)提出的分类方法,我们可以称之为"学校选择的制度框架"。希尔将所有的学校选择实践分为两大类(如下页表 1 所示),第一类是宪法保障的学校选择,第二类是政策决定的学校选择。可见,他是从制度层面或者规则层面对学校选择做出的基本分类,正如他所说:"我们的目标是要理解政府政策变革所带来的影响"。[3]所谓宪法保障的学校选择,就是家长选择学校的权利和自由,好比家长作为消费者为孩子购买玩具时,他们可以根据玩具的质量和价格随意地挑选,家长也可以根据自身的支付能力随意地挑选私立学校或随意地改变家庭住所。当然,如果家长愿意并能提供能力证明,他们也可以自己或聘请他人在家里教育自己的孩子。宪法保障的学校选择包括三类,分别是选择私立学校、改变家庭住所和在家上学。

表 1　学校选择的制度框架

宪法保障的学校选择	政策决定的学校选择				
·支付私立学校学费 ·改变家庭住所 ·在家上学	学区管理的学校	有限的选择	受控的选择	受管制的教育券	不受管制的教育券
	特许学校		再造的选择		
	独立经营的学校				
	许多机构提供的教学计划或课程				
		仅供某些家庭选择	所有家庭在指定区域内选择	被许可的学校	所有家庭选择任何的提供者

　　所谓政策决定的学校选择,就是政府资助或控制的学校选择,上述的选择私立学校、改变家庭住所和在家上学都是在政府资助或控制之外的,属于纯粹的私人行为。政策决定的学校选择比宪法保障的学校选择要复杂得多,类型丰富且差异明显。从表1看,希尔是将学校选择的供给方与需求方结合起来进行分类的,纵列为学校选择的供给方,横排为学校选择的需求方(有参与资格的家庭)。学校选择供给方包括传统公立学校、特许学校、私立学校以及其他类型的教育服务提供者。政府可以只在传统公立学校中提供选择机会,也可以将所有四类教育机构均纳入选择范围。学校选择的需求方同样由政府指定,政府可以只为部分(比如收入低于贫困线的)家庭提供财政资助的学校选择,也可以将所有家庭均纳入接受财政资助的学校选择。综合考虑学校选择的供给方与需求方,希尔向我们呈现了五种基本的学校选择形式:有限的选择、受控的选择、再造的选择(reinventing choice)、受管制的教育券以及不受管制的教育券。

　　希尔建立了学校选择的分类框架,将基本的学校选择类型纳入框架中,给人的感觉是系统性强。但是,他的分类有个明显的不足,很难区分有限的选择与受管制的教育券。举个例子来说,美国密尔沃基市的教育券计划的第一阶段(1990~1995年),教育券的发放对象为密尔沃基市的居民,只有部分家庭有资格获得州政府资助的教育券,这些家庭的年收入不得高于当地贫困线的175%,大约相当于当地年收入20 000美元的三口之家。[4]参与教育券计划的学校必须是非教派的私立学校。根据希尔的分类框架,密尔沃基市的教育券应该属于有限的选择,然而无论从哪方面说,密尔沃基市的教育券都属于受管制的教育券。此外,希尔的分类模式没有将学校选拔纳入分析框架,这也是个明显的不足,因为学校选拔是区分供给方的重要标准。

3. 威特的分类

威特(John F. Witte)提供了学校选择的第三种分类方法,并称之为"个人和机构的选择(选拔)范式"(表2)。威特对公立学校和私立学校做了多方面的比较,在此基础上,将个人选择纳入公立学校与私立学校的分类方法中,从而形成了机构选拔和个人选择相结合的学校选择的分类框架。威特认为,公立学校是高度民主控制的,私立学校则是高度自主的,两者需要承担的责任也有根本差异,公立学校必须向公众负责,包括使用它们的人和为它们提供经费的人,而私立学校只需要向它们的顾客负责。[6]公立学校和私立学校在选拔方式上也存在明显差别,私立学校可以自主地选拔生源,而公立学校只能根据集体制定的标准进行选拔。部分获得办学自主权的非传统公立学校介于两者之间,比如特许学校。

表2　个人和机构的选择(选拔)范式

		个人选择	
		私人:不受限制的	公共:受到规则限制的
机构选拔	自主的	当前的私立学校、普遍的教育券和部分特许学校	最初的磁石学校和部分跨学区选择计划
	集体的:受选拔规则制约的	目标定向的教育券、多数的磁石学校和多数的特许学校	公立学校入学的分派制

资料来源:John F. Witte. 16.

个人选择也包括两类,第一类是私人自由的选择,第二类是公共约束的选择。公共约束的选择大多服务于某种公共或社会目的,它们并不属于个人自由的范围,但很多时候确实带给部分家长有限的选择权利和自由,比如,美国的磁石学校最初是为了促进自愿的种族整合,却给了部分家长选择公立学校的机会。将纵列(自主选拔和集体选拔)和横排(私人自由的选择和公共约束的选择)结合起来,可以得到学校选择的四种类型。第一种类型,自主选拔和私人自由的选择,包括当前的私立学校、普遍的教育券和部分特许学校,如果稍微扩展一些,还可以将英国的直接拨款公立学校、专门学校和城市技术学院纳入其中,甚至可以将中国的转制学校纳入其中。第二种类型,自主选拔和公共约束的选择,包括最初的磁石学校和部分跨学区的选择计划。第三种类型,集体选拔和私人自由的选择,包括目标定向的教育券,多数的磁石学校和多数的特许学校。第四种类型,集体选拔和公共约束的选择,就是公立学校入学的分派制。

威特提出的分类范式的最大特点就是将家长选择与学校选拔结合起来,从而弥补了库克森提出的"学校选择的连续谱"和希尔提出的"学校选择的制度框架"的不足。个人选择遇到的最大挑战就是机构选拔。分派制下,公立优质校的选拔行为是造成教育不平等和学校隔离的重要因素,中国的重点学校制度和英国的中学三轨制都是明证。但是,如果机构选拔与个人选择结合起来,公立优质校的选拔行为的危害会大得多:一方面,它们选拔的生源范围更广了,公立优质校甚至可以跨学区选拔优异的学生和有教养的家长;另一方面,它们选拔的标准更加主观了,分派制下,公立优质校只能根据既定标准选拔生源,在学校选择体制下,只要公立优质校的入学申请超过其招生额度,它们就会根据自身需求去选拔生源,很难严格遵循客观的标准。

(二) 学校选择的比较与评价

综合库克森、希尔和威特的分类方法,我们可以从四个维度去建立学校选择的分类与评价标准,分别是区域维度、部门维度、家庭维度和选拔维度。区域维度和部门维度表征的是学校选择的自由度,跨区域和跨部门的学校选择的自由度大于学区内和公立学校系统内的学校选择。家庭维度和选拔维度表征的是学校选择的平等度,目标定向的学校选择比普遍的学校选择更有利于改善处境不利儿童的教育境况,随机的学校选拔比自主的学校选拔更有利于防止筛选和学校隔离。部门维度和家庭维度表征了学校选择的有效度。理论上讲,跨部门选择可以引进竞争机制,迫使公立学校改善教学和管理,提高学校的办学绩效。目标定向的学校选择为处境不利儿童提供了学校选择的机会,有利于改善贫困家庭的、学习困难的和特殊教育需要的儿童的教育境况,从而有可能提高公立学校系统的整体绩效。

我们可以分别为学校选择的四个维度赋值,1为低分值,2为高分值,区域维度中,学区=1,跨学区=2,部门维度中,公立=1,公立和私立=2,家庭维度中,普遍=1,目标定向=2,选拔维度(自主选拔=1,随机选拔=2)。总得分高的就是理想的或可欲的学校选择类型,总得分低的则是不理想或非可欲的学校选择类型。从表 3 可知,学校选择的赋值可以确定理想的和非理想的,前者如受限的教育券,后者如磁石学校、直接拨款公立学校和转制学校。但是,我们难以比较中间类型的学校选择,如特许学校、受控的选择和普遍的教育券,尽管普遍的教育券显得如此的不同。可见,学校选择的实践类型都只是政策工具,合意与否取决于学校选择的设计者所接受的理论主张,以及他们所追求的价值目标。如果坚持自由优先,普遍的教育券就是最理想的;如果平等优先,受控的选择、受限的教育券和特许学校都是可以考虑的对象;如果效率优先,两种类型的教育券显然优于其他的选择类型。鉴于本文的研究旨趣,我们只简单地分析受控的选择、受限的教育券和特许学校等有可能促进教育平等的学校选择实践。

表 3 学校选择的综合评价

维度 类型	区域维度 学区＝1 跨学区＝2	部门维度 公立＝1 公立和私立＝2	家庭维度 普遍＝1 目标定向＝2	选拔维度 自主选拔＝1 随机选拔＝2	总分值
磁石学校	1	1	1	1	4
特许学校	2	1	1	2	6
受控的选择	1	1	2	2	6
受限的教育券	2	2	2	1	7
普遍的教育券	2	2	1	1	6
直接拨款公立学校	2	1	1	1	5
转制学校	2	1	1	1	5

(三) 基于平等的学校选择实践

1. 受控的选择

这里所谓的"受控"有两种不同解释,第一种是库克森和希尔的解释,他们所指的是政府或学区对学校选择的区域和部门做了限制,在受控的选择中,家长和学生大多只能在学区所辖的公立学校范围内进行选择。第二种解释可以参考威利(Charles Willie)的观点,他认为:"受控的选择计划被设计用来容纳和公平地对待一个学区内所有学校的所有学生。而且,它们通过允许家长和学生去挑选上学的学校以增强他们的自主权;它们通过公平入学规则以保证本地社

区的所有种族的、民族的、社会经济的和其他的群体在所有学校里的学额,从而
促进学校的多样性;它们通过使用选择数据作为对受欢迎和不受欢迎的学校的
一种全民公决去促进学校的改善。"[6]威利所说的"受控"的要义是控制学校的
招生和生源,增强不同社会群体的儿童在所有学校中的合理分布,促进所有学
校的社会群体的混合和异质性。这也是本文赞同的受控的选择,它是一种最有
可能增进教育平等的学校选择类型之一。美国马萨诸塞州的剑桥学区是受控
的学校选择的典型。

剑桥学区的学校选择改革始于 1981 年。在剑桥学区的学校选择改革中,
学校选择的控制点发生过一次重大转移,从以所有学校的学生群体的种族平衡
为基础转变为以社会经济地位平衡为基础。控制点转移发生之前,剑桥学区的
学校选择改革获得了部分成功,在促进家长或学生的学校选择的同时还实现了
大多数学校的种族平衡的目标。罗塞尔(Christine H. Rossell)和格伦
(Charles L. Glenn)的研究表明,1982~1986 年入学的新生中,73%进入他们
的家长列为第一选择的学校,18%进入第二或第三选择的学校,只有 9%进入
非自愿选择的学校。1982~1986 年,剑桥学区的所有小学的种族不平衡指数
从 15.8 下降到 5.9。[7]但是,剑桥学区的学校选择改革并没有完全地达到预
期,当时没有证据表明改革有效地改进学校的教育成效。

2. 受限的教育券

受限的教育券包括两种类型,第一种是希尔所说的受管制的教育券,它是
对参与教育券的供给方的限制。第二种是威特提出的目标定向的教育券,它是
对参与教育券需求方的限制。本文是在第二种意义上讨论受限的教育券。受
限的教育券的意图非常明显,为了增加处境不利家庭的学校选择的机会,在教
育服务领域中引入竞争,从而改善处境不利家庭的学生的学习成绩。受限的教
育券大多面向低收入家庭,如上文中提到的密尔沃基实践,这是州政府资助的
教育券。在美国,还有慈善机构或私人资助的教育券,儿童奖学金基金
(Children's Scholarship Fund)就是其中之一。它是一项私人资助的面向中低
收入家庭的教育券计划,有资格参与该计划的家庭的总收入要低于美国联邦政
府划定的相应家庭人数的贫困线的 70%。申请者接受的奖学金的价值与家庭
收入的关系如下:如果家庭的年收入低于联邦政府规定的相应家庭人数的贫困

线,他们就能获得相当于私立学校学费的 75％的奖学金;如果家庭的年收入高于贫困线,他们只能获得相当于私立学校学费的 50％的奖学金;如果家庭的年收入超过贫困线的 85％,他们只能获得相当于私立学校学费的 25％的奖学金。[8]

我们可以从三个方面去评价受限的教育券的实践效果。第一,增加了处境不利家庭的学校选择的机会。密尔沃基实践和儿童奖学金基金都显示出积极效果。在教育券的资助下,低收入家庭确实获得了更多的选择余地,这在分派制下是无法想象的。第二,提高了低收入家庭的家长和学生对学校的满意度。威特运用 Likert 四点式满意度量表,对密尔沃基市的家长在参与教育券的前后对学校的满意度做了测量。结果表明:参与教育券之后,家长对所选择的学校的满意度比对原来的学校的满意度高出 2.8 个分值。大多数家长对所选择的学校的教育环境和纪律最为满意。[9]第三,受限的教育券对学校教育成效的影响不明确。同样是对密尔沃基实践的研究,不同研究者得出了不同结论。威特认为教育券并未明显地提高学校的教育成效,霍克斯比(Caroline M. Hoxby)则得出了肯定结论。[10]这也从另一个侧面说明,学校选择与教育成效之间并非简单的线性关系,还取决于大量中介因素。

3. 特许学校

美国特许学校的使命不是为了教育平等,而是在公立学校中引进竞争,提高薄弱学校的教育成效。巴尔克利(Katrina Bulkley)认为,特许学校理论包括五方面的核心内容:① 创建新学校和对现有学校的重新设计;② 特许学校比传统公立学校有更多的自主性和灵活性;③ 自主性和市场力量的相互作用将使特许学校更富创新与更高质量;④ 特许学校比传统公立学校更有责任感;⑤ 自主、创新和责任将带来更高的学生成绩和更高的家长、学生、教师的满意度。[11]然而,特许学校却比传统公立学校更有可能增进教育平等。美国各州的特许学校千差万别,但是它们有几个共同特征。第一,实行开放入学和自由选择,打破了传统公立学校入学的分派制。第二,没有在申请入学者中进行选拔,而是按照申请入学的先后顺序招收学生。第三,有更多自主性和灵活性,可以提供独特的课程和教学方式,能够满足部分种族(少数民族)群体、学习困难或特殊教育需要的学生的需求。[12]如果分开来看,上述特征都不足以增进教育平等,如果结合来看,则有可能起到缩小教育不平等的作用。

美国特许学校大多由薄弱学校转变而来,它是多数州或地方政府改造公立学校的一项举措。总体上,特许学校中的黑人和少数民族的孩子的数量明显多于白人和亚裔的孩子的数量,低收入家庭孩子的数量明显多于中产阶级家庭孩子的数量。丘伯对艾迪生学校公司(Edison Schools INC)代管的特许学校的调查表明,特许学校中的非洲裔美国人的孩子占比远高于本地学区的平均数(64%对42%),有资格接受免费或减价午餐的学生占比也高于本地学区的平均数(70%对61%)。[13]更重要的是,特许学校取得了比传统公立学校更好的教育成效。2009年,美国教育改革中心(CER)对纽约市特许学校的研究表明:特许学校的平均学习时间为192天/年,比传统公立学校长两周半;到八年级末,特许学校学生的数学测试分数平均比传统公立学校学生高30%,阅读测试分数平均比传统公立学校学生高23%。[14]也有研究者提出不同或者相反的研究结论。他们认为,特许学校并没有表现出令人信服的教学成效,甚至还不如传统公立学校。[15]尽管目前的研究远非结论性的,但特许学校的教育平等化功能获得了越来越多的有力证明。

参考文献:

[1][2] Peter W. Cookson. School Choice: The Struggle for the Soul of American Education [M]. New Haven: Yale University Press,1994:14,14-16.

[3] Paul T. Hill. Baselines for Assessment of Choice Programs [A]. Paul T. Hill. Choice with Equity[C]. Stanford: Hoover Institution Press, 2002:21.

[4][5][9] John F. Witte. The Market Approach to Education: An Analysis of America's First Voucher Program [M]. Princeton: Princeton University Press, 2000:44,14,118.

[6] Charles V. Willie. The Evolution of Community Education:Content and Mission [J]. Harvard Educational Review, 2000, Vol. 70, No. 2,191-210.

[7] Christine H. Rossell and Charles L. Glenn. The Cambridge Controlled

Choice Plan [J]. The Urban Review, 1988, Vol. 20, No. 2, 75-94.

[8] Paul E. Peterson, David E. Campbell, and Martin R. West. Who Chooses? Who Uses? Participation in a National School Voucher Program [A]. Paul T. Hill. Choice with Equity [C]. Stanford: Hoover Institution Press, 2002:53.

[10] Caroline M. Hoxby. How School Choice Affects The Achievement of Public School Students [A]. Paul T. Hill. Choice with Equity [C]. Stanford: Hoover Institution Press:2002,163.

[11] Katrina Bulkley. A Decade of Charter School: From Theory to Practice [J]. Educational Policy, 2003, Vol. 17, No. 3, 317-342.

[12][14][15] 黄学军. 美国特许学校政策:论争与走向[J]. 比较教育研究,2010(12),37-41.

[13] John. E. Chubb. A Supply-Side View of Student Selectivity [A]. Paul T. Hill. Choice with Equity [C]. Stanford: Hoover Institution Press, 2002:99.

（本文发表于《比较教育研究》2013 年 2 期。作者黄学军,时属单位为珠海市教育局教育研究中心）

择校方案(一):教育券

一、教育的两种价值和两种投资
——米尔顿·费里德曼教育经济思想探讨

米尔顿·费里德曼(Milton Friedman,1912～)是美国哥伦比亚大学博士,芝加哥大学经济学教授,曾当选为美国经济学会会长,任尼克松私人经济顾问。他著有《资木主义与自由》(1962年),《自由选择》(1976)等二十多部著作,在《资本主义与自由》的"政府在教育方面的作用"一章和《自由选择》的"学校的问题在哪里?"一章中,较详细地阐述了他的教育价值与教育投资关系的教育经济思想。

(一) 费里德曼教育经济思想的中心概念教育的"邻近影响"

米尔顿认为,社会事物对人有两种影响:"邻近影响"和"非邻近影响"。"邻近影响"是指"一个人的行动迫使其他人为之支付相当的代价,而又无法使前者赔偿后者的情况";或者"个人的行动对其他人产生相当好处,而又无法使后者赔偿前者的情况"。[①] 后一种情况我们可称之为"正邻近影响",前一种情况我们可称之为"负邻近影响"。"非邻近影响"是指一个人的行动无论对其他人产生不良影响还是积极影响都可以找到补偿对象的情况。从这一概念出发,他提出具有"邻近影响"和"非邻近影响"的两种教育。

教育的"邻近影响"是指"儿童受到的教育不仅有利于儿童自己或者家长,

---

① 《资本主义与自由》中译本1986年版,83页。

而且社会上其他成员也会从中得到好处。我的孩子受到的教育由于能促进一个稳定和民主的社会而有助于你的福利。由于无法识别受到利益的具体的个人（或家庭），所以不能向他们索取劳务的报酬"，这种情况为教育的正邻近影响"（同①，84 页）。同样道理，如果一个儿童不受教育，不仅对儿童自己及其家庭不利，而且对社会其他成员也不利，但是，这种不利产生的损失同样也无法识别受害者的具体对象（个人、家庭或社会团体），所以，也不能向他们补偿报酬或赔偿。即使找到某些具体补偿对象，不受教育的儿童对促进整个社会的"民主和稳定"产生的不利影响的程度还是难以估计，这种情况，为教育的"负邻近影响"。教育的"非邻近影响"是指对一个人进行教育的投资，通过这个人所学到的知识、掌握的能力，找到受益和承担这种投资的具体对象，从而收回这种教育投资的教育影响。经过这番分析，米尔顿把教育价值这样一个较抽象的概念和教育投资这样一个较具体的概念有机地联系起来，并由此推导出一系列具体判断。米尔顿认为，基础教育或中小学教育、普通教育是一种具有"邻近影响"的教育，受其影响的除了学生自己和家庭成员外还有全社会许多人，但除了学生自己和家庭外，它的投资再找不到其他具体受益和补偿的对象。所以，这种教育应该得到社会的津贴；职业技术教育是一种具有"非邻近影响"的教育，它的投资完全可以找到全部具体受益和报酬的对象，它的投资应该由个人或受益者（学生家庭和其他人）来承担。大学教育是具有"邻近影响"和"非邻近影响"的教育，它的投资应由国家和受益者两方面来承担。

（二）基础教育的价值与投资

基础教育能带来经济效益，估计这是没有人怀疑的。但基础教育的经济效益究竟是通过人力投资直接获得的，还是通过文化投资间接获得的，基础教育投资的主要目的是仅仅为了经济效益，还是更主要为了社会效益，基础教育带来的经济社会效益能否计算，人们的意见是很不一致的。米尔顿明确指出，基础教育是一种具有"邻近影响"的教育，它的主要功能是提高人的文化素质，它的价值在于传递文化知识和社会价值准则、发展社会的稳定和民主，由于文化素质的提高而带来的社会、经济效益是绝对不可低估的，但这种效益又是不能以数字来计算的。虽然基础教育不能带来直接经济效益，但这种教育的投资是绝对不可缺少的。

米尔顿·费里德曼说，在文化知识和价值准则这两个方面，中小学教育均应作出贡献，"如果大多数公民没有一个最低限度的文化和知识，也不广泛地接受一些共同的价值准则，稳定民主的社会就不可能存在"。（同①，84页）既然基础教育是对求学者个人和家庭以及社会其他成员都有益处，而且受益者的普遍性达到除求学者或家庭外再无法找到具体受益对象，受益的意义又达到无法用经济尺度来衡量的程度，那么这种教育费用就应由国家和个人或家庭双方负担。但这只是一个原则性的判断，如果个人不能或不愿负担这笔费用怎么办？国家对这种教育的投资从哪里来，投资多少？投资到哪一级的教育？这些还得进一步的研究讨论。

首先，米尔顿认为，为了个人、家庭、社会的利益，筹集基础教育投资的最好办法是：政府向全社会每个成员和社会团体征收教育税，然后把这笔资金补贴于学校或家长。他说："政府支付费用，因为，这是实施最低水平的学校教育的唯一可以实行的手段。"（同①，85页）"为了对政府所规定的最低学校教育提供经费，政府可以发给家长们票证。"（同①，87页）家长可以自由地使用这代表一定金额的票证，再加上他们所愿意添增的金额，向他们愿意选择的、被政府批谁的任何教育机关购买教育劳务。

其次，米尔顿认为，政府对学校的补贴应尽量达到使每个儿童不因缺少学费而辍学或根本不上学，都能受到"最低限度"的教育程度。他分析道：如果求学者的家长能够出钱让他的家庭成员上学，这当然很好。但也有可能由于经济等其他原因，家长不能让应该受到一定程度教育的家庭成员上学，这就会产生"负邻近影响"，个人、家庭、社会其他成员及整个社会的稳定与民主都要受到损害。但是教育产生的"负邻近影响"和其他事物产生的"负邻近影响"又大不相同。个人买了汽车，由于他担负不起国家对他征收的消除"负邻近影响"的税务，国家可强迫他卖掉汽车。但政府总不能因家长负担不起教育费用，使孩子产生"负邻近影响"而强行家一长把孩子抛弃或对家长进行经济处罚，这样，结果肯定会更糟。当然，家长不能让其成员上学可能有许多原因，其他问题通过说服甚至法律手段是可以解决的，但对经济问题来说，以上的方法都可能是无济于事的。因此，国家给予基础教育以足够的补贴，甚至是一个儿童在一定时期所需的全部教育费用是必不可少的。事实上,这是一个问题的两个方面:一方面,每个儿童都应受到"对社会有最大益处"的"最低水平的学校教育";(同①86 页);另一方面,政府应该给这种具有邻近效应的教育充分的财政补贴,以保证每个儿童都能得到这种"最低水平的学校教育"。虽然,米尔顿并未确定这种"最低水平的学校教育"究竟是初等教育,还是中等教育,但他上述思想仍为确定普及义务教育年限和普及教育费用的定量提供了重要的理论依据和方法指导。

米尔顿提倡公立教育和私立教育并行的教育体制,不赞成教育全部国有化。他认为私立教育在产生"邻近影响"方面也有重要作用,发展私立教育有利于家长和学生对学校的自由选择,有利于由自由选择而引起的公立学校和私立学校间的竞争,促进学校教育的发展;也有利于解决因人口密度等问题而造成的学生上学困难。除了向学生收费外,私立学校很少有其他津贴。为了避免学生家长交两次学费(一次公立学校税务,一次私立学校学费)和形成公立学校和私立学校间的平等的教育竞争,政府应对到私立学校上学的学生给予一定津贴或对私立学校同样实行票证制度。

米尔顿还认为,政府对教会学校不应于以补贴。一方面由于它的经费是从一些社会团体或个人筹募来的;另一方面教会学校传授的价值标准不一定与国家的价值标准一致。

(三) 职业技术教育的价值和投资

米尔顿认为,职业教育和专业教育是具有"非邻近影响"的教育,它是对人力资本进行的投资,类似对机器、建筑物等其他形式的非人类资本或有形资本进行的投资。它的功能和价值就是提高人类的生产力、发展经济。他说:"职业和专业学校教育没有上述的被认为是一般教育所具有的那种'邻近影响'。(同①,98 页)"'邻近影响'的理由并不能论证津贴纯粹职业教育的必要性,因为,它仅增加学生在经济上的生产能力,而不对学生进行公民教育或领导能力的教育"。虽然,"要在两种学校教育之间划一条明显的界线是非常困难的。然而,对二者加以区别还是很有意义的"。(同①,85~86 页)

既然职业和专业教育是一种"非邻近影响"的教育,那么,接受了职业专业教育的劳动者是可以通过谋求专门职业而找到补偿教育投资的全部具体对象的。所以,职业和专业教育的投资应该由求学者或家长或其他受益者来承担。米尔顿分析道,如果一个人进行了人力投资,他在企业给他提供的劳务中可得比他不这样做时所能得到的更高报酬,即他的这种人力投资比有形投资可获得更多的利润,那他一定进一步进行这种投资。而且"事实上,有相当多的例证表明,对职业训练投资的利润率要比对有形投资的利润率高得多"。在这种情况下,"显然不存在系统地使私人动机和社会所认为应有的动机之间具有差异的无人负担的费用和无人获得的报酬"。(同①,98页)

但米尔顿也认为,得到人力投资要比得到有形资本投资具有不同条件而且更加困难。因为它的风险更大。对有形资本贷款,在借款人还不了款时,贷款者至少可以变卖一部分被抵押的有形资本来追还借出的钱,"但如果贷出一笔相等的款项来增加人挣钱能力,他显然不能获得任何类似的收回贷款的保证"。(同①,99页)为了吸引投资,解决这个问题的办法是贷款者"购买"求学者将来收入的指定部分作为贷款者给求学者支付训练所需的资金的条件。"以这种方式,贷款者将从相对成功的个人那里取回比他原来投资要多的金额。这笔金额将补偿他不能从没有成功的个人那里扣回他原来的投资"(同①,100页)。即使这样,但由于这种投资的长效性,人力资本的投资还可能出现困难。所以,政府向职业专业教育提供周转资金贷款也是必要的。米尔顿提出:"政府机构应对任何能满足最低质量标准的个人的训练提供资金或帮助提供资金,只要资金采用在认可的机构作为训练之用的话,政府可以在规定的年限中,每年提供一定数量。反过来,个人应该同意在将来的每一年中,对于他从政府那里得到的每1 000元的费用,付给政府他的收入超过一定基数后的一个特殊百分比。按照这个方式,接受训练的个人在实际上负担了整个费用"。(同①,102页)

(四) 高等教育的价值和投资

公立大学从它有史以来一直是由国家承担其主要费用的。随着社会的发展,高等教育的性质已有很大变化。现在,它不但是有一种明显的文化价值,而且还具有了一种明显的经济价值。在这种情况下,高等教育的投资还能由政府全部包揽下来吗?关于这个问题,米尔顿提出了很有见解的观点。

米尔顿认为,高等教育是一种具备"邻近影响"和"非邻近影响"的双重性教育。"政府负担较高水平的学校教育,因为,其他的人能从有能力和有兴趣的那些人的学校教育中获得好处,那些人可提供较好的社会和政治领导水平",(同①,85 页)。但他也认为,高等教育培养年轻人成为公民和社会领袖的理由作为说明用于高等教育公共开支的合理性,是不充足的。因为,高等教育的经费"目前占有很大比重地用于纯粹职业训练的开支"(同①,96 页)。由于高等教育客观上存在这两种不同的教育价值,所以,费用的来源也应有两种不同的方式。一种方式是完全自费;另一种方式是政府给予津贴。然而,他更倾向于求学者交纳全部教育费用。他认为,这样可以克服政府补贴而更加助长的教育不平等的弊端。他说:"一些出身贫穷的青年确实从政府补贴中得到好处",但"来自中等和上等收入家庭的青年上学的人数为来自低收入家庭青年的二倍或三倍,结果,来自高收入家庭的学生从政府补贴中受益更多"。[①] 所以,他主张用贷款制和凭单计划两种方法来解决高等教育中的全部自费和国家补贴的两种收费问题。

贷款制:米尔顿认为,"每个男女青年,无论其父母收入、社会地位、居住地区或种族怎样不同,只要愿意现在交付学费或愿意毕业后用挣得的较高工资来补交学费者,都应得到受高等教育的机会,这是非常合乎情理的"。为了确保所有的人都有上学的机会,国家有充足的理由提供足够的贷款,有充足的理由传播有关这种贷款的消息,并敦促经济情况较差的人们去利用这一机会。"但是,没有任何理由让那些没有享受到高等教育的人为享受高等教育的人掏腰包。如果是政府经营高等教育机构,它收取的学费应该相当于向学生提供的教育和其他服务的全部费用"(同②,190 页)。贷款制主要是为那些具有"非邻近影响"学科专业设置的。

凭单计划:这种制度相似于票证制度。米尔顿认为,对需要补贴的高等教育来说,可以实行凭单计划。即用每年希望得到补贴的学生人数除以每年用于高等教育的全部税款,所得的数目便是每一张凭单计划的金额。政府允许学生拿上这种凭单在需要补贴的任何学校上学,并用凭单上的款项来交纳学费。米

---

① 《自由选择》中译本 1982 年版 189 页。

尔顿认为,这种凭单计划一般可在具有"邻近影响"的高等文科学校实行。

米尔顿提倡高等学校之间的竞争,要求政府同等看待公立和私立学校,尽量少干预高等教育。"所有官办学校根据所提供的教育服务的全部费用来收学费,从而在平等条件下与非官办学校竞争"。(同②,192页)他认为美国教育出现问题的一个主要原因就是各类学校的国有化程度太高。

米尔顿还认为,"市场作用越大,学校教育就搞得越好。"(同②,183页)他说,"学校出售教育,学生购买它。同在多数自由市场上的情形一样,买卖双方都受到强烈刺激来为对方服务。如果某一所大学不能提供学生所指望的那种教育,他们就会上别的大学。学生想得到他们所付学费的全部价值"。(同②,181页)通过以上两种教育费用的投资,使得高等教育兼顾到了两种价值的实现,也有利于形成高等教育的市场竞争机制,促进其发展。

米尔顿的教育经济思想中关于教育的两种价值和两种投资的观点是值得我们重视的,他关于各级各类学教育经费筹集分配的思想对我们拓宽和加深教育经济学的研究也具有一定借鉴和参考意义。

(本文发表于《比较教育研究》1989年3期。作者郝斌,时属单位为不详)

二、米尔顿· 弗里德曼"教育凭证"思想浅析

近几十年来,随着美国公立学校教育质量的日益下降,教育环境的不断变化,一些学者开始从制度上对美国公共教育提出怀疑和批评,主张"公共教育私营化"。他们设想将钱分给家长,由家长决定把孩子送公立还是私立学校,在教育上采用一种"自由市场制"。进入 20 世纪 90 年代,这些早期的设想已逐渐成为现实。今天"公校私营"已成为美国教育改革中引人注目的一种新制度、一种新尝试。因此了解有关的理论与思想对我们更深入地理解美国教育的变革是有意义的。当年,提出"公校私营"的是美国的一些经济学家,其中最具代表性和影响力的是米尔顿·弗里德曼(Freidman Milton)的"教育凭证"思想。

(一) 米尔顿·弗里德曼"教育凭证"思想的主要内容

米尔顿·弗里德曼是新自由主义经济学派的代表人物,其思想的核心是赞扬自由竞争下的资本主义市场和价格制度,认为它是解决社会经济问题的最好机制。同时,他又把自己与无政府主义者区别开来,认可国家政府存在的必要和所具有的作用,认为国家应该创造条件使市场和价格制度发挥最大的功能,国家政府是市场规则的"制定者"和市场行为的"裁判者"。不过在整个社会的经济活动中国家行政干预应该限制在最少程度,这样才能保证整个市场经济的充分作用。以上述观点为基础,弗里德曼对五六十年代美国政府对经济生活的干预提出反对,主张物品和服务的提供通过市场来进行是最佳选择,在那些公共服务的领域,如福利、教育等也必须摹拟市场的某些侧面。

1955年米尔顿·弗里德曼第一次明确提出了"教育凭证"概念,主张公校私营。1962年,在《资本主义与自由》中,他集中论述了"政府在教育方面的作用";1980年,在《自由选择》中,弗里德曼又分析了"学校的问题在哪里?";1986年,他还亲自参加了在加利福尼亚大学戴维斯分校举行的关于"公共教育私营化"的公开辩论,宣传用教育凭证的市场方法来改进公共教育。

弗里德曼在具体论述教育凭证思想时,首先进行了一个前提性的理论分析,即政府在教育中究竟起什么作用?学校教育应当国有化吗?弗里德曼的观点是明确的,他认为,国家既有责任支持教育,也有理由对教育进行干预,但这并不能充分证明学校教育应当国有化。弗里德曼认为,国家对教育负责,实行干预有两个理由:第一是"邻近影响"的存在。所谓邻近影响即"一个人的行动迫使其他人为之支付相当大的代价,而无法使前者赔偿后者的情况;或者,个人的行动对其他人产生相当大的好处,而又无法使后者赔偿前者的情况,即,使自愿交换成为不可能的情况"①。如,儿童受教育成为社会合格成员,可以促进社会的稳定与发展,从而有助于别的社会成员的利益。但由于无法识别受益者具体是谁,也无法确定受益的多少,所以不能向他们索取劳务的报酬。这里,儿童的成长与社会其他成员之间就存在着相当大的"邻近影响"。政府是"邻近影响"的最大承受者,故政府应当对教育进行干预和支持。第二个理由是:国家有义务给儿童和其他对自己行动不负责的个人以"家长主义关怀"。弗里德曼对此阐述道:"只有对负责任的个人而言,自由是可以维护的目标。我们不主张疯子和儿童的自由,在负责和不负责的个人之间必须划出一条界限……对我们认为是不负责的那些人来讲,家长主义是不可避免的"②。

弗里德曼进而指出,在"邻近影响"及"家长主义关怀"的基础上,人们逐渐接受了这样一种看法,即认为教育应当是国家的职责,学校应当国有化,认为"如果没有国有化,则不可能提供被认为是对社会稳定所必要的共同的价值标准……把这个论点推到极端,它不但要求政府管理学校,而且要强迫人们进入这种学校"③。当然,在美国和大多数其他西方国家中,目前采用的办法是折衷

---

① 米尔顿·弗里德曼,《资本主义与自由》,北京:商务印书馆,1956年第1版,第83页。

② 同注①,第34页。

③ 同上注。

的,私立学校及教会学校的存在为人们的教育提供了选择,但绝大多数人接受公立学校教育。由于在生源及经费上很少受到来自私立学校和教会学校的竞争,美国公立学校便成为一种受到保护的公有垄断集团,于是在其体制内逐渐滋生出一种自身无法克服的官僚主义。弗里德曼在分析这种垄断与官僚主义后果时,引用了马克斯·甘蒙"官僚替代论"的分析:"在官僚体制中……费用的增加与生产的下降并驾齐驱……这样的体制就像是经济宇宙中的'黑洞',它在吸收资源的同时,'释放'的生产却在收缩"①。他说甘蒙的理论,完全适用于美国公立学校体制官僚主义的不断增长和权力日益集中所产生的后果。弗里德曼把美国公立教育所患的病症称之为"社会集权过度症"。这种病症表现为,作父母的无法干预孩子受到什么样的教育,他们既不能直接出学费为孩子挑选学校,也不能通过转学和其他方式来惩罚质量不好的学校。在美国,公立学校处于一个稳定而牢固的体制中,完全如同游离于自由市场外的一个孤岛。他说:"在学校教育中,家长和儿童是消费者,教师和学校管理人员是生产者。学校教育的集中化意味着教育单位的规模越来越大,消费者的选择能力越来越小,生产者的权力日益增加"②。在这种没有竞争的公立学校体制内教育质量的下降,工作效率的降低是必然的。

针对公立学校中存在的问题,弗里德曼指出,政府应该资助教育并不一定导致另一个结论:政府必须直接提供这种教育服务。这就如同在美国,政府提供医疗卫生保健卡,但却不提供具体的医疗服务;提供食品卡,但却不开杂货店来卖面包一样。弗里德曼指出,为避免政府这种"资助者"和"提供者"两种身份二者合一,政府可以将投入教育的钱以教育凭证的方式直接发放到家长手里。"凭证"概念在美国的社会福利、公共服务中是一个广泛应用的概念,"凭证"是一种与金钱等价的票据,它可以由持有者来购买或换取固定的服务或货品,而服务和货品的供应者(不管公立或私立机构)再将这些票据向政府有关部门兑换成钱款。这种凭证的好处在于消费者拥有不同的供应者,因而享有选择最符合他需要的选择自由。弗里德曼认为,教育凭证的好处也就在于它为广大的学

①《弗里德曼文萃》,北京:北京经济学院出版社,1991 年,第 1 版,第 120 页。

② 同注①,第 22 页。

生家长提供了不同的学校教育服务供应者。他认为,对于公立学校来说,教育凭证制度能够帮助家长实施选择,从而带来市场的压力和竞争。他主张"应该允许家长在任何一个愿意接受他的子女的学校使用凭证,而不论这所学校是私立的,还是公立的,也不论这所学校是座落在他们居住的地区、城市或州,还是座落在其他地区、城市或州。这样一来,不仅可以使每位家长拥有较多的选择机会,同时也将迫使公立学校通过收取学费而自筹资金;不仅公立学校之间要展开竞争,而且公立学校还要同私立学校展开竞争"①。他认为把竞争引进公立学校体系会大大刺激学校类型的多样化的发展,增加学校制度的灵活性,还使学校教师的工资能够反映市场的作用。

(二) 对教育凭证思想中"市场因素"的分析

从上述介绍中,我们可以看到弗里德曼虽然认同政府对教育的责任和实施干预的理由,但却否定了美国由国家政府直接提供教育服务的公立教育制度,赞同用教育凭证方法所建立的"具有市场因素"的教育制度。那么在他的教育凭证思想中"市场因素"具体的含义是什么,又是如何具体体现的呢?

弗里德曼教育凭证思想中的"市场因素"的含义主要体现在他所突出强调的两点:其一是教育服务中一定要存在多个卖方(教育服务的提供者),这是形成教育市场的关键。很久以来,美国的公共教育一直是一种被政府垄断的事业,中小学教育按学区划分,实行就地入学政策,公立学校无论质量如何,始终都会有绝对的生源及经费保证。弗里德曼强调必须打破这种垄断,使公共教育服务的提供者由"唯一"变为"多个",他认为在教育凭证形式下可以实现这种转变。因为教育凭证所带来的竞争作用,可以使过去仅由公立学校来承担的那部分学校教育服务变为由更多形式的学校来共同承担,并为学生及家长提供多种不同类型的学校教育(包括各种民间组织所创办的学校),而且新型的私校也将产生,从而开发出"广阔的新市场"。其二是作为接受教育服务的学生及家长应是教育服务的消费者,他们应拥有选择上哪所学校的权力。弗里德曼认为在市场中是让消费者自由选择还是让生产者说了算,这是两种根本不同的政策主

① 米尔顿·弗里德曼,《资本主义与自由》,北京:商务印书馆,1956年第1版,第91～96页。

张。有的学者将弗里德曼的这种思想归结为"消费者主权"。在《自由选择》中，弗里德曼正面阐述了"消费者主权"的思想；在《资本主义与自由》中，他又从政府的货币与财政政策、国际贸易，以及政府在就业、收入、教育和社会福利等方面的影响，来证明美国社会中"消费者主权"正日益受到侵犯①。在弗里德曼看来，只有"卖方市场"产品丰富，供给大于需求时，竞争才能产生，消费者的权利才能得以真正维护。同时，他把"消费者主权"作为市场运转的核心，也把它作为他所论述的经济自由的核心。在弗里德曼看来，战后美国政府对社会事务的广泛干预是对市场规则的破坏，而美国教育领域那种垄断的公立学校制度也充分体现了政府干预下的"生产者主权"。他认为，正是这种"学校生产者主权"，破坏了市场运转核心，牺牲了学生及家长的利益，同时也滋长了美国公立学校的惰性，使之失去了发展及创新的动力。可以说，教育凭证思想充分体现了弗里德曼对经济自由及市场的独到观念。他再三强调，用教育凭证市场方法来推进的"公校私营"的标志其实就是办学权的开放（生产者权利）和受教育权的选择（消费者权利）。弗里德曼的教育凭证思想体现了浓厚的新自由主义经济学色彩。竞争—效益—更好地满足消费者，这是新自由主义经济学的基本原则。弗里德曼所提倡的教育凭证蕴含了这一原则的精神。在他为公立学校所开的"教育凭证"这一药方中其实包含着他的两个推断：一是教育凭证制度的实施将引起学校间的竞争；二是这种竞争将带来积极的作用，即促进各个学校教育质量的提高。

在美国，自 50 年代末米尔顿·弗里德曼明确提出"教育凭证"力主公校私营之后，一些教育改革者便致力于这一思想的实践。到了今天，"教育凭证"在美国的一些州已成为得到法律认同的教育制度的一个组成部分，这种带有强烈市场因素的变革被美国的一些学者称之为美国公立学校制度的一种"重建"，并认为美国的学校正在进入市场的中间地带。越来越多的美国人现在赞同改变公立学校的垄断性，但这里值得一提的是，弗里德曼在论述公立学校私营化的观点时，理性而谨慎地特别声明了一点："我并不肯定，我现在建议的安排在一

---

① 张健平、伍晓鹰：《经济自由主义思潮的对话》，生活新书、新知消费书店出版，1989 年，第 1 版，第 26 页。

个世纪以前是否合乎要求,在十九世纪和二十世纪,美国建立伊始,来自受压迫地区的移民带来了不同的语言和文化、思想、社会团结,社会需要建立意识形态、社会规范方面的一致性,公立学校应需而生,在完成这个任务方面起到了重要作用"[1]。因此,弗里德曼对公立学校制度的批评是一种相对而非绝对的价值评判,这种批评并不是一种彻底的否定,因而,历史地看待学校制度的变化是我们认识弗里德曼"教育的凭证"——公校私营必须具有的一个角度。

(本文发表于《比较教育研究》1998 年 3 期。作者曾晓洁,时属单位为北师大国际与比较教育研究所)

---

[1] 米尔顿·弗里德曼,《资本主义与自由》,北京:商务印书馆,1956 年第 1 版,第 96 页。

三、哥伦比亚教育券政策述评

　　教育券理论于 20 世纪中叶由美国著名的诺贝尔经济学奖得主米尔顿·弗里德曼（Milton Friedman）在其《政府在教育中的作用》一文中首次提出。他主张政府改变对公立学校经费自上而下的投入方式，而以教育券的形式直接发放给学生家长，以充抵在政府规定范围内的任何学校的学费或其他教育费用，其目的是试图避免教育权力过于集中，促进公立学校间的竞争。这种方式既能保证政府对教育的投入，又赋予学生和家长自由择校的权利，进而促进公、私立学校间的公平竞争，最终提高整体的教育质量。在随后的近半个世纪中，一些社会学家、经济学家和教育家在此基础上又提出了新的观点，形成了各种新的模式。对于教育券制度的实践，各国均保持较为谨慎的态度，在经历一番波折之后，直到 90 年代才在美国、智利等国家或地区开始推行。90 年代初，哥伦比亚根据本国的国情在全国实施了教育券计划。该计划所采用的模式、表现出的特征与弗里德曼提出的理论有很大差异，如更强调社会公平，关注来自低收入家庭的学生等。同样作为发展中国家，哥伦比亚教育券计划与我国某些地区，如浙江省长兴县正在实施的教育券政策有很大的相似之处，因此，选取哥伦比亚教育券计划作为本文研究、分析的对象具有一定的现实意义，希望该国已取得的经验和教训能为我国相关政策的制定、实行与完善提供有益的启示和借鉴。

（一）教育券计划出台的背景

　　哥伦比亚是拉丁美洲地区经济非常活跃的国家，且经济形势较为稳定。

1970 至 1996 年以来,它的国内生产总值年平均增长率为 4.5％,经济增长速度为 3.7％,成为西半球经济增长速度最快的国家之一,而整个拉丁美洲年均经济增长率只有 1％左右。[1]即使在拉美各国最为艰难的时期,哥伦比亚是拉美地区惟一能按时还本付息的国家,而其他各国无一例外地进行了延期还债谈判。

较为稳定的经济形势和较快的经济增长速度为哥伦比亚教育事业的发展提供了有力的保障。哥伦比亚政府十分重视基础教育事业的发展,实行九年义务制教育制度,使该国成为文盲率(12％)最低的发展中国家之一。同时,该国的私立教育也比较发达,私立教育机构约占 40％,至 1995 年,有 37％左右的中学生就读于私立学校。[2]

尽管如此,由于哥伦比亚 80 年代末以来小学毕业生人数的激增和公立中等教育资源的匮乏,中等教育面临着很大的压力,公立学校人满为患。虽然私立学校的教育资源相对充足,然而由于无法缴纳学费,相当一部分出身贫寒的学生不得不失学或辍学。为解决这一现实问题,90 年代初期,哥伦比亚政府大力推行改革,将很多中央的权利下放到地方政府,以期使高度中央集权式的行政管理体制向地方分权式的管理体制转变。这一改革思路也充分反映在教育领域采取的各项举措中。其中,最为引人注目的政策就是在中等教育阶段(6～11 年级)开展"教育券"计划(voucher program)。政府将补贴的学费以教育券的形式分发给家庭经济困难的学生家长,用来支付所选私立学校的学费,从而缓解了这些学生的学费压力,保障了私立学校的生源,有效地分担了公立学校的负担。该计划于 1991 年开始制定,一年之后在全国 10 个最大的城市开展,最初约有 18 000 张教育券发放。至 1997 年,该计划扩展到了全国 1/5 的城市、近 2 000 多所私立学校,共资助了 100 000 多名学生。[3]

(二) 教育券计划的实施模式及特征

哥伦比亚教育券计划在制定之初就旨在为贫困家庭子女增加教育机会及择校的权利,通过拓展私立中等教育资源,减缓公立学校的入学压力,从而为拥有各种社会背景的儿童创造更加公平的社会环境。从长远看,哥伦比亚政府认为在中等教育领域引入教育券计划有利于学校间的竞争,促进私立学校的发展,提高办学效益和教育质量。

1. 教育券实施模式

哥伦比亚教育券计划的出台背景与目的决定了其教育券计划的实施模式。"教育券"于 1955 年由弗里德曼首次提出之后,人们便在此基础上进行了一些改革和探索,并形成多种教育券的实施模式。其中最具代表性的是弗里德曼模式和詹克斯模式,而且两种模式有很大的差别。弗里德曼模式旨在给所有家长以教育的选择权,即教育的消费者(学生及其家长或监护人)能自由选择最能满足他们需求的学校,把竞争引入公立学校体系,要求学校能对市场及受教育者的需求作出快速反应,在"教育券"的流动中实现学校的优胜劣汰,利用市场的规律改善中小学的教育质量,并适当遏制教育官僚主义的滋长。因此,人们将弗里德曼提出的教育券模式称为"自由市场方式"(Liberal Market Approach)。根据该模式所倡导的理论,教育券应该在全国的范围内发行,面向所有的家长,在任何公立或私立学校流通,教育券的面值足以支付高质量的教育费用,赋予家长和学生完全的择校自由。政府可以适当减少教育投入,从而减轻纳税人的负担。虽然自由市场模式在某些国家和地区已经开展,如智利,但在实施过程中遭受较大的阻力,而且也招致众多的批评意见。在这些国家和地区教育券计划的实施使公立学校受到前所未有的冲击,原本由政府统一拨款,地位、生源十分稳固的公立学校不得不为争取生源和教育经费使出浑身的解数,相关利益集团也不会轻易地放弃他们既得的利益。同时,有人指出这种模式具有"非排富性"和"非限制性"特征,它最终使富人得利,因为教育券的面值只是学费的一部分,不包括其他的各种费用,更无法用来支付高昂的学费。通常学费的高低从侧面反映了学校教育质量的优劣,有了教育券,富人的子女更有条件进入教学质量一流、学费十分昂贵的私立学校,而低收入家庭的子女不但没有条件享受优良的教育,甚至有部分学生由于交不起各种其他的教育费用而放弃使用教育券。而且,这一计划也可能使大量家庭经济条件尚可的学生涌入部分教学质量较高的学校,迫使这些学校不得不牺牲质量,从数量上满足社会过剩的需求。

鉴于此,哥伦比亚教育券计划从本国的实际情况出发,采纳了典型的以关注社会弱势群体为核心的詹克斯模式,使贫穷的孩子有机会进入私立学校,同时也在一定程度上促进和保障私立中等教育的发展。在克里斯多夫·詹克斯

(Christopher Jencks)看来,教育券是为社会弱势群体提供教育机会的一种方式。他强调整个计划的实施必须保证社会弱势群体获得高质量的教育,因此人们将他提出的模式称为"社会政策方式"(Social Policy Approach),教育券计划更像是一种社会福利政策。该模式要求教育券面向低收入家庭的子女,其价值等于教育费用的平均值,家长可以根据实际情况择校,一般不需要自己支付学费,学校无权拒绝持有教育券并要求入学的学生;为了加强各阶层人员的流动,低收入家庭在享受普通教育券的基础上,还将享有补偿性质的教育券,以克服来自经济、宗教、种族等方面的障碍。政府严格控制教育券的发行数量,对参与该计划的学校及学生的资格也严格限制,所以这种模式的特点是"排富性"或"限制性"。哥伦比亚政府对教育券模式的取舍,为解决现实困难作出了有益的尝试。

2. 教育券政策的特征

由于采用詹克斯模式,哥伦比亚教育券计划体现出鲜明的"限制性"和"排富性"的特征。教育券所具有的特征主要由实施计划的目的、模式等决定。哥伦比亚教育券的限制性特征主要体现在以下两个方面:

首先,为了使教育券真正地走入低收入家庭,政府对有权使用教育券的学生应具备的条件作了明文规定:① 使用教育券的学生必须来自低收入家庭,小学在公立学校就读,且只有入有偿的私立学校才有效;② 该券向第六年级的学生发放,每学年结束时,教育券将再次发放,但留级的学生自动退出该计划;③ 一旦教育券供不应求,将采用电脑派位的方式。

其次,学生所在家庭的经济状况由学生居住的地区出示相关证明,符合条件的学生再提交申请。获得教育券的学生可以在免费的公立学校和参与计划的私立学校之间作出选择,如果学费高于教育券的面值,将由学生自行支付差价,反之,如果学费低于教育券面值,多余的部分将归还政府。在实施该计划的区域,教育券每年都供不应求,不得不进行电脑派位,只有一个地区是根据学生学业成绩的排名来发放的。

同样,政府对参与该计划的学校也作出了相应的规定。是否参与教育券计划由各地根据实际情况决定,但是只有处于参与该项计划区域内的学校才有资格使用教育券。而且,这些学校必须是非营利性质的私立学校,并具备传授学术性课程或职业性课程的资格,新设立的学校如要参加,必须提交一份三年的计划书,而且学校每年需要向政府提供入学和学费等相关信息。

(三) 教育券计划的实施策略

为了使整个计划的实施过程更加清楚、透明,避免官僚、腐败等因素的影响,哥伦比亚政府进行了一系列的努力。在中央,该计划由一个公共部门来管理、监督及实施,即哥伦比亚教育认证及国外培训机构(Colombia Institute for Education Credit and Training Abroad),该部门此前主要从事出国留学事宜。它的总部设在首都波哥大,主要职责是制定规则,保证实施,如决定每年教育券的最大面值,监督计划内的学生数量和学校的注册情况等。该机构有 14 家地方办事机构,主要负责宣传、推广教育券计划,招募学校,发放教育券,每年对参与教育券计划的私立学校进行三次实地考查。教育券所需经费(包括计划的推广、信息收集、宣传、监督费用)的 80% 由中央支付,其余由参与该计划的地方政府资助。中央承担的费用由哥伦比亚社会投资基金(Colombia Social Investment Fund)负责筹措,教育券的兑现工作全部通过指定的银行来具体操作,即参与计划的私立学校在指定银行设立账户,将教育券交给银行,银行每三个月将兑换好的资金存入学校的帐户。教育券资金流动过程如下:财政部——社会基金——社会投资基金——地方董事会——地方相关管理机构——学校在银行的帐户——学校。

在实施这一流程中,哥伦比亚政府较为关注以下几个关键性的方面:

首先,教育券的发行总量及面值对整个计划的顺利实施至关重要。虽然每年教育券的发行总量由中央政府决定,仅从决策方式而言,是以政府为导向的计划性政策,但是政策制定的依据来自教育市场的信息,即中等教育供求关系、当前私立学校学费水平等因素。哥伦比亚政府根据教育部和地方教育部门提供的数据,利用"中等教育供求差",即小学毕业生人数减去公立中学可容纳的学生数,再结合低收入家庭的学生数,来估计将要发行的数量。事实表明,每年发行的教育券总是需求大于供给,每个地区获得教育券的学生数占该区全部合格申请者比例的 20% 到 90% 不等。教育券用以支付每年一次性入学费用及10 个月的学费,因此其面值大小由学费水平决定。如果教育券面值过低,那么大多数低收入家庭不得不放弃使用教育券,如1996年,经济的滑坡及通货膨胀的加剧等因素导致学费大幅上涨,使用教育券的学生不得不自己支付余下的一大笔学费。然而,教育券的面值不可能很大,因为发展中国家的教育投入十分有限,实施教育券计划的目的之一就是尽可能利用已有的私立教育资源,寻求既能节省教育开支,又能使更多的学生获得良好教育的方法。一旦教育券计划的开支超过一定限度,政府将考虑采用其他方式,如投资建设新的公立学校,扩建已有公立学校等,来解决当前的问题。所以,教育券的发行量及面值大小要经过科学的计划,并根据各地的教育水平、供求变化、经济发展水平、通货膨胀率等因素进行不断地调整。

其次,地方及私立学校参与计划的积极性在很大程度上影响计划的成功实施。教育券计划是中央和地方合作的结果,地方根据实际情况自愿决定是否参与。虽然参与计划后,地方需要承担该地区教育券费用的20%,但能获得中央资助的大笔资金,这是吸引地方积极参与的重要原因。然而,到1995年,全国仍有80%的区域没有参与该计划,究其主要原因,是公共部门的信度很低,许多地方的私立学校不愿因为参与计划而失去固有的独立性,私立部门唯恐计划带有政治化的倾向。同时,公立学校教师协会坚决反对任何形式的教育私有化,因为公立学校不愿因此失去公共资源。研究表明,在参与该计划的地区,小学毕业生人数是中等教育机构可容纳学生数的十倍,公立中等学校的平均师生比率很高,而私立学校在这些地区有相当的潜力,师生比率较低,可开发的教育资源比较丰富。

哥伦比亚政府规定只有当一个地区推行了教育券计划,该地区所在的私立学校才具备申请资格。一般参与计划的私立学校有一些共同点,如学费与教育券的面值大小比较接近,因此能为学校带来一定收益,而学费昂贵的私立学校一方面不愿意贫穷的学生进入贵族学校,另一方面认为无参与的必要。同样,对原本收费很低,面向低收入家庭的私立学校而言,教育券计划对它们并不产生大的影响。此外,职业技术类的学校多于学术类的中学,因为职业技术类的私立学校在吸引低收入家庭子女入学方面更具优势,学生获得一技之长后更有利于今后的就业。

再次,哥伦比亚政府十分关注教育券计划的实施是否影响教育质量。人们担心部分私立教育机构为了赚取受教育者的教育券而盲目扩招,并降低教学要求,这就违背了政府推行教育券计划的初衷。政府选择教育券方式正是不希望公立学校迫于需求压力而不断扩招,使生均占有教育资源的比例下降,从而严重影响教育质量。但教育券计划的实施让私立学校面临扩招的压力,部分具有良好声誉的私立学校往往是众多学生的首选,如果这些私立学校没有做好充分的扩招准备或以牺牲教育质量换取更多的生源,那么贫困的学生还是没能进入好学校,没有得到真正意义上的、公平的教育机会。因此,哥伦比亚政府通过对私立学校的引导和监督,努力使参与该计划的私立学校与公立学校的教育质量保持一致,并以学生学业水平和师生比作为检验教育质量的主要依据,保证教育券计划的良好开展。

(四) 评价及启示

尽管在90年代末,哥伦比亚的经济出现严重衰退,致使教育券计划无法达到预想的结果,但它仍不失为教育领域一次较为成功的改革,为其他国家,尤其是发展中国家积累了宝贵的经验。当许多国家关注教育券理论,并把焦点置于扩大家长的自由选择权,从而把竞争机制引入公立教育系统时,哥伦比亚政府把教育券计划的重心放在了促进教育机会均等,让更多的贫困失学儿童接受良好的教育之上,这样的选择符合发展中国家的国情。

有关是否采用教育券的争论主要围绕教育实施的公平与效率。教育券的支持者认为,教育券制度的实施能使教育的提供者对消费者的需求和喜好做出更快的反应。[4]然而,这种典型的弗里德曼思维模式遭到诸多批评,因为发达国家的私立教育系统相当发达,享有更优质、充足的教育资源,富裕家庭的子女多选择名牌私立学校,而被众人指责的公立学校却在接收来自贫困家庭的学生,弗里德曼模式很可能演变成变相为富裕家庭子女服务,导致更大的不平等。

家长的自由择校权与公、私立学校之间的竞争固然重要,然而这对绝大多数发展中国家而言是第二位的,因为在发展中国家,众多家长拥有的教育选择权十分有限,其权利不是考虑在公立与私立学校之间进行选择,而是考虑有没有条件让孩子接受教育的问题。这正是哥伦比亚出台教育券政策的初衷。哥伦比亚教育券的实践已体现出以下一些明显的优势。

　　首先,能有效地鼓励私立教育机构分担国家基础教育的负担。哥伦比亚居高不下的人口增长速度使学龄儿童人数大大增加,过剩的教育需求与现有的供给能力之间的差距越来越大,在贫穷、偏远的地区有许多失学儿童,有限的政府投入已无力保证稳定的入学率。因此,凭借教育券或其他方式鼓励更多的私立教育机构协助公立部门一起承担义务教育的重任,能有效地保证教育机会均等,推进教育民主化的进程,有利于实现社会的公平、公正。我国浙江省长兴县也将教育券面向当地的贫困学生发放,小学阶段和初中阶段的贫困生每学期分别可获得 200 元和 300 元面额的教育券。有学者还建议将教育券作为解决农村义务教育困境的有效手段或提出利用教育券来解决流动人口子女的教育问题等。

　　其次,哥伦比亚教育券政策相对于自上而下的拨款制度更能保证私立学校的相对独立性,发挥民间办学的积极性。教育券政策对私立学校的资助合情合理,因为由政府负担义务教育成为不争的事实,而私立学校在义务教育阶段协助政府承担了原本需公立学校完成的教育任务,应当得到政府的补偿。这种通过教育券政策进行的自下而上的补偿方式更能让私立学校接受,因为它能确保私立学校相对的独立性。在哥伦比亚教育券计划实施之初,一些私立学校担心接受政府资助会丧失许多办学自主权,但随着私立学校对该计划的进一步了解,许多私立学校认为通过政府发放教育券间接资助学校的形式能基本保证学校不受政府政策的制约,拥有更大的自由发展空间,从而能安心提高教育质量以获得更多的教育经费。而且,私立学校也不可能因此在短期内盲目扩招,毕竟教育质量和办学特色是其生存之本。同时,这种资助方式比较公平、操作简便,免去许多评估、管理上的难题。这方面的经验对我国来说尤为重要。与哥伦比亚相比,我国民办教育体制正在创建之中,民办学校的发展仍步履维艰,且一直处于弱势地位,需要政府的资助与扶持。我国教育经费十分紧缺,迫切需要全方位、多渠道筹措资金,鼓励社会民间资本进入教育领域,形成多元化的教育投资体系。教育券有利于吸引更多的民间资本投入教育,并通过政府适当的政策导向,如把教育券的使用范围仅限于民办学校,扶持民办学校获得更多的生源,提升它们的社会地位,改变目前绝大多数纯民办学校在人们心中是"二流"学校的状况,从而在公、私立学校之间创设相对公平的竞争环境。

再次,哥伦比亚教育券计划的开展让更多的家长关心教育、支持教育。以往政府把投入直接用于公立学校的办学,人们在享有义务教育时并没有深切地感受到这是一种社会福利。而当政府把部分投入以教育券的形式发放到家长手中时,这种看得见的福利促使家长愿意送子女入学,并支付其他的教育费用。这种方式比强制性地执行义务教育更为有效。而且获得教育券的学生的成绩明显提高,留级率大幅降低,这些学生的学习尤为刻苦,因为其教育机会来之不易,一旦留级,将失去政府的继续资助。

然而,教育券计划并非万能,且自身存在一些问题。如,在保证公立教育投入的同时发放用以补偿私立教育的教育券必然需要政府增加教育开支,这需要以一定的经济实力为基础。对于发展中国家而言,政府的投入毕竟有限,因此哥伦比亚发放的教育券数量远远无法满足需求,各地只能通过电脑派位或择优选拔等形式让少数学生享受到政府的补贴,并不能从根本上解决现实的诸多问题。1996 年后,特别是 1999 年,哥伦比亚经济出现严重衰退,扩张性的财政支出使公共部门出现很高的财政赤字,新增教育券的发行数量逐年减少,教育券面值的提高已无法赶上通货膨胀的速度,教育券的作用受到严重的削弱。而且教育券的发行涉及到中央与地方、公立与私立教育部门的协调与合作,也要与其他改革措施结合使用,在教育券计划制定、发行数量、面值及方式,以及防止教育质量下降等方面仍需进一步研究与探讨。

联合国教科文组织 1996 年 6 月发表的《安曼计划》指出:"(教育)是建立和加强民主的关键……是实现建立在相互尊重和社会正义基础之上的和平的关键。"[5]教育券政策是人们希望改革教育,追求教育的公平与公正的有益尝试,它折射出通过教育机会均等而追求社会正义的理想。同时,哥伦比亚的实践已表明,尽管其教育券政策还存在一些问题,有待于进一步探讨,但毋庸置疑,它能以一种较为简单、合理的方式推动私立学校的发展,有利于吸引更多的民间资本投资教育,从而使非公立教育更好地发挥基础教育的补充和丰富功能,让更多的人关心、支持教育事业。

参考文献:

[1] 徐宝华. 九十年代末哥伦比亚经济衰退的原因[J]. 拉丁美洲研究.

2001(5).

[2] Vicky Lee & Elyssa Wang. Education Voucher System [R]. Research and Library Services Division Legislative Council Secretariat. 2002. 36.

[3] King E, Rawlings L, Gutierrez M, Pardo. C &Torres C. Columbia's Targeted Education Voucher Program:Features, Coverage and Participation[M]. The World Bank. 1997.

[4] Vicky Lee & ElyssaWang. Education Voucher System[R]. Research and Library Services Division Legislative Council Secretariat. 2002.

[5] 赵中建. 全球教育发展的研究热点[M]. 北京:教育科学出版社,1999:238.

（本文发表于《比较教育研究》2003 年 6 期。作者祝怀新、应起翔,时属单位为浙江大学教育系）

四、教育券：一种谋求社会公平的途径

——美国密尔沃基市 2003~2004 年教育券计划透视

（一）密尔沃基教育券计划简介

美国教育政策的两个永恒主题是：① 如何提高学生学业成就；② 谁能取得较高成就。弗里德曼在《资本主义与自由》一书中以促进效率为目的提出了教育券的政策建议。弗里德曼认为，公立学校垄断所造成的"邻近效应"导致教育的高消费和低产出。解决的途径在于，给予学生同教育费用相当的教育券，学生可以用于购买任何一所学校的教育服务。学校之间的竞争会使教育高产出和学生成绩提高。可见教育券的提出并不直接致力于教育公平问题的解决。然而，密尔沃基市的教育券计划在促进学校竞争以提升教育质量的同时，又将教育券作为解决社会公平的工具。

由于家长对公立学校教育质量的不满，密尔沃基立法机构于 1989 年在预算法案 336 条确立并于次年正式实施了教育券计划，又称"密尔沃基家长择校计划"。[1]这是美国第一个大范围内的教育券计划。实行计划的目的在于给居住在密尔沃基城市的低收入家庭学生提供财政资助，使他们能够进入私立学校。最初只有非教会学校可以参加这项计划，在 1995 年预算法案 27 条中，将参与学校扩充到教会学校并作了其他一些变动。但此项法案受到法律的指控并被禁止实行。直到 1998 年，威斯康星州最高法院通过审议，这一条才得以有效实行。一些教会的参与大大增加了参与学校的数目。在教育券实行的前 4 年里，家长只是从朋友和亲戚那里得知教育券计划，参与教育券的人并不多，随着近几年宣传力度的加大和参与学校的增加,家长增加了对经费数量和信息准确性的满意度,参与人数渐增。政府资助经费也逐年增长。参与学校、参与人数和经费变化可参看表1。从1990年实施到现在,除资助学生有所增加外,密尔沃基教育券计划并未有多大变动。在以往实行教育券的基础上,密尔沃基市制定了新一年的教育券计划。

表 1[2]　　密尔沃基教育券计划

学年	参与学校	资助人数	生均经费（美元）	生均经费州资助总额（百万单位）	占公立学校份额
1990～1991	7	300	2 446	0.7	0.30%
1991～1992	6	512	2 643	1.4	0.50%
1992～1993	11	594	2 745	1.6	0.60%
1993～1994	12	704	2 985	2.1	0.70%
1994～1995	12	771	3 209	2.5	0.80%
1995～1996	17	1 288	3 667	4.6	1.20%
1996～1997	20	1 616	4 373	7.1	1.60%
1997～1998	23	1 497	4 696	7	1.50%
1998～1999	87	5 873	4 894	28.7	5.60%
1999～2000	91	7 609	5 106	39.1	3.40%
2000～2001	100	9 638	5 326	49	4.10%

（二）教育券计划所涉问题解答

密尔沃基教育券计划受州法律和法规的制约,威斯康星州公共教育机构授权管理和监督教育券计划的执行。由于这项计划是针对贫困家庭子女的教育,当局对学生的申请资格、学校参与条件、资助经费数目等都作了一些要求,对学校的参与条件也作了一定的限制。参与学校和家长所关心的主要有以下几个问题:

1. 学生资格和如何进入教育券计划

一个学生是否合格取决于他是否是密尔沃基市的居民、家庭收入、居住地和上一个学年入学情况。"首先,学生必须是密尔沃基市居民。其次,2003～

2004 学年学生的家庭收入必须低于州所规定的数目。再次,在上一个学年里,学生必须就读于一所密尔沃基公立学校或参与教育券的学校,或者在一所从幼儿园到 3 年级没有参与教育券计划的私立学校里,或者学生没有在任何地方任何学校入学"。[3]例如,在 2003 年夏季从外地移入密尔沃基的学生没有申请 2003～2004 学年的教育券的资格。如果家长认为学生符合以上条件并有意申请教育券的话,在开放申请期间,父母或者监护人必须填写一张教育券学生申请表,并将表格递,交给学校。至于申请表的获得,家长可以和参与学校联系或者直接从公共教学机构领取表格,并获悉学校的开放申请日期。父母必须出具学生是密尔沃基市居民和家庭财产状况的证明。学生可以在学校开放申请期间的任何时间申请参与教育券计划。

2. 参与学校资格和学校需要作什么

私立学校如参与教育券计划必须履行以下职责:① 每一学年必须为学生提供至少 875 小时的教学;② 提供含有 6 门学科的持续性教学。(阅读、语言艺术、数学、社会学科、科学和健康);③ 至少满足一种法律规定的标准。(这四条执行标准是每年至少 70% 的学生可以升人高一年级;参加教育券的学生出席率不少于 90%;在计划中至少 80% 的学生可以证明有显著的学习进步;在计划中,有的学生家庭可以达到私立学校规定的家长参与标准。)④ 满足适用于公立学校和私立学校的国家和州的健康和安全法律及法规。每个参与学校决定在哪些月份接收学生的申请。在申请期内申请者必须提交申请表和合格证明。[4]任何在申请期外或者表格填写不完整的申请都视为不合格。在学校开放申请早期,学校就鼓励家长尽早申请。参与教育券学校的列表,家长可以从网站或者通过打电话获悉。至于开放申请期的具体日期,每个月的 1 号到 20 号是申请日期,每个学校自行决定在某一月份接收教育券学生申请。参与学校必须通知家长每一年级有多少个申请名额,如果申请学生人数过多,学校用"抽彩"的方式随机选取学生。学校还必须在接受学生申请的 60 天内,通知家长学生是否被教育券计划接收。在决定学生是否符合教育券计划的资格时,私立学校可以使用的仅有的信息就是学生申请表上学生所提供的信息。表格限制了家庭的收入、居住地和学生上一学年所在学校。但并不对学生的种族、种族背景、宗教、以前的分数或者是教会成员有所限制。

3. 教育券经费问题

在 2003～2004 学年,州支付给进入全日制私立参与学校学生的教育券经费取决于下列两项花费数目中较少的一项,① 预计支付给学生的 6 020 美元;② 每位学生的实际花费数额。[5] 例如,如果学校在每个学生身上的实际费用是 3 000 美元,那么学校所接受的经费数额也只能是每位学生 3 000 美元;如果学校在每个学生身上花费 7 000 美元,学校最多也只能接收 6 020 美元。私立学校需要雇用一个独立的财政审核员(financial auditor)核算每个学生的教育实际花费,并可以自由使用教育券经费。学校将自己的预算交给公共教育机构之后,州发行支付给父母或者监护人支票,父母将支票交给自己孩子所进入的参与学校。发行的教育券分两次支付,9 月和 11 月的支票在 9 月份的第 3 个星期交给学生所在的参与学校。第二次即 2 月和 5 月的支票在 1 月的第 2 个星期五交给学生所在参与学校。父母或者监护人必须在支票上签字,但不能直接兑换教育券的经费。

学校接收的教育券经费涵盖了学生求学的学费,私立学校不能再收取学生用于教学目的的学费。当然,学生可以被收取一些诸如毛巾、运动服、校服或者课外活动的合理收费。但是像报到费、学费、书籍、教师工资、校舍、维修、计算机等教学费用,学校不可以再收取。至于学生的交通费用问题,由于州并没有要求私立学校为学生提供这一服务,如果私立学校自己打算提供学生运送服务的话,私立学校可以收取父母或者监护人一些服务费。

4. 其他一些问题

① 宗教活动:如果学生家长向学校校长和老师提交一份书面申请,即学生拒绝参加任何宗教活动,教师和学校必须尊重这种要求;② 特殊服务:在教育券学生的招生过程中,私立学校不能歧视任何有特殊需要的学生。然而,参与学校必须在较小的调整范围内给这些有特殊需要的学生提供尽其所能的服务。在招生过程中,家长应该同学校联系,询问学校可以提供给他们子女的服务。同时学校也要同密尔沃基公立学校询问更多的信息,如果学生进入公立学校的话,学区能给特殊学生提供服务;③ 转学条件:只有在开放申请期间学生才可以从一所学校转移到另一所学校。而且,另一所学校必须要有能力接受这个学生。如果一个学生在一个学年转学,这个学生的教育券经费将在两个支付日即

9 月的第 3 个星期五和月 1 的第个 2 星期五支付给招收这个学生的学校;④ 调档要求:州法律并没有要求私立学校必须将学生的档案转到学生所欲求学之学校,也没有要求学校必须将学生档案给家长或者监护人查看。如果学校是一所接受联邦资助的学校,学生家长和监护人就有权查阅学生的档案。另外,在州法律之下,在接受到学生欲转学的书面通知之后,所有的学校包括密尔沃基公立学校,必须在 5 个工作日之内将学生的档案转到学生转学的学区或学校。

(三) 对密尔沃基教育券计划的思考

既然密尔沃基教育券计划是针对家长对公立学校质量的不满提出来的,而且其受益对象又是那些贫困家庭的子女,所以此计划既有提高教育效率的目的,又有解决社会公平的功效。问题的关键是,这个计划是否能够真正达成这个目的和功效。根据对密尔沃基教育券计划以往的评价,此计划还是取得了积极的结果。比如,教育拨款增加、家长选择权增加、低收入学生进入私立学校的可能性增加、父母对孩子教育参与程度增加等。[6]但并没有有力证据表明此计划取得了很大成功,因为根据学生成就测验分数表明,私立学校学生学业成绩同公立学校学生学业成绩分数相当。那些进入此计划时分数非常低的学生,结束此计划时分数依然很低。同样,高分数的学生依然维持高分数。尽管在理论上教育券的实施可以促进学校之间的竞争,实际上,密尔沃基教育券计划对公立学校造成的冲击很小。由于教育券学生人数有限,各校接收教育券学生人数比例较小,这个计划并没有从公立学校中吸收大量的学生而只是减少了公立学校新的生源的增长。教育券学生的学业成绩并不高甚至低于公立学校学生的平均水平,许多学生并不优秀。而且,公立学校收入的损失可能会从当地的税收得到补偿。公立学校依然可以无忧地维持自己的运营。所以密尔沃基教育券计划并没有有效提高教育效率,而只是满足了部分人的要求。就促进公平而言,真正平等而民主的教育制度的建立,只能以经济生活的根本改造为前提。教育券计划只是使部分人受益,它永远也无法解决社会公平的问题。或许正是基于它是既不成功,也不失败的教育实验,密尔沃基教育券计划并没有进行大范围推广,只是较之以前取得了较大进展,但并没有取得根本突破。

参考文献:

［1］Ms Vicky Lee，Ms Elyssa Wong，Education Voucher System. 9 April 2002. Research and Library Services Division Legislative Council Secretariat. P26.

［2］Milwaukee Parental Choice Program ♯ 29，State of Wisconsin，Legislative Fiscal Bureau，2001(1).

［3］［5］Milwaukee Parental Choice Program，Frequently Asked Questions-2003-04 School Year［EB/OL］. http://www. dpi. State. Wi. us.

［4］［6］Ms Vicky Lee，Ms Elyssa Wong，Education Voucher System. Research and Library Services Division Legislative Council Secretariat.

（本文发表于《比较教育研究》2004 年 5 期。作者郝艳春,时属单位为华东师范大学课程与教学研究所）

五、教育券在中国实践的再认识

我们普遍认同的教育券,一般以弗里德曼 1955 年在《政府在教育中的作用》(后收编在《资本主义与自由》一书中)提出的教育凭证计划为鼻祖。这一思想要求改变对公立学校直接补助的教育投入方式,而由政府向学生家庭直接发放教育券,学生凭券在政府认可的学校自主择校就读,无论公立还是私立;学生在入学时将收到的"教育凭证"交给学校可充抵学杂费(部分或全部),学校则用收取的全部"教育凭证"向政府换取与此相当的年度教育拨款。

(一) 择校:教育券的合理内核

很明显,推行教育券的根本目的是改善学校投资体制,提高学校办学效率和教育质量,其方法则是通过市场化的方式,交由教育消费者(家长和学生)去选择。自由主义经济学出身的弗里德曼自然很清楚"市场规则"的意义,所以,推行这一思想的关键是自由择校,这样才能达到促进学校间的竞争,提高教育的质量和效率的目的。我们认为,只发券而不择校不是弗里德曼语境下的教育券。也就是说,发券只是形式,择校才是目的。失去择校意义而发行教育券就失去其原来的意义。这是我们理解的前提。

教育遵循自己的规律,不能完全按市场的法则进行;教育中的公平与效率也有别于社会经济中的公平与效率。所以,在美国,教育券一直就受到反对并不被重要的教育机构认可。直到今天,也只有少数地方以立法的形式确立了"教育券"制度。而英国、意大利、瑞典、加拿大等国家根据自己国情,在引进这一制度时也作了灵活调整。

但是,教育券所蕴含的自由择校理想却一直是人们所追求的。只要人们对公立学校的效率与业绩不满仍然存在,那么旨在提高教育质量,促进学校发展的择校行为便成为需要。所以,尽管没有联邦专门的发放教育券的资金,但以择校运动及税收减免学费许可运动等形式所体现的教育券概念在美国却依旧盛行。上世纪整个80、90年代,在对教育凭证和择校问题的民意调查中父母和教育专家的看法都倾向于支持择校而不大赞成教育凭证。如,Phi Delta Kappa Poll(1987)这一民意调查的结果是:76%的公立学校父母和81%的私立学校父母赞成择校;而当进一步问及凭证制度时,44%赞成,41%反对,还有15%不知道。[1]可以说,作为消费者的家长和学生,对公立学校绩效的不满而为促进其发展的自由择校才是根本的。发行教育券的最终目的就是为了更好地择校。换句话说,发给他们一张券面为零值却有"特权"择校的"教育券",也是很有意义的。

而事实上,我们国家目前在局部地区所实践的教育券与"舶来品"的本义有所偏差,我们试行教育券并不存在择校的内容。家长和学生是冲着面额上的"钱"来的,择"钱"而不择校。扶贫性质的教育券自不必说,因为贫困学生领取教育券后还是在原有学校享受政府的补助,且都是公立学校,根本就不存在择校问题。其他类型的教育券呢?以长兴发行的职业教育券来说,清泉武校等三所职校在教育券推行后报名人数爆增,由于爆增,县职教中心准备在2003年扩建。[2]这三所学校由招不到生到招生暴涨,其间并不存在生源的竞争,在短期内,学校由门可罗雀到门庭若市的突变,由买方市场到热卖市场的骤变,不能不说,这不是一种很理性、很健康的现象。作为择校"市场"主体的家长并不存在"择校"的观念与行动。长兴教育券在民办学校中的实践也是如此,其性质都是一致的,即是公用教育经费对学生的"就地"补助。那么教育券与教育资助到底是什么关系呢?

(二) 资助:教育券的附加外衣

如果不存在择校问题,那么教育券就成了政府资助的一纸凭单。我们认为,扶助贫困学生不是教育券发放的本意,与择校意义更是相距甚远。曲恒昌教授指出："浙江实施的教育券无疑是一种教育扶贫,但如果仅仅是把其视为一种扶贫济困举措显然贬低了它的意义。"[3]教育券的真正意义是促进教育公平与效率的协调发展,它的正面效益体现在对公共财政的盘活,对教育结构的调整,促进教育的均衡发展。"扶贫"充其量是它的附加或衍生功能。

长兴发放教育券的做法到了第二年(2002年)增加到扶持贫困这一项。把原有的各级各部门的"希望工程""春蕾计划""一对一"救助活动以及社会捐资企业捐资等统统纳入"教育券"的名下。额外的财政经费注入并不是很多,教育券只是空得其名而已。如果说,发行教育券的目的是为了扶助贫困,那么它的意义只体现在方式上不同而已。在长兴,教育券已成为许多人心目中对教育改革、追求教育公平进而追求社会公正的一个希望。拿到教育券的贫困家庭会说"政府没有忘记我们"。而事实上,党和政府对贫困家庭贫困学生的关怀从未停止过。这只是"暗补变明补"所带来的奇趣效应而已,教育券的"形象效益"卓著。就长兴而言,如果以这样的一种动机推行教育券,那么可以想象得到它的光环用不了多久就会黯淡下来。其一、"政府变暗补为明补"的功能已达到;其二、千分之七的专项资金太少(千分之七指2001年长兴用于教育券发放的资金占教育经费总投入的比例),很难达到"四两拨千斤"的持久效应。

就扶助学生而言,最关键的是要把款目落到实处,这来不得半点虚假。怎么发给家长的形式并不是很重要。试想,对一个贫困的家长,政府把白花花的钞票送到他手中总要比印着数目的"假钱"来得实在吧。当然,支持者认为,"推行教育券可以防止资助金挪作他用,比如买化肥"。但是,在义务教育阶段(受教育的强迫性),我们并不用担心父母拿了钱而不送孩子到学校来。所以,即便是以"券"的形式来资助学生,政府部门也可以采用更好的形式。比如,政府和学校应当把办教育的明细账通过有效的方式公布给老百姓看,解释给他们听,让他们清楚国家是怎样投资办教育的,让他们认识到他们缴纳的学费、杂费只是教育成本中的一小部分。教育收费项目要实行听证制度,提高教育收费决策的科学性和透明度,让老百姓对政府投资办教育的"暗补"有所了解等。而不管采用什么方式,最关键的是要增加额外的专项经费。当然我们并不是要去否认这样做的意义,只是教育券彰显政府的公益性的效应毕竟是有限度的。

（三）教育竞争与均衡发展：发券的前提还是结果

弗里德曼指出，实施教育券思想的一个重要前提是各学校之间发展基本上是平衡的，要在办学规模、设施和师资力量条件都要差不多的情况下，才有可能实施教育券制度。也就是说，执行教育券的各个学校只有在实力上旗鼓相当才有可能站在同一起跑线上去竞争。而我们却是把它当作实现均衡发展的目的。通过一张小小教育券的发行，通过"鲶鱼效应"把良莠不齐的学校驱赶到均衡发展的平台上，这显然是不现实的。"为民办教育创设发展环境，赋予职业教育前进的空间，保障贫困学生的受教育权利，最终达到全县基础教育的均衡发展，这就是长兴人实施"教育券"制度的目的所在，也是这一改革的意义所在"，这对教育券无疑是一种理想托付。

毋庸置疑，通过发行教育券来促进学校的竞争、提高教育质量，从而达到均衡发展的这一想法的初衷是好的。但就我国目前实情而言，体制内的问题才是关键的。在我国公立学校独占鳌头的现实中，教育公平与效率的问题还没有凸显到公立与私立之间的竞争问题，更在于改变对公立学校的政府行为，以及对他们的竞争激活与浪费堵塞的问题。有评论指出，世界上最好的学校在中国，最差的学校也在中国。这都是体制造成的。特别是有些地方搞形象、示范性学校。数千万、上亿的资本投入重点学校。比如，广西为建设示范性高中需投入12亿，与此同时，税改费后义务教育经费大量缺口却没有了着落。事实上，政府或有关部门已经"先入为主"地认定了哪些是好学校，哪些学校教育经费要多投。所以，源头上预设性的不公是致命的（"政府先择校"），如此，通过发放教育券、择校的"治标不治本"的方式来检验公平与效率这对老命题，即使能成立，其力度能有多大？

要朝均衡化发展方向努力，那么还得从财政体制的差异性投资开始，加大对贫困地区教育的重点扶持，彻底改造薄弱学校。让贫苦地区首先真正享受到免费的义务教育，对贫困家庭孩子的上学进行补助。同时，加大对公立学校的教育资源的盘活以及对公用教育经费严重浪费现象的医治力度。就办学效益和质量而言，可能目前更大的改革还在于管理者的办学理念、教师教育理念、教育管理评价体制、人事制度、教育经费的财政预算审计、监管制度等教育内问题的创新与突破。

当薄弱学校真正实现提档、重点学校也不再重点了的时候，那么，发不发教育券，先发券后择校还是先择校后发券，意义都不大了。因为随着时代的发展，对教育的需求，尤其对优质教育的不断追求是不以人的意志为转移，优质教育将永远处于卖方市场，只要择校的体制畅通，直接拿钱上学也好，拿券上学也好，在同等情况下，家长都会把孩子送往质量更好的学校。所以，即便弗里德曼择校的前提条件是现实的，通过教育券来择校的意义仍然是多余的。不用券，家长也会择校，也会促进学校竞争；再者，政府可以简单到直接根据学校开学时的报道花名册拨款了，这样还省去了推行教育券制度所多出的交易费用。

客观上讲，我国公私立学校并不是没有竞争。在一个学校内，是教学班级、任课老师之间的竞争；从乡镇到省市乃至国家范围内的学校之间的竞争都普遍存在。办学水平、教学中软硬件的各种排名做法是各级教委、行政部门的拿手好戏。事实上，提高教育质量，提高教师素质，提高办学水平，完全可以从教育本身着手，从教育制度的变迁开始；从教育系统内部，从学校内部，产生竞争机制。提供好的教育本身就是教育的必然要求，学校间的竞争、学生间的竞争、教师之间的竞争、教育管理者之间的竞争可以说是教育系统本身内生性的。即便是学生只通过"分数面前人人平等"的方式来选择学校，同样会激励公立学校之间为抢夺生源而展开教育质量竞争。所以，并不是一定要按照"市场"法则，通过"钱"（择校费）来促进公平与竞争。即便如此，我们还可以退一步按支持者的意愿做个假设：通过教育券的方式来竞争，好的学校拿走了更多的，甚至是拿完了教育券，那差的学校是不是该退出来、关门算了？再假设学校可以被淘汰，学校的总数可以减少，那么像我们这样一个受教育人口大国，淘汰学校的学生上哪儿去找学校呢？

（四）教育券扶持民办教育：回到原点的再思考

目前，中国享受政府财政拨款的只有公办学校，对民办学校的财政资助制度仍未建立。而对私立教育也进行财政拨款是教育券初衷的一个重要思想。就目前来看，长兴推行教育券的实质性意义在于：政府发出了信号，民办学校开始真正享受"国民待遇"，民办学校不是杂牌军，信誉得到了权威部门的承认，促进老百姓观念的改变,坚定了投资者的信心。长兴教育券在完成了这样的一种使命后就应朝着真正有利于培育民办教育市场和力量,促进公、私立学校之间竞争迈进,也就是说向择校迈进,否则就要退出历史舞台。那么接下来我们就要论证教育券扶持民办教育在我国的必要性与可能性了。

浙江省教育厅副厅长黄新茂说,"既然民办学校为政府承担了义务教育的任务,政府就应该给予必要的财政资助。"[4]事实本该如此。但是,教育经费总量总是有限,把钱用于此,就不能用于彼,它是一个内部资源配置的问题。制度理想和现实实践是两回事。以长兴为例,真正享受到教育券的民办学校学生微乎其微。如2002年共有3 220名学生享受教育券的恩惠,而民办学校学生只有25人,大头给了职业类学生和扶助贫困学生。

在基础教育阶段,家长有上民办学校的需求无非是为了追求更高质量的教育。既然家长追求享受义务教育(或国家经费)以外的额外教育资源,就应多缴纳额外的费用。但是,如果单以"家长选择权"为主、过于强调"消费权",以家长的财富而非学生的能力及努力为依据,那么这种建立在社会阶层基础上的择校选择机制不但在目前,哪怕在将来所有学校都提升为优质学校了,也不能采取。所以,优质的公立学校不应该允许择校,而应按学生的学习成绩或就近入学等公平方式体现,不以择校费方式收取高额费用。教育部部长周济3月25日谈到民办教育促进法实施条例时说,"公办不择校、择校找民校、名校办民校"是一种很好的思路和做法;"公办学校应该追求公平和均衡化的发展,不应成为择校的热点;民办学校要不断吸纳、扩大优质教育资源,满足人们对教育多样化以及更高的要求。"[5]我们认为,这是对择校所反映的公平与效率、教育需求与教育供给矛盾的一种最合时宜的表达,为自由择校设置了一道门槛。这样,通过发行教育券在公私立学校之间自由择校的做法就不存在了。但是,类似于对民办学校按人头费拨款资助的"教育券"方式还要不要呢?我们从以下两方面来回答。

首先,有一个前提,为了享受比普通公立学校资源更优越的教育,上私立学校的学生家长是自愿付出高额择校费用的。如果说,富裕起来的家庭(相对广大西部地区、贫困地区、农村地区家庭以及下岗家庭等绝大多数弱势群体)因为错失上公立学校可享受的国家那点人均教育经费拨款(相对昂贵的私立学校费用要少得多）而不平起来，就有点为富不仁了吧。绝对公平是没有的，富裕起来者总不至于还要寻求一个"上山打猎见者有份"的说法吧，人总要发扬一点宽容、奉献的精神吧。实际上，从我国义务教育生均经费的构成来看，财政拨款占的比例仍然相当低，老百姓的义务教育经费负担率仍然较高。"中部地区的小学和初中生均经费，政府财政投入分别只占 70％和 62％，老百姓的经费负担率占 30％和 38％；西部地区小学和初中生均经费，政府财政投入分别占 79％和77％，老百姓的经费负担率仍占 21％和 23％。"[6]

另外，必须指出的是，在税费改革前，基础教育财政主体在县级政府以下，农村教育费附加和教育集资占据教育经费的很大一部分，再加上一部分学杂费，农民已经承担了很大比例的教育经费。以江苏宝应县为例，税费改革以前，农民承担的义务教育经费比例达到 71％左右。[7] 所以，基本上不择校的农民家庭、贫困家庭事实上也负担了比有择校需求的城镇家庭额外的经费负担。

其次，我国扶持民办教育的优惠政策日益完善，《民办教育促进法》的出台本身就是一种差异性制度安排。国家赋予了民办学校的特殊属性，明确了属于民办学校的特权。这样的"促进"政策是不针对公立学校的。比如《民办教育促进法》实施条例中，就许可民办学校按收取合理回报和不收取合理回报的方式进行登记并享受不同的优惠政策。民办学校具有收取一定择校费的权利，而公立学校没有这样的权利（收，是乱收费），尽管优质的公立学校拥有良好的教育资源。公、私立学校本来就应该各有所别，各有所需，各有所为，和而不同。在办学上，有必要在各种各样，有时甚至是相互冲突的需求之间寻求平衡，这才是教育的多样化。

一方面，正在富裕起来的许多家庭很愿意为孩子花钱"买"高质量的教育（不是"考"高质量的教育），另一方面，我国教育经费又不足、公办优质教育资源又非常有限，那么办法就是社会力量办民办教育，特别是高质量的民办教育，就是择校、收费。哪怕是初中以下的教育，都可以收费，同时把节省下来的钱用于穷困地区的教育拨款。有必要把由政府承担的作为公共产品的义务教育和已经具有私人产品性质的"义务教育"区分开来。这样做不但有利于效率，也有利于公平。既然这条路事实上早就畅通着，那就不应该人为去改道或堵塞。至于收费中出现乱收费、欺诈等问题，它不是私立学校应不应该收取择校费的问题，我们可以通过其他办法解决。但是,现有稀缺的优质公立教育资源还是不能随意被"择掉",应保证大量的普通家庭、贫困家庭的子女通过成绩的方式竞争优质教育资源的可能。当然,穷人也想分享优质的私立教育,反对高质量的私立学校高收费,认为这对穷人不公平。这种意见反映的就不仅仅是教育问题了。这不符合我国的市场经济规律,是一种地地道道的"不患寡而患不均"的落后思想。当前许多国家要求将公共经费的使用范围扩展到资助学生上私立学校,但是在公费资助下选择私立学校的相关证据同样是有争议的。在美国、瑞典等国人们围绕这些问题展开了激励的争论。密尔沃基市将择校扩展到私立学校的实验使贫困家庭的子女在公费资助下上私立学校就读,本身就颇有争议。[8]

总而言之,从我国私立学校发展的实情出发,对民办学校学生发行教育券,不管是资助性质的,还是择校性质的,综合起来看,都不是很现实,也不符合我国国情。就民办教育发展而言,我们认为,目前最重要的是规范。民办教育"一边说支持不够,一边速度又很快"的悖论反映在现实中就是民办学校的数量多、规模小,水平较低、办学"雷同"者多;民办学校的乱办学、乱招生、乱收费、乱打广告、乱发文凭等不规范行为屡禁不止。举办者过于注重办教育的收益性,淡化办教育的公益性,办学经费几乎都是靠收取学费。在政府对公立学校实行一费制收费政策的同时,对私立学校也要进行考核、评估,设置收费上限,这两条警戒线便是对"公办不择校,择校找民办"的进一步规范。另外,还须防止教育券的非法使用。由于民办学校的招生方式主要还是自主宣传,通过代理等形式进行,没有纳入国家正规招生的渠道,有些学校或机构很有可能就会通过借教育券的社会福利性之诱饵来吸引学生,以发放教育券的名义招揽、欺骗学生和家长。我们需要防微杜渐。

教育券的实质无疑是要通过凭券择校来实现教育的公平与效率,而这一愿望在实践中又是矛盾重重的。就拿上文提到的美国密尔沃基市教育计划来说,"尽管在理论上教育券的实施可以促进学校之间的竞争,实际上,密尔沃基教育券计划对公立学校造成的冲击很小,公立学校依然可以无忧地维持着自己的运营"。"教育券计划只是使部分人受益,它永远也无法解决社会公平的问题"。[9]就我国目前发展民办教育而言,锦上添花固然好,但是在我国"普九"还在攻坚、"扫盲"还在加快步伐的今天,可以肯定地说对广大的农村、西部贫穷地区的雪中送炭则意义尤为深远。现阶段发展基础教育尤其是义务阶段的教育关键还不在于推行别人还在试行的教育券等市场方式,而在于切实加大政府和社会的非营利性教育资金的投入。诚然,增加政府对私立学校的经费投入和支持也是公平的一种诠释,但真正要实现老百姓拥有"切实的教育选择权"、家长凭教育券自由择校,恐怕只能会是一种制度理想。

参考文献:

[1] Ornstein & Levine, Foundation of Education, Fourth Edition, 1989, Houston Mifflin Company, Boston, page304.

[2][4] 熊全龙主编.中国教育券制度的实践与探索[M].北京:中国教育出版社,2003.(文章其他有关长兴教育券的资料引自此书)

[3] 曲恒昌等.制度创新:"教育券"给农村职业教育注入新的活力[J].职教论坛,2003,(5).

[5] 周济.公办不择校,择校找民校,名校办民校[N].教育文摘报,2004.4-21-16.

[6] 沈百福、王红.2000~2002 年我国义务教育完成率和经费问题分析[J].教育发展研究,2000,(9).

[7] 贺春兰主编,义务教育谁买单[M].苏州:苏州大学出版社,2003.201.

[8] [英] 英杰·惠迪等著.教育中的放权与择校:学校、政府和市场[M].马忠虎译.北京:教育科学出版社,2003.157,159.

(本文发表于《比较教育研究》2004 年 10 期。作者贺武华,时属单位为浙江大学教育学院)

六、智利教育券政策述评

20 世纪 80 年代后,世界各国掀起了声势浩大的教育重建运动。"拓展父母的选择权日益被视为撬动教育体制改革的杠杆,'选择而非选派'成为这一运动的旗帜"。[1] 由此,作为择校主要形式之一的教育券(Education Vouchers),逐渐从帷幕后正式步入舞台。教育券是一种由税款资助或民间资助给予证件或现金支付,来扩增公立学校学生选择就读其他公立学校或私立学校机会的择校形式。持教育券的家长可以凭借此券在任何接纳教育券的学校用以支付子女的学费或其他教育费用。根据资助者的不同,教育券可为"政府教育券"(Public Vouchers)和"私人教育券"(Private Vouchers)。据埃德温·韦斯特(Edwin G. West)1996 年统计,约有 20 个国家已实施教育券政策。[2] 其中,智利是唯一一个在全国中小学(包括公立和私立学校)范围内推行政府教育券的国家。

(一) 智利教育券政策概述

1980 年,智利开始实施覆盖全国中小学的教育券政策。该政策作为整套"逐步取消政府管制的自由市场改革"之一,当时执政的皮诺切特(Pinochet)军政府力邀美国新自由主义经济学家、芝加哥货币经济学派代表人物——弗里德曼为经济顾问来推行该计划。作为教育券理论的创始人,弗里德曼主张:政府不再直接开办学校或给学校拨款,而是将用在每个学生身上的生均教育经费以有价证券的形式发放到每个家庭。家长可以自由选择子女就读的学校,用"教育券"抵扣部分学费。学校再到政府有关部门将"教育券"兑换成现金。基于自由主义的市场理念,弗里德曼认为教育券应以下述方式运作:(1) 全民适用;(2) 教育券金额等值;(3) 教育券的使用范围应覆盖所有合乎要求的学校,无论是公立学校或私立学校;(4) 教育券的价值应足够支付高质量的教育成本;(5) 准许学校收取教育券以外的"额外"费用;(6) 学生可自由选择心仪的学校,学校也可以选择学生。[3]

　　根据弗里德曼的自由市场教育券理论模式,智利的教育券政策主要有以下5 项主张:(1) 提供更多学校的选择,使学生及其家庭获益;(2) 通过教育私营化提供更多的选择,降低社会成本;(3) 教育由私人机构营运,在本质上会更具效益;(4) 公立学校不仅彼此之间相互竞争,还要与私立学校争夺生源,从而提高学校办学效益;(5) 私营化和富有竞争的教育制度,更有可能促进弱势群体和贫困家庭儿童的社会流动性。[4]其具体的改革内容涉及以下几项。

　　1. 管理权限下放

　　1980 年起,逐渐把公立中小学的管理权限从中央转移到地方。学校建筑和土地的所有权也移交至地方市政当局。至 1987 年,所有的公立中小学校都完成移交。尽管公立中小学的管理权限主要在地方,但凡是参加教育券计划的中小学校(不管私立或公立),都必须遵循国家或地方的课程规定,必须符合最基本的关于学校安全等方面的规定。早在 1973 年,军政府即取缔了教师工会(National Teachers Union)。教师由国家公务员身份转而变成学校(或地方当局)签署契约的雇员。由此,教师失去了工作安全保证、假期享受薪金的权力、工资等级标准、一周 30 小时的工作量及集体合同中应有的权利等。私立学校的教师也失去了一些方面的法律保护,如最低工资保证和一年一次的薪水调整制度等。从 1983 年起,地方政府可代表公立学校聘用或解聘教师,而无需理会教师的长期聘用合约或遵循教师工会的合约。因此,在如何使用拨款、任免教师等方面,公立学校的校长并没有全权。而私立教育券学校的校长不仅拥有任免教师以及制定薪酬的实权,还有权决定拨款的用途以及学校的具体运作。

　　2. 教育财政改革

　　1980 年以前,智利的教育财政预算主要包括教师薪金和基础建设投入两大部分。根据学校的教师数目和基建需求,国家将公共财政直接投入到公立中小学校。1980年实施教育券政策后,政府彻底改变了对公立学校的财政投入方式,并开始大举资助私立学校。参与教育券计划的学校,无论是公立学校或是私立学校,中央政府根据在校学生人数每月将拨款划拨地方政府,再由地方政府发放至学校。学校除了中央政府的教育券资助外,还可获得地方政府的公共财政资助(尽管资助金额不大)。此外,公立学校和私立教育券学校还可以接受家长、教会或其他私人机构的捐款,但尚不足以成为学校经费的主要来源。

3. 允许家长择校

1980年开始,智利在全国公立中小学和部分私立学校范围内推行教育券政策。教育券的面值相当于生均经费,每位适龄学生所得的教育券面额相同,学生可以持券在全国范围内所有参与教育券计划的学校(包括私立学校)使用。此外,允许家长为子女选择学费比教育券面值高的学校就读(只要家长愿意补足差额),也允许学校为提高质量而收取额外的学费。

1990年,智利民主政府取代皮诺切特军政府开始执政。新政府在保留军政时代教育券政策的基本形式的同时,也推行了一些新的教育改革措施对其进行调整。譬如,响应教师群体要求改善工资待和工作条件的呼声,于1991年颁布根据教龄和职称发放基本工资的薪金制度,规定公立学校的教师可以任期或签约的形式被雇佣。此外,在90年代初期开始推行旨在扶持薄弱学校的重大战略项目——"900学校项目",以及1992年由世行资助的"改善学前和初等教育质量与公平项目"(MECE)。总的来说,90年代后的教育改革一方面旨在提高教育质量;另一方面也旨在促进教育公平。尽管上述改革措施对教育券政策的实施均产生了一些辅助效应,但总体而言,90年代后的智利教育券政策还是沿袭了军政时代弗里德曼的自由市场模式。

历经25年的改革,智利中小学校目前可分为以下四类:① 公立学校(municipal school)。智利全国所有的公立中小学校均被纳入教育券计划,这些学校一般隶属地方管理。② 教会教育券学校(religious voucher school)。此类学校多由天主教/新教教会(Catholic /Protestant)举办,与其他教会学校的区别在于其参与了政府教育券计划,接受政府财政的资助。③ 非宗教性质的私立教育券学校。即没有参加教育券计划的私立学校,其中包括教会性质的私立学校,也包括非宗教性质的私立学校。据统计,在20世纪80年代初期,80%

的学生就读于公立学校,仅15％的学生选择了私立教育券(包括教会和非教会)学校。到了1988年,公立学校的学生人数比例降至60％,私立教育券学校增加至33％,而私立非教育券学校则为7％。其后十几年间,三者间的比例变化波动不大。以2000年统计为例,约有33％的小学生(K-8)就读于私立教育券学校,而同期公立小学的学生人数比例为57％。[5]

(二) 智利教育券政策评析

1. 成本——效益分析

教育券的倡导者声称,"私立学校会更加有效率,私立学校的每一位学生与公立学校的学生相比,花费少,而且能接受到更良好的教育"。那么私立学校的学生成绩是否优于公立学校的学生成绩呢? 从1990年智利全国中小学学业成绩测评——SIMCE的测试结果来看,公立学校学生的表现欠佳,其数学和西班牙语成绩均低于全国平均水平。而私立教育券学校学生则表现较好,其数学和西班牙语的测试成绩均高于全国平均水平。不过帕里(Parry)等人认为,这并不意味着私立教育券学校比公立学校更为优越。帕里用回归分析法进行了多次分析,得出以下研究结论:① 假设学生家长的受教育程度相当,公立学校的学生成绩较私立教育券学校的成绩学生更为优秀;② 比较家长具有相同社会经济背景的学生成绩,公立学校的学生成绩也较私立教育券学校的学生成绩更为优秀;③ 上述两点支持以下假设:私立教育券学校学生成绩较好的真正原因,或许是缘于学校可以选择社会经济背景较好,资质较佳的学生。[6]

为进一步验证这一问题,麦克尤恩(McEwan)和卡诺努瓦(Carnoy)对智利教育部1990年至1997年间公布的全国中小学西班牙语和数学学术测验的相关数据进行了分析。为确保研究的信度和效度,麦克尤恩和卡诺努瓦在比较不同类型学校学生的学业成绩时,将学生的社会经济状况(socioeconomic situation,SES)作为控制因素之一,即尽量选取社会经济背景相同或相似的学生进行比较。此外,麦克尤恩和卡诺努瓦的研究尤其关注不同类型学校中来自贫困家庭学生的学业成绩。研究结果表明,参与教育券计划的众多学校中,非宗教性质的私立教育券学校其四年级学生的西班牙语成绩和数学成绩均略低于公立学校,但这一差距甚微(小于0.1个标准差)。对8年级学生学业成绩的分析也得出了同样的研究结果。麦克尤恩和卡诺努力瓦认为,这一差距极有可能是由于教育资源的差异所导致的。例如,与公立学校相比,非宗教性质的私立教育券学校通常兼职教师比例更高。[7]

尽管非宗教性质的私立教育券学校的学生学业成绩略低于公立学校,但在消耗的成本上,前者远远低于后者。麦克尤恩和卡诺努瓦的研究表明:当对学生的社会经济背景、学校的地理位置以及学生的学业成绩等因素加以控制的情况下,非宗教性质的私立教育券学校消耗的教育成本比公立学校少 13%。如再考虑学校的特征,如班级规模等,这一差距缩小至 11%。总的来说,非宗教性质的私立教育券学校的成本——收益明显优于公立学校。麦克尤恩和卡诺努瓦认为,公立学校效率较低的原因可能是受到严格规章制度的约束,如必须支付较高的教师薪水,从而使其在管理运作层面上远不如私立学校更为灵活自主。而据统计,新近成立的私立教育券学校平均只把约 67% 的教育券资助用于支付教师薪酬,其余的 33% 则划作运营成本或利润。[8]

即使在控制了学生社会经济背景影响的情况下,天主教教育券学校的学生学业成绩仍明显优于公立学校,但其花费的教育成本也更高。研究结果表明,天主教教育券学校和公立学校的成本——收益无明显差异。麦克努瓦和卡诺努瓦指出,与公立学校相比,天主教学校一方面收取高昂的学费,一方面也对基础设施、师资等方面大力投入,从而使其在提升学生学业成绩方面显得更卓有成效。[9]

值得注意的是,多项研究均表明,教育券政策实施后,社会经济背景欠佳的学生的学业成绩有所下降。如希费尔贝恩(Schiefelbein)发现:1982 至 1988 年期间,社会经济背景较好的学生在 SIMCE 测试中取得的成绩逐年提升。而同一期间,社会经济背景欠佳的学生在 SIMCE 测试中取得的成绩却有所下降。[10]世界银行的经济学家普罗达(Juan Prawda)也指出,不仅公立学校来自低收入家庭的学生学业成绩有所退步,私立教育券学校的贫困学生亦如是。[11]

2. 家长选择

智利在推行教育券计划后,私立教育券学校得到了迅速的发展,此类学校的招生比例也逐年提升。从某种意义上来说,此举扩大了学生及家长的选择。但众多研究表明,与弱势群体学生相比,社会经济背景较好的学生才是教育券政策的更大受益者。卡诺努瓦就曾指出,入读私立教育券学校的学生大部分(超过 70%)来自中等收入及高收入家庭。[12]

温克勒(Winkler)和高里(Gauri)等人的前期研究表明,受教育程度和社会经济地位较高的家长通常倾向于为孩子选择私立学校就读(无论学校是否参与了教育券计划)。[13]1990 年智利相关统计数据显示:低收入家庭中有 72% 选择了公立学校就读;而中等收入家庭有 51% 选择公立学校,43% 选择私立学校;高收入家庭仅有 25% 选择公立学校,有 32% 选择私立教育券学校(Private voucher),有 43% 选择私立非教育券学校(Private non-voucher)。[14]

麦克尤恩和卡诺努瓦的研究也得出同样的结论。首先,麦克尤恩和卡诺努瓦发现与选择公立学校的学生家长相比,私立学校的学生家长通常拥有更高的文化水平和社会经济地位。其次,家长的择校意愿强弱与其受教育程度呈正相关:即受教育程度较高的家长为自己孩子选择一所优质学校的意愿更为强烈;而受教育程度较低的家长则恰好相反。再次,父母在为孩子选择学校时主要考虑学校的教育质量以及其他学生家长的教育背景这两个因素。受教育程度较高的家长一般倾向于选择教育质量较高、其他学生家长文化水平较高的学校;而受教育程度较低的家长则通常选择教育质量次之、其他学生家长文化水平较低的学校就读。麦克尤恩和卡诺努瓦认为,这并不意味着后者在选择学校时是缺乏理性的。相反,这正是家长"理性选择"的表现。因为正如韦尔斯和卡瑞(Wells & Crain)所说,家长选择学校时不仅受经济状况、可供利用资源的限制,还会受到诸如信息获取,以及自身主观意识的影响。这些与个人及家庭的社会经济状况是紧密联系在一起的。贫困家庭的父母们一般难以获得足够详细的与择校相关的信息。因为这些信息的获得以及解读通常是价格高昂的。即便能够获得足够的信息,由于担心受到社会地位较高群体的胁迫、质疑与抵制,弱势群体往往只能选择避开竞争。此外,智利是一个社会经济收入分配极不平衡,以及社会阶级分化较为明显的国家。尽管从理论上讲,所有学生都可以选择心仪的教育券学校入读,但实际上私立教育券学校在招收学生时往往利用入学考试、招生程序、严厉的校规以及高昂的学费等手段来筛选学生。由于担心招收社会较低阶层的学生会影响其他家长对学校的期望,甚至有些"贵族"学校会劝阻社会经济背景欠佳的家长送其子女入学。[15]

3. 竞争

弗里德曼相信:扩大个人及家庭对学校的选择权,必将增加校际间的竞争。而有效竞争的结果,是各个学校教育质量的整体提升。然而,早期的教育券研究均无法提供令人信服的证据来证明这一点。直至近几年,格林(Greene)对美国佛罗里达州教育券项目的研究,以及霍克斯拜(Hoxby)对密尔沃基市的"家长选择学校方案"(Milwaukee Parental Choice Program,MPCP)的研究,均声称教育券的推行确实加强了学校间的竞争,从而促进了公共教育系统教育服务的改进和教育质量的提升。

那么智利教育券政策实施的情况呢? 麦克尤恩和卡诺努瓦以学校招生人数(指示竞争)和学生学业成绩(指示教育质量)为相关变量进行了研究。研究结果表明,智利各大城市学校的学生成绩在 15 年(1982～1997)内平均提高了0.2 个标准差。而在大城市以外的其他地区(占学生总数 3/4),竞争反而使得学校的教育质量有所降低。麦克尤恩和卡诺努瓦分析,竞争没有产生预期的正面效应主要有两大原因。首先,公立学校普遍缺乏参与竞争的动力,哪怕面临着招生或财政危机。高里曾对 20 世纪 80 年代智利政府实施"软财政"的情况进行了详细的论述。根据他的论述,当教育券学校面临着由招生人数减少而带来的财政困难时,学校乃至市政当局往往不是力争改进教育质量,而是转向中央政府财政请求额外拨款。[16]其次,面对招生或财政危机,学校缺乏改进教育服务和提高教育质量的有效策略。多数学校往往采取雇佣较差的教师以降低教师薪金来降低运营成本,或招收差生等方式来应对竞争风险。总而言之,面对竞争,大多数学校不仅缺乏必要的财政投入或其他教育资源,更缺乏积极有效的管理手段和应对策略。因此,政策制定者们有必要重新认识教育券的目的与功能,以寻求新的突破。麦克尤恩和卡诺努瓦建议:新的教育券政策应致力于建立有效的激励机制,从而达到改善教育服务和提升教育质量的终极目标。[17]

参考文献:

[1] (美)E.S.萨瓦斯. 民营化与公私部门的伙伴关系[M]. 北京:人民大

学出版社,2002:276.

[2] West,Edwin G. Educational Vouchers in Practice and Principle:A World Survey [J]. the World Bank Research Observer,1997,12(1):83-103.

[3][10][11] 敏仪,黄丽菁.学券制[EB/OL]. http:// www. legco. gov. hk/ yr01-02/ chinese/ sec/ library/ 0102rp06c. pdf. 2002-04-29. 4,41.

[4][8] Carnoy,Martin. National Voucher Plans in Chile and Sweden:Did Privatization Reforms Make for Better Education? [J]. Comparative Education Review,1998, 42(3):309-337.

[5][7][9] McEwan,P. J. , Carnoy M.. The Effectiveness and Efficiency of Private School in Chile's Voucher System [J]. Education Evaluation and Policy Analysis, 2000, 22(3):213-239.

[6] Parry, Taryn Rounds. Theory Meets Reality in the Education Voucher Debate:Some Evidence from Chile [J]. Education Economics,1997. 5(3).307-331.

[12] [14] Carnoy, Martin. Lessons of Chile's Voucher Reform Movement [EB/OL]. http:// www. rethinkingschools. org/ special_ reports/voucher_report/v_sosintl. shtml. 2006-01-01.

[13] [15] [17] McEwan,P. J.. , Carnoy,M.. Does Privatization Improve Education? The Case of Chile's National Voucher Plan. In N. Plank David and Gary Sykes (eds) Choosing Choice:School Choice in International Perspective [M]. New York. Columbia University, NY:Teacher College Press,2003:36,44,34-36.

[16] Gauri, V. School Choice in Chile:Two Decades of Educational Reform [M]. Pittsburgh, PA:University of Pittsburgh Press,1998:74.

(本文发表于《比较教育研究》2007 年 4 期。作者周琴,时属单位为北京师范大学国际与比较教育研究所)

七、政策工具视角下的教育券制度解读

在西方教育改革的市场化浪潮中,渊源于新自由主义经济学的教育券是一种具有全新治理理念的工具类型,其实质是在教育服务中引入市场机制的一种制度安排,它从学生和家长的角度入手,通过强化其选择权而巧妙植入市场竞争机制。广义上,教育券是指一种向学生而非向校方提供教育公共资金的政策安排和融资机制。狭义而言,它"是针对特定收费服务事先规定具有货币购买力的一种凭证",[1]承载和体现了专门用于教育的一定费用,学生用此券支付学费和相关费用;学校则向政府兑取与券值相等的现金。

(一)学校治理的有效工具

政策工具是公共政策在执行过程中为取得政策目标而采取的手段、技术或途径。美国学者詹姆斯·莱斯特(James P. Lester)和小约瑟夫·斯图尔特(Joseph Stewart, Jr.)将政策工具视为政策执行的技术,并概括出两种技术途径,即通过命令和控制的途径以及通过经济动力的(市场化)途径。[2]教育券无疑是一种典型的市场化途径,"在整体的体制改革无法取得突破性进展的情况下,选择局部地区实施工具性改革,引入一些已证明行之有效的市场化工具,不失为撕破传统体制铁幕的渐进策略"。[3]

从治理主体看,教育券制度所蕴含的竞争理念打破了政府对教育的垄断,有利于促进校际竞争,从而提高教育资源配置效率。相比传统的服务模式,教育券造成的一个重大变化是政府拨款方式的转变,即由资助教育机构转为直接补贴学生和家长,这一转变意义重大。一方面,它意味着资源控制主体发生变化,由供给者控制转为消费者控制。消费者因为控制了资源而强大起来,从而获得对服务路线和方式的主动选择权,成为公共服务的安排者,这就从根本上改变了职业性利益集团对教育服务决策的控制状况。另一方面,它也巧妙地在教育服务提供中引入了市场竞争机制。学生和家长拥有了"用脚投票"的权力和理性选择的机会,由此引发了教育机构之间的竞争,使得成本—效率观成为学校运作的核心理念。

从运行机制看,教育券制度所蕴含的"伙伴"构想,消解了公私二元对立,突出了合作与整合意识,符合构建和谐社会与和谐教育的时代主题。教育券思维下,一部分学校将通过"转制"下放给社会其他组织或个人管理,这些学校在内部管理、经费使用、教育教学组织、人事分配等方面将拥有较大的自主权,真正成为面向社会自主办学的法人实体。这是教育券政策得以运行的前提,也在很大程度上体现了公共部门与私人部门的伙伴关系,突出了公私学校的平等、合作与和谐。

从教育服务看,教育券制度所蕴含的"灵活"思维,增强了教育的应对能力,预示着教育质量保障体系的生成。持券学生和家长在择校上加大了选择的余地,这促使学校为获得更多的教育券而努力提高自己的教育能力和水平。为了体现办学特色以吸引顾客,学校会采取更为灵活的措施来加大和提高办学的效果,从而舍弃千篇一律、僵化呆板的教学模式。政府在教育目标方面具有更高的灵活性,社会弱势群体的教育需求可以依循教育券的补偿原则谋求解决,弱势群体将得到更多或者面值更高的教育券。

可见,教育券是一种撬动教育体制改革的杠杆,这一工具运用的理念在于:选择而非指派。赋予学生和家长们自由选择的权力,其意义旨在,一方面,教育得以逃离政府的垄断;另一方面,学生和家长控制了公共教育资金,这意味着政府资助的公共资金不再被拨入一个学生和家长没有选择的学校,也不会再简单地拨入行政评估认可的优秀的学校,政策拨款的惟一理由与最大根据就是学生和家长的选择。

不可忽视的是,作为教育市场化的工具,教育券制度在很大程度上是一柄"双刃剑",如果使用不当,则可能带来教育不公、管理成本加大等诸多负面的影响,甚至造成无可估量的损失。因此,在实际推行过程中,尤其需要注重教育券方案的精心设计以及一系列现实条件的保障。

(二) 工具模型与范式特征

教育券的模型建构和理论范式尚处于不断的发展和完善之中,并与世界各国社会的政治经济和教育状况息息相关。迄今为止,人们在教育券方面主要提出了以下模型:

1. 自由市场模型

1955 年,美国新自由主义经济学家、诺贝尔奖获得者米尔顿·弗里德曼(Milton Friedman)在《政府在教育中的作用》一文中首次提出了"教育券"概念(School voucher)。后来在此基础上形成了教育券的自由市场模型,主要包括三方面的要点:

(1) 学生在义务教育时期每年都可获得一定量的、具备货币价值的教育券,同时被选择的学校也有资格将所获教育券向政府兑取等值的现金。教育券应该在全国的范围内发行,面向所有的家长,在任何公立或私立学校流通,教育券的面值足以支付高质量的教育费用,赋予学生和家长完全的择校自由。政府可以适当减少教育投入,从而减轻纳税人的负担。

(2) 教育券的价值不因人而异。这一教育券政策是"无排富性"模式,所有适龄儿童均可获得等额的教育券,自由选择不同收费标准的学校,以促成自由的教育市场,提高教育效率。

(3) 学校有权自己设定学费标准,并可以高于教育券所承担的价格,不足部分由学生和家长自己支付;同时,学校也有权建立自己的择生机制,以对市场及受教育者的需求作出快速反应。弗里德曼认为:"只有通过民营化的方式,才可以重构现存的教育系统,让营利性机构提供多样化的教育并对公立学校形成有效的竞争。"[4]这一模式旨在还学生和家长以教育的选择权,即教育的消费者(学生及其家长或监护)能自由选择最能满足他们需求的学校,把竞争引入公立学校体系,在"券"的流动中通过市场机制来引发公、私之间的竞争,迫使公立学校改革,实现学校的优胜劣汰,利用市场的规律改善中小学的教育质量,并适当遏制教育官僚主义的滋长,从而达到打破公立体系垄断、提高资源配置效率、促进教育质量整体上升的目的。这种教育券因给每位学生发放的券值均为等额，又称为大众效率型。当前，美国、英国、澳大利亚和俄罗斯等国的义务教育阶段均有实施。

2. 收入关联模型

在自由市场模型的设计中，弗里德曼的教育券思想更强调效率的提高。如果允许教育生产者在收取政府教育券的同时，增加教育收费，那么学校设定的学费高于教育券的货币价值这一门槛，将可能导致经济背景不佳的学生缺失选择优质学校的条件，不利于实现低收入家庭子女的受教育公平权，也可能使条件较差的学校失去公平竞争的机会。据此，1964 年，英国经济学家皮科克与怀斯曼（Peacock & Wiseman）针对自由市场模型的这一缺点，修正和发展了弗里德曼的教育券思想，将教育券与学生家长的收入联系在一起，通过给家长教育券、资助或贷款的方式在自由市场下进行自由选择。这是一种"排富性"模式，也即收入关联模式。这一模式关注社会弱势群体争取平等的受教育机会。其要点是：

（1）按学生家庭经济状况的不同发给不同面额的教育券，且主张给低收入或有特殊要求的家庭以特殊的补助，实现真正的教育公平。

（2）教育券应当帮助低收入家庭的学生克服就学的困难，以避免不同阶层之间造成的社会经济隔离。要求教育券面向低收入家庭的子女，其价值等于教育费用的平均值，家长可以根据实际情况择校，一般不需要自己支付学费，学校无权拒绝持有教育券并要求入学的学生。

（3）为了加强各阶层人员的流动，低收入家庭在享受普通教育券的基础上，还将享有补偿性质的教育券，以克服来自经济、宗教、种族等方面的障碍。

（4）严格控制教育券的发行数量，对参与该计划的学校及学生的资格也严格限制。这种模式含有一个收入所得税机制，教育券的价值与家庭收入成反比，相对于高收入家庭，低收入家庭子女入学所获得的教育券份额更多。在该模式下，教育券更像是一种社会福利补助，它强调整个计划的实施必须保证社会弱势群体获得高质量的教育，因此人们将这种模式称为"社会政策"方式，它开始引导人们从社会政策工具的视角去看待和使用教育券。这种救助公平性教育券目前应用于美国、瑞典、加拿大、日本等国，这些国家均根据学生家庭状况不同发放不等额的教育券。我国浙江长兴县采用的教育券方法,也以资助民办学校、职业学校和贫困学生为主要政策目标。

3. 补偿模型

1966~1970 年间,美国社会学家詹克斯提出了补偿性教育券模型,进一步强化了教育券的社会公平功能,认为自由市场必须受到一定程度的约束,教育券应帮助低收入家庭学生克服上学的困难。其要点是:① 除了基本教育券以外,由于经济条件不佳而在市场选择中处于劣势的学生还将获得补偿性教育券。② 大量招收贫困家庭子女入学的学校将得到额外的资助。可见,补偿模型也是一种收入关联模型,具有"排富性"特征。詹克斯模式最初在美国加州的 alumrock 试行,但私立学校并未参加。真正实行这一模式的当属哥伦比亚,后因 1999 年该国经济严重衰退而失败。

4. 私校模型

美国斯坦福大学胡佛政治学院的约翰·丘伯教授(John E. Chubb)和泰力·默教授(Terry M. Moe)在其 1990 年合著的《政治、市场与学校》一书中,主张将教育券运用到私立学校。他们采用比较制度分析,也就是将两种不同制度下的学校(即公立学校和私立学校)组织结构和工作效率进行比较并进行实证研究,得出的结论有,"美国现有的政治制度已经完全阻碍了教育体制的改革",私立学校之所以比公立学校的运作更加有效,其原因在于它们拥有更多独立于外部科层制体系控制的自主权。他们还设计了具体的与教育券有相似性质的"奖学金计划",[5]其特点是:① 明确建议私立学校可参与择校计划,州政府应以"奖学金"形式向私校提供支持。② 学区要为学业困难的学生提供更多的奖学金,禁止学生的父母用自己的基金为自己的孩子提供奖学金。

上述教育券模型分别与不同的基础教育财政制度和财政状况相适应,自由市场模型是基础教育财政资源配置的高层次境界,它需要充足的教育财力作保障。由"排富性"模式向"无排富性"模式的转变过程是由追求公平模式向兼顾公平的效率型模式转变的过程,是基础教育财政制度的升华过程。[6]同时,由教育券模型的发展亦可看出,教育券最初是被广泛建议用来改革公立教育,即通过教育券工具在教育中引入市场机制创造竞争,通过竞争来提高教育的供给效率。但后来被延伸到私立学校,目的是加大对私立学校的资助,促进私立学校与公立学校之间的有效竞争。

5. 高校模型

和教育券在基础教育领域的热闹红火相比,目前,高等教育券的理论研究和学术争鸣还相对稀少,尤其在工具的具体运用上缺乏明确的策略指导,学界比较认同的只有美国哥伦比亚大学教育学院教授亨利·莱文(H. M. Levin)于 1983 年提出的高等教育券模型,包括以下要点:[7] ① 如果学生在他所选择的某一高等院校花费他的教育券,政府就应拨给该校相应的经费。学生的入学人数将决定高等院校得到经费的数量。② 高等院校有资格得到政府拨款的前提是它必须得到政府的认可。③ 选择促进社会价值观、社会融合以及文化繁荣相关专业的学生将得到较多的政府拨款。而且,基于平等的考虑,政府将给家庭贫困的学生或经济条件差的学生较多的政府拨款。④ 教育券终身有效。

在构建学习型社会的强烈背景下,高等教育券在刺激教育多样性和增强学生主体地位方面似乎具有天然的优势,在高等教育领域实施教育券制度拨款也似乎更加实用与迫切,因为"其目标已经不仅仅是选择的自由,更重要的是必须为学生个性学习,即设计和规划适合自己的学习生涯提供更多的可选路径"。[8]

美国高等教育券政策的实践可以溯源至 1994 年颁布的《士兵权利法案》(G1)法案,根据该法案规定,所有服役期超过 90 天的退伍军人均可得到现金资助以完成中等和高等教育。这一政策被视为美国历史上教育券政策雏形,并首开高等教育券计划的先河。目前,美联邦高等教育券计划还出现在另外四个不同的项目中:佩尔助学基金(the Federal Pell Grant)、联邦辅助教育机会补助金(the Federal Supplemental Educational Opportunity Grant 简称 FSEOG)、联邦勤工助学(the Federal Work-Study 简称 FWS),以及联邦帕金斯贷款(the Federal Perkins Loan)。同时,美国有些州还实行了针对大学的教育券制度。例如,纽约州的雷振茨奖学金(the New York Regents Scholarship)和科罗拉多州高等教育券计划等。其中,最具代表性的是科罗拉多州高等教育券项目,在2005 秋季正式实施,政府不再对高等学校直接拨款,而是给每个居住在该州的公民发放教育券资助金。公立大学学生每年 2 400 美元,私立大学的贫困学生每年 1 200 美元,资助金额依据学分来计算,每个学生可总共获得 145 学分的资助。[9]

在我国,教育券这一政策工具也同样激起了改革者的极大兴趣。2003 年,教育券首先在浙江长兴县被"引进",紧随其后的湖北"监利变法"和其他教育券实验层出不穷。由此,"教育券"这一名词得以在我国学者的视野中逐渐由陌生、模糊而至熟悉。2004 年,浙江出现民办性质的"先锋教育券",2007 年 10 月,上海阁行区开始推行高中大学"助学券",[10]均可视为高等教育券在中国的萌芽和预演。心仪它的人们试图借这一技术来重构政府、学校与市场乃至社会之间的关系,希望通过教育券的引入来解决困扰当前我国教育发展的体制僵化以及各主体之间的关系问题,扩大教育选择的自由,提高教育的质量,改善弱势群体接受教育的困境。

(三) 多学科的理论意涵

作为家长和子女择校的最有效手段,教育券的应用是教育市场化、民营化的标志之一,凝结着决策者的教育价值取向和教育改革构想,折射出丰富的经济学、政治学和社会学等学科的理论意涵。

首先,教育券制度的经济学原理。"券"是传统经济学中的经典市场化工具,其政策目标往往被用来达到某些宏观经济的效果。教育券制度从一开始即提出了关于政府职能的理论预设,认为政府应该只资助教育而不应该既资助教育,又供给教育,应引进市场机制,实现政府对教育的资助与供给职能的分离,这是教育券制度的理论核心。当服务的"安排者和生产者合一时,官僚制成本就产生了,即维持和管理层级系统的成本。当安排者和生产者不同时,又产生了交易成本,即聘用和管理独立生产者的成本。两种成本的相对值决定了安排和生产功能分开是否值得"。[11]在很大程度上,教育券应用的实质就是实现了安排者与生产者的分离,改变了公立学校中政府既是一个安排者、又是生产者的弊病。实际上,学校治理和市场化是多种有效服务提供方式的总称,政府只是现代教育的监管者、保护者,而不是当事人。教育服务要以学校自主权和家长、学生的选择权为中心,政府各级行政机构只对其施以间接调控。教育券所导入的"看不见的手"可以促进教育产品的有效供给和提高教育产品的使用效率,迫使学校提高效率,对学生需求有更高的回应性。教师和学生管理者的企业家精神会带来教学方法上亟需的创新,至于在吸引优秀教师方面的竞争,亦会在教育领域形成一个更加灵活的职业市场,进而激发教师提高教学质量的热情。所有这些,意味着以政府高度介入为特征的某种制度安排向较少政府介入的另一种制度安排的转变,鼓励竞争、减少政府干预的古典经济学的思想和基本原理得到了淋漓尽致的体现。

其次,教育券制度的政治学底蕴。怎样最大限度地创造物质财富是经济所要解决的问题,而财富生产出来后如何分配则是政治领域的事情。对教育券这一政策工具不能仅仅做经济特征的分析,因为政治与经济从根本上说是不能分开的。在政治学看来,国家对于社会生活的干预程度应成为政策工具调适的出发点。美国学者戴维·伊斯顿提出,政治就是"社会价值的权威性分配"。[12]政府行为是权威性的社会行为,是分配利益的最有效手段。接受教育的机会无疑属于社会价值的范畴,教育券作为一种新型的拨款模式,涉及到社会利益的分配,本身具有政治乃至文化层面的特征。如何实现社会价值的公平分配是教育券政治层面的首要问题。尤其值得注意的是,对于教育券这一政策工具的选择,不同社会阶层的利益考虑将决定其直接成本或者效率,甚至在更大程度上决定这一政策工具的取舍与成败。可能发生的情况是,成本方面的考虑不足以推进教育券工具的实施,政治方面的衡量却往往有利于此项政策的推行和实施。

再次,教育券制度的社会学语境。从教育券的发展脉络看,效率与公平一直是教育券的核心内涵。在议题方面,经济学家和自由主义的市场方法强调效率,社会学者和社会政策方法则从公平角度进行修正。决策价值点是政府决策思维的落脚点,是政府存在价值和政府能力的根本标志,没有效率,就不存在公平与和谐的必要,没有公平与和谐,最终也会降低整体效率。由于效率原则并不必然体现公平与正义原则,甚至在追求效率目标到一定的临界点后,效率原则会对正义、公平原则造成致命的损害。效率与公平、和谐之间的冲突,实际上都是人为的冲突,是可以通过人为的作用避免的。教育券作为新的资源配置机制能否在同一时间达成两者的目的,这将是教育券制度设计的基本要求。可见,在选用、设计教育券这一政策工具时,政府应该成为缓解和消除冲突的决定力量,将社会公平的因素作为教育券政策工具的价值首选,通过倡扬行政伦理的精神,坚持正确的价值方向,把公平、权利、道德与以人为本的发展联系起来,把健康的文化诉求和生态观念引入教育券制度框架。

　　总之，教育券可视为一种借用私人市场凭单的理念和技术来改造教育资源供给的政府改革工具，是一种典型的以消费者需求为导向的资助机制。然而，受工具理性支配，决策者和行动者在考虑教育券这一方法和技术时，往往倾向于将之视为达到目的的条件或手段，更多地关心其实用效果。实际上，"一个社会的健全必须建立在工具理性和价值理性的统一之上，或者说，工具理性应当从属于价值理性。在价值理性所提供的目标和前提下发挥作用"。[13]当教育券这种自身发展还很不成熟的"舶来品"作为一门新技术、新工具跃入人们的眼帘时，我们既不能漠然视之，坐等它的成熟，也不应以欢呼雀跃的心态全盘接受，极端地将之作为一种时髦和万能理论而加以直接套用或滥用。由于其本身的缺陷和诸多的应用条件，加上其程序设计和监管等多方面的复杂性，我们仍需要借鉴和积累更多的经验，需要开展深入的研究以为这一工具应用提供更多的支持性论据。此外，任何一项政策工具只是政府改革"箭袋"中的一支"箭簇"，教育问题的显露往往与就业政策、人口政策、户籍政策等相联系。因此，应用教育券工具时应注重与其他治理工具和经济政策的协同配合，并努力打造适合这些工具运用的教育体制、机制与氛围，从而获取良好的政策效果。

参考文献：

　　[1] Blaug M. Economic Aspects of Vouchers for Education. In IAE, Education：Framework for Choice［M］. Readings in Political Economy1. IAE：London，1976.

　　[2] 张新文. 政社关系视角下的政策工具研究[J]. 广西民族大学学报，2007(3)：140-144.

　　[3] 梁建东. 凭单制及其在教育领域中的应用—项基于中美实践的比较分析[D]. 厦门：厦门大学公共事务学院公共管理系，2004：32.

　　[4] Friedman，Milton. Public Schools：Make Them Private ［N］. Washington Post，1995-02-19.

　　[5] (美)约翰·E. 丘伯，泰力·M·默. 政治、市场和学校[M]. 蒋衡等

译. 北京：教育科学出版社，2003：237.

[6] 汪柱旺. 教育券、教育选择与教育公平[J]. 当代财经，2004(12)：39-40.

[7] Levin，H. M. Individual Entitlements，in：H. M. Levin & H. G. Schutze (Eds)，Financing Recurrent Education，Sage：Benerly Hills. 1983：39-66.

[8] Jongbloed，Ben Jos Koelman. Vouchers for Higher Education [EB/OL]. http：// www. ugc. Edu. Hk. 2000-06/2002-12-04.

[9] Clowes，G. A. Colorado Now Sends Aid to Colleges Via Vouchers [J]. School Reform News，2004(7)：18.

[10] 王蔚. 闵行区推行高中大学"助学券"[N]. 新民晚报，2007-10-11. A24.

[11] Oliver E. Williamson，Transaction-Cost Economics：The Government of Contractual Relations [J]，Journal of Law and Economics 22，No. 2 (1979)：233-261.

[12] (美)戴维·伊斯顿. 政治体系：政治学状况研究[M]. 马清槐译. 北京：商务印书馆，1939：139.

[13] 张康之. 公共行政：超越工具理性[J]. 浙江社会科学，2002(7)：3-8.

(本文发表于《比较教育研究》2008 年 10 期。作者刘优良，时属单位为厦门大学公共事务学院)

择校方案(二):特许学校

一、20 世纪 90 年代美国教育改革的一个新动向
——特许学校运动述评

进入 20 世纪 90 年代，美国教育改革中出现了一个新的热点——特许学校（Charter School）。在短短的几年时间里，特许学校的观念迅速地传播开来，到 1996 年秋末，美国已有 25 个州和哥伦比亚特区通过立法的方式采纳了这一观念，形成了特许学校运动。

（一）特许学校的产生和发展

"特许"（Charter）一词源自授予早期到美洲去探险的欧洲人的"合同"（Contract），而它与教育有染，则是 20 世纪 70 年代早期的事，是由美国教师巴德（Ray Budde）在其《特许教育：学区新模式的关键》（Education by Charter Key to a New Model of School District）一书的提纲中最早提出的。他建议学区授予那些愿意尝试新方法的教师以"特许状"。虽然人们在一定程度上对当时的公立学校不满，但并不认为要对现有体系本身进行改革，所以当时的人们对"特许"的观念虽感到有趣，却无人赞同。

在 80 年代各种教育研究和报告的激发下，巴德于 1988 年写了一本关于这个问题的新书——《特许教育：重建学区》（Education by Charter：Restructuct School Districts），不仅再次提到"特许"一词，并提出了具体的实施办法，即在一所学校内部，由学校董事会特许一些教师在 3～5 年内进行独立教学。这些教师只向董事会负责，而不受任何人，包括校长和其他领导的制约。这时得到

特许的还只是一所学校内的某个部门或某个教学计划,而不是整所学校。

美国教师联合会(AFT)主席阿·申克尔(A. Shanker)赞成这一主张并开始推行。他在 1988 年 7 月 10 日《纽约时代》上发表的一份报告称,1988 年美国教师联合会全国大会的代表们建议,地方学校董事会和工会可以共同特许一些教师或其他人员在其校园之内建立自治公立学校。这种学校就按照巴德在《特许教育》中的建议叫做"特许学校"。

不久,明尼苏达州参议员贾恩杰(E. R. Junge)和几位当地的积极分子响应申克尔的号召,并对这一观念作了修正以便适合明尼苏达。1991 年,明尼苏达成为第一个通过特许学校法的州。特许学校法允许学区授予教师开办的学校以"特许状"(Charter)。据此,这些学校可以摆脱大多数的州和地方的教育规章制度而由非营利的、法律上自治的合作团体来开办。原有的非宗派和私立学校也允许申请特许状。1985 年,仅有 33％的明尼苏达人赞成跨学区选择公立学校,60％的人反对;而到 1992 年,该州居民 76％支持择校,仅有 21％反对。支持者增加的原因是:① 辍学的数千名学生根据该法又重返校园;② 由于学区之间的竞争,中学的高级课程翻了一番多;③ 对公立教育的选择把家庭引入了公共教育之中;④ 择校允许教育工作者创办新的、别具特色的学校。

在 1995 年的国情咨文中,克林顿总统极力主张各州采纳特许学校立法,"我要求各州给予所有的父母为孩子选择上哪所公立学校的权力,允许教师们根据他们能遵守的特许状去组建新学校,只要他们能做好工作就行",并说服国会拨出数百万美元来帮助创办特许学校。

1994 年底,全美有 11 个州通过了某种形式的特许学校法,134 所特许学校得到批准;到 1996 年秋末,则有 25 个州和哥伦比亚特区通过了特许学校法,得到批准的特许学校的数字上升到 246 所,其中有 110 所是续订合同的。1995 年 8 月曾对这 110 所学校进行过一项调查,发现共有 275 万名学生注册;这些学校人多数规模较小,平均有 250 名学生,如果把加利福尼亚州的学校除外,平均只有 140 人;这些学校最常定址于租借的商业场地上(如商场、旅馆等);三分之二的学校想招收各类学生,一半左右打算为处境危险的学生服务;教学重心主要在"综合性的跨学科课程"上,或"技术"课程上,或"回到基础"上。有人预测,特许学校运动增长的势头将保持到 2003 年,在 1996 年后的两年内,将有

30 个州颁布特许学校法。到 2003 年,可能有 5 000 所特许学校,注册学生将达150 万人,资助这些学校的税金总额将达 30 亿美元。

(二) 特许学校的主要特点

显然,作为具有不同目的的支持者之间政治斗争的产物,"特许学校"这个词的实际含义在美国各州之间是有很大差别的。然而,所有的州至少都把特许学校界定为是根据特定的合同或特许状来开办的公立学校。这意味着人们相信公立教育,但应使它变得更有生气、对其结果更负责任。具体地说,特许学校具有以下一些重要特点:

1. 下放办学权

州授权一个以上的组织机构来着手办理本学区的特许公立学校,撤消历史上它授予公立学区的教育专有权,但这些学区仍然提供公立学校。然而,由政府资助的其他负责任的组织,如州教育委员会、公立大学、新的州代理机构、或城市委员会、农村委员会等也可以主办公立学校。特许学校的组织者——通常是教师、家长或其他社区成员,可以与地方学校董事会或其他公共团体接洽而成为主办人。

2. 特许学校是公立学校

特许学校不属于任何宗教派别,也不收费。它们向各类学生开放,不得有任何形式的入学考试

3. 特许学校要负责提高学生的学业成绩

每所特许学校要与主办组织机构协商并签订一份为期 3～5 年的合同或特许状。该合同或特许状具体规定了学生在各方面学习的程度及其测评的手段和工具,并负责提高学生的学业成绩。这些将用来决定特许学校在合同期满后是否可以继续办下去。

4. 特许学校具有自治权

州特许这些学校除了要遵守有关健康、安全以及学校组织者与财政担保人之间签订的合约上的有关规定之外,可以免受州所有管理公立学校的规章制度之约束。

5. 特许学校是一种选择性学校

它任由教育工作者和学生家庭自由地选择。没有任何人被指派去所他未曾选择的学校去工作或去上学。

6. 特许学校是一个独立的实体

创办人可以根据州法律选择任何组织来签订合同。学校是法人实体,有自己经选举产生的董事会。教师可以成立工会,进行集体谈判。不过,这种工会独立于并且不受学区工会商定的契约限制。特许学校可自由地建立它们的工作条件和管理系统,包括选择合作的伙伴。

7. 特许学校象其他公立学校一样接受同样的生均经费

它大致相当于州每个学生的平均费用或学生所在学区的平均费用。如果该州为残疾学生或低收入家庭学生提供额外的款项,这笔经费则随学生的流动而流动。

8. 特许学校的教师会得到保护并给予新的机会

州允许教师离开他们所在的公立学校,并可以重新获得他们的职位。教师可以留在当地或州的退休体系之中。教师可以选择成为某所学校的雇员,或去组织合作团体,或去选择另一种非宗派的学校。

概而言之,特许学校鼓励革新的教学,主张教师创造新的专业机遇,促进社区的参与,改进学生的学习,并以学生成绩为基础来承担责任和享有自治权权利。

(三) 对特许学校运动的评价

特许学校自明尼苏达州立法而引起美国全国性的运动以来,不过 5 年多的时间,但有些学校已到了合同规定的期限,能否继续生存,需要对其合同实现的情况进行评价,而这些评价反过来也会对特许学校运动的进一步发展产生影响。

1. 特许学校能对学生的学业成绩、出席率和态度产生积极的影响

对大多数特许学校来说,在起初的儿年里就作出结论显然为时过早。然而,加利福尼亚州、科罗拉多州和明尼苏达州的特许学校已经续订或延长了合同,因为对合同所规定日标进行检查的结果表明,学生确有进步。例如,加州塞

克拉门图教育董事会在确证学生表现出学业、出席率和行为上的进步之后,把鲍林格林特许学校的合同延长了2年。值得指出的是,该校5年前是所在学区最差的3所学校之一。

特许学校能够对学生产生积极的影响,其原因在于:第一,尽管特许学校的规模从几十人到上千人不等,但大多数特许学校的规模较小。这样可以保证学生有提问的机会,增加师生的交流,使学生感到受重视并变得乐于参与社会生活。第二,特许学校教师的教学风格各异,教学方法灵活而新颖,都富有经验并致力于教学工作。同时,教师也是学校董事会成员,参与学校管理,并且还要定期参加在职培训。第三,这些特许学校各具特色,适应不同种类的学生。大多数特许学校按照州的课程框架设置课程,包括以扫盲为基础的大量语言教学和实用科学技术的教学;有些学校避免有争议的课程而设置基础性的或其它相近的课程;还有些特许学校根据学生的兴趣和实际需要设计课程,比如为少数民族的学生,主要是美国黑人、印第安人、亚裔美国人等,以及那些在传统的教学环境下感到学习有困难而即将辍学又回到学校的学生设置特殊的课程,以确保他们在学业上的进步。

2. 特许学校的出现和发展激励学区之间的竞争和改进

在现有制度下,学校董事会、教师及学区的其他人员不会出于利他主义和理想主义的原因,如促进学生的学习或为教师提供更好的工作环境而去改变教育现状。然而,如果那些控制学区的人感到他们处于严重的压力下,觉得不变革将会产生比变革更严重的后果时,他们或许会重建学区。的确,让学生流向新的特许学校,从不充足的公共基金中流走成千上万的美元,以及允许情况发展下去,就会导致其它公共团体根据特许学校法去创办一所新的公立学校,所有这些可能性是极大的威协,成为公立学校改变自身机制的动力。

3. 特许学校给家庭,尤其是中低收入的家庭以更多的选择机会,使家长对教育的参与更加积极

尽管公立学校一直提供某种程度的多样性,再加上私立性质的凭券计划,为家庭选择学校提供了许多机会,但是,能利用这些机会的往往是富裕家庭,他们总是选择向最好的学校所在地迁移。而特许学校的出现,即增加了所有家庭的选择机会,也为处于劣势的家庭提供了选择学校的机会。1995年对6个州

110 所特许学校的调查发现,大多数特许学校至少部分地被设计来为"危险"中的学生服务。在这些特许学校,少数民族学生占其总数的 40％,而在这些州的常规学校中,同样的少数民族学生只占 31％。

事实上,对特许学校法给予最大支持的是那些倡议支持低收入家庭和青少年的组织,特别是那些代表"有色人社区"的团体,如城市联盟等。调查发现,美国黑人和西班牙裔美国人认为,特许学校的教育工作者对少数民族的价值观念和主张持更宽容的态度,部分原因在于学校需要他们的帮助以改进学生的成绩,从而继续办下去。

4. 特许学校的自治权使许多有经验的、有才华的教育工作者有了实现其梦想的机会

他们坚信,当前的社会问题丛生,家庭陷入危机,年轻人富于挑战精神。但对校外问题的认识并不意味着教育工作者不能在校园更好地帮助青少年。因此,他们充分利用自治权,依据学生不同的特点和需求制订相应的课程和教学计划,注重教学方法的革新,致力于学生学业水平的提高,尽最大努力保持学生的质量。他们定期向公众汇报教学成果,接受公众的监督和检查,以期不断改进。

(四) 特许学校运动中存在的问题

特许学校对美国的教育改革产生了许多积极的影响,但特许学校思想及其实践中也存在着一些严重的问题,归纳起来有以下几点:

(1) 特许学校的效果如何? 它能对其学生和公立学校产生什么样的影响? 迄今还没有对特许学校的效果进行全国性的评价。虽然美国教育部已资助一项有关特许学校的研究,但该研究要在两、三年之后才能提供资料。目前的一些研究由于种种原因,如对特许学校的态度和数据搜集等解释上的分歧,结论往往相左。除了前面引证过的肯定性研究之外——《特许学校:立法及其四年之后的结果》,认为从综合的角度看,特许学校在提高学生学习成绩方面的效果是微乎其微的。1994 年 12 月,明尼苏达立法机构发表的关于明尼苏达特许学校的报告揭示了大量的问题,这些问题使人们怀疑特许学校将为公立学校改革提供一个模式的观念。

(2) 特许学校面临的最大问题之一是经费问题,尤其是从何处获得启动资金的问题。大多数学区可求助于选举人,有时可向州立机构申请拨款来建一栋新校舍或改建一座旧建筑。但大多数州未给予特许学校这种便利。1995年的一项调查证实,启动资金不足是特许学校面临的最大问题。1996年的一项研究也认为:"毫无疑问,缺乏资金而不能得到常规的学校设备,缺乏启动资金以购买最初的设备和实施计划等,是今日特许学校经受的最严重的考验"。因而,为了缩小班级的规模和负担其它改革,特许学校不得不依赖于有经验的教师接受低工资、承担行政管理和其它一些责任。因此,明尼苏达立法机构的报告说,如果不增加经济支持,"除了使教育改革者陷入尴尬的境地之外,不清楚特许学校能够做什么事"。

(3) 特许学校所提供的选择,是加剧了不平等,还是增加了平等的机会?有专家指出,因社会远没有平等,选择会加剧不平等。当学校必须为学生而竞争时,获利的是那些最富进取心、最有才华和最专心致志的学生。择校的结果将会减少不同种族、不同民族之间相互学习和了解的机会。但另一些专家则指出不存在适合所有学生的学校。如果一个学区内的所有学校能建成供选择的有特色的特许学校,就不会存在所谓的一流学校,这有利于减轻不平等的危害。

(4) 把家长定位为消费者,遵循市场机制来选择特许学校。这是可能的吗?这对民主是否具有极大的破坏性?事实上,在美国,越来越多的教育被视为私人的利益,家长被定位为消费者,公立教育最好要适合他们的需要。人们不相信公共教育是为了公共利益,不相信学生应分享共同情境中的一些共同的经验。特许学校的支持者相信,家长们知道他们自己喜欢什么,家长们有权为孩子选择学校,如果他们认为特许学校是好的,他们就会把孩子送进去;如果他们认为学校不好,他们就不会选择特许学校。事实上,家长决定送孩子上哪所学校要比简单地判断一所学校的教学情况复杂得多。通常,家长需要综合地考虑诸如学校的远近、教学安排、放学后的照顾和课外活动等因素。此外,家长为孩子选择最好学校的能力要求具有更大的自由,从不喜欢的学校退出来,同时他们还必须能使孩子进入他们更喜欢的学校。但是,如果失望的家长决定转校,谁付钱来办庞大的只能容纳一部分学生在读的学校?特许学校无法改变这一基本事实。此外,在经济生产中,市场竞争而引起的工厂倒闭,积压和浪费的是产品,而当我们考虑到教育的产品是学生时,是否可以允许因竞争而关闭学校呢?

(5)学院和大学对特许学校将作出怎样的反应?许多教育学院忽视特许学校,正如它们过去 20 多年来对待可选择学校一样。学院要为特许学校培训教师和管理人员吗?

找到所有这些问题的答案还为时尚早。但有些事情是清楚的。因为入学考试被禁止,要对后果负责,所以特许学校的观念是一个受约束的、而非无限制的选择计划。显然特许学校的观念正在广泛流传,其背后则隐藏着所谓的美国精神——对革新的教育工作的诚挚的尊重,对于希望和可能的坚定信念。特许学校就是要真正地放权于教师,它所包含的自由、责任和竞争的观念将是重新设计和巩固美国公立教育的重要内容。

参考文献:

[1] Joe Nathan, Possibilities, Problems, and Progress Early Lessons from the Charter Movement [J]. Phi Delta Kappan, 1996(9).

[2] John O'Neil, New Options, Old Concerns [J]. Educational Leadership, 1996(10).

[3] Ray Budde. The Evolution of the Charter Concept [J]. Phi Delta Kappan, 1996(9).

[4] James N. Goenner, Charter Schools. The Revitalization of Public Education [J]. Phi Delta Kappan, 1996(9).

[5] Joe Nathan, Early Lessons of the Charter School Movement [J]. Educational Leadership, 1996(10).

(本文发表于《比较教育研究》1997 年 6 期。作者马健生、孟雅君,时属单位为北京师范大学国际与比较教育研究所)

二、从特许学校运动看美国基础教育改革的发展趋势

20 世纪 90 年代以来,美国基础教育的改革出现了许多新的特点和趋势,本文拟就其改革的一个侧面——特许学校运动来透视其总体趋势。

(一) 特许学校运动的发展

在美国基础教育 90 年代以来的一系列改革中,引人注目的是所谓特许学校的出现。自从明尼苏达州在 1991 年通过了全国第一部特许学校法律以来,其他 28 个州也颁布了特许学校法律。到 1998 年初,由不同阶层的人和组织建立的特许学校已有 800 多所,在有些州 2%～3% 的儿童上这样的学校。特许学校运动吸引了来自政治左派、中间势力和右派的支持,这些支持者包括克林顿总统、美国教育部长赖利、前教育部长贝内特和亚力山大、民主党科罗拉多州长罗默和共和党密执安州长英格勒。克林顿总统在 1997 年 2 月 4 日发表的《国情咨文》中进一步强调,每个州应该给予家长为其孩子选择合适公立学校的权利,为此,每个州都要颁布硬性的特许学校法,以便到下个世纪美国创办 3 000 所特许学校。在 1998 年的财政预算中,美国政府投入了 1 亿美元,可支持 1 000 所特许学校的发展。

"特许"(Charter)一词意味着在公共教育的名义下,不用政府进行微观管理,就可以向家庭提供明智的择校机会。特许学校是对所有人开放的独立学

校,由税收支付经费,为学生的学习和其他结果向公共权力机构负责.并且以基本的健康、安全以及非歧视的要求为条件,即使它们是由家长委员会、教师小队或营利公司来管理,它们仍然是合法的公立学校。

随着发展,特许学校运动表现出以下几个具体的特征:

· 允许创立新的公立学校或改变原有的学校;

· 规定学校是无宗派的,并且禁止入学考试;

· 要求这些学校负责在 3～5 年的时间内提高学生的成绩,否则将被关闭;

· 放弃大多数州法律规章以及地方合同的规定,代之以对结果的规定明确的责任;

· 允许几个公共团体—如州和地方学校委员会、大学和城市政府——批准建立特许学校;

· 允许教育工作者和家长自由自愿选择这些学校,而不是指派他们;

· 要求每个学生的生均经费连同其它特殊资金(如特殊补助资金)一起,随学生转入这些学校。

可见,特许学校运动一方面是要创立新式的美国公立学校,建立规定明确的提高成绩的责任制度,另一方面是要通过鼓励竞争以建立新的机制,给现有的地方学校委员会和公立学校以改进的新机会和动力。

(二) 当前美国基础教育改革的趋势

特许学校虽然不是美国公立学校系统的“大救星”,但是,无论怎样,自1991 年以来,发展“新式美国学校”的运动已经开展起来,它确实激励了个人和组织的想象力,使这些学校成为真正的革新中心。政策制定者、专业人员、纳税人、家长以及其他承担重建公立教育的人,都赞成把特许学校作为走向重建美国公立教育系统的重大步骤。特许学校运动正在创立新式的美国公立学校,它是新观念得到检验的研究与开发中心。目前,特许学校不仅对于成千上万直接从中获益的家庭和教师是有价值的,而且特许学校运动在推动公立学校革新与发展有效的教育途径方面也具有重大价值。

特许学校改革的根本目的是要运用市场方式重建美国公立学校制度,其具体目标是提高教育质量和效率、充分满足各种教育需求。与过去教育改革不同的是,它试图通过自由择校来引进竞争和市场机制,为基础教育的发展找到新的动力—市场的力量。在多样化市场需求的推动下,公立学校系统的垄断开始被打破,这促进了学校教育服务向多样化发展,学校教育服务体系开始从一种"供给者"体系转向"需求者"体系。从特许学校运动的发展中,我们可以发现当前美国基础教育改革中的若干重要发展趋势。

1. 教育的发展以持续不断的教育改革为动力

特许学校的批评者和厌倦改革的人有时提出,在特许学校中没有发生在"常规"学校中也没有发现的事情。在某种程度上事实的确是这样。诚然,有些特许方案不过是常见的课程和教学主题的变种,有些则表明了人们深思熟虑地向被证明了而被忽视的教育策略的回归。

然而,事实上,就其自身的背景而言,所有的特许学校都确实是革新的。这意味着这些教育安排虽然不能象小说一样打动世界主义者,但是对于当地以前没有接触过这些事情的人来说,它确实是革命性的。在进步主义处于教育正统地位的地方,回归基础的学校就代表了革新,反之亦然。

有些特许学校的创办人甚至不知道他们的革新在其他地方已经试验过。也有些学校坚持不懈地进行自己的试验,以至不能向别人学习,或者不能利用其他地方好的材料和经验。正如按照同样的菜单像饭店那样在家里烹饪一样,许多特许学校创办人仅仅满足于自己来做—即使食物是同样的。但是,特许学校满足了广大教师创造性的需要,为他们改变现状、追求变化提供了机会,这种机会为解决目前教育的困境、建立崭新的更加有效的教育系统提供了可能。正是这种对教育革新与教育改革的持续不断的追求,促进了并且维持着教育的发展,否则,教育就会陷于停顿状态。这是作为美国价值观的组成部分的创新精神在教育领域的体现。

2. 将竞争机制引进教育改革

允许一个以上的团体或组织来创办特许学校,这意味着什么呢?特许学校运动的核心观念之一就是要废除地方公立学校系统对于它们服务区域的学生所拥有的"垄断特权",把市场与竞争引进教育领域。

竞争绝对会改善公立学校吗?当然不是。以精英教育为特征的"磁石学校"(Magnet School)代表了不公平的竞争。对于一所必须接受所有学生的普

225

通学校来说,与可以选择学生、有时生均经费比普通学校高得多的磁石学校竞争是极其困难的。在 1950 年代和 1960 年代期间,美国南方有些州采纳了择校计划,目的是使种族隔离的学校永远存在下去。"白人"学校经常接受比为黑人服务的学校更多的经费。

特许学校运动有什么不同呢? 首先,当前不允许特许学校举行入学测验,不允许选择学生。其次,人们期望特许学校负责提高成绩,而生均费用与其他公立学校一样,即在教育成本不变的条件下提高教育质量,增加教育效益。美国社会普遍相信,学生和家长对特许学校的选择会促进公立学校系统内健康的公平竞争,这种竞争将大大改善教育服务,促进教育质量的提高。

为了保证学生及其家长能够正确地选择学校,确保公立学校之间的公平竞争,克林顿政府采取了两个措施。其一,建立学校报告卡制度。这要求州与学区定期出版每所学校的报告卡并且网络化,以便家长便捷地在学区、州、全国范围内对学校进行比较。其二,建立教学效能考核系统。这要求制定明确的标准来评价学校的得失。对于不能达到标准的学校,州与学区可以用加强技术支持、指导、重组失败的学校或创办新的特许学校等措施进行干预。对于那些创造了良好的学习气氛、能够帮助学生积极学习的具有进取精神的校长和教师,学区要提供支持并且给予奖励,而对于那些不合格的校长和教师则要予以解聘,以确保学校的教学效能。

3. 在教育管理上,权力上移与下放并进

美国教育行政管理的权力集中在学区手中,造成学校职责不明确,导致了没有人对学校的教育质量负责的状况。特许学校则要改变这种状况,自己享有决策的权力,并且对这些决策所产生的后果承担责任。这意味着取消对学校的管制,使它们不受官僚的控制和微观管理。它意味着允许学校、教育者和家长在决定诸如教学工作量和方法、人员选择和报酬、资源配置、日程安排等方面具有选择的自由和更多的自主权。只要学生达到高标准,消费者满意,就应该允许一所学校的员工按照自己的设想来工作。

事实上,每所特许学校都是比较小的——甚至是私人的地方,在这里每个人都知道其他人的名字,熟悉其他人的脸。即使比较大的特许学校也常常组织起来,鼓励面对面地接触。而且,这些学校具有明确而突出的教育使命——达到合同的标准。

对于亲密关系和教育使命的重视也加强了特许学校教师共同的归属感、安全感和生活的意义。特许学校看上去不象"管理",也不按照"管理"行动,但是确实比个人或家庭大。在这个意义上,它们符合"协商"机构的经典定义。事实上,它们是当代分析家称为"公民社会"的典型。它们是自愿的组织,不是强迫的,也不是垄断的。它们坚定地依赖于它们的社区,而不是官僚机构创办的学校。它们把权力从官僚机构转移到学校自身,最终转移到担负责任的个人——教育者、家长和学生。

在教育行政权力下放的同时,为了国家利益,美国进一步强化了对于基础教育的宏观控制,以确保教育质量和国际竞争能力。这表现为试图建立全国教育目标与课程标准,试图逐步扩大政府对于学校教育的影响力和对于教育质量的控制权。事实上,特许学校在美国能够如此迅速地得到发展,就在于它们接受这些标准,因此得到了联邦政府的积极倡导与大力支持。

4. 教育改革以消费者为导向

特许学校产生于满足现在未能实现的教育需求的压力。它们是对常规学校系统(不论什么原因)不能令人满意的挫折、要求和梦想的反应。在这个意义上,它们是消费者导向的,其消费者包括家长、选举人、纳税人、被选举的官员、雇员以及其他团体的代表。这种倾向性与传统的公共教育相反,传统公共教育是生产者导向的,倾向于更多地考虑雇主的利益而不是消费者的利益。

特许学校则是把权力从生产者手中转移到消费者手中,从专家身上转移到外行身上。这种重新定位对于特许学校的变革潜能来说是根本性的。它能够导致新形式的管理和控制,导致许多不同的组织模式,导致更加宽泛的课程策略。

特许学校受到那些选择了这样的学校并且相信其所选择学校使命的人的欢迎。调查表明,学生、家长和教师通常对他们所选择的特许学校感到满意。保持客户和委托人的满意是大多数成功机构的特征,但是美国常规的公立学校并不总是这样。认识到消费者是主要的利益相关人,这可能是特许学校改革最重要的出发点,也是美国基础教育改革的主要趋势之一。

5. 建立多样化的教育系统

这种消费者主导的学校系统创造了多样性,增加了选择机会。特许学校是以坚信客户的需要和偏好存在差异为开端的。创办这样的学校是为了适合家庭和学生的不同需要,而不是为了适合公立学校系统的规划者、州和地方法规或工会合同的需要。家庭和教师自由地选择最能够满足他们需要的学校。虽然这种多样性长期以来一直是美国学校的一部分——如可选择学校、磁石学校等等。但是它还没有成为美国学校的核心原理,直到特许学校出现,多样性才明确地成为新式美国学校的主导特征。

特许学校可以自由地与众不同,这使它能够更好地适应美国家庭和社区生活的不断变化,能够更好地把几十年以来的教育研究成果融入有效的组织和教学安排之中。美国是一个移民社会,文化具有多样性,以至不能期望一种学校模式能够适合每一个人的需要。而特许学校对于那些现在还没有选择权的低收入和少数民族的家长特别具有吸引力。此外,有资料表明,这些选择权正在吸引着那些寻求私立学校教育或在家庭中进行学校教育的家长,连同已经辍学的年轻人一起重新回到公立学校。即使当一所特许学校主要招收中产阶级的学生,想得到它的也主要是那些有孩子在传统公立学校中不成功的家庭。

为什么创办这些学校呢? 对特许学校的一项联邦研究清楚地说明了这个问题。当问及创办人导致他们创办特许学校的最重要原因是什么时,三个最经常的回答是“为了实现教育梦想”,“为了拥有自主权”,“为了向特殊的(学生)人口提供服务”。但是,新建的特许学校和由公立学校转变成的特许学校强调不同的理由:2/3 的新建特许学校的创办人把实现“教育梦想”作为创办学校的最重要的理由,而由公立学校转变而成的特许学校的创办人中有一半的人把“自治”作为最重要的理由。

为什么家长和教师选择特许学校? 这项美国联邦的研究同样有助于回答这个问题。简单地说,家长和教师选择特许学校主要是出于教育上的原因:高学术标准、小规模班级、对教学的重视、贴近他们自己的教育哲学以及创新的教育方法。

6. 建立对结果负责的教育系统

强调结果意味着管理和监控特许学校的人很少可能提出“我们花费了多

少?"这样的问题,而更可能是"我们的孩子在学习什么,他们学得怎样"这类的问题。这正是美国教育政策制定者、家长和重新组织的学校委员会对新式美国学校所突出强调的问题。特许学校重视儿童学习什么和学得如何,而不强调遵从制度和程序。为了对结果承担责任,特许学校需要建立明确的、期望学生了解他们能做什么的学术标准,建立清晰的可接受的掌握水平的成绩标准,以及评价这些标准是否达到的方法。最后,必须为学生、教育工作者和其他成年人建立明确的奖励和反馈制度。

标准、测验和结果是"新式美国学校"所承担的责任的核心。特许学校是这种途径效力的一个有力的证明:如果它们没有产生所承诺的结果,它们就会被关闭(或者它们的特许状就得不到续签)。当然也可以这样来说明:如果它们不是一个令人满意的学习或工作的地方,在这些特许学校上学或工作的人就可以离弃它们。把标准、测验和结果三个方面的责任与市场机制直接联系在一起,为美国传统的公立学校指明了充满希望的前景。

参考文献:

[1] 陈玉棍.90 年代美国的基础教育[C]. 广西师范大学出版社,1998(2).

[2] 马健生,孟雅君.90 年代美国教育改革的一个新动向——特许学校运动述评[J]. 比较教育研究,1997(6).

[3] Joe Nathan. Heat and Light in the Charter School Movement[M]. Phi Delta Kappan,1998.

[4] Bruno V Manno. How Charter Schools Are Different[M]·Phi Delta Kappan,1998.

[5] A Study of Charter Schools:First-Year Report[Z]. Washington D. C.:Office of Educational Research and Improvement,1997.

(本文发表于《比较教育研究》2000 年 12 期。作者马健生,时属单位为辽宁师范大学教育系)

三、特许学校:美国公立学校制度变革的新途径

特许学校(charter school)作为美国 20 世纪八九十年代以来教育改革的一种实践模式,涉及到在市场化改革理念下,政府如何规划公立学校教育体系,如何体现教育发展中的公平与效率,如何有效使用教育资源,公立学校制度如何变革才能引入竞争与发展活力,公立学校如何变革才能提升教育质量等诸多教育发展及改革问题。本文在对特许学校的产生、发展及特点进行介绍和研究的基础上,将进一步从学校制度变革的视角深入分析和阐释特许学校对美国公立学校制度的重大影响。

(一) 特许学校:美国公立学校的新模式

1. 特许学校的定义

美国的特许学校是指在政府的相关法律许可下,将公立学校的办学权授予一些社会团体、企业、教育团体、家长团体、教师、个人或其他机构,由这些非政府组织或个人来开办经营的公立学校。[1]一般地,特许学校的设立需由社会团体、教师或其他机构与人员拟定具体的学校办学目标与发展计划,向学区教育委员会或其它机构提出申请,并经由相关机构审查核准之后,才能得到公立学校的特许办学权。在美国,各州具体执行该审查职责的机构不一样,如在马萨诸塞州,州教育厅是惟一的特许学校授权机构,而在怀俄明州则是将特许学校审核权下放给地方学区教育委员会。由于依然是公立学校,因此,特许学校与其它公立学校同样享受政府的经费支持。

2. 特许学校的实践

美国特许学校在教育实践中的具体实施，最初始于教育立法方面的工作。1991 年明尼苏达州率先通过了特许学校法。1995 年，美国 19 个州及哥伦比亚特区通过了特许学校法。到 1999 年，美国 50 个州中，36 个州和哥伦比亚特区及波多黎各通过了特许学校法。[2] 可以说，特许学校一出现便得到了上至联邦政府、州政府(包括行政管理人员和立法者)，下至社会团体、学生家长的广泛支持。

特许学校得到政府及社会广泛支持的原因是多方面的，其中主要有：[3]

① 它增加了为学生提供高质量教育的机会；② 它为父母及学生提供了公立学校范围内的择校机会；③ 它在公立学校制度内提供了一种"学业问责制度"(a system of accountability for result)；④ 它鼓励教师的创新与改革；⑤ 它创造了新的教师就业机会；⑥ 它鼓励社区及家长对学校事务的广泛参与；⑦ 它为广泛地提高公立学校质量提供了一种手段(leverage)。

在美国特许学校获得州立法许可的同时，联邦政府也为促进特许学校的发展作出了努力。克林顿政府时期，支持特许学校是其基础教育改革政策的一个重要内容。联邦政府通过 Public Charter Schools Program 为各州提供特许学校发展的专项经费。同时，通过 Dissemination Grants 为成功的特许学校提供奖励性经费。另外，联邦政府的其他项目经费(如，Title I)也在一些项目中划拨给特许学校。据资料统计：1995 年，克林顿政府拨款 600 万美元用来帮助创办特许学校；1997 年该项拨款增至 5 100 万美元；1998 年为 8 000 万美元；1999 年则高达 1 亿美元。[4] 1999 年美国教育部还召开了全国"特许学校会议"专门研讨特许学校的相关问题。布什政府对特许学校的改革也相当支持。2001 年 10 月，美国教育部公布，联邦政府将拨款 1.82 亿美元用于建立、发展和扩大特许学校。加利福尼亚、德克萨斯、印第安纳等 15 个州将获得三年资助的首期经费 8 900 万美元，其中，亚利桑那的 65 所特许学校将直接从教育部得到 1 000 万美元的经费；另外哥伦比亚特区和波多黎各及 20 个州将获得 8 600 万美元的特许学校经费，用于特许学校的计划和项目设计、学生学业测评、教师的专业发展以及课程、设备等方面;同时,联邦政府还将花费 700 多万美元支持一项国家计划(Field-Initiated),用于研究和收集特许学校的有关数据,开展教学辅助、教学评估等方面的经验分享工作。[5]

自 1992 年明尼苏达第一所特许学校建立以来,1994 年美国的特许学校已发展为 134 所;1996 年特许学校为 252 所;2000 年特许学校已达 1 790 所,其中亚利桑那最多,为 350 所;其次是加利福尼亚,239 所;密执安,175 所。2001 年 10 月美国教育部的最新统计表明,全国的特许学校已增至 2 100 所。根据预测,在随后的几年里,特许学校还将保持快速增长的势头,到 2003 年,可能有 5 000 所特许学校,注册学生将达 150 万人。[6]

为了更具体深入地了解特许学校的情况,下面详细介绍在美国特许学校运动中引人注目的韦特公司。韦特公司是田纳西州的一家媒体企业公司。它涉足教育最初是通过"第一频道"节目。所谓"第一频道"节目,就是韦特公司免费为一些中学提供计算机及电视网络设备,但要求接受学校每天组织学生观看 12 分钟的特别节目。这些特别节目是韦特公司专门为学生制作的综合性节目,包括新闻、学科知识及娱乐等,但节目穿插有 2 分钟让该公司赢利的商业广告。"第一频道"出现以来受到美国全国性团体的普遍反对。但一些地方团体表示赞同。目前,在美国有 40% 的中学(包括公立、私立)与韦特公司签有合约,其中公立学校有 400 所。[7]

继"第一频道"之后,韦特公司又提出了更具争议的一项"爱迪生计划"(Edison Project)。该计划打算到 1996 年由韦特公司创立 200 所小学和中学,供十万名学生就读,到 2010 年创立 1 000 所这样的学校。这些学校采用"连锁经营"的方式,并明确宣称要以获取利润为目的:公司负责人韦特在阐发他的构想时说:"这是一项企业,它必须依据与其他任何企业相同的原则来经营。我们必须赚钱"。[8]他为连锁学校制定的规划是:学年有 11 个月,每天"营业"12 个小时以配合家长不同的上班时间,学费每年 5 500 美元。入学没有任何其他条件,只要付足学费。韦特称他的"爱迪生计划是要在仅有的选择之外,提供更多的选择"。为实施他的计划,韦特专门聘请了耶鲁大学校长诺·史密斯教授任其计划的总裁。史密斯教授在筹款方面富有经验,他表示将努力改变"学术事业不该赚钱的观念"。

1993 年,该公司的"爱迪生计划"开始在马萨诸塞州付诸实践。韦特公司与州政府鉴定了三所学校的经营合约。根据合约,州政府和地方政府将为这三所学校的每名学生补助 4 000～6 000 美元的拨款,韦特公司同时为每所学校投进 200 万美元用于学校的征地和建筑工程。这三所学校已于 1995 年 8 月正式开学,最初仅为小学,在五年的合约期内它将逐步增加年级。

3. 特许学校的特点

与一般的公立学校相比,特许学校具有以下四个特点:

(1)与政府的契约关系。与一般公立学校与政府的行政关系不同,特许学校与政府的关系是一种契约关系。Charter 一词是从 Contract"合同"一词演义而来。早在 60、70 年代,在美国就出现了"教学合同"(Performance Contracting)。这种合同一般是由教育委员会和教育企业签订,主要是把学习不好的学生的辅导工作委托给教育企业,用合同的方式把双方责任和利益明确下来。如果教育企业把学生的学力提高到一定水平,那么教育委员会根据合同支付报酬。根据美国全国教育协会报告书的资料,1970 年签订这种合同的学区教育委员,全国达 150 个。[9]美国 80、90 年代的特许学校则进一步拓展与深化了与政府之间的契约关系。每所特许学校都要与政府机构协商并签订一份合同(一般年限为 3～5 年),学校必须在契约规定的期限内保证达到双方所认可的办学目标与发展计划及合约内容,其中提高教育质量,实施特色教育,提升学生的学业成绩是契约的主要内容。特许学校每年还须提交年度报告以备审查。如果有违反法律的行为,或严重违反特许合同中的相关条例及则政管理制度的其它行为,特许学校的办学权就将予以取消。另外,合同期满后,特许学校与政府机构需要重新签订合同。

(2)特许学校是"自治"的公立学校。与一般公立学校相比,特许学校具有相当的自治权。特许学校除遵从有关学校安全、学生健康等一般办学所必须遵守的基本法律规定外,特许学校不受州及当地学区对一般公立学校管理条款的约束;而且,在学校经营、人事、课程及财政方面享有相当的自主权。例如,教育选择公司与威斯康星州首府哈特福德市(Hortford)政府签订的五年特许合同就规定:教育选择公司基本上将控制 32 所学校的 17 110 万美元的预算,以及 2 900 万美元的州及联邦拨款。它将支付一切账单、购买仪器,并在工会谈判和学校人员聘任方面,享有决定权。该公司还设计自己的课程和教学方法,以形成自己的特色。如采用先进的电脑计算机技术进行学校管理,鼓励学生家长的积极参与,为每个学生提供制定自己学习目标的机会,注重个别差异,允许学校以自己的水平决定学习的进度,实行分组教学等。[10]

(3) 特许学校是一种"选择性"的公立学校。特许学校的这种"选择性"主要体现为招生政策及生源来源方式不同于一般公立学校的"行政规定性"。美国一般公立学校的招生政策是学区内的"就近入学",即由政府按照学生所居住学区指定学生去规定的学校上学,在上哪一些公立学校的问题上,学生及家长没有选择权。而特许学校的招生政策是"家长自由选择",即没有学生会被行政机构指定去读哪一些特许学校,特许学校的学生来源全由学生家庭的自由选择所决定。而且,这种选择性主要是指学生及家长方面,而非学校。因为,特许学校与一般公立学校一样,都必须是无宗教性质的;同时还必须遵守美国宪法的规定,不得对学生的种族、性别、能力等有所歧视。

(4) 特许学校是"小规模"的公立学校。美国教育部对特许学校的研究报告显示:与一般公立学校相比,特许学校大部分是新开设的学校,其规模远小于一般的公立学校,60％的特许学校其学生数少于 200,平均为 132 名,而公立学校则平均为 400 多名。这其中最主要的原因是许多特许学校都面临经费的问题,其中启动资金不足极其突出。1999 年,美国教育部关于特许学校的第三次年度报告调研了特许学校的发展问题,发现 54.7％的特许学校在"设立基金"方面感到非常困难,41.4％的特许学校认为其"经营基金"非常困难。[11]

(二) 特许学校:美国公立学校制度的变革

特许学校作为美国公立学校改革的一种举措,其目的是从引入多元办学主体入手来消除公立学校原有体系的垄断。正如克林顿政府具体负责"特许学校计划"(Charter School Plan)的负责人特德·柯尔德瑞(Tel Kolderie)所言:"学校学区对公立学校的独家垄断是国家学校问题的核心",[12]应该对此予以改变。在他领导的民主管理理事会(Democratic Leadership Council-DLC)详细拟定的"特许学校计划"中,教师、企业和其他社区组织都可以申请开办特许学校。的确,办学主体的"多元化"和办学权从政府手中的部分"流失",使美国几百年来公立学校制度的结构发生了一些"根本性"的变化。由于特许学校作为一种教改政策,体现的是市场理念之下的公共教育资源配置及其使用模式,特许学校是"公立学校的私营化"便成为一种最普通的分析结论。有人担心这种"私营化"教改的举措,将破坏公立学校基础,反对者曾言辞激烈地指出:"如此这样,我们留给孩子们的将一无所有"。[13]那么,特许学校的出现究竟会不会导致美国公立学校制度的破坏或公共性的失范呢?

笔者认为,尽管特许学校是一种"公立学校私营化"的模式,但其实质是学校教育的所有权和办学权、经营权分离后的一种学校办学权和经营权的"多样化"。特许学校的性质仍是公立学校,所以特许学校的产生是美国公立学校制度自身的一种重建与变迁,而非公共性的"失范"。这种变迁使美国公立学校制度从传统的"公立学校的国家垄断制度"演变为新型的"公立学校的国家与社会共建制度"。在这个制度变化的背后,"社会"的加入体现了教育与国家、教育与社会和教育与政府等诸方面关系在教育发展中的变化。

1. 传统公立学校与美国"公立学校的国家垄断制度"

与其他资本主义国家现代公立学校制度的建立一样,当贺拉斯·曼倡导建立由公共税款来支持美国的公立学校制度时,建立在自由、平等、博爱、人权等资产阶级启蒙思想理念上的"教育民主"、"教育平等"也成为美国现代公立教育制度产生的理念基础。在美国,向所有人开放的教育机会均等的理想,导致了下自早期教育、上至中等教育的免费的公共教育体系的发展。美国公立学校的设计师们曾有一个大胆的关于教育新实验的设想。公立学校是用以传播共和国价值标准的论坛,它也是动员各种根本不同的社会文化团体成为政治上紧密地聚合在一起的统一体的机构。公共教育预定要完成美国社会在促进机会平等、社会流动和经济公平方面平等主义的目标。几百年来,教育应当是国家的职责一直是美国政府及民众的普遍共识。弗里德曼曾在他的著作《资本主义与自由》中分析了这种思想,他指出:"在公立学校制度的建立中,人们逐渐接受了这样一种看法,即认为学校应当国有化,认为如果没有国有化,则不可能提供被认为是对社会稳定所必要的共同的价值标准……把这个观点推到极端,它不但要求政府开办学校,还要求政府管理学校,甚至还要求政府来安排人们进哪所学校"。[14]可以认为美国传统的公立学校制度的公共性其实是与其国家垄断性紧密相联的。而且,正是这种国家垄断性,才使美国的公立学校才成为一种受到各种保护的垄断集团。尤其是第二次世界大战之后,凯恩斯等人进一步论证了国家在保障教育、公共卫生、住房等方面应发挥积极作用。美国也大力推行为减少贫富差距、救济失业的福利政策,在公共教育方面则实行了更为普遍的免费教育,从学费到午餐费,从学校公共交通车到学生校服,政府承担了越来越多的责任,公立学校俨然成为美国政府包揽一切的一项"官僚垄断事业"。公立学校制度的国家垄断性也得到了更加鲜明的体现。

2. 新型特许学校与美国"公立学校的国家与社会共建制度"

虽然公立学校的建立与发展为实现教育的平等和公平提供了充分的可能,然而自 20 世纪 70 年代以来,美国以及其他西方国家的公立学校制度"公共事业"所隐含的"教育平等"和"机会均等"等价值目标的含义有了新时代的阐释:那就是教育平等和机会均等并不仅仅是指接受教育的权利和机会,而且还包括教育的"选择权"和"参与权"。人们对公立学校制度也开始了越来越多的批评与质疑,尤其是在公共教育的国家垄断性上,思想家、政治家开始从教育制度本身寻找变革的途径和方法。

美国新自由主义经济学派的代表人物弗里德曼对"政府在教育中的作用"进行了分析,指出公共教育的弊端在于政府的垄断。他非常明确地提出,在公立学校的官僚行政体制中缺乏市场竞争的机制。他认为,政府应该资助教育和承担教育的国家责任,但并不一定要由政府直接提供这种教育。他主张可以借鉴医疗、食品补贴等其它公共服务的形式,使用"教育凭证"使"公立学校私营化",即允许政府之外的个人、团体或企业来开办公立学校,打破公立学校制度的国家垄断性。1986年,他还亲自参加了在加利福尼亚举行的关于"公共教育私营化"的公开辩论,主张要用市场方法来改进公共教育。

在实际的国家政策中,这种缩小政府权力、扩大市场作用的观念也得到了采用,并作为美国新联邦主义的政治主张影响着政府的角色定位与政策导向。在公共教育的改革方面,分权与放权一直是美国政府近几十年的选择。自70年代起,美国的公立学校便一直处于一种"重建"之中。可选择性学校、磁石学校、教育凭证与特许学校一起被视为是不同程度的市场因素或曰"市场力量"的体现。美国公立学校的这种变化与重建使美国的公立学校教育从一种"强制"的教育转变为一种"可选择"的教育。同时,公共教育权的分权与下放又使政府之外的社会、家长、团体、企业与个人更广泛地参与公共教育的整个过程,从办学直至学校的管理。这一改革过程,其实就是美国传统公立学校制度在公立学校办学模式多样化的重建中开始丢弃公共教育国家垄断性的过程。随着特许学校的产生与迅速发展,传统公立学校与特许学校这种新型的公立学校共同形成了今日美国公立教育的新特性,即公立教育的公共性与国家垄断性脱离,除国家性外,公立教育的公共性也开始与社会性紧密结合。美国的公立学校制度也从传统的"公立学校的国家垄断制度"开始向新型的"公立学校的国家与社会共建制度"转变。这种变化正是市场与政府共同作用于公共教育的一种平衡和调整。与传统的公立学校制度相比,这一新制度的特点是:第一,它是一种开放性的学校制度。只要依法申请、合乎规定,任何团体、人员都可以办学。第二,它是一种竞争性的学校制度。特许学校只有拥有高质量的教育,才能获得社会及政府的认可,才能获得生存与发展。特别是政府拥有对特许学校去留的决定权。第三,它是一种参与性的学校制度。在这种制度中,民众可以通过多种渠道参与教育决策过程,这样可以使教育与现实需求更加切合。

参考文献:

[1] Buddy, Ray. The Evolution of the Charter Concept [J]. Phi Delta

Kappan,1996,78(1):72-73.

[2][3][4] http://www. uscharterschools. org [EB/OL].

[5][6] http://www. edweek. org [EB/OL].

[7][13] (台)教育资料文摘[J]. 1994(2):157.

[8] (美)福布斯[J]. 1995(10). 转引自参考消息[N]. 1995-10-18.

[9] 纪晓林. 美国公共教育的管理和政策[M]. 北京师范大学出版社,
1997.

[10] Education USA [N]. 1992-6-22.

[11] U. S. Department of Education. The State of Charter Schools Third
Year Report [EB/OL]. http://www. ed. gov/pubs/charter 3rdyear

[12] Education USA [N]. 1992. 11,23.

[14] (美)米尔顿·弗里德曼. 资本主义与自由[M]. 商务印书馆,1956:83.

(本文发表于《比较教育研究》2002 年 5 期。作者曾晓洁,时属单位为北京
师范大学国际与比较教育研究所;作者蒋曦,时属单位为西昌师范专科学校)

四、试论美国特许学校的新型绩效责任制度

一般而言,绩效责任制更多的是一种过程。在这个过程中,个人和组织有责任把完成的工作定期向某个团体报告,而这个团体具有足够的权利和威望,具有实施奖惩权。对于教育系统而言,所有的教育单位都要履行一定形式的责任制:有的根据直接的、契约性的、或必须遵守的国家法规执行;有的则根据具有教育决策权的团体制订的的间接性法规来执行。[1]特许学校就是以契约的形式确立这种责任,而传统公立学校更多的是以法规为依据。

责任制牵涉到许多不同的领域,如外部财政控制、教育机构决策和学校内外部责任关系等问题。比较狭义的、教育界专用的责任制是对学校财务和学生成绩等方面实行外部监控,要求学校承担一定的责任。一般来说,教育系统中的绩效责任制主要是适用于教育系统的职业操作控制手段,使某种教育机构能更好地运用其条件,以实现那些公众认可的目标。对于特许学校而言,目标和责任是由签订特许状的双方共同认定的。同时,明确的责任也给特许学校带来了相当大的自主权。而在传统公立的教育体系中,教师要向管理一个地区或本的州教育行政部门或其代表机构负责。实施这种形式的责任制时,通常由国家或者地区的视导员对教师的工作进行个别监察和评定。

美国传统公立教育中的绩效责任制主要存在以下问题:① 行政管理当局或责任系统本身含糊不清、工作不力、效率低下,或责任制的条款有重叠或相互矛盾的要求。② 相关利益群体不再接受传统公立学校中现存的责任关系,要求对它重新定义。例如,家长要求学校应对提高学生成绩和校园安全度负有更大的责任。③ 学校科层管理责任制(bureucratic accountability)对责任的规

定、发布、解释和修订都以上级的政令、法律、规定为依据,这些文件常常是错综复杂的,令学校无法判定究竟何去何从。④ 教育中的绩效责任制没有做到责任的合理分配,反而加深了教师与行政管理人员之间的矛盾。[2]

(一) 蓬勃发展的美国特许学校运动

对于特许学校,存在各种不同的言论。支持者将特许学校看作是为家长、教师和教育改革者所创造的心的公立教育选择机会;反对者则将其视作脱离公立教育制度的分离途径。

特许学校是由政府机构授权的半独立公立学校,在正规公立学校管理框架之外运行。(按照美国教育部的资料,在 2000～2001 年有 1 735 所特许学校。截止到 2000 年春,教育改革中心估计有 43 000 名学生在这些学校就读。)[3]他们得到生均教育经费作为学校的收入,并自主决定如何使用这些经费——雇佣教师的人数,购买何种教材和资料,所提供课外活动的类型等等。特许学校也是一种择校形式,家长可以自由选择是否让孩子入学。特许学校领导者直接向教师提供工作,教师可自主决定是否接受在学校工作。作为对这些自主权的回报,特许学校在其绩效合同中列出学生成绩、学校特色目标、财政透明度和法规一致性等方面的责任,没能实现预期目标的学校,其特许状将被取消。特许状的期限一般为五年,只有在证明了其在期限内实现了所有预定目标时,才可以续约。

从理论上讲,特许学校避免了 20 世纪晚期以来公立教育的一些弊端。它们不处于中央集权的官僚体系之下,自主招生,学生入学自愿而非强迫;它们无须对学区政策每天发生的变化做出反映;它们拥有独立经费预算,可以自由决定如何在教师薪金、购买资料和技术支持等方面分配这些经费;它们雇佣适合学校特色和需要的教师,而不是随机接受谋求工作的那些缺乏经验的教师。而且,特许学校是公立的——向所有人开放,遵循公正和平等的原则,需要教授与传统公立学校同样的基础课程,也要达到同样的质量标准。

实际上,有特许学校立法的 36 个州和哥伦比亚特区都要求特许学校必须是公立的——非排他性的,非宗教性的,遵从国民权利法,须有显著的绩效,这些都成为特许学校创建的条件。立法机构也认识到它们正在采用构建一种新型公共实体,但尚有许多理论和现实问题悬而未决。[4]这些问题大多都涉及到特许学校的绩效责任(这里的绩效责任是指两个人或组织之间的关系,一方承认完成某项职能任务的职责,另一方预期任务将能完成。按照美国传统(Hertage)大词典,负责就是"承担,担保"。因此,当学校向另一实体承诺了完成预定目标,它就负有责任):如何测量学校的绩效;如何认定特许学校是失败的,或者,当学校第一个特许状到期时,如何要求它们更新特许状;对那些低成就学校采取些什么措施?……各州的特许学校法在某种程度上对这些问题的回答做出了回答,但是若想找到合适的解决方案,还需要州和地方教育机构、特许学校开办者、教师、家长及学生付出艰苦的努力。

(二)特许学校的新型绩效责任

认识特许学校,首先要明确它是公立学校,有着新型的"交易"关系:它不必受外部各种控制的限制,作为回报,它须接受严格的绩效责任。特许学校会获得很多行动上的自由,但学校的豁免权各州有所不同。同样,特许学校在名义上是负责的,但是他们向谁负责,负责些什么乃至最后的结果,根据地域和时间的不同也是有差异的。

1. 从立法的角度看

根据法律,特许学校向政府机构承诺忠实履行特许状,提高学生成绩。有些是向地方学校委员会负责,但大多还是向州专门机构、大学和学院、州其他组织及州教育厅负责的。同时,特许学校也要向家长和教师承诺兑现他们在教学、学校环境、学生学习等方面的诺言,以保持他们对特许学校的信心。因此,相关政府批准机构(authorizors)、教师和家长都成为了特许学校绩效责任的对象。

而有代表性的、强硬的《特许学校法》为使学校负责设定了四项一般性标准:① 学生成绩:学校必须能使学生在州和学区的测验或其他评价中获得令人满意的成绩;② 学校特色目标:学校必须证明它们成功地实现了特许状中列出的学习目标及其他方面;③ 财政透明度:学校对公共经费使用负责;④ 与法规的一致性:学校必须遵守有关法律(如公共健康和国民权利法),这些对特许学校并不是豁免的。

特许学校法真正明确了学校负责的对象和内容,立法者希望借此可以提高学校的教育质量。特许学校支持者并不认为传统公立学校不向任何人负责,相反,它们需要负责的外部团体太多了,过多的限制使得学校员工不能集中精力提供高质量的教学。他们希望特许学校法可以减少那些有可能偏离学校教学目标的过分要求。当然,教学、自我评估、适应学生个别需要这些工作,对于特许学校还是必要的。

特许学校法旨在使学校能够以两种方式实现其绩效。第一,法律赋权于州或地方机构根据学校实际情况,与接受经费的学校签订不同的合同。如果他们不能按照承诺管理学校的话,这些机构就有权收回特许状。第二,特许学校法允许家长和教师选择是否成为某个学校的成员。显然,教师、家长和授权机构分别构成了特许学校内外部绩效责任的主要对象。外部压力、主体选择使得学校处于市场竞争之中,学校必须时刻关注其办学绩效。授权机构随时可以取消低绩效学校的特许状,寻求其他的教育提供者;学校没有学生或任课教师的话,也无法继续存在下去。

尽管各州特许学校法各不相同,但立法精神都是要在公共教育的重要相关机构中塑造新型角色和关系。特许学校法允许:管理者同广泛的、有资格的团体合作开办学校,将那些表现不好的合同签订者转换到有前途的创建者手中;家长或监护人择校,也可参与创建和运作公立学校;专业、社区团体,包括教师和独立的私人团体,皆可开办学校;教师可以选择他们工作的学校,学校也可以从更广泛定义的合格群体中选择教师。

2. 从"特许"的角度看

"特许"也在公立教育中引入了新角色,独立非盈利组织可以作为董事会(the governing boards),签订创立学校的合同。这些董事会,实际上是州政治职能机构和负责学校日常运作的管理者之间的中介,作用与公司中的董事会相当。这些独立的董事会遵守政府有关学生机会均等和认真管理经费的原则,通过与授权机构签订合同,接受开办学校的职责,从而承担起公众的使命。然而,学校一级的董事会仍然是独立实体,有责任保证学校财政平稳和按照学生需要调整学校人员和课程的自由。每个学校董事会也会和家长签订私人合同,保证儿童在学校的学习和生活。

"特许"限制了州立法机关和地方学校委员会的作用。理论上讲,这些机构不会直接控制特许学校,学校在经费、人事、学生入学、课程和服务上获得了自主权。通过"特许"(chartering),而不是以行政政令为手段,使得授权机构对各个学校的绩效负责,不允许那些低绩效的学校,仅总体看来运作还算正常就任其存在。"特许"要求每所特许学校切实实现其自主制定的教学计划,从而保持教师和家长的信心。特许学校再也不能以此为由了:"我们已经照上级要求的做了,如果还是没有转机的话,那也不是我们的错了。"

"特许"也潜在地向新思想、新民众和新投资开放了公立教育。公共官员与学校创建者、管理者、教师以及家长等各种私人团体签订合同,履行不同的责任,从而取代了贴有封条的教育官僚制度。特许是否能使得学校更好、教育机会更为平等、有过良好教育的群体增多、教师更加乐业和更有能力、家长更加满意、学生更加聪明,这些都要拭目以待。

(三)绩效责任上的差异:特许学校和传统公立学校

特许学校理论所创造的绩效责任制与传统公立学校所采取的措施有着很人的不同,也有别于基于标准的教育改革运动业已建立起来的绩效责任。

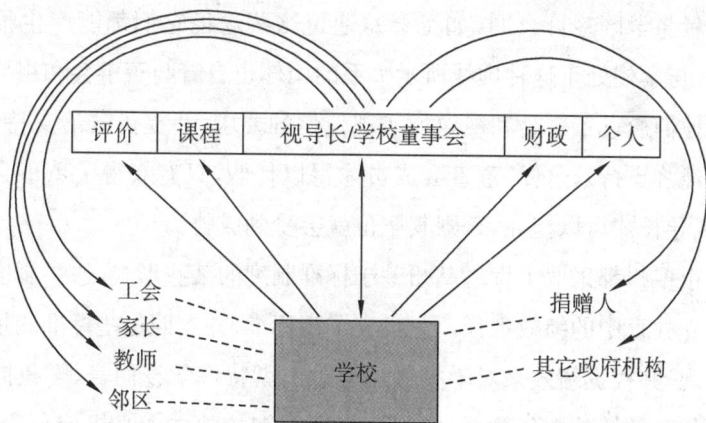

图1　传统公立教育中的学校绩效责任模型①

图1展示了传统公立学校中的绩效责任关系。绩效责任本身就是千头万绪,使得这个表看起来很复杂。学校必须对学校董事会、视导长和许多独立的

---

① 资料来源:《美国特许学校绩效责任研究》。

政府办公单位负责。由于各个学校行动自由较少,其他参与者也是通过学校董事会和政府办公室来间接与学校发生联系的。具体而言,图 1 列举了三种不同的绩效责任关系。

首先,粗箭头(学校、董事会和视导长之间)意味着稳固的相互责任关系。学校依靠视导长和董事会的支持,学校的绩效也可以反映这种支持的力度。其次,细线(例如,学校与各种政府办公单位)代表一种对学校很重要但是对于其他团体却不是很主要的关系。政府行政单位可以对学校提出要求,但是因为这些单位的经费和生存都是根据州的法令和联邦拨款而获得的,所以它们对于学校绩效所采取的行动和干涉并不会影响到其生存。最后,虚线表示微弱的绩效责任联系,处于这种关系中的双方有着真实但却相对并不重要的利害关系。因此,每个家庭或邻区都要求学校做出变革,但是校方拥有的行动自由较少,他们经常声称政府机构不允许他们采取措施。这些团体又会通过向视导长和学校董事会成员施加压力来间接达到他们的目的,因为视导长和董事会需要他们的支持。工会和其他政府机构也会直接面对学校工作人员,但是学校的反应很大程度上还是受各种规定的限制。这些团体会制定约束整个学区的规定(如政府机构),或者与学区签订合同(如工会),通过这些途径它们都能产生很大的影响。这样,与学校处于这种虚线所示关系的团体也有着与董事会和视导长那样的关系。他们通过董事会和视导长实现他们的要求,并提供政治支持(经常是指投票和经济支持),这样,董事会成员才得以任职,只有获得了董事会大多数的投票,视导长才可以担任,否则其职位就会受到威胁。

现在很多州都采取了肯塔基州基于标准制度的某些形式,这一制度试图简化传统公立教育中的绩效责任。它设立了高标准,并按照这些标准测量学校和学生的表现,并根据绩效来对学校做出奖惩。就特许学校而言,学校同学区有着直接而相互的绩效责任关系,它们不必向繁多的独立中心机构负责。然而,在这种制度改革中,传统公立学校需要间接的向家长、教师、工会、邻区和其他政府机构负责。

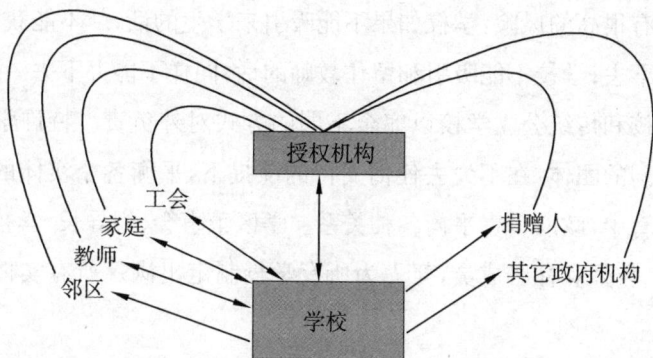

图2　特许学校绩效责任理论①

图2展示了大多数州特许学校所面临的绩效责任关系。此图也使用了与图1相同类型的符号。特许学校一般与它们的授权机构都有着很强的相互绩效责任关系，不管授权机构是学区委员会还是其他公共机构。这种关系在每个学校的特许状中已经明确定义，它们要以学生的学习成绩为重点。

不像传统的公立学校，特许学校与众多的类似政府办公室之类的机构没有任何的绩效责任关系。然而，特许学校有许多其他的直接绩效责任关系：对教师，虽然他们是学校雇佣来的，但是学校的的生存要依靠他们的表现；对家长，学校必须能吸引来家长，并使他们满意，但是学校也可以向他们提出一些要求；对工会，它们代表着学校的老师。

特许学校与其他政府机构也保持着直接的绩效责任关系（例如消防局、建筑监理和人权机构）。如图2所示，这些实体会通过向学校的授权机构提意见，让授权机构来介入学校的运作（这表明是在传统公立学校的环境中运行），从而对学校的产生了间接的影响。然而，由于这些机构总是会直接和特许学校发生关系，所以它们与授权机构的关系是用虚线表示出的。

一个简单的图表并不可能解释清楚对一所特许学校持续发展会有重要影响的各种直接绩效责任关系。如若学校不能提供它所承诺的服务，或者没能实现人们期待的学生成绩，它的授权机构就会取消其特许状。授权机构可以自由批准其他学校，所以倒闭学校的学生可以转到其他学校。特许学校其他的绩效

① 资料来源：《美国特许学校绩效责任研究》

责任关系也有很高的风险：学校如果不能吸引来学生的话，就不能获得经费，也就无法运作下去；学校不能吸引和留住教师的话，同样不能办下去。

特许学校和传统公立学校以完全不同的方式对外负责。特许学校直接负责于各种不同的团体，在不失去任何支持的前提下，平衡各个实体的需要。在传统公立教育中，政府负责平衡各种关系。学区董事会、视导长、学校管理都要听命于家长、教师和社区成员，努力为所有学校制定出满足所有实体需要的政策。

（四）从内到外：特许学校如何发展绩效责任

对学校的内外部绩效责任做出区分是很重要的。特许学校的外部绩效责任关系是指特许学校与提供其生存资源的各种实体的关系：管理机构（授予特许权）；家庭（带来了生源和公众基金）；教师（其选择决定了特许学校是否能实现其教学计划）；董事会成员（可以为学校提供专家咨询和政治支持）；捐助人（必须能填补特许学校获得经费与其实际运作费用之间的赤字）。特许学校内部绩效责任关系仅限于那些在学校内的工作，如教学、服务学生及教学课程的支持人员等。

由于有些实体既是内部的，又是外部的，这使得内外部绩效责任经常是变动的。例如，家长和教师可自由选择是否加入特许学校，这时，他们构成了学校的外部绩效责任。然而，一旦家长或教师选定了学校，愿意在教学或支持学生方面发挥自己的作用，那么他们就构成了学校内部绩效责任关系。在他们对学校进行选择的含义上，家长和教师永远是学校外部绩效责任的组成部分；而在他们为学校的教学课程和学生服务做出贡献时，他们又涉足了学校的内部绩效责任。

所有的学校都要有一些内部绩效责任。有些学校，有关人员自由处理他们的事务，却极少关心学生的成绩，这种学校就担负了很少的内部绩效责任。有些学校确保所有的人都能够在一起为了学生的利益而高效率的工作，具备了很高的绩效责任。从分析可以看出，特许学校由发展其内部绩效责任和压力所推动。

特许状给学校带来三种形式的压力，有利于学校担负更强烈的内部绩效责任,当然也给那些不能发展高绩效的学校带来麻烦。首先,家长认为特许学校能提供他们认为适当的教育,而选择了特许学校。尽管很少有家长会让孩子从特许学校里面退出来,但学校也会有压力须去兑现其诺言。其次,一旦新的教师和管理者接受了在特许学校中的职位,他们就会在理解学校目标和一定的专业工作条件的基础上开展工作。在学校不能按照预期开展工作时,他们就会有强大的动力去采取措施。总之,那些不能兑现其关于学校环境和课程计划的承诺,授权机构认为不可靠的学校,其生存就有了危机。最后,这种特许状给了学校人员录用权,使他们能雇用他们认为合适的人;也给了学校经费方面的自主权,使他们能够得到某些形式的建议和支持,聘请专业人员紧紧围绕学校使命和教学方法来设计。

在外界授权机构压力下,再加上内部人员和家长的通力合作,特许学校就一定会繁荣。特许学校经过初期任务的混乱后,会逐步发展成为不同于传统公立学校的组织:它们更加清晰、更加简单、隐藏的矛盾少,更注重教学。

纽曼(Newman)在其最近关于学校内部绩效责任的论著中指出,学校的外部绩效责任——学区委员会和其他外部支持者的要求和预期可能有时候与其内部绩效责任是不相容的。传统公立学校根据上级命令设计学校目标和模式,而对于特许学校来说,外部绩效责任可以推动内部绩效的发展。学校可以利用特许状赋予的权力在教学、人事、家长关系、经费使用等方面作出改革。许多转制学校将"特许"看作是一种改革的机会,形成自己的教育特色。

参考文献:

[1] 简明国际教育百科全书(教育管理)[M].教育科学出版社,1988.

[2] U. S. Department of Education & Office of Educational Research and Improvement(2001). A Study of Charter School Accountability NATIONAL CHARTER SCHOOL ACCOUNTABILITY STUDY [EB/OL]. http://www. ed. gov/pubs/chartacct.

[3] The Findings And Implications of Increased Flexibility And Accountability: A Evaluation Of Charter Schools in Los Angles Unified

School Strict [EB/OL]. http://www. wested. org/policy/pubs/full_text/xs_
pdf2.

[4] Charter Schools In The District Of Columbia：Improving Systems For
Accountability, Autonomy, And Competition [EB/OL]. http://www.
appleseeds. net/dc/charterText.

（本文发表于《比较教育研究》2003 年 6 期。作者傅松涛、王淑娟，时属单
位为河北大学教育科学学院）

五、美国特许学校:尝试把教育作为
真正的公共品

特许学校是美国 20 世纪 90 年代教育改革的一种尝试,倍受关注。这是一种新型的公立学校,主要由公共教育经费支持,由教师团体、社区组织、企业集团或教师个人中请开办并管理,在相当程度上独立于学区的领导和管理。[1]在市场化的改革理念下,公立学校打破了原有的模式,迎来了一场"特许学校运动"。① 虽然伴有种种争议,但我们仍然可以看到公立学校的成长正在展开全新的一面,特许学校的出现带来了教育这一公共品生产的新尝试。

(一) 教育作为公共品的涵义是深刻的

"公共品"这一概念在萨缪尔森和诺德豪斯合著的《微观经济学》中阐释如下:公共品是一种特殊的商品,企业或个人在生产它时已向市场之外的其他人强加了极多的利益,相反却极大地减少了自己的利益。"正外部性的极端情况是公共品",在市场机制和政府干预(资助)的有机结合下,它们的生产才能满足社会大众的需要,[2]并不是公共品必须由国家(政府)来生产,而是因为某些商

---

① 根据 1997~1998 年度美国特许学校的国家报告显示,"特许学校在几年前被认为是有争议的,而今已经成为许多地区公立教育中的一部分,起初只在几个州中缓慢起步,现在发展得非常快,且这样的增长度近几年还将飞速发展"。(中国民办教育网)2003 年 4 月 28~5 月 2 日举行的第四年度国家特许学校周的调查结果显示:美国现有近 2 700 所特许学校,分布在 36 个州和哥伦比亚特区,共有 685 000 名学生,逾 18 万名教师、管理人员等相关人员参与这一运动。到 2004 年 1 月,美国已经开办了 2 996所特许学校。http://www.edreform.com

品的正外部性(外部效应或外部收益)决定了生产这些物品的收益非常分散,单个企业或消费者不会有经济动力去提供这些服务并试图从中获利,这样"私人生产公共品势必导致供应不足","政府必须介入以鼓励公共品生产"。当政府在生产或"购买公共品时,政府的行为与其他任何大笔开销的个人行为并无二致",政府支付成本即投入货币后,"市场机制就接手过来,引导资源流入企业,从而生产出灯塔或坦克"。在萨缪尔森和诺德豪斯看来,公共教育是正外部性的重要实例之一,应当受到政府资助、鼓励。本文认为:教育是一种特殊的公共品,它是一种精神生产形态,其受益者也很特殊,当教育向消费者提供自身的教育产品或教育服务时,数以万计的吸纳受教育者的厂商以及企事业单位都成为其外部受益者,而生产力和单位行政效率的提高又增强了综合国力,国家(政府)成了最后的受益者,因而这种正外部性是强烈而明显的。教育应当是公共品,它应当为尽可能广大的人群提供服务,而由于它提供服务的性质,其自身难以因此而获得太多的收益,更可能是微薄的收益,故政府在教育中始终都应参与支持与扶助。

时下,教育的发展呈现出丰富的形式,在一些人看来教育部分的私人化了,并认为作为公共产品的那部分教育不能产业化(即成为私人产品)或部分产业化(即成为准公共产品)。经济学教授泰勒·考恩(Tyler Cowen)指出,人们觉得市场不可能提供公共品或无法解决外部性,而大多数人没有意识到,市场经常用我们变化多端的方式解决了公共品问题。[①] 当市场来执行生产任务的时候,公共品的性质并没有因此而改变;教育的公共品性质和一切公共品的属性一样,从根本上讲是国家利益和需要决定的;教育能否成为公共品理应由正外部性是否出现"极端情况"或趋于"极端情况"而定。

公立学校教育具有更强烈的正外部性,因为其教育成果的外部受益范围往往更大,它们通常由政府投资并举办,向学生收取少许的费用或实行义务教育。传统的公立教育面临着种种弊端,最主要的就是长期以来由于政府的包揽,学

---

① 泰勒认为,公共品的两个明显特征"非排他性"即"搭便车"现象和"非竞争性消费"使生产者失去生产的积极性,而市场能够开发出一些技术和方法来解决这些问题,当然市场解决公共品问题的不完善,必须与政府解决的不完善进行一番权衡。(参见 Tyler Cowen,秋风译. 公共品与外部性. http://www.sinoliberal.com)

校教育教学的方方面面容易形成一个庞大的僵化、刻板、低效的管理体系。①将公共品的属性与教育相联系特别是讨论到公立教育更强的正外部性时,我们发现这些问题的一个深层原因在于:人们没有彻底地去理解教育特别是公立教育的公共品属性,教育这一公共品不是浅层次意义上的由政府"自上而下"的包揽。真正的公共品属性的多寡、强弱,只取决于教育成果(人才、毕业生)的外部受益(正外部性)范围极端化的程度,因而意味着各级"政府资助"上的责任大小,而不意味着该物品能否产业化和投资社会化的理由,更不能成为拒绝市场机制的借口。虽然我们不能完全套用一整套经济理论去整顿教育,但这至少应为革新教育提供一个启迪:只要政府支持教育并予以学校相对足够的资金和权益,学校便可以交给任何符合一定要求的生产者去运作,直到达到一定的教育目标。至此,我们想到一种已经受到关注的办学形式——美国特许学校。

(二) 特许学校正在尝试把教育作为真正的公共品

美国公立学校长期以来形成的教育体系一直都在为教育民主、平等做出很大的贡献,但是也存在着传统公立学校亟待改进的一些问题,于是新型的公立学校在改革的浪潮下应运而生了。"特许学校作为学校改革实验的场所,将刺激更广泛的公立学校革新";[3]"特许学校正在尝试作为探索一些新的教育、教学途经的温床"波德吉瑞斯凯(Podgnrsky)与巴卢(Ballou)两位研究者认为,当机会来临时,特许学校的一些有着不同于传统公立学校的细节却有类似于私立学校的一些做法。[4]不难看出,特许学校是一种创新的公立学校,它在试图摆脱传统学校所受的束缚。把特许学校作为一种改革手段来理解时,或许我们看到的是它仍然存在的许多不成熟之处,而从公共品生产的角度来看待它时,我们似乎可以看到特许学校更多的积极意义。

---

① 2001 年的美国第 33 次年度盖洛普民意测验显示,关于美国公立学校的体制在"通过改革现行体制促进学校发展"和"在现行体制中选择可行的路线"中进行选择,71%的民众选择了前者。调查还显示,公立学校面临的最大问题是:缺乏足够的财政支持,即资金问题;缺乏足够的纪律,即需要更多的控制;依次下来还有校园暴力、团伙问题,学校容纳过度的问题;使用毒品、麻醉的问题以及获得优质教师的困难,等等。参见 The 33rd Annal Pil Delta Kappan/Gallup Poll Of The Public's Attitudes Towards The Public Schools, Lowell C. Rose And M. Gallup, Phi Delta Kappan, September 2001,P41-48.

1. 特许学校使教育的正外部性得到了更好的体现

在同样作为公立学校的情况下,特许学校获得了更高的满意度,使群众获得了更多的利益。1997 年 2 月美国 10 个州内 39 所特许学校的 4 954 名学生接受调查的结果显示,在"特许学校学生对自己学业成绩变化的认识"一表中,认为自己成绩差的学生从先前学校的 23.6% 减少到在目前特许学校的 7.1%。1997 年 2 月美国 9 个州 30 所特许学校的 2 978 名学生家长接受调查的结果显示,在"学生家长对特许学校的满意程度"一表中,①家长的满意度大多集中在"非常满意"和"一定程度满意",对"家长参与机会"、"班组规模"等几项尤其满意。一份关于 481 所特许学校的调查显示,特许学校提供了更广阔的课程选择;特许学校办学的生均费用为 4 507 美元,比传统学校的 7 000 美元生均费用要低,而且这些费用还包括设备支出,这些在传统公立学校中并不包括在内;特许学校学生家长参与度扩大,学生出勤率更高,经济问题出现率更低;更多的家长要求兴办特许学校,同时入学人数的 68% 都要求就读特许学校。"特许学校在同样的情况下,要胜过其传统公立学校,并且对学生付出更多,这就是为什么家长要求上特许学校的越来越多"。[5]此外,特许学校不断向教育机会不均挑战,它给一些家庭,特别是中低收入的家庭以更多的选择机会,增加了所有家庭的选择机会,更为处于劣势的家庭提供了选择学校的真实可能。特许学校在宗教上更宽容,它不属于任何宗教派别,向各类学生开放。此外,如果该州为残疾学生或低收入家庭学生提供额外的款项,这笔经费则随学生的流动而流动。[6]

可以说,特许学校在更大程度上追求教育的正外部性的极端化。令人欣慰的是,它将效率与公平较好地兼顾了。我们之所以认为特许学校是在更为真正的意义上去领悟教育作为公共品的内涵,首要的一点便是它试着使公共品真正体现出对外的价值来,即造福更多的人,向外部尽可能广泛且彻底的扩大直接或间接消费者一的收益。传统公立学校教育在这一点有着某些不尽人意之处,于是特许学校的这种"到位"就愈发显得难能可贵了。公立学校的教育应当更接近于国防与灯塔的公共品意义的程度,应当使教育达到最佳的"他人共享"的

---

① 该表包括家长参与机会、班组规模、课程、学校规模、办校的人员、教学质量等十六项指标。满意度包括"非常满意"到"相当不满意"五个程度。

形态,特许学校更好地做到了这一点。

2. 政府与特许学校建立良性的发展关系

公立学校的教育与政府的关系很紧密,以至于在很长一段时一间里,教育应当是国家的职责一直是美国政府及民众的普遍共识,公立学校与国家、政府的关系形成了一种"公立学校的国家垄断制度"。可是这种制度在 20 世纪 70 年代以来受到越来越多的批评与质疑,人们开始怀疑政府在教育中是否应该执行全权包揽的功能,正如新自由主义经济学派的代表人物弗里德曼在分析"政府在教育中的作用"时认为的,政府应该资助教育和承担教育的国家责任,但并不一定要政府直接提供这种教育。他主张"公立学校私营化",即允许政府之外的个人、团体或企业来开办公立学校,打破公立学校制度的国家垄断性。尽管弗里德曼的想法比较激进,但在实际行动中,70 年代以来的美国的确是在公立学校的"重建"中一直努力着,也有了特许学校这种被视为"市场力量的体现"的新型公立学校体制。[7]

特许学校的经费来源和其他的公立学校基本是一样的,受到各州政府及其学区的资助。① 但是它和政府的关系重在一个"契约",这也是政府给特许学校的"特许状"的重要内容。特许学校就是在一份责任契约的基础上运作的公立学校。[8]这个契约包含了学校的办学使命,这是明确而具体的,学校以后的一切教学和管理运作都将围绕着实现这一使命而展开,其中提高教育质量、实施特色教育、提升学生的学业成绩是契约的主要内容。同时,这个契约是有期限的,学校的开办人和批准方在这个期间内主要经历三个过程:评估中请、监督与观察的进行、期限到达时更新契约。学校必须在规定的期限(一般为 3～5 年,亚利桑那州为 15 年)内完成任务。如果学校办学过程中违反了契约中的条例、款

---

① 在查看了 Center for Education Reform(CER)给出的几个开办特许学校最多的州(亚利桑那、加利福尼亚、佛罗里达、德克萨斯、密歇根)的情况后发现其经费来源为州和学区,因特许学校类型不同资金下放的具体方式也有所不同。特许学校可获得一定的贷款。例如,加州的特许学校可在五年内偿还 250 000 美元的贷款,此外加州还给低收入地区生均 750 美元的资助。http://www.ecs.org/

项,其办学权就有可能被取缔,而期限到达后学校可以与政府机构重新签订契约。① 在"契约"赋于了特许学校一定责任的同时,当然特许学校也享有一定的权利。特许学校的权利受到特许学校法的保障。② 例如,特许学校法中有规定:特许学校举办者可以自主决定学校的年级水平范围,并决定他们要服务的学生年龄范围。这些权利减少了特许学校发展的许多障碍,特许学校也获得了更大更灵活的发展空间。③ 加州一位特许学校校长说,"特许学校就是既可以从政府拿到钱,又可以不受政府摆布的学校"。这说明了特许学校的充分自主。[9]

可以看出,政府在对特许学校的管理中实施了高效节能的管理法则,使得特许学校在有限的时间里释放出大于传统公立学校许多的教育能量。事实上,政府与教育的这种关系正是对政府与公共品关系的最好理解,公共品属性并不是拒绝市场机制的借口,建立这样一种灵活的关系,才能更有效地发挥公共品生产极大的正外部性功能。公共品,正是政府干预(资助)与市场机制的有机结合。这种结合使政府对学校的资助按照一定的契约更为切实地投入到教育中去。此外,政府还要对公共品的生产实行监督,因为如果生产者在生产过程中没有履行契约,将是一种极大的资源浪费,因此特许学校每年都必须提交年度报告,以备审查。我们应当能够从这种体制中看出,我们可以把政府的部分公共资产交给社会力量来规划和投资,并以教育教学质量的提升为交换条件,赋予学校在制度方面较大的自主权,这对教育质量提高和学校效能增强都很有好处。

3. 特许学校使公共品与国家的关系更为紧密

公立教育作为一国的公共品,国家的思想、意识必然会在其中有所渗透,正像美国公立学校设计师们所设想的,公立学校是用以传播共和国价值标准的论

---

① 本段相关资料参见 Accountability:Standards, Assessment, And Using Data, http://www. uscharterschools. org/. 特许学校和政府签订契约是一个十分严肃和复杂的过程,除了那些规则性的内容,学校的成功还应当在责任计划中体现出来,包括:学生出席、迁移、毕业率;家长满意度;家长和社区的参与;学校氛围、安全性等。可见政府对特许学校的质量要求是很高的。

② 各州出台的特许学校法是不同的,据 2003 年 CER 统计数据,全美已出台 42 个特许学校法。参见 http://edreform. com/

③ Charter Reform and the Education Bureaucracy:Lessons form New York State(Carol Ascher and Arthur R. Greenberg, Phi Delta Kappan, March 2002)一文介绍了纽约州的特许学校法减少了不必要的"统治权利"对于特许学校的干预。印第安纳州在 2001 的特许学校法中规定,新近成立的特许学校的教师有权组织工会,或独立进行用工制度的谈判。(http://edreform. com/)

坛,是动员各种根本不同的社会文化团体成为政治上紧密地聚合在一起的统一体的机构。有些人会质疑这种契约关系是否会削弱政府对教育的控制与管理。事实上,这种做法不但不会疏松国家、政府与教育的联系,反而会密切这种联系。

首先,我们看到政府与学校的关系由千丝万缕变成了一纸契约,可这并不表示政府放松了对学校教育的控制,降低了对学校的要求。千丝万缕的关系是从大事到小事的包揽、包管,而在这种垄断的过程中,国家意志并非一定真正传递到教育中去了。在特许学校与政府签订的契约中,一种学校对国家政府的承诺使得国家教育思想得到了很好的贯彻,代表着公共利益或意志的国家意志不再停留在表层的口号上,而是实施到了具体的细节和行动之中。学校在被赋予一定的权利的同时,不仅需要积极主动地去履行义务,去体现公共意志、满足公共利益,而且还要接受国家的监督与判决,在这样的制度下,繁杂冗长的公务过程都简化为二者之间定下的目标,[1]国家在实际上与教育贴得更近了,关系更直接而快捷了,国家对于学校的控制也并非是削弱了。

其次,特许学校扩大了教育的"选择权"与"参与权",它对于国家(美国)在公立学校制度上推行的"教育民主"、"教育平等"的理念有了新阐释,即教育平等和机会均等并不仅仅是指接受教育的权利和机会,而且还包括公众对教育的选择和参与。作为被选择的学校,特许学校必须尽可能地使家长与学生满意。这样一来,教育这一公共品的极端正外部性得到了更充分的体现,公众与国家的公共事业联系更紧密,并达到了双赢互动的程度,人们更好地享受公立教育,公立学校也能够确立更为明确的发展方向。学校的教育思想与公众的需求紧密结合,国家的教育思想又以合同的形式很好地由学校来贯彻。从这一点上看来,可以说特许学校不仅仅是拉近了自身与国家的关系,它更是拉近了公众与国家之间的距离。

总之,特许学校体制正在使公立教育真正地体现了公共利益,使国家的教育思想在这一体制中得以真正的落实,并被有效执行。这样的学校与国家、政

---

① 和政府确定的办学目标对于特许学校来说十分重要,特许学校明确目标需要经过几个步骤:复查学校的任务、目的、展望;复查政府的标准;确立成果或是毕业标准;列出学生毕业前所应达到的水准;列出学生在各科、各年级、各能力水平的详细学习内容。参见 Accountability:Standards,Assessment,And Using Data,http://www.uscharterschools.org/

府的关系是积极的、良性的,更容易使教育进入较好的生产状态。特许学校只是美国公立学校的一个部分,它的实践也只是美国公立教育改革的一个实验点、萌发点,但不管怎样,它都为我们提供了一定的启示:公立学校应当力求高绩效、更自主、可供选择地呈现在最广大的受益者面前,这才是真正的公共品生产。

参考文献:

[1] 赵中建. 今日美国特许学校 [Z]. http:/ /202. 121. 15. 143:81/document/2000-7/gj000718. htm

[2] [美]保罗·萨缪尔森、威廉·诺德豪斯. 微观经济学(第十六版)[M]. 北京:华夏出版社,1999.

[3] Kevin Andrews and Michael Rothman, Cultivating Innovation:How a Charter/District Network Is Turning Professional Development Into Professional Practice, P'hi Delta Kappan [J]. 2002(3):510.

[4] Chester E. Finn, Jr. and Marci Kanstoroom, Do Charter School Do It Differently?, Phi Delta Kappan [J]. 2002(9):59-62.

[5] Survey Shows Charter Success:More Time, More Innovation [EB/OL]. http://edreform. com/

[6] 黄河清、陈晓韵."特许学校运动"——90 年代美国公立教育改革的大规模实验[Z](中国民办教育网).

[7] 曾晓洁、蒋曦. 特许学校:美国公立学校制度变革的新途径[J]. 比较教育研究,2002(5):45-46.

[8] Charter Schools:Changing the Face of American Education [EB/OL]. http://edreform. com/

[9] 韩伏彬、董建梅,美国特许学校的基本特色——与公立学校的比较研究[Z]. http://www. pep. com. cn

(本文发表于《比较教育研究》2004 年 10 期。作者袁婷婷,时属单位为北京师范大学国际与比较教育研究所)

六、美国特许学校的办学绩效分析
——来自美国加利福尼亚的报告

(一) 特许学校中的绩效责任

特许学校与传统公立学校相比拥有较高的自主权。当然，在享受自主权的同时特许学校必须承担相应的责任。绩效责任(accountability)是美国 20 世纪90 年代中小学教育改革的主要趋势之一，也是美国特许学校面临的一个非常重要的问题。所谓绩效责任就是学校要对教育质量与学生的学习成绩负责，对儿童的学业确立明确的学术标准，制定合理的评估方法。目前，美国学校绩效责任的核心就是标准、考试和结果。

如何有效地评价特许学校的办学绩效呢？下面这份来自加利福尼亚的报告在一定程度上比较客观地分析了美国加州特许学校的办学绩效。

(二) 加州的特许学校报告

1. 加州特许学校概况

从下页表 1 可以看到，大部分运作中的特许学校含有传统的小学、初中、高中各个阶段的学校；而 12 年制合并而成的公立学校大部分是位于偏远地区的地方学校(regional schools)和非正规学校(non-classroom based schools)；而那些已签约但还未运作的学校给确切统计学校数目带来了困难。为了克服特许学校办学绩效研究的障碍，这份报告选取了 316 所小学、初中、高中特许学校以及相应的可作为比较对象的非特许学校,排除了 87 所服务于特殊对象的特许学校。

表 1　2003 年春季加州特许学校数①

● 运作中的学校——在加州教育局统计内 ……………… 403
　• 小学 …………………………………………………… 179
　• 初中 …………………………………………………… 32
　• 高中 …………………………………………………… 105
　• 合并而成的 12 年制公立学校 ……………………… 63
　• 其他 …………………………………………………… 24
● 运作中的学校——未在加州教育局统计内 …………… 9
● 筹建中的学校 ………………………………………… 33
● 已签约但未运作的学校 ……………………………… 39
总计 ……………………………………………………… 484

　　根据 2002 年加州教育局的报告,自从 1992 年特许学校法颁布以后,加州的特许学校入学人数已占到全州中小学学生数的 2.5%。

　　2. 特许学校特点

　　(1) 少数民族学生的比例(见图 1)。从图 1 中我们看到,被选特许学校与

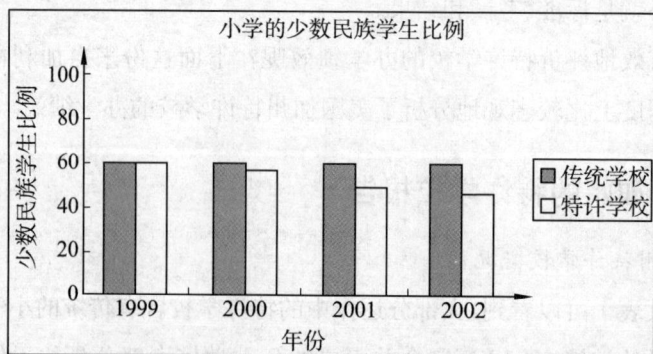

① 资料来源:加州特许学校概况 http://www.CaneC.orb

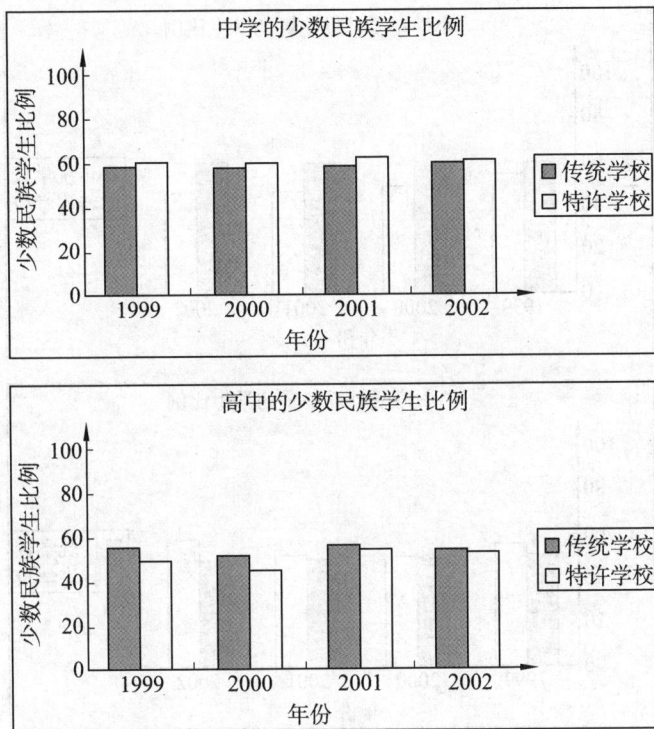

中学的少数民族学生比例

少数民族学生比例

100 80 60 40 20 0

1999　2000　2001　2002

年份

■ 传统学校
□ 特许学校

高中的少数民族学生比例

少数民族学生比例

100 80 60 40 20 0

1999　2000　2001　2002

年份

■ 传统学校
□ 特许学校

图 1①

传统公立学校少数民族学生的比例除了在 2001 年和 2002 年的小学中这个比例差异有点明显外,其余大多是相近的。这就是说,这些特许学校担负着与传统学校同样的招收少数民族学生的责任。

(2) 学生贫富状况(见图 2)。通过对符合享用免费或低价午餐资格的学生数的统计,报告发现,这些特许学校中的贫困学生比例较低,尤其在近几年的小学里。而在中学阶段,由于许多学校拒绝提供真实的有关数据,或者由于高年级学生不愿被定义为有此资格的学生,因此,这些偏低的比例并不能说明问题。

---

① 资料来源:The Performance of California Charter School. Http://credo. Stanford. Edu

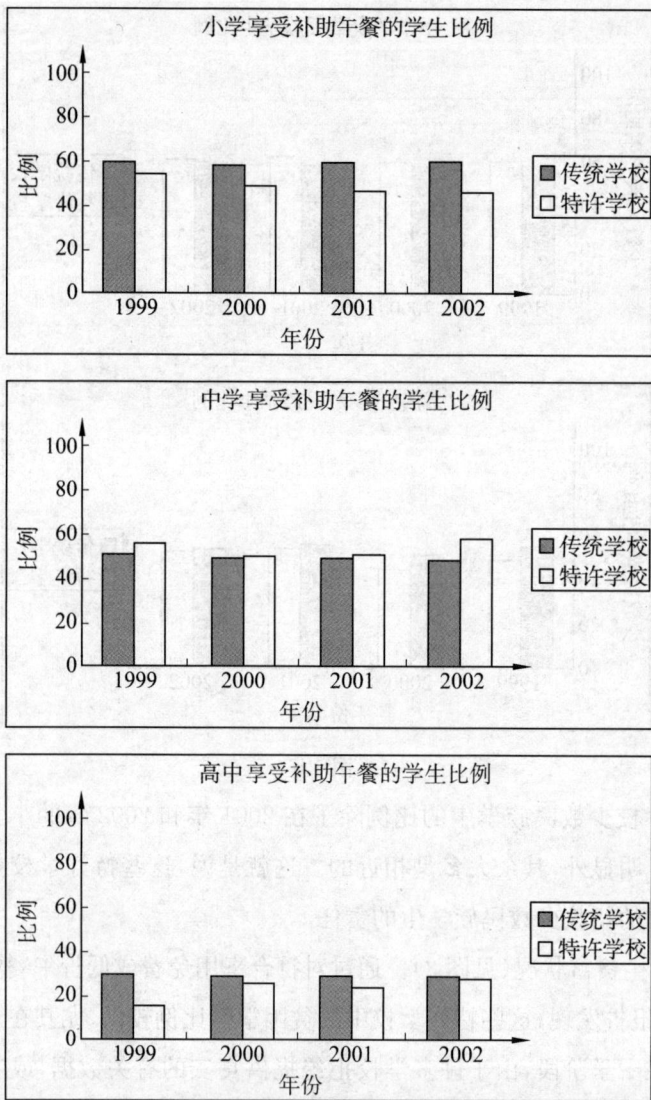

小学享受补助午餐的学生比例

中学享受补助午餐的学生比例

高中享受补助午餐的学生比例

图 2①

（3）学生的流动性（见图3）。从图3中，我们可以明显地看到，特许学校的学生比传统学校的学生更具有流动性，因为在特许学校如果学生或学生家长对学校不满意，可以随时把学生转走。也就是说，特许学校的学生更换学校的次数比传统学校的学生频繁得多。而每更换一次学校都会让学生需要一段时间

① 资料来源：The Performance of California Charter School. http:// credo. Stanford. edu

260

来适应新的环境,这在一定程度上会影响学生的学业。

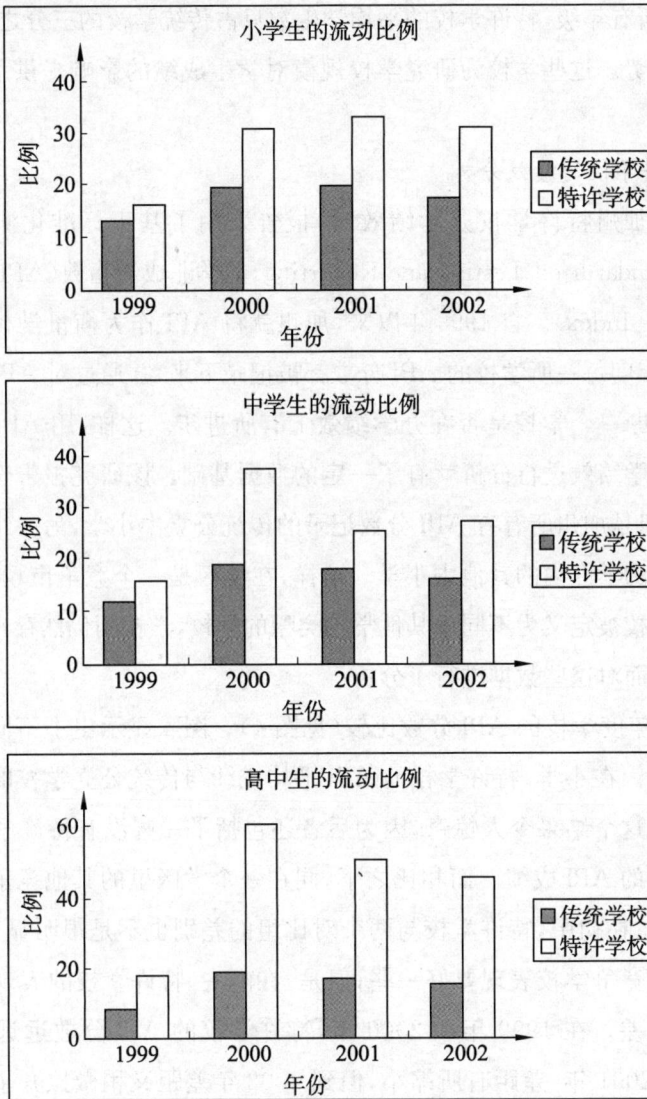

图3①

---

① 资料来源:The Performance of California Charter School. http:// credo. Stanford. edu

（4）学校的规模。近来,学校规模与学业成绩的关系问题日益引起关注。据统计,在所有年级,特许学校的平均学生数只占传统学校的三分之二,而且还有降低的趋势。这些学校为研究学校规模对学生成绩的影响提供了很好的机会。

3. 特许学校的绩效分析

在分析加州特许学校办学绩效时,报告采用了基于标准化测试与汇报(STAR:Standardized Testing and Reporting)的学业成绩指数(API:Academic Performance Index)。自 1999 年以来,加州就将 API 作为衡量学校办学绩效的手段,每年度每一所学校的 API 分数都被记录下来,并通过对 API 分数的纵向分析来判断一个学校是否在办学绩效上有所进步。这样,用 API 对加州特许学校的办学绩效进行分析就有了一定的数据基础。该研究报告选取了两个对比组,一组是加州所有有 API 分数记录的传统公立中小学,另一组是在有特许学校存在的学区内的其他中小学。这样,在学区是一个竞争市场的假设下,即使特许学校被定义为不同于其他学校类型的学校,学校间仍然存在竞争。报告从两个方面对这些数据进行了分析:

（1）每年度学校的 API 分数比较(见图 4)。图 4 显示出了不同类型 API 分数的差异。在小学,特许学校的 API 平均成绩与传统公立学校的平均成绩相差无几。这个结果令人惊奇,因为后者还包括了一些没有特许学校的学区里较好学校的 API 成绩。而相比之下,同在一个学区里的其他竞争学校整体上表现较差;在初中,特许学校与两个对比组的差别也不是很明显,但是特许学校比当地竞争学校表现要好一些;但是,在高中,特许学校的表现却明显比两个对比组差。在 1999 年和 2000 年,特许学校的 API 分数远远低于对比组,而到了 2001 年,差距有所缩小,但到 2002 年差距又稍微拉开了点。综上所述,在所有情况中,典型的特许学校在 API 积分上要落后于一般加州的学校。

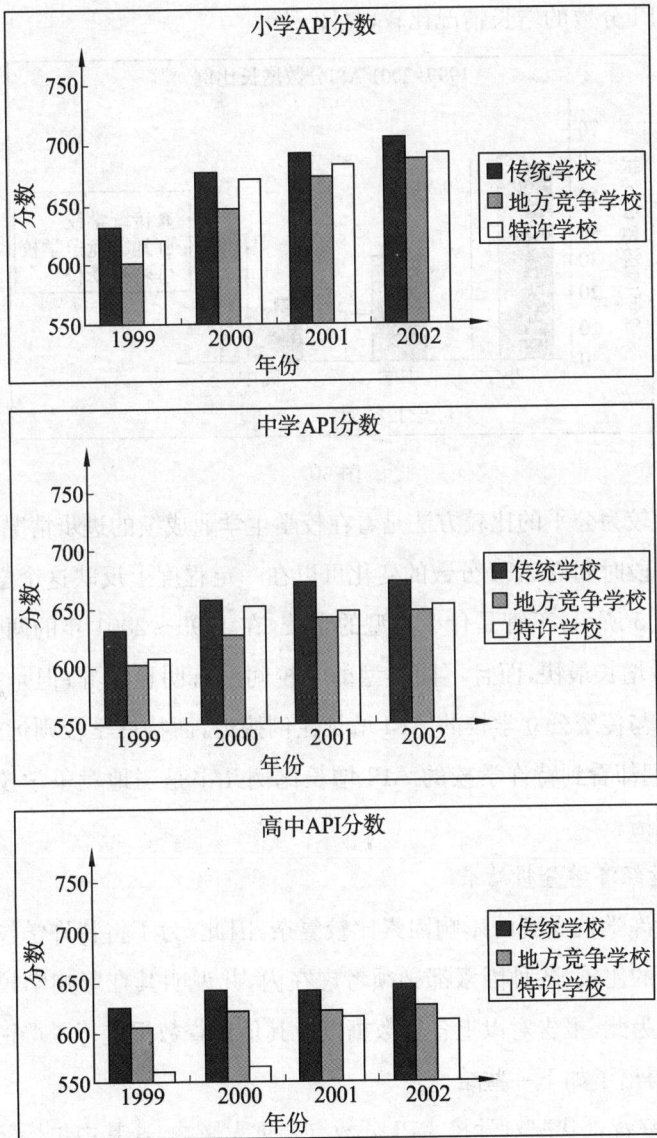

小学API分数

中学API分数

高中API分数

图4①

① 资料来源:The Performance of California Charter School. http:// credo. Stanford. edu

（2）API 分数的增长情况比较（见图 5）

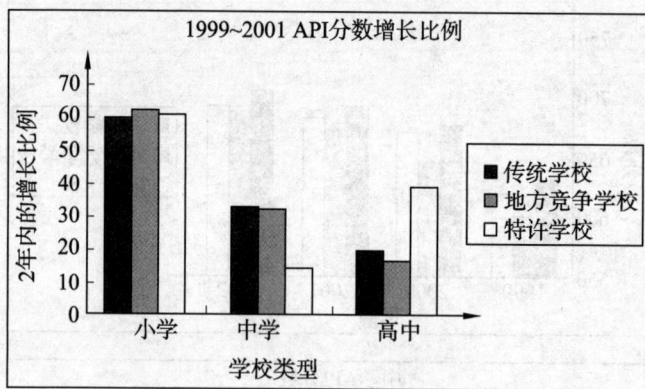

图 5①

另一种较为公平的比较方法是看在校学生学业成绩的进步情况。因此，一个学校在一段时间内 API 分数的变化可以在一定程度上反映这个学校的办学绩效。如图 5 所示：不管是什么类型的学校，在 1999～2001 年的两年里，小学的 API 分数增长最快，而且不同类型的学校间没有明显差异；但是在初中，当地竞争学校与传统公立学校的 API 增长比例接近，而特许学校则远远落后；而在高中，我们却看到特许学校的 API 增长比例几乎是当地竞争学校与传统公立学校的两倍。

4. 计量经济学分析结果

由于特许学校受到的影响因素比较复杂，因此，为了将特许学校与传统学校进行公正的比较，各种因素都必须考虑在内，并说明其在影响学校办学绩效中的份量。为此，报告对以上各种数据以及其他调查数据进行了严密的计量经济学分析，得出了如下一些结论：

（1）家庭背景状况对学校 API 分数有着重大影响，这其中包括父母对教育的关心、学生的流动性、少数民族学生的比例及英语语言学习者的比例等。

（2）控制所有其他影响因素后，小学与初中的 API 分数在特许学校和传统学校之间基本没有差别，而在高中，特许学校的 API 分数与传统学校差别明显。

---

① 资料来源：The Performance of California Charter School. http://credo. Stanford. edu

（3）分析显示小学特许学校招收的学生平均水平低于传统学校,而初中特许学校能招到略为优秀的学生,高中情况不明显。

（4）与加州其他所有学校相比,特许学校 API 分数的增长在小学和初中学校较少,而在高中学校增长明显。

（5）优秀教师的比例会对学校 API 分数的变化产生积极影响,尤其在小学和高中学校。

5. 结论

考虑到许多特许学校仍处于探索阶段,经历着事业起步的艰辛,面临着各种挑战和压力,对于它们取得的等同于或高于其他学校的成绩应予以重视。尤其是 API 成绩的进步在某种意义上预示着特许学校以及受到竞争影响的学校的积极未来。因此,加州支持特许学校发展的政策值得继续。

参考文献:

[1] Beryl Nelson. et. al. the State of Charter Schools 2000 [EB/OL]. http://www. ed. gov/PDFDocs/4yrrpt. pdf

[2] http://datal. Cde. Ca. gov/Dataquest

（本文发表于《比较教育研究》2004 年 10 期。作者薛莉娅(编译),时属单位为浙江大学外国语应用语言系)

七、"特许"中的"管制"

——特许学校改革中政府的作用

许多研究将特许学校改革看作是政府给予学校自主权的改革。在某种程度上,特许学校的确享受到了其他公立学校所没有享受到的"自主权":学生自愿而非强迫入学;学校无须对学区政策亦步亦趋;拥有独立经费预算权,可以自由决定经费在教师工资、资料和设施购买间的分配;可以自行聘用适合学校特色和需要的教师,而不是被动接受学区配给的教师。[1]然而,特许学校在拥有自主权的同时,政府的"管制"特征也同样明显。政府授权机构不仅每五年审查一次"特许状",还对特许学校自主权作出了种种限制。特许学校体现了政府对公立学校从直接行政管理向管制下自主管理模式的转变,是效率为导向的改革,而非自主权为导向的改革。以研究交易成本闻名的新制度经济学家威廉姆森(O. E. Williamson)曾经提出,特许权授予中最关键的问题在于订立契约的复杂性和必须明晰的高水平"交易细节"。[2]特许权的授予一般都要附带某些契约……它构成了实行政府管制的法律基础。[3]那么,特许学校的契约有哪些值得关注的"交易细节",这些细节又体现了怎样的思想?

(一)"特许"与特许学校的出现

"特许"是政府允许从事某项活动的授权。在教育领域,"特许状"并不是一个新概念。牛津大学最早从英国皇室那里获得"特许状"。后来,包括哈佛大学、达特茅斯学院在内的美国私立大学又从殖民地政府或州政府处获得"特许状"。但是,以往的特许权授予往往限于私立大学,其目的是给予这些大学以办学自主权;而今天政府对特许学校授予特许权的目的并不仅仅是给予特许学校以自主权,而是政府承担公共责任的另外一种形式:政府仍然负有义务教育责任,但政府并不直接经营学校,而是由其他机构代理运行。特许权设计的目的是尽量减少代理过程中可能产生的"交易成本"。

美国州政府对特许学校的特许权授予,并没有沿着对私立大学的特许权设计方向发展,而是当代政府对公共事业的特许经营模式在教育中的延伸。特许权授予的根本目的并不是下放办学自主权,而是在保证供给质量的前提下,在政府所选定的供给商之间维持有效竞争。20世纪80年代之前,公共事业的特许经营还不普遍,当时公共事业的经营一般采取政府直接管理(国有企业模式)或政府确定几家公司向公众提供公共服务。国有企业模式所带来的低效问题已为我国民众所熟知,本文不再赘述。政府将公共服务"外包"给商业性公司的模式,类似于我国的承包经营模式,也存有难以克服的问题和缺陷:增加了政府的寻租能力。政府或政府中负责此项事务的机构,甚至个人在确定承接公司时可能进行某种交易。政府为了尽力避免寻租的发生,必然采取加大责任关联和强化监督等措施,而这些都会增加行政复杂程度,难以避免国有企业治理模式下的低效问题。到了90年代中期,特许经营日渐成为公用事业管理中最常见的形式之一。在平衡监管与效率的国有经济改革中,在解决监管与效率的种种冲突中,"良好的特许权设计"已被许多国家证明是保证公众利益和提高政府投入效率的有效机制。

义务教育是政府公共事业的一部分,在其他公共事业特许经营模式取得良好效果后,人们自然开始尝试将特许经营模式移植到义务教育中。然而,不同类型公共事业的性质有天壤之别,特许学校从概念提出到逐渐具体化和规范化,经历了20多年复杂的沿革过程,目前对特许学校的批评虽仍不绝于耳,但由于传统的公立学校存在明显的问题,使得寻求用其他方式投入和组织教育资源的尝试获得了公众的支持和宽容,这也许是特许学校近年来在美国能够以10%以上的速度发展的重要原因。

1991年,明尼苏达州通过了全美第一部特许学校法,特许学校的机会、选择和问责理念得到明确和具体化。联邦政府自1995年开始对特许学校进行资助,当年资助额度是 600 万美元。2002 年,资助规模增加为 2 亿美元,另有 1 亿美元设施修建预算。截至 2003 年,全美国有 40 个州通过特许学校法,在已开设特许学校的 37 个州中,特许学校已经近 3 000 所,为近 70 万学生提供服务。[4]

(二) 特许学校的定义

按照美国教育委员会(ECS, Education Commission of the States)于 1996 年给出的定义,"特许学校"是公立学校的另外一种形式,它的目标是摆脱传统公立学校的限制,寻求创新性的教学方法,提高学生的成绩。特许学校与政府签订的"特许状"从本质上说是学校开办者与特许学校批准机构之间讨价还价后签署的一份合同,合同期满后,可以对双方合同履行状况进行评估,然后再续或解除。特许状要说明学校怎样运行、教什么内容、怎样进行监控和评价、接受哪些学生入学等内容。

对平等的追求是人类建立公立学校体系之初所追求的目标之一,但这种追求却引致了不曾预料到的结果(unintended results):划一与低效。特许学校力图将机会、选择和责任加入到公立学校体系中,以此作为公立学校价值体系的新内容。其中,选择和责任在特许学校的设计中体现得比较明显。家长和学生的选择在公立学校之间形成了竞争的格局,而竞争又构成效率的基础;责任具体化为标准测验的成绩和效率等指标。相比之下,"机会"在特许状中体现并不明显,但其意义却同样深远。特许学校给有志于教育事业的教师和愿意从事教育事业的人以发挥企业家精神的机会,[5]而这一点有助于改变教师职业缺乏成长性的特点,同时有助于增加教育职业的吸引力。

在经历了对教育选择运动的敌视后,全美教育联合会(NEA, National Education Association)至少在言辞上开始支持公立学校系统内的各种选择计划,重点支持特许学校改革,力图持一种中立态度实践新的办学模式。教师工会总体上对特许学校的态度也开始变化,不像对教育券那样态度坚决。[6]

(三) 特许权授予的内容

在美国,基础教育主要由州和学区管理,各州特许状的内容不尽相同,但其基本框架是一致的。首先,特许状是一份合同文本。它对合同的文本格式和双方责任程度都作了具体规定;其次,它要体现特许学校的核心理念:机会、选择和责任。以美国开办特许学校最多的亚利桑那州为例,特许权授予使用了政府管制的法律和经济政策,[7]其内容既体现了政府的责任,又在某种程度上启动了学校的微观效率机制。

1. 特许学校适用的法律

(1) 特许学校法(Charter School Law)

亚利桑那州 1994 年通过特许学校法,是美国第一个实践特许学校的州。亚利桑那州特许学校法的主要内容包括:[8]

① 特许学校的目的和范围。特许学校是为学生和家长提供传统公立学校之外的选择机会,为提高学生学业成就而建立的公立学校。特许学校可以是新建校,也可由现有学校或其中的一部分转制而成。

② 州特许学校委员会(State Board for Charter Schools)的构成和责任。州特许学校委员会负责监督特许学校,向立法机构提起适用于特许学校的法律文件,向符合条件的申请者授予特许权。特许学校委员会由下列人员构成:督学或督学指定人、6 名一般公众(其中至少有 2 名居住在有 60% 的学龄儿童符合国家免费午餐标准的学区)、州长按规定任命的 2 名商界人士、参议院和众议院议长共同任命的 3 名法律界人士(负责法律咨询责任)。

③ 特许学校的申请、要求、免税、免责、申请更换和起诉。申请设立特许学校者必须向指定的特许学校批准机构提交一份书面报告,详细说明自己的使命、组织结构、头 3 年的财政计划、雇佣政策、地点、设施、服务的年级和评价学校开办效果的指标。

特许学校的开办者可以是公共机构、私人,也可以是私营组织。特许学校的批准机构有三个:学区管理机构、州教育委员会、州特许学校委员会。不同的批准机构意味着不同的资助主体,但管理程序和内容基本相同。特许状有效期为 15 年,每 5 年审核一次,如果特许学校违反特许状的一条或几条规定,管理机构可以在任一时间撤销特许合同。特许学校管理机构和州不承担对特许学校债务的偿还责任,其官员和雇员在职务范围内,不承担对特许学校的个人责任。特许学校不能因自己的卓越地位而获取财产,正常积累的财产为特许学校的财产。

④ 特许学校的招生。特许学校在自己的招生范围和招生能力内不能拒绝按时提交申请的学生,如果申请人数超过招生数,则可以采取公众认可的公平方式选择学生,如抓阄等。

⑤ 特许学校的经费。特许学校按照预算栏目和标准计算预算基数,向颁发特许状的管理机构提起申请。除基数外,亚利桑那州还给予特许学校以附加资助(additional assistance)。特许学校不能收费、征税或发债,可以接受捐助和礼物,但这不是特许学校法的立法意愿,为避免纳税人两次付费,财政会降低对有捐助学校的资助水平。

⑥ 特许学校的教师。特许学校有权挑选教师,但候选人必须持有教师证书。特许学校必须参加州退休系统,但不强制参加州医疗和事故保险体系,也不强迫它们选择保险金额、保险时段等。

⑦ 特许学校的启动基金。启动资金由州教育部管理。被批准的特许学校将最高获得 10 万美元启动资金的支持,获得最初的启动资金后,还可以再申请最高 10 万美元的资助。这些经费如果在之后的 18 个月内未能启动特许学校,则全部资金和 10% 的年息均将退回。

⑧ 为特许学校提供空置建筑表。州教育部每年向特许学校和申请开办特许学校者提供州和学区的空置建筑物清单,以供特许学校购买和租用。

⑨ 特许学校的采购。特许学校累计不超过一定额度的购买可以不参加政府采购和公共招标,若超过该限额,只有州特许学校委员会可以允许它自己批准的特许学校不参加采购和招标管理。

⑩ 特许学校的学分转移。特许学校与传统公立学校之间的学分转移,与公立学校之间的学分转移同样处理。

亚利桑那州的特许学校立法详细规定了特许学校的管理体制,应该说描绘了特许学校运行图。然而任何一个体系在社会大系统内运行时,不可能不与其他部分发生联系,因此特许学校立法还要明确规定特许学校在与社会大系统的条、块对接时所适用的法律。

(2) 适用于特许学校的联邦法律

特许学校治理结构设计时,免除了一般公立学校所必须履行的许多限制和规则,但它仍然要履行公立学校的基本责任—平等。因此,特许学校还需要遵从联邦法律中关于人权和公平雇佣、劳动保护等12条法律。

(3) 适用于特许学校的州法律

除专门的特许学校法外,特许学校必须遵从联邦、州的法律和地方法规,州教育部负责向特许学校提供相关法律的列表,请学校注意自己的责任。这些立法主要包括:

一般安全规则。所有工作人员必须通过公共安全部的指纹检验,确信没有犯罪记录,还必须遵守州的其他公共安全法律,如消防安全、武器安全等。

公共资助部门的行为规则。特许学校必须保留员工档案记录(现在和以前曾经在校工作过的所有人员),按照公共资助部门的会计和审计程序管理会计信息。

适用于学校的一般规则。如学生成绩评价、学时、课时、校历等。

适用于所有机构的法律。如劳动条件、工资保障、退休保障等。

特许学校是美国公立学校体系中出现的新成员,对它的管理自然需要新的立法,但同样重要的是对适用于特许学校的其他法律进行梳理,共同规范特许学校的运行行为。

2. 特许学校与州特许学校委员会的合同约定

"特许状"最终体现为特许学校开办者与州特许学校管理机构之间签署的合同,其内容除列出双方所必须遵守的法律条文外,还对合同履行过程中可能出现问题的解决程序加以约定。以亚利桑那州特许学校委员会与特许学校的合同样本为例,合同共包括24条,[9]约定如下:

(1) 合同对特许学校的约定。如学校地点、所提供教育级别和类型、开办者、约定法律未明确规定的内容等。

(2) 运行过程中的行为约定。特许权限定、提交教学计划的时间等。

(3) 变更合同或终止合同的行为程序和内容。

(4) 主要名词的定义。

(5) 对特许内容作出变更和修改的行为程序和内容。

从以上特许状的内容中可以非常清晰地看出特许状的"合同"性质,它体现了特许学校与一般公立学校间的本质差异。一般公立学校更像是地方政府的附属机构，它"衣食无忧"，但事事处处都必须听从"上级"的安排；"特许学校"的开办者与政府签订的是合同，虽然政府也要检查合同履行的状况，但政府仅仅是采买者，特许学校并不居于从属地位，也没有合同之外的义务。

（四）特许学校改革中的政府作用

站在生产和交换的决定机制上加以分析，美国和大多数国家一样都在实行混合经济，不同的只是美国更依赖市场手段调节经济和社会生活，找到政府干预和市场调节之间的适度平衡始终是经济分析的中心问题之一。[10] 从上世纪90 年代以来进行的对教育的市场化改革并不是要从根本上变革政府的教育责任，而是寻找更有效率的方式实现政府的教育责任。

政府的作用一般通过三种方式实现：税收、支出和管制。特许学校是公立学校，和传统公立学校一样都是政府资助，不存在税收问题，支出调整的余地也非常有限，政府管制成为政府维持公立学校间竞争的主要手段。管制主要有进入、定价、质量、外部性、内部性和反垄断等对市场的管制手段。在特许学校法和特许合同中，政府几乎在以上领域都施加了管制措施，明确了公立学校间的竞争规则。

1. 进入管制

特许学校的开办者可以是公共机构、私人，也可以是私营组织，表面看来没有进入限制，但学区管理机构、州教育委员会或州特许学校委员会的批准体现了政府的进入管制。

2. 定价管制

特许学校不允许收费，也不允许利用自己的卓越地位获得额外收益，虽然可以接受捐助和礼物，但财政要根据捐助情况给予一定比例的缩减。这些规定都反映了特许权设计中在追求效率的同时，把握公平性宗旨的特性，是定价管制的一种形式。

3. 质量管制

这一点在特许学校法中表现得非常明显，也已经被许多学者所注意，[11] 在此不再赘述。需要指出的是，学生成绩达不到合同约定标准是特许学校批准机构取消特许学校特许状的一个非常有力的理由。

4. 外部性管制

外部性是一个经济学的术语,指未被市场交易包括在内的额外成本和收益,[12]通俗地讲就是一个市场主体的活动,使得另外的市场主体或整个社会受损(受益),而它本身并未承担相应的成本(或获得相应的收益)。环境问题是企业负外部性的主要体现,对供求规律所产生的负外部性虽较少引起关注,但却是负外部性更深层次的体现。如果特许学校使传统公立学校处于明显不利地位,对它们的生源结构带来显著影响,则特许学校获得的收益中就包括了传统公立学校所负担的成本。为了避免这种外部性,特许学校法中明确规定特许学校不能挑选学生,即使在申请人数超越自己招生能力后,也必须按照公平方式挑选学生。特许学校可以确定自己的招生对象,但对学生的选择必须属于教学法的要求才能被允许。

5. 内部性管制

内部性管制是对企业或其他形式的组织内部事务的管制。对特许学校来说,政府对内部事务的管制主要体现为财务报告体系和员工的退休和人员信息记录和披露规定。

特许学校是美国政府改造传统公立学校体系的一次意义深远的实验,对它的解读仅仅停留在自主权释放、立法的严密和问责机制上还不够,政府对特许学校管制的新方式揭示了政府从教育的直接生产者向提供者的角色转变,也反映了政府对教育机构的管理由直接行政管理向管制下的自主管理方式的转变。"特许"并不是给予特权,重要的是体现政府责任,在"特许"中把握政府需要管制的领域。但这种"新"管制又区别于以往政府管理自然垄断行业时以行政复杂性为特征的"传统管制"。特许权设计的目标是消除垄断,形成特许权竞争的机制,从而实现有效定价及提高生产率。

参考文献:

[1][11] 傅松涛. 王淑娟. 试论美国特许学校的新型绩效责任制度[J]. 比较教育研究,2003(6):8.

[2][3] 丹尼尔·F·史普博(Daniel F. Spulber). 管制与市场 [M]. 余晖

等译.上海:上海三联书店,1999:327,326.

[4][5] History of Charter School, Definition of Charter School [EB/OL]. http://www. uscharterschools. org /pup/scs-ocs / r/startup. htm

[6] John F. Witte. The Market Approach to Education [M]. Princeton University Press,2000:183.

[7] 王俊豪. 政府管制经济学导论[M]. 北京:商务印书馆,2001:337.

[8][9] Charter School Law. Arizona Revised Statutes Education Code P15-181 to P15-189. Arizona Charter School Hand-book [EB/OL]. http://www. azcharters. org/Arizona Charter School Handbook. htm

[10][12] 约瑟夫·斯蒂格利茨.经济学(上)[M].姚开建等译.北京:中国人民大学出版社,1997:13.

（本文发表于《比较教育研究》2004 年 12 期。作者曾晓东,时属单位为北京师范大学国际与比较教育研究所）

八、美国特许学校法解析

美国特许学校是 20 世纪 90 年代教育创新的产物。自明尼苏达州 1991 年通过了第一部特许学校法以来,迄今为止,全美已经有 40 个州、波多黎各以及哥伦比亚特区颁布了特许学校法案,但是各州特许学校法对特许学校的支持力度差异较大。

本文特别选取较为典型的州对特许学校法进行比较分析。从特许学校发展较快的州中选取亚利桑那、加利福尼亚、密歇根三个州。最新数据显示,至 2006 年底,它们开办的特许学校总数分别为 466 所、625 所和 241 所,[1]法律支持力度的等级排名为 A、A、A(A 到 E 支持力度递减);[2]从特许学校发展缓慢的州中选取夏威夷、阿肯色、密西西比三个州,它们开办的特许学校总数分别为 27 所、17 所和 1 所,[3]法律支持力度的等级排名为 D、D、E。[4]因此,本文将着重从具体的法律要素方面出发,以典型的州为代表对比分析特许学校发展快的州与发展慢的州在法律支持力度方面的差异。

(一) 对特许学校数量是否有限制

亚利桑那州[5]可以说是对特许学校的支持力度最强的一个州,至 2006 年底已有 466 所特许学校,且法案中对特许学校的数量没有任何限制;加利福尼亚州[6]对特许学校的总数宽松度较大,同时规定每年的增长量为 100 所;密歇根州[7]对当地学校委员会、中间学校委员会或社区学院授权的特许学校数量没有限制,不过规定了由大学授权的数量为 150 所,以及底特律地区特许高中的数量限制为 15 所。这三个州对数量的限制相对而言都比较小。那么,在发展缓慢的州又是什么样的情况呢? 目前,夏威夷、阿肯色、密西西比这三个发展缓慢的州不仅特许学校数量较少,如前所述分别为 27 所、17 所和 1 所;而且,在此基础上分别对未来特许学校数量的发展规模做了严格且具体的限定。例如,夏威夷州[8]规定未来新建特许学校最多不得超过 25 所,转型过来的则不得超过 23 所;阿肯色州[9]规定未来新建特许学校的数量不得超过 24 所,对转型过来的不作限制;限制最强的要数密西西比州,[10]该州允许未来特许学校数量最大规模仅为 15 所,且规定 2005 年~2008 年,每年特许学校新增数量的限制为 5 所。全州目前正在开办的特许学校只有 1 所,而且还是公立转型过来的,并非新建的,由此可以看出在特许学校法上该州的限制之强。

(二) 授权主体是单一,还是多元

授权主体的多元化也是特许学校法支持力度的体现之一。亚利桑那州的特许学校授权主体可以是当地的学校委员会,也可以是州委员会;加利福尼亚规定如果申请达到标准,当地学校委员会、或州的教育委员会都可以授权;密歇根在这一点上多元化更为突出,不管是当地学校委员会、中间学校委员会,还是社区学院、州的公立大学都可以成为特许学校的授权主体。对比之下,夏威夷等三个州的授权主体就很单一。如夏威夷、阿肯色、密西西比都明确规定特许学校的授权主体只是州的教育委员会。另外,密西西比更加严格,还特别指出申请首先要得到当地教育委员会的许可。

(三) 对特许申请者是否有资格限制

在亚利桑那州,对特许申请者的资格限制最少,申请者可以是公共主体,可以是个人,也可以是私营组织;在加利福尼亚州,申请者可以是一人或多个人;在密歇根州,申请者可以是一人或多个人,或者一个实体(如合资公司、非营利组织、劳动组织或任何其他的合法实体)。因此可以看出,亚利桑那州特许学校法对特许学校的开办支持力度最大,密歇根尽管对营利组织有所限制,但申请者的覆盖面依然是比较广的。那么,再以发展缓慢的典型州为例进行对比,如密西西比州特许学校法规定有资格的申请者只能是存在的公立学校,因此这个州惟一开办的一所特许学校也是转型过来的。这样做的结果是特许学校无法脱离与传统公立学校之间千丝万缕的联系,仍然会受到很多的限制,不过是形式变了而实质却没有变,并没有真正具备特许学校的独特优势。同样,阿肯色州对特许申请者的限制也很多,首先排除个人创办特许学校的资格,规定申请者须是非营利的政府实体和大学;转型的学校必须由地区创办,而且那些非私立的、非宗教的学校才有资格转为开放招生的特许学校。

(四) 对特许学校类型与最初特许期限的规定

特许学校根据创建方式,主要有三种类型:一种是新建的特许学校,一种是由公立学校转制过来的,还有一种是私立学校转制过来的。在特许学校发展之初,由公立学校转制过来的较普遍,主要是为了争取更多的自主权;随着特许学校运动的发展,新建的特许学校数量逐渐占据优势,有越来越多的教师、家长或其他组织为了实现自己的某种教育理念愿意创办新的特许学校。根据美国教育部的报告数据,到 2000 年时,新建的特许学校数量占特许学校总数的 72%,由公立学校转型过来的占 18%,由私立学校转型过来的占 10%。[11] 由于各州特许学校法的条款规定不一,对这三种类型学校的限制也不一样。亚利桑那州、密歇根州的特许学校类型规定就比较多样,既可以是新建的特许学校,也可以是由公立或私立转型而来的特许学校,惟一禁止的是家庭型的特许学校。亚利桑那州的特许期限是各州中时间最长的,为 15 年,密歇根的特许期限也较长,规定最多为 10 年,至少每 7 年对其进行依法检查。加利福尼亚在学校类型上限制也很少,既可以是公立学校转型而来的,也可以是新建的,或以家庭为特点的特许学校。与亚利桑那州的区别是,加利福尼亚不允许私立学校转型为特许学校,最初的特许期限为 5 年。而发展较缓慢的州的特许学校法规定的学校类型不够多样,最初的特许年限也较短。如夏威夷规定只允许公立学校转型过来的和新建的特许学校两种类型存在,最初的特许年限至多 5 年,实际情况还要根据特许状中的具体期限要求。另外,密西西比州法律限制更大,只允许公立学校转型过来的这一种特许学校存在,最初的特许年限也很短,只有 4 年。

（五）开办特许学校是否需要"第三方同意"的正式依据

在一所特许学校开办前是否需要"第三方同意"（third-party consent），各州的规定也是不一样的。一般而言，对特许学校支持强有力的法律规定特许学校开办不必需要"第三方同意"，这是由于教师工会和学区的学校委员会认为特许学校侵犯了他们的既得利益，很容易成为特许学校的阻碍。例如，亚利桑那州和密歇根州的特许学校法都不要求"第三方同意"的正式依据，加利福尼亚州特许学校法虽然要求"第三方同意"的正式依据，但对支持率的要求不高，规定是要求在校老师对学校转型的支持率达到 50%，要求老师、家长或监护人对新建特许学校的支持率分别达到 50%。对比之下，对特许学校支持力度较弱的法律不仅要求"第三方同意"的正式依据，而且要求支持的比率较高。例如，夏威夷州的特许学校法要求老师、行政人员和家长的支持率分别都要达到2/3；而密西西比州在法律规定上限制更严，要求绝大多数的学校员工、教师和家长都要支持，而且还要在申请过程和特许运转过程中显示出学校、社区和家长的参与。

（六）对特许学校是否可以自动免除本州和地区大部分法律、法规和政策的限制

特许学校的优势之一就在于它有更大的自主权，可以不用受到州和地区大部分的法律、法规和政策对传统公立学校的束缚和限制。那么，在各州的特许学校法的规定中是否真的如此呢？我们先以法律支持较为有力的州为例，亚利桑那州的答案是毫不犹豫地肯定，而且没有任何附加条件；加利福尼亚州特许学校法规定可以自动免除州的大部分法律法规和政策的限制，但不能免除地区大部分法律法规和政策的限制（免除地区的特殊政策限制必须与发起地区在特许状中具体协商）；同样，密歇根州也是有限制条件的，不能自动免除州和地区大部分的法律、法规和政策的限制。可见，在现实情况中，对特许学校的限制还是比较多的，而亚利桑那州在这方面的法律规定依然很突出，对特许学校支持有力。再看阿肯色州和密西西比州，它们的答案都是否定的，规定即使要免除特殊法律、法规和政策的限制也必须在特许状中具体协商。从中我们不难看

出,特许学校争取自主权还有很长的一段路要走。

(七) 是否授予特许学校有合法的经营自主权以及财政自主权

特许学校的特点在于它是自我管理的机构,这方面和私立学校一样,在课程设置、教学进度、资金使用、教师招聘、日程计划、学生培养等方面都有很大的自由度。亚利桑那州的特许学校法在这方面顺应了特许学校的特点,明确规定特许学校有合法的经营自主权以及财政自主权,给特许学校相当大的自由和发展空间。加利福尼亚州承认特许学校有财政自主权,不过需要与发起地区进行协商,并在特许状中具体阐述。密歇根州的特许学校法有限制地承认特许学校合法的经营自主权,允许有财政自主权。它们在一定程度上都给予了特许学校自主权。但是,从发展较缓慢的州可以发现,它们的特许学校法极大地妨碍了特许学校的自主权实现,例如夏威夷、阿肯色和密西西比这三个州都在特许学校法中否认了特许学校的财政自主权。阿肯色州仅承认新建特许学校的合法自治权,但否定了转型学校的自治权;密西西比则控制得更为严格,不允许特许学校有合法的自治权。

(八) 是否能够保证特许学校的全额资金

资金是特许学校开办和发展的基础和保证,而特许学校现实瓶颈恰恰在于要用有限的、甚至数目不多的资金进行各种改革和创新,并且达到绩效责任的考核要求,这是相当有挑战性的。所以,支持强有力的法律首先应该保证特许学校能够有全额资金作为保障。例如,亚利桑那州的特许学校法在资金额方面的规定比较详细具体,规定当地学校委员会授权的特许学校,资金可以协商,并在特许状中具体制定,其他的特许学校资金根据与所有地区学校一样的资助方案制定,估计生均份额是 6 777 美元;当地学校委员会授权的特许学校的拨款通过地区到学校,其他特许学校的拨款直接从州到学校,从州直接到学校的拨款方式有利于学校得到足额的经费而不被地方从中削减;开办时的启动资金由联邦和州资助。加利福尼亚州和密歇根州的特许学校法也都规定州和地区的学校运营资金全额跟随学生,只是密歇根州下拨经费的时间有所延迟。该州每年的财政预算都是从 10 月份开始的,而学校在 8 月份就开学了,也就是说,一般学校要在开学之后的 6 周～8 周内才能从州政府那里得到当年的第一笔拨款,这可能会对学校资金运转有一定影响。特别值得一提的是,亚利桑那州设立了激励基金向特许学校提供启动经费,特许学校在办学第 1 学年均可申请到10 万美元以下的启动经费;加利福尼亚州为特许学校设立了循环贷款基金,贷款只能用在批准的项目上,申请的金额不超过 25 万美元。而且,特许学校也可以接受政府资助以外的捐赠。因此,这三个州在资金方面对特许学校的保障还是较为有力的。

然而,也有的州在资金方面保障不力,大大阻碍了特许学校的发展,使特许学校陷入困境。在此,仍以阿肯色州和密西西比州为例进行对比分析。阿肯色州在特许学校法中对资金的数额要求非常笼统,只是规定在特许状中具体制定,这样便很难保证在落实过程中特许学校可以得到充足的资金;而且学校开办时的启动经费没有州的支持经费。同样,密西西比州的特许学校法也没有提出基本的资金金额,也没有额外的资金保障;启动经费也没有州的资助。

(九) 特许学校的教师能否免除遵守劳资双方合约和地区工作规章的义务

州如果能够给予特许学校完全的人事决定权,那么这将有利于特许学校应用创新的教学方法、课堂组织形式、时间安排等,制定适合本校教师和学生的方案,促进学校的发展。但是,如果特许学校的教师仍然必须受到劳资双方合约以及地区工作规章义务的束缚,那么这既不利于特许学校的发展,也不利于教师积极性和自主性的发挥,从而会影响教学质量。

亚利桑那州、加利福尼亚州和密歇根州的特许学校法规定教师可以仍然遵守地区的劳资双方合约,也可以作为独立的个体与特许学校管理主体协商,或者独立地工作。不难看出,这三个州的特许学校法给予了教师相对自由的选择权。而在密西西比州和夏威夷州则对教师的自主权进行了限制,规定特许学校的教师也必须是地区的雇员,遵守地区的劳资双方合约和地区工作规章。

（十）特许学校的教师是否有资格要求以及学校能否得到设施和技术支持

从特许学校的特点来看,特许学校可以在社会上公开招聘教师,吸引有才能的人,而不必囿于其是否有教师资格,在人事上有较大的自主权,不过这种特点能否真正实现还是取决于各州特许学校法的规定。另外,致力于促进特许学校发展的州一般也会为学校提供一定设施和技术上的支持。亚利桑那州的特许学校法这一点上也突出地体现出对特许学校支持的力度,一方面它不要求应聘特许学校的教师必须有教师资格,给予了学校很大的人事任免的自主权;另一方面,在设施和技术支持上,法律规定教育厅必须发布州所拥有的未经占用的建筑清单以供选择,又规定由非政府实体和教育厅提供技术上的支持。加利福尼亚的法律支持力度稍显逊色,它要求特许学校的教师拥有教师资格,不过要求当地学校委员会在管辖范围内为特许学校提供设施,而且规定州的物资分配委员会和该州教育财政部门为特许学校设施项目提供资金,专门用于特许学校的设施经费为 4 亿,并由非政府实体和教育厅提供技术上的支持。然而,在夏威夷和密西西比州,不仅应聘特许学校的教师需要教师资格,这使特许学校在人事自主权方面被限制,而且特许学校法的规定对学校没有设施上的支持,因此特许学校的发展受到了很大的阻碍。

通过从十个具体的法规细节对特许学校法进行对比和分析,可以看出,不仅不同的州的法律对特许学校有的支持、有的限制,而且即使以支持为主的几个州其支持力度也有大有小。美国教育改革中心主席艾伦(Jeanne Allen)说,"特许学校的成就是法律的问题,法律实际起的作用关系更加重大,特许学校的任务是把孩子教育好——而且要比传统学校一直以来所做的更好,我们必须承认其中在起作用并积极影响学生成绩的事物,而只有强有力的法律才能做到这一点"。[12] 因此,可推论出学校成就在很大程度上是受特许学校法创造的环境影响的。

美国部分州特许学校法的差异简表

内容　　　各州 项目	法律支持较强的州			法律支持较弱的州		
	亚利桑那州	密歇根州	加利福尼亚州	夏威夷州	阿肯色州	密西西比州
总量限制情况	无任何限制	基本无限制	基本无限制	有限制	有限制	有严格限制
合法授权主体	多元化	多元化	多元化	单一化	单一化	单一化
特许合法申请人	无任何限制	基本无限制	一般限制	一般限制	严格限制	严格限制
类型限制情况	无限制	无限制	一般限制	有限制	一般限制	严格限制
期限限制情况	15 年	最多 10 年	5 年	最多 5 年	3 年	4 年
是否自动免除大部分公立学校法律限制	可以	不可以	可以免除州法律限制，但不能免除地区法律限制	可以	不可以	不可以
是否需要"第三方同意"	不需要	不需要	需要，支持率达到一半即可	需要，支持率要求大于 2/3	需要开公众听证会	需要，支持率必须达到较高水平
是否有经营自主权	有	受限制	有，需具体协商	受限制	无	无
是否有财政自主权	有	有	有，需具体协商	无	无	无
是否保证全额资金	可以	可以	可以	基本可以	无保证，需具体协商	无保证
教师能否免除遵守劳资双方合约地区工作规章的义务	能	能	能	不能	可具体协商	不能
教师资格是否有限制	无限制	有限制	有限制	有限制	可具体协商	有限制
学校能否得到设备/技术支持	能	能	能	不能	能	不能

　　综上所述，目前美国各州特许学校发展不均衡的情况与各州特许学校法的支持力度差异密切相关，因此法律对教育的发展起着至关重要的作用。虽然特许学校的总数在不断增加，但特许学校在全美各州普及并均衡地发展起来还有很长的路要走，其中各州的特许学校法是一个重要的影响因素。可以说，更加完善的立法是促进特许学校健康发展的有力保障。

参考文献:

[1][3] Center for Education Reform [EB/OL]. http://www. edreform. com/_upload/ncsw-numbers. pdf,2006-10-15.

[2][4] Center for Education Reform [EB/OL]. http://www. e-dreform. com/ _upload/ranking _chart. pdf,2006-11-22.

[5][6] Center for Education Reform [EB/OL]. http://www. e-dreform. com/ charter _ schools/ laws/CER _ Arizona Law. pdf? CFID = 5428418&CFTOKEN=23987819,2006-09-25.(注:文中亚利桑那州和加利福尼亚洲的法律资料均取自此特许学校法简表)

[7] Center for Education Reform [EB/OL]. http://www. edreform. com/charter schools/laws/ CER_M ichiganLaw. pdf? CFID=5428418&CFTOKEN=23987819,2006-10-04.(注:文中密歇根州的法律资料均取自此特许学校法简表)

[8] Center for Education Reform [EB/OL]. http://www. edreform. com/ charter_schools/laws/ CER_HawaiiLaw. pdf ? CFID = 5428418&CFTOKEN=23987819,2006-10-05.(注:文中夏威夷州的法律资料均取自此特许学校法简表).

[9] Center for Education Reform[EB/OL]. http://www. edreform. com/charter _ schools/laws/CER _ ArkansasLaw. pdf? CFID = 5428418&CFTOKEN=23987819,2006-10-07.(注:文中阿肯色州的法律资料均取自此特许学校法简表).

[10] Center for Education Reform [EB/OL]. http://www. edreform. com/ charter _ schools/ laws/CER_ MississippiLaw. pdf? FID = 5428-418 &CFTOKEN=23987819,2006-10-10.(注:文中密西西比州的法律资料均取自此特许学校法简表)

[11] Beryl Nelson,etc. The State of Charters Schools 2000:4th Year Report[EB/OL]. U. S. Department of Education,http://www. ed. gov/

pubs/charter4thyear，2006-06-07.

［12］Center for Education Reform. Strong Charter School Laws Boost Achieveme ［EB/OL］ t. http:// www. edreform. com/in-dex. cfm? fuse Action＝document & document ID＝1703，2006-07-19.

（本文发表于《比较教育研究》2008 年 3 期。作者金添，时属单位为北京师范大学国际与比较教育研究所）

九、"特许学校"重建美国公立学校探析
——英国《1988 教育改革法》评介

(一) 特许学校重建美国公立学校的实践概览

"特许学校"(Charter School),也译作"执照学校"、"章程学校"等,是近年美国"教育市场"上出现的"新品种",是传统公立学校新的实现方式。所谓特许学校,是指在获得法律批准并获得州(学区)签订的办学合同章程和公共教育经费支持下,由大学、社区学院、教师团体、社区组织、工商企业甚至个人来经营和管理的学校。如果说,教育券计划是美国重建公立学校的第一项大的计划,那么特许学校无疑是美国目前公立学校重建项目中最具生命力的实践,受到了社会各界的好评与欢迎。以下,我们通过不同侧面来透视特许学校,以期得到相对深刻而全面的认识。

1. 特许学校在美国近 15 年的发展历程

特许学校的构想在 20 世纪 80 年代末出现,1992 年美国明尼苏达州的两位教师创办了第一所真正意义上的特许学校。此后,特许学校在美国迅猛发展,七年间出现了 800 所,注册学生超过 10 万。[1]1997 年 9 月,29 个州通过了特许学校立法。[2]至 2003 年,40 个州和哥伦比亚特区通过了特许学校立法,其中 37 个州有实质性的特许学校存在,全美大概有 2 600 余所运行中的特许学校,有超过 50 万的学生在这类学校上学。在 2004~2005 学年里,在美国 32 个州里又有 400 所新开办的特许学校,特许学校总数达到 3 400 所,近 100 万儿童在特许学校上学,占基础教育在校生总数的 2%。[3]另据美国教育改革中心

（Centre of Education Reform，简称 CER）提供的数据，在 2005～2006 学年度美国共增加 424 所特许学校，总数达 3 600 余所，占美国公立学校总数的 4%。90 年代中后期开始，美国特许学校的数量每年都保持着两位数的增长趋势，尤其是在亚利桑那、加利福尼亚、佛罗里达、密西根、明尼苏达、俄亥俄、德克萨斯和威斯康星等州。

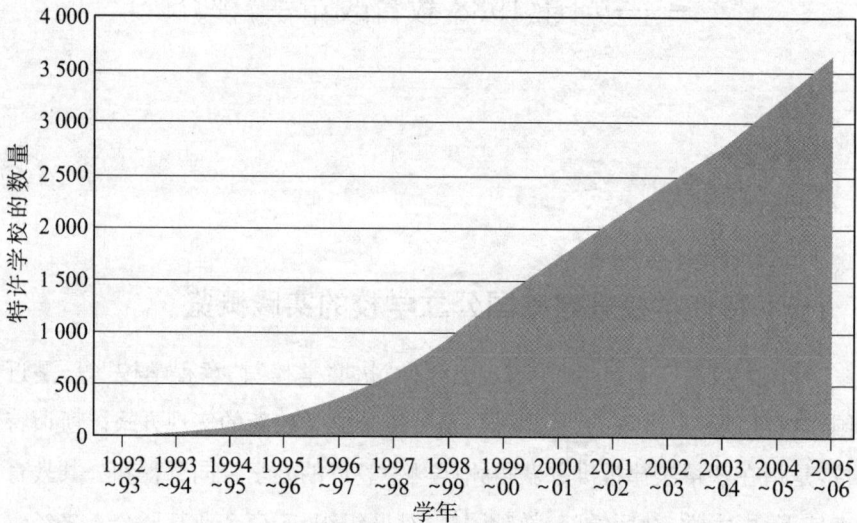

图 1　美国运行中的特许学校的年度增长情况（1992～2006）[4]

2. 特许学校办学的一般原理

特许学校的章程（charter）一般必须明确制定办学使命、设计好教育计划、教学方法、评估手段、财政计划、人事管理、招生政策等。州（学区）与学校签订特许状（或合约）为学校提供资金，但不参与具体运作。特许学校在美国不同州的概念和实践，也表现出程度不同的差异。比如说，明尼苏达州所有的特许学校都必须以独立的、非营利或合作性的组织建立，不属于任何一个学区；威斯康星州则刚刚相反，特许学校必须在当地的一个学区内获得承建；而密西根州的特许学校可以根据学生年龄和招生数来选择学生，但必须是在根据"先来先录取"的原则招生满员之后，才采取随机选择的方法来招生。

不过，特许学校也拥有一些共同的原则和性质，总体上讲，它奉行公共教育的基本原则，如不收学费、不挑选学生，不具有宗教性质；根据学生的自愿选择，经费通常按注册人数拨付，不受地方学区及传统公立学校所要接受的规章制度的约束等。西蒙(Simon)等人将特许学校的特点概括为三点:第一,特许学校是公立学校,因为它是由税收支持而不是学费维持的学校;第二,特许学校看起来像私立学校,因为学生不是被指派过来的,学生的入学必须申请入学;第三,它们独立于很多州和学区的管制。[5]布什政府力主特许学校具有三方面的特性(优点):一是注重结果的绩效(Accountability for Results),特许学校的灵活、自治办学是以改善学业成绩为交换条件的,一旦没有实现目标就会面临被关闭的危险;二是灵活性和地方管理(Flexibility and Local Control),在州获准下,父母、教师、社区以及商业组织都可以自主创新,从零开始组织、承办特许学校;三是更多的父母选择(More Options for Parents),特许学校对所有的学校开放,而且不收取父母费用,父母可以选择更适合自己孩子学习需要的学校。

3. 特许学校的经费运营

特许学校是公立学校,因此,办学经费投入仍由政府负责。克林顿任职期间,对特许学校十分支持,资金拨款连年追加:1995 年 600 万;1997 年 5 100 万;1998 年 8 000 万。1995 年,国会颁布了"公立特许学校计划"(The Public Charter Schools Program,简称 PCSP),计划启动之初就拨付了 600 万的启动资金,有统计数据表明,小布什总统自就任以来,已为特许学校计划投入 6 亿多美元,[6]而且在 2007 年预算中,还为"特许学校设备贷款信用增进计划"(Credit Enhancement for Charter School Facilities Program)提供 3 660 万的资金,该计划自 2001 实施以来,联邦政府已累计专项拨款超过 1.6 亿。[7]联邦政府的支持与资助为特许学校的发展起到了重要作用。(见图 2)

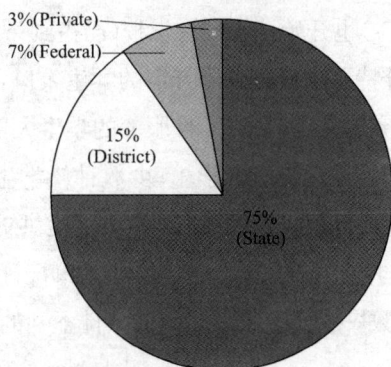

3%(Private)
7%(Federal)
15%(District)
75%(State)

图 2　特许学校办学经费来源分布[8]

4. 特许学校的规模与分类

目前,大部分特许学校的规模都还比较小,2005 年全国平均规模为注册学生 297 人,大概是普通公立学校在校生规模的一半。具体到各州,特许学校在校生平均规模各不相同,如宾夕法尼亚 488 人,内华达 334 人,而新罕布什尔为 86 人。[9]特许学校分布广泛,但一半以上的特许学校是在城市地区。尽管特许学校学生所占份额不大,但是特许学校仍供不应求,2/3 的特许学校招生超编,40％的特许学校有排队名单。[10]

从学生群体分布来看,特许学校最多的是 K-8 阶段的学生,占 52％;83％的特许学校给一年级学生提供服务,这一比例在两年中增长了 27 个百分点。全美52％的特许学校是初级学校(Elementary,这里指 K-8 年级),21％的特许学校是高中(High School,包括从 9 年级到成人教育),另有 27％是初高中混合型学校(Combined,即综合了前两种学校)。[11]从特许学校产生的来源看,一是由传统公立学校或私立学校转型而来的学校(conversion school),另一种是新成立的学校(start-up schools)。据统计,现在美国的特许学校当中,大约有 60％是新建的,30％是从公立学校转制而来的,10％由原先的私立学校转制而来。[12]特许学校的申请/举办主体具有多元性,非营利性组织是申请和经办特许学校的主体,约占33％,公立学校占 24％,合并(combination)占 16％,营利性组织占 9％,父母占6％,社区团体占 6％,教师占 4％,大学/学院占 2％,私立学校不到 1％,教师联合会不到 1％(由于有些学校提供一个以上的选项,故比例之和超过了 100％)。[13]历史地看,特许学校一般是由具有理想和远见的教师、父母等通过企业家精神来建立和管理的,但是,近来大型"教育管理公司"(Education Management Organizations,简称 EMOs)也开始接管特许学校(已占到举办主体的 9％)。另外,从服务面向来看,大部分特许学校服务于特定的学生人口,比方说不利人群学生。美国教育改革中心的研究者认为,特许学校服务的学生大部分是在传统公立学校中受关注不够的学生,如处于危急中的学生、少数种族学生以及低收入家庭的学生。传统公立学校没有像特许学校那样对这些学生提供更多的关注和特定的教学。[14]大部分特许学校与同一区域的公立学校的人口统计特征相同,大约有 1/3 的特许学校是专门为少数民族学生或家庭经济条件不利的学生而设。

5. 特许学校的立法

自 1991 年明尼苏达州第一个特许学校法颁布以来,截止目前,美国已有

40 个州和哥伦比亚特区进行了特许学校立法(还没有立法的 9 个州是:阿拉巴马、肯塔基、缅因、内布拉斯加、蒙大拿、北达科他、南达科他、佛蒙特、西弗吉尼亚)。根据条款规定的严格程度而言,特许学校的立法有强、弱之别。大体上讲,21 个州(特区)的立法是强的,另外 20 州(特区)的立法则相对要弱。立法强的州,特许学校的开办数量和学生注册人数也相对较多,比如亚利桑那、加利福尼亚、佛罗里达、德克萨斯等。在所有的州当中,加利福尼亚注册学生数量最高,达 219 480 人,如果将华盛顿哥伦比亚特区看成是一个州,那么它是特许学校占据公立学校数量份额最多的地区,达 26%。[15]另外,具有多个特许学校授权机构的州的特许学校数量是只允许地方学校委员会一家授权的州的 4.5 倍。在 10 个只允许单一授权机构的州,只拥有 4%的特许学校,而 96%的特许学校位于具有多个授权机构的州。美国特许学校由多种权力机构批准设立,其中由地方学校委员会批准设立的占 42%,州特许委员会 14%,州教育委员会 30%,大学/学院 9%,市长 1%,其他(不具体)4%。

(二) 特许学校重建美国公立学校的"特殊"机理

1. 特许学校的"特殊"运营机制

特许学校一般由州设立,必须达到其他公立学校的所有标准,并能够与学校所在的学区竞争生源,学校被"特许"之后,在人员聘用、课程设置、办学经费使用等诸方面具有很大的自主权,几乎是独立于政府管理之外,政府则通过绩效责任来管理特许学校。对此,科尔德打了一个形象的比喻:"在百货商店或超市,本店员工经营某些部门,而把其他的部门包给外单位来经营。学区也可采用相同的做法,把某些特定学校、特定年级或特定科目包给别人,不管在哪一情况下,承包人都必须为所有学生和家庭服务。根据学生成绩的提高情况,他们可以从学区获得报酬。"[16]"克莱特基础教育工作组"更为形象而深刻的理解是:特许学校的基本理念,即用取得满意成绩来换取运作和管理的自由,这在教育的各个层面都实用。"各个环节的执行者都享有该环节完全的自主权,可以按照自认为最好的方式去做,但必须为结果严格负责。就教育而言,结果主要以学生的学习情况和家长的满意度来表示"。[17]如果学校达不到令公众满意的办学效果,家长可以随时将学生转走,学校也将随时被取消、关闭。因此,特许学校的管理模式是以自治、父母选择（但学校不选择学生）和对结果考核的激励机制这些特许原则为基础的。

通过以上分析可知，特许学校事实上是一种教育产权实现方式的变革。是将教育产权放置于广义上的产权的"委托——代理"关系之中。它依靠契约（特许章程），在委托者（州或学区）与受托者（特许学校的经营者）之间分解教育的权利，给受托者以部分产权（学校运营的支配权、使用权），激励受托者去行使产权，从而实现委托者的委托目的。

2. 特许学校之"公"与"私"运营机制的进一步思考

尽管特许学校自身存在很大的异质性，但是任何一所特许学校都与传统公立学校有着明显的区别，它"混合"了一般公立学校和私立学校的性质，但又分别远离了这两类学校，与它们存在十分显著的差异。一方面，特许学校要实现公立学校的基本价值使命，承担公立学校所共有的责任和义务，尤其是要依赖政府的财政拨款为主来维持办学；另一方面，特许学校又与私立学校一样具有充分的办学自由、自主权，它可以满足学生的学校选择需要，追求教育的自由和效率。我们通过以下一览表来进一步理解特许学校的性质和特点：

传统公立、私立学校与特许学校的比较

	传统公立学校	特许学校	私立学校
学校性质	公立学校	公立学校	私立学校
基本办学使命	教育公平	教育公平＋教育自由	教育自由
办学主体	政府	政府以合同形式委任给组织和个人（如教师、父母）	教会、其他团体、个人（大部分有宗教背景）
办学与管理	政府管理	基本自治	完全自治
招生	划区招生，就近入学	开放入学，不受政府指派，允许学生自由选择	学生自由选择学校
主要办学经费	政府财政，不收学费	政府财政，不收学费（生均经费与公立学校同）	自筹，收取学费
占相应在校生总数的比例	85％	2％	10％

总而言之，创办特许学校就是要运用市场化的方式来重建美国公共教育系

统,把市场经济的竞争机制、分权机制、消费理念和绩效责任等思想引入教育领域。特许学校废除了传统公立学校中的政府权力网络,首先解放了学校办学者和教师。特许学校突破了就近入学的限制,获得了经费自主支配等权益,赋予了学生和家长自由进入和退出学校的权利,将自由择校和市场竞争的机制变成了办学的日常实践。特许学校所获得的上述"变通"当然是在特许的章程之下来实现的。也就是说,特许学校的责任与权力一样,随一纸合约签订,落到了办学者的肩上。特许学校必须为自己的办学结果负责,必须以更为出色的教学成绩、更为满意的办学效益来获得社会认可与立锥之地。

参考文献:

[1] Margaret Hadderman. Charter Schools [EB/OL]. ERIC Digest,NO. 118,1998-02-01

[2] [5] Simon Hakim,Daniel J Ryan and Judith C. Stull. Restrcurutring Education:Innovations and Evaluations of Alternative Systems [M]. Pragers, 2000.

[3] Geogre W. Bush. National Charter Schools Week [R]. FDCH Regulatory Intelligence Database,2005-04-28

[4] [8] [9] [13] [14] Jeanne Allen,David Heffernan. Charter School: Changing the Face of American Education [R]. The Center for Education Reform, http://www. edreform. com, 2006-02-07.

[6] [7] Us Department of Education. No Child Left Behind and Charter Schools:Giving Parents Information and Options[EB/OL], www. ed. gov, 2006-04-07.

[10] Suhrid S. Gajendragadkar. The Constitutionality of Racial Balancing in Charter Schools [J]. Columbia Law Review, 2005(12):86.

[11] [15] The Center for Education Reform. Charter Schools By the Numbers [EB/OL]. http://www. edreform. com, 2005-10-06.

[12] 杨慧敏. 美国基础教育[M]. 广州:广东教育出版社,2004:136.

[16] 雷·马歇尔、马克·塔克.教育与国家财富:思考生存[M].顾建新,赵友华译.北京:教育科学出版社,2003:175.

[17] 国家教育发展中心.发达国家教育改革的动向和趋势(第 7 集)[C].北京:人民教育出版社,2004:165.

（本文发表于《比较教育研究》2008 年 8 期。作者李承先,时属单位为浙江师范大学教育学院;作者贺武华,时属单位为杭州电子科技大学人文学院）

十、美国特许学校政策:论争与走向

从诞生之日起,美国特许学校就处在不同利益集团的博弈之中,博弈既使特许学校的性质和特征更加鲜明,使之受到了更多的关注,但过多的论争也对特许学校的发展构成了干扰。在美国,围绕特许学校改革形成了两大对立的集团:支持者一方被称为"改革联盟",包括:商业组织、社会学科的教授、私人基金会、智囊团、教育改革利益团体、联邦教育部的部分人员、许多州的州长、美国前总统克林顿、布什;反对者一方被称为"传统联盟",包括教师联合会、学校委员会协会、学校管理者协会、部分州教育部的人员、教师和学校管理者培训学校以及利益团体联合组织。[1]两大对立的利益集团就特许学校的效能、责任和公平性等方面展开了针锋相对的论争。

(一) 效能之争

效能是所有引入竞争机制的改革的核心理念,也是特许学校的倡导者立论的主要依据。美国特许学校的倡导者将它的效能归结为两个方面:其一是生产效能,即提高在校生的学习成绩;其二是激励效能,即提高本学区内传统公立学校的教学成效。当然,效能高低与否的重要指标还是学生的测试分数,如阿姆雷因(Amrein)所说:"在最近数十年,测试分数已经开始统治关于学校及其成绩的话语,家庭的许多重要决定,比如到何处居住,都建立在小孩在考试中所取得的分数之上……在联邦和州一级,测试分数越来越多地用于评价计划和分配教育经费"。[2]为了获取有利于自身的论据,支持方和反对方都对特许学校的效能状况进行了的大量的研究，研究的结果差异明显，甚至相互对立。

　　为了获取有说服力的数据和资料，以便争取更多的家长和决策者选择与支持特许学校，改革阵营的学者与研究机构对特许学校的学生成绩进行了纵向和横向的比较研究。2009 年，美国教育改革中心（CER）对纽约市的特许学校效能进行了全面和详尽的研究，该研究几乎考察了纽约市的所有的特许学校，分析了从 2000～2001 学年到 2007～2008 学年的学校数据和学生测试分数。结果表明：特许学校学生的学习时间为 192 天/年，比传统公立学校长两周半；到八年级末，特许学校学生的数学测试分数总体上高于传统公立学校学生 30%，阅读成绩总体上高于传统公立学校学生 23%；不论学生的种族、民族或性别，特许学校的积极影响几乎是相同的。[3]2005 年～2009 年，美国公立特许学校联合会（NAPCS）委托了一项关于特许学校研究的元研究，该研究抽取了美国本土 210 项特许学校研究中的 140 项研究数据，采用比较成熟的研究技术对这些数据进行再分析，得出的结论是：特许学校对小学生的语文学习和中学生的数学学习的影响最大，而且特许学校改革的积极影响力远远大于其它公立学校的改革。[4]但是，关于特许学校对周边学校的激励效能，改革阵营的研究者还没有拿出系统的研究成果。

　　反对阵营的研究结可以分为两个方面：一者是揭示特许学校生产效能低下的研究，二者是揭示特许学校激励效能低下的研究。2004 年，美国教师联合会（AFT）公布了一项由美国教育统计中心和教育评价管理机构推出的关于特许学校的教育进展评价报告（NAEP），该报告是对特许学校的总体教学成效、少数民族学生的测试分数、特许学校中的贫困家庭学生的测试分数、受地方学区管理松紧程度不一的特许学校的教学成绩等进行了分类研究和跨地域研究的结果。该研究数据表明：大部分数据显示特许学校的教学成绩低于传统公立学校，只有少部分数据显示特许学校的教学成绩与传统公立学校持平，没有足够的数据体现特许学校的教学成效高于传统公立学校。[5]特别值得提出的是齐默尔（Zimmer）等人在加利福尼亚州进行的一项研究，该研究旨在说明特许学校的存在对周边传统公立学校的激励效能。研究者首先对全州范围的和特许学校比较集中的六个学区的传统公立学校校长进行问卷调查（全州范围内为抽样问卷调查),主要分析特许学校的存在对周边传统公立学校校长的压力。统计结果表明:80％以上的传统公立学校的校长认为特许学校的存在对自身不构成压力,也不影响自身的教学和管理的变革。[6]第二步主要利用学生的测试成绩来研究特许学校的存在对周边传统公立学校学生学习成绩的影响。统计结果表明:现有的特许学校与传统公立学校学生的测试成绩的相关系数均低于0.1,而新建特许学校与传统公立学校学生的测试成绩的相关系数也在0.1～0.2之间,这些数值甚至还低于传统公立学校之间的学生测试成绩的相关系数。[7]

(二) 责任之争

哈耶克在谈到自由与责任的关系时说:"自由不仅意味着个人拥有选择的机会和承受选择的负担,它还意味着个人必须承担自由行动的后果,并接受对自己行动的赞扬或非难。自由与责任密不可分"。[8]个人是这样,机构或组织也是如此。既然特许学校享受传统公立学校所无法享受的自主性,享有相对较高的办学自由,那么它就应当承担相应的责任。这一点也得到特许学校的倡导者和反对者的一致认可,只是他们所理解的"责任"类型很不一样。此外,特许学校成立前一般要与特许状的授予者签订一份为期3～5年的协议,协议的内容因地而异,但大多数规定特许学校的运营者必须在规定期限内达到预定的质量要求,达不到者就会面临被关闭的威胁。这也从另一个侧面强化了特许学校运营者的责任意识。

特许学校虽然享有相对较多的自主管理权力,但相比传统公立学校而言,特许学校的学生不是由地方学区分配的,就读与否取决于家长和学生,因此,能否有效地吸引"顾客"的目光就至关重要。因此,特许学校的责任就有两个方面,即对政府(其它授权者)的责任与对市场(顾客和教师)的责任。在这两方面的责任问题上,美国本土的研究者中间存在颇大的争议。特许学校的倡导者一般更加倾向市场的责任,因为只有更多地获取学生和家长的支持,吸引更多优秀的教师,特许学校才有生存的空间和发展的可能。同时这些倡导者要求授权者给予真正的自主性,要求获得更多的公共教育资源,他们认为只要有充分的自主性和资源,特学学校自然就能履行自身的责任。而特许学校的反对者认为,过分的市场动机会促使特许学校"责任内转",[9]即只关注自身的市场利益,只关注如何提高自身对顾客的吸引力,忽视了一所公立学校所应该承担的公共责任。

特许学校的倡导者认为,绝大多数家长、学生和教师对特学学校是非常满意的,特许学校在它们的顾客当中是十分受欢迎的。明尼苏达和德克萨斯两州的调查研究显示,85%~90%的特许学校的家长群体对特许学校作了"A"或"B"的评价,而传统公立学校的相应比例为 70%。总体上,特许学校的学生群体也是满意的,61%的学生表示愿意向自己的朋友推荐特许学校,尽管在教学资源和物理设施方面还存有保留意见。特许学校的教师对学校的满意度同样处于较高水平,据调查,81%的教师对特许学校表示满意或非常满意,只有 6%的教师显示不满或非常不满。因此,研究者认为,特许学校已经成功地履行了应尽的责任。[10]

反对者指责特许学校作为公立学校,接受公共教育经费的资助,但是没有履行一所公立学校所应该履行的责任和义务。赛泽(Sizer)在《谨守承诺?关于特许学校的争论》一书中指出:"(它们)违背了国家公共教育的价值承诺,这些特许学校没能提供公平的机会、追求公共责任或者公共目的等我国公立学校的标志性特征"。[11]有些研究者认为,美国公立学校自 19 世纪中期以来,一直是美国的自由与民主等传统价值观念的传递者,是美国公民社会存在的基础,虽然公立学校在发展中也曾遇到挑战,但正因为其强有力的公共指向性而为美国民众所包容和支持。而特许学校的"责任内转",是完全违背了美国公立学校的传统,抛弃了公立学校的优点和长处。根据特许学校的协议,开办者完全可以将特许学校外包给一些营利性或非营利性的组织来管理,在美国也确实存在许多以赢利为目的的教育服务公司(比如美国的爱迪生公司)来经营和管理特许学校的案例。由这些营利性组织运营和管理的特许学校,所受到的质疑和批评更加普遍,尽管部分特许学校因外包而获得了一定的成效。许多反对者认为,以赢利为目的来经营特许学校的组织,必然以最低的成本获取最大的效益为准则,那么,一些与提高学生测试分数无直接关系的项目就会被大幅削减,比如社区教育、民主观念以及和公民观念和行为方式等价值教育,许多教育服务公司还可能将办学资金用于其它与教育无关的商业活动。

(三) 公平之争

公平问题伴随着几乎所有的教育改革措施,在美国的公共教育发展历史上,几次规模比较大的改革动作都会受到公平的挑战,比如 20 世纪 60 年代的"反种族隔离"运动以及与此几乎同时的"补偿教育"运动,而稍早于特许学校政策的教育券更因为公平困境而备受诟病。但是,特许学校与上述教育改革不同,据许多调查结果显示,美国特许学校的学生中白人的比例要低于学校所在地的白人群体的比例,而少数族裔的比例则要高于当地的相应比例,而特许学校又是经过家长自主选择的,按理不应该存在有悖公平的问题。而许多特许学校倡导者也正以"在资源不足,享受免费或减价中餐的学生比例偏高的情况下,仍然取得了比传统公立学校更好的教学成就"为骄傲的资本。然而,由于美国社会和教育系统的复杂性,关于公平问题的争论始终困扰着特许学校的发展。

美国特许学校作为公立学校不能够选择学生,它是一种开放入学的教育形式,特许学校所在学区内的任何一个家长都有权利为小孩选择进入或者退出特许学校。教育的可选择性可以使学生和家长获得其所需要的教育资源(至少在理论上是如此),有助于提高学生和家长对学校教育的满意度。选择同样也会带来不平等,"自由不仅与任何其他种类的平等毫无关系,而且还必定会在许多方面造成不平等。这是个人自由的必然结果和证明其正当的部分理由"。[12]这种不平等首先表现在选择的可能性上。特许学校的支持者可能会说,它们并没有在申请就读的学生中进行筛选,而是根据申请的先后顺序招收学生。然而,在市场行为中,买者和卖者之间存在较大的信息差别,卖者对自己拥有的产品的优劣程度了如指掌,会极力夸大优质的一面同时极力掩盖有缺陷的一面。教育市场中同样存在这种信息不对称的现象,家长和学生在获取特许学校的真实信息时常处于不利地位,莱文(Levin)曾经指出:"关于学校质量信息的编码和量化(甚至人为操纵)有许多争议,这些行为很可能导致家长根据虚假的信息作出错误的决定",[13]这种不对称状况还会被许多学校的夸张的和伪饰的宣传所加重。此外,由于社会经济地位和知识程度上的差异,家长之间的选择能力上也会存在明显的差异,一般来说,社会地位较高者和知识较丰富者获取真实信息的可能性要远远大于处境不利的家长群体。如金蒂斯(Gintis)所言:"只有在家长比社会中的其它代理人更有能力对孩子的教育需求作出理智的选择,也只有当家长比其它代理人更愿意花时间和更努力地将孩子放在适当的教育环境中时,学校选择的模式才是合理的"。[14]现实情况是,许多家长并不比教师更了解孩子的教育需要,而且许多工薪阶层的家长也没有足够的时间、精力和能力来认真考虑孩子的教育需求和合适的教育环境。

有关不平等的争论还表现在种族隔离(阶层差异)上。特许学校的支持者认为,它们不但没有扩大种族隔离,而且还拉近了种族平等,根据他们的一项研究:70%的特许学校的种族/民族构成与学校周边地区的种族/民族构成一致,17%的特许学校的有色人种比例高于周边地区,14%的学校低于周边地区。[15]然而在此之前,科布(Cobb)的一项研究却得出与之相反的结论:大多数的特许学校在种族构成上不同于邻近的其它公立学校,因为前者有更高比例的白人学生。[16]类似的研究还能举出不少,但所得出的结论同样莫衷一是,很难提供有说服力的论据,用美国兰德公司的研究者的话说就是"可悲的薄弱"。[17]这里的原因是多方面的,有研究者价值立场的原因,也有研究对象取样的原因。此外,在公共教育经费资助方面,支持者和反对者同样是针锋相对,支持者认为,特许学校招收了较高比例的处境不利家庭的学生和有特殊教育需要的学生,教育经费的严重不足已经成为特许学校有效地履行教育责任和继续发展的重要掣肘。而反对者则认为,许多特许学校由教育服务公司所经营,这些组织的目的在于追求利润,因此过多的公共教育经费很可能会落入私人的口袋。

(四)博弈下的走向

改革联盟的大力宣传和支持有力地推动了美国特许学校的发展,在近 18 年的时间内,特许学校的数量从 1992 年的 1 所增加到 2009 年的 4 578 所,服务学生 1 407 421 人,分布区域从 1992 年的明尼苏达州到 2009 年的 40 个州和华盛顿特区。[18]仅从数量上来看,美国特许学校确实获得了飞速的发展,而且在美国博得了越来越多的支持者。但是到目前为止,特许学校仅占美国公立学校学生总数的 2％。由于传统联盟的抵制和批评,特许学校在已颁布特许学校法的 25 个州和华盛顿特区还面临着诸多的限制,如伊利诺伊州特许学校法只允许在该州开设 60 所特许学校,北卡罗来纳州规定每年只能新增 5 所特许学校,而马萨诸塞州规定划拨给特许学校的经费不能超过学区教育经费的 9％。这些硬性的法律规定对当地的特许学校的发展是一种严重的束缚。美国教育改革中心的数据显示:2002～2003 年度,有 39％的特许学校有大量学生排队等待入学,平均每校达到 135 人。[19]

处在这场政治博弈之中的特许学校将会面临怎样的发展前景,我们总体上持既乐观的态度。作出这种判断主要基于三个方面的考虑。

首先,美国联邦政府的强有力支持。2008 年 9 月起,美国的经济遭受了金融危机的严重打击,许多州为了减少财政赤字和政府预算,大幅度削减公共教育经费,使许多学区和学校的财政状况处于崩溃的边缘。2009 年 4 月,美国联邦政府推出一项"力争头等"(Race to Top Fund)教育资助计划,向各州提供43.5亿美元的教育奖励经费,旨在提高美国公立学校的教学成绩和缩小学校间的差距。据美国新任教育部长邓肯(Duncan)透露,希望获得这项资助,各州的学区必须满足四项条件,其中之一就是支持特许学校发展。[20]这项措施一经提出,立即得到多数州的响应,它们都希望获得这笔奖励经费来缓解举步维艰的学校财政状况。这项措施将在一定程度上减少特许学校在各州受到的阻力,但是仅有此一项还不足以保证特许学校的明媚前景。

其次,特许学校法的修订。立法层面通常是政治博弈的焦点,各方试图影响法律的制定和修订来控制一项改革,美国特许学校法就是一个明显的案例。特许学校法是各州特许学校改革的重要政策依据,其内容广泛,几乎涉及这类学校的所有方面,比如设置、招生、经费、教师、税收以及日常运营等。因为反对集团的存在,许多州的法律对特许学校的申请人资格、特许学校的数量和招生人数、特许学校的经费以及特许学校的自主权等施加了严格的限制。2009 年 2 月,美国教育改革中心发布了一份《特许学校责任报告》,该报告指出:18 年来所关闭的 657 所特许学校中,因为教学低效而被关闭的占 14％,而特许学校法获评等级较高的州(A 级),比如亚利桑那州、加利福尼亚、科罗拉多、明尼苏达州等地,因为教学低效而被关闭的特许学校仅占当地被关闭特许学校数的 2％～10％,远远低于全国平均水平。[21] 2009 年 6 月,美国公共特许学校联合会拟定了一项供各州参考的模范特许学校法,该法列举了有效特许学校法的 20 项组成要素,对特许学校法的具体组成部分和条款都做了非常详尽的分析,并提供了几个模型以备各州参照和选择。[22] 当然,模范特许学校法能否得到响应还不得而知,如果能得到支持,将会十分有利于特许学校改革的推进和管理的规范化。

其三,对立集团间对话的初显。一直以来,特许学校作为传统公立学校的对立面和批判者的形象出现,特许学校的倡导者批评传统公立学校的教育垄断、浪费资源、效率低下、漠视学生需求和压抑学生个性,但是,他们也没有提供出体现自身优势和特色的客观和令人信服的研究成果。这样必然会招致传统公立学校的反击和一些中立机构的批评与质疑,从而造就了一个不利于自身发展的政策和社会环境。部分迹象显示,尽管两大对立集团在观念和利益上还存在巨大的分歧,但两者由对抗走向协作的可能性是存在的。2005年,美国教师联合会纽约市分会在布鲁克林区开设了一所特许小学,这所学校根据该分会与纽约市教育当局经过谈判后达成的协议来管理。鉴于美国教师联合会在特许学校政策上的强硬反对立场,纽约市的这次行动意味深长,尽管不能由此得出其立场将根本转变的结论,但这次行动如能获得成功则可能软化教师联合会的强硬立场。特许学校如果能得到美国教师联合会的支持,将会极大地减轻它的进一步发展可能遇到的阻力,当然这也有助于教师联合会吸纳特许学校老师入会。然而,这仅仅是一个信号,要真正结束博弈、实现协作还有很长的道路。

参考文献:

[1][19] Sandra Vergari. The Politics of Charter Schools. Educational Policy [M]. 2007:21,26.

[2] Amrein, A. L. The Effects of High-stakes Testing on Student Motivation and Learning Educational Leadership [J]. 2003,60(5):65.

[3] NAPCS. How New York City's Charter Schools Affect Achievement

Report［EB/OL］. http://www. edreform. com/upload/pdf，2009-09-05/ 2009-11-05.

［4］NAPCS. Charter School Achievement：What We Know（5TH edition），［EB/OL］. http://www. publiccharters. org/files/publications/ Final. pdf，2008-8-2/2009-11-02.

［5］AFT. Charter School Achievement on the 2003 National Assessment of Educational Progress［EB/OL］. http://www. aft. org/pubs-reports/ downloads/. pdf，2004-7-8/2009-11-12.

［6］［7］Ron Zimmer. Is Charter School Competition in California Improving the Performance of Traditional Public Schools?［M］. Public Administration Review；2009；835，838.

［8］［12］［英］哈耶克. 自由宪章[M]. 杨玉生译. 北京:中国社会科学出版 社,1998；107,125.

［9］［10］［15］［16］Katrina Bulkley. A Decade of Charter Schools：From Theory to Practice Educational Policy［M］，2003；330,329,331,331.

［11］Leigh Dingerson. Keeping the Promise? The Debate over Charter Schools［J］，Milwaukee，2008(3).

［13］Jack Buckley. Charter Schools：Hope or Hype［M］. Princeton University Press，2009；17.

［14］Gintis, H. The Political Economy of School Choice［J］. Teachers College Record,1995，96(3).

［17］David R. Garcia. The Impact of School Choice on Racial Segregation in Charter Schools［M］. Educational Policy，2008；498. 805.

［18］［21］Center for Education Reform. The Accountability Report 2009；Charter Schools［EB/OL］. http:// www. edreform. com/download/. pdf，2009-02-10/2009-10-15.

［20］Alyson Klein. Duncan Unveils Details on Race to the Top Aid［EB/ OL］. http://www. edweek. org/ew/articles/2009/06/15/36duncan，2009- 06-15/2009-10-19.

[22] NAPCS. A New Model Law for Supporting the Growth of High-Quality Public Charter Schools [EB/OL]. http://www.publiccharters.org/files/publications/ModelLaw.pdf,2009-06-21/2009-10-09.

（本文发表于《比较教育研究》2010 年 12 期。作者黄学军，时属单位为北京师范大学教育基本理论研究院）

十一、公平、绩效、自由选择:美国加州特许学校的价值分析

何谓"特许学校"(charter school)？美国联邦教育部给出的简明定义是："特许学校是一种无宗派(nonsectarian)选择的公立学校,它在运作中免受许多传统公立学校规章制度的限制"。[1]1991 年,明尼苏达州制订了美国历史上第一个特许学校法令。第二年即有两位教师创办了美国一所特许学校——圣保罗城市中(St. Paul City Academy)。截止 2009 年 10 月,美国已有 40 个州及哥伦比亚特区通过特许学校立法,约有 5 042 所特许学校普遍全美,在校生总数共计 1 536 099 名。[2] 2009 年 7 月,奥巴马总统上任伊始即宣布旨在提升美国教育水准的新计划——"竞争卓越"(Race to the Top),拟划拨 43 亿美元鼓励各州改革完善教育体系,具体举措包括创建更多的"特许学校"。此项政策可谓"一石激起千层浪",美国各界再次掀起关于"特许学校是非得失"的激烈争论。鉴于此,本文拟以美国加利福尼亚州为例,基于相关研究结果从自由选择、公平、绩效三个维度对特许学校的改革成效进行分析,以期进一步审视和确证特许学校政策方案的价值合理性。

(一) 自由选择

特许学校通常被视为"学校选择"(school choice)的一项具体政策方案,故"自由选择"是衡量特许学校政策价值合理性的核心指标之一。那么特许学校是否予赋予学生及家长更多的选择机会呢？如表 1 所示,加州于 1992 年颁布

并实施《加州特许学校法令》(The California Charter Schools Act,简称CCSA),之后特许学校经历了一个飞速发展的过程,增长速度远远超过传统公立学校。至 2006～2007 学年,加州共有特许学校 625 所,在校生总数达220 000人,约占加州公立学校学生总数 6 286 926 人[3]的 3.5％,占全国特许学校招生总数 1 149 986 人[4]的 19.1％,整体规模超过亚利桑那州位列全美第一。

表 1 加州特许学校及学生统计(1993～2009 年)

学年度	特许学校总数(所)	特许学校学生数(人)	学年度	特许学校总数(所)	特许学校学生数(人)
1993～1994	31	10 761	2002～2003	418	158 942
1994～1995	60	23 228	2003～2004	454	167 764
1995～1996	83	30 977	2004～2005	518	181 734
1996～1997	110	39 624	2005～2006	592	219 480
1997～1998	125	48 101	2006～2007	625	220 000
1998～1999	159	68 685	2007～2008	688	252 645
1999～2000	245	99 048	2008～2009	771	248 639
2000～2001	305	113 956	2009～2010	860	299 742
2001～2002	363	132 643			

1993～2006 年资料来源:EdSource. How Are California's Charter Schools Performing? CA:EdSource,2006:3.

2006～2007 年资料来源:California Department of Education. Enrollment in California Public Schools [EB/OL]. http://datal. cde. ca. gov. 2007-04-08.

2008～2009 年资料来源:Allen, J&A. Consoletti, K. Kerwin. The Accountability Report 2009 Charter School. Washington, DC: The Center for Education Reform, 2009:8.

2009～2010 年资料来源:Allen, J&A. Consoletti Annual Survey of America's Charter Schools: Education Reform Today[R]. Washington, DC: The Center for Education Reform, 2010:8.

2008 年总部设在华盛顿的"教育改革中心"(The Center for Education Reform, 简称 CER)就特许学校的公众认知进行了全国性调查研究。结果显示与按学区就近入学相比,加州有 71％的被调查对象更倾向于选择特许学校,略高于全国 69％的平均水平。[5]与公众的热情相反,特许学校的反对者坚称特许学校并不能予以学生和家长更多的选择,特许学校会通过各种途径如招生限制条件,尽可能地挑选优生。不过有研究表明,与传统公立学校相比,加州特许学校的招生方式并无特殊之处,对学生的入学资格也无特定限制。两者区别主要在于传统公立学校普遍遵循"就近入学"原则,而特许学校则在优先考虑本学区学生的基础上,实行全州跨学区的"开放入学"政策(Open Enrollment)。此外《加州特许学校法令》还明确规定,当申请人数超过招生名额时学校必须采用随机抽签的方式来选择学生。尽管部分特许学校也采用入学考试或面试等评价手段,但主要目的在于诊断性评价,很少以此来选拔学生。[6]

除招生入学方式外,特许学校的教育项目也会对学生及其家长的选择产生一定影响。特许学校往往以特色课程或特定的教育服务项目来吸引学生或家长。兰德公司(Research and Development Corporation, RAND)2003年的研究表明,有33%的特许学校声称自己有特定的教育服务对象,而传统公立学校仅21%。然而该研究发现,传统公立学校比特许学校更为关注残疾儿童和天才儿童教育,除此之外其他教育服务对象的差异并不明显(表2)。[7]不过教育改革中心等特许学校的倡导者指出,传统公立学校对残疾儿童的入学有着极为严格的限制性条件,相当一部分行为能力欠缺的儿童根本无法入读公立学校。鉴于此,创设专门提供特殊教育服务的特许学校显然更有助于保障学生及家长的教育选择权。

表2 特许学校与传统公立学校教育服务对象比较

教育服务对象	特许学校	传统公立学校
贫困学生	21.8%	20.0%
学业成绩较低的学生	19.2%	18.8%
问题学生	14.2%	15.4%
英语初学者	11.5%	13.8%
少数民族/种族/宗教学生	11.2%	13.6%
特长儿童或天才儿童	10.9%	16.3%
残疾儿童	7.6%	16.5%

注:接受调查的学校可多选,因此百分比相加>100%。

资料来源:Zimmer, R. Charter School Operations and Performance: Evidence from California. Santa Monica, CA: Rand, c, 2003. 25.

　　家长对特许学校的满意程度也是衡量"自由选择"的一项重要指标。南加州大学(the University of Southern California)的调查表明,家长对特许学校的教育服务普遍表示满意。在学校课程、教学质量、给学生提供额外帮助、家长的参与度等方面,约 2/3 的家长认为特许学校比子女原来就读的学校好。[8]加州特许学校往往通过与家长签订合同的方式来明确家长参与学校教育的权力与义务。而且,家长合同常常被视为子女能否入学的条件之一。如果家长拒绝签署合同,或签署了却没有履行合同,其子女有可能被拒绝入学或退学。尽管如此,多数家长仍对家长参与合同表示满意,认为这些合同有助于促进家长和学校之间更好的交流,强化、鼓励了家长的参与意识。[9]

(二) 公平

　　特许学校本身就是公立学校的一种特殊形式,不涉及生源和公共经费流向私立学校的问题。因此研究者、决策者乃至公众更多是基于对"准入"(Access)和"融合"(Integration)两个维度来考察特许学校"公平"与否。

　　"准入"是指特许学校在招收学生时是否对特定群体的学生有所偏好,从而导致"分化"。特许学校的倡导者声称,特许学校对弱势群体(差生、少数族裔和低收入家庭、特殊儿童)予以了前所未有的关注。但反对者质疑,特许学校会通过各种途径尽可能地挑选学业成绩和社会经济状况较好的学生,如通过形式上的招生方式和实质上的教育服务筛选学生。那么加州情况如何呢? 如前所述,特许学校的招生方式并不具有选拔性;就教育服务而言,传统公立学校和特许学校的差别也并不十分明显。因此不存在"准入"导致"分化"的可能。而且按《加州特许学校法令》规定,特许学校应主要承担为学业成绩较差的学生提供优质教育服务的责任。凯文·布克(Kevin Booker)等人 2005 年的调查发现,加州特许学校的差生比例远远高于传统公立学校,而这些学生多来自于低收入的少数族裔家庭。[10]CER2009 年发布的研究报告也指出,贫困学生比例超过70％的 15 所优质小学中有 12 所是特许学校。[11]就此意义而言,加州特许学校在一定程度上对弱势群体给予了教育补偿。

　　"融合"关注的焦点不在于特许学校是否对弱势群体予以补偿或优先,而在于学生的人口结构是否达到了"社会融合",尤其是"种族融合"的标准。如表 3

所示,就全州范围而言,加州特许学校的学生人种比例呈现出与传统公立学校不一致的特征。欧裔与非裔学生的比例高于传统公立学校,拉美裔和亚裔学生的比例则低于传统公立学校。这并不意味着加州特许学校学生的人种分布呈现出"种族隔离"态势。因为加州并非所有的学区都开办有特许学校,学校的地理位置分布本身即呈现出一定的分化态势。仅仅根据全州范围内的比较即得出"分化"的结论并不科学。表3同样显示了学区内部特许学校与传统公立学校学生人种比例的差异。特许学校的欧裔学生与非裔学生的比例仍明显高于传统公立学校;反之,传统公立学校的亚裔学生和拉美裔学生的比例则高于特许学校。最终,在对学校地理位置以及其他影响因素加以控制的基础上,RAND作出如下结论:与传统公立学校相比,加州特许学校的非裔学生比例较高;亚裔和拉美裔的学生比例较低;欧裔学生比例无明显差异。[12]

表3 加州特许学校与其他公立学校的学生人种比例

| 种族 | RAND(2003) | | | | EdSource(2009) | |
| | 州 | | 学区 | | 州 | |
	特许学校	传统公立学校	特许学校	传统公立学校	特许学校	传统公立学校
欧裔	45%	35%	38%	28%	36%	28%
拉美裔	33%	45%	35%	48%	41%	50%
非裔	16%	8%	17%	11%	12%	8%
亚裔	3%	8%	3%	8%	4%	9%
其他	7%	5%	7%	5%	3%	4%

2003年资料来源:Zimmer, R. Charter School Operations and Performance: Evidence from California. Santa Monica, CA:RAND, 2003. 27.

2009年资料来源:California Department of Education. Student Populations in Charter and Noncharter Schools. http://www.edsource.org/data_charters08_populations.html. 2009-06-01.

上述研究结论得到非营利性研究机构"教育资源"(EdSource)2009年调查数据的进一步验证。该机构对加州688所特许学校和9 194所传统公立学校的人种比例进行了调查,同样发现特许学校对非裔学生的吸引力远远大于欧裔、亚裔和拉丁裔(表3)。[13]实际上为防止种族隔离,加州在授权条款中明确规定特许学校应具有和所在学区相同或相似的学生人种比例。然而,相关研究发现,特许学校很难达到这一目标。一方面特许学校打破了传统公立学校"按学区就近入学"的原则,在优先考虑所属学区居民的基础上实行开放入学,从而剪断了居住地与学校之间的"纽带",有助于实现"融合"。但另一方面,《加州特许学校法令》要求特许学校对差生予以优先考虑。考虑到差生多为少数族裔尤其是非裔学生,此举有可能加剧"隔离"并导致"分化"。鉴于此,在验证和论述特许学校的"分化"与"融合"时应尽量持谨慎态度。

(三) 绩效

为回答"特许学校的绩效如何",已有数以百计的研究对特许学校的学业成绩进行了分析,得出的结论不尽相同,甚至不乏互相矛盾的事例。就加州而言,从 1992 年立法至 2009 年初,共有 103 所特许学校相继关闭,其中仅 3％是因为学生学业成绩欠佳而被取缔特许授权,远远低于全美平均的 15％。[14]但这并不足以表明加州的特许学校基本达到了预期的绩效目标。鉴于 CCSA 规定特许学校应致力提高差生的学业成绩,早期研究多基于州标准化测试(California Standards Tests,CSTs)的结果对特许学校自身或学生个体的进行纵向分析,少有就特许学校与传统公立学校进行横向比较。1999 年,加州开始发布覆盖全州所有公立中小学的"学术表现指数"(Academic Performance Index,API),用于评鉴其教学水平,从而为后续的比较研究提供了可能性。下面列举几项比较有代表性的研究以作说明。

兰德公司的相关研究:受加州立法分析家办公室(the Legislative Analyst's Office,LAO)的委托,RAND 于 2003 年对加州特许学校进行了系统评估,发现特许学校基本与传统公立学校保持"步伐一致"。在对学生的社会经济状况加以控制的基础上,RAND 采用的原始数据,从四个层面比较了特许学校与传统公立学校的学业成绩,发现:① 1999～2001 年期间,两类学校的学生成绩均有较大提升;② 就学区内部比较而言,两类学校的学生成绩相当接近;③ 就不同类型的特许学校比较而言,新建学校普遍优于转制学校和传统公立学校;正规学校普遍优于非正规学校。总的来说,特许学校内部的差异性远较外部的差异性更为明显。[15]鉴于特许学校学生入学时的成绩普遍低于传统公立学校,加之特许学校可利用的生均教育资源少于传统公立学校(2008 年特许学校的生均教育经费＄6 585,仅为同学区传统公立学校＄10 771 的 61％[16]),RAND 作出如下结论:"特许学校的成本—效益优于传统公立学校。……因此,特许学校政策有继续的必要性"。[17]

胡佛研究所的相关研究:斯坦福大学胡佛研究所(Hoover Institution Stanford University,HISU)同样采用了 1999～2001 年的 API 原始数据对加州特许学校的学生成绩进行研究。HISU 将特许学校(Ⅰ类)与全加州的传统公立学校(Ⅱ类),以及同一学区有竞争关系的传统公立学校(Ⅲ类)做了比较。在计量经济学分析(Econometric Analysis)的基础上,HISU 得出如下结论:① 学生的学业成绩与家庭背景呈高度相关;② 对学生的家庭背景加以控制的基础上,特许学校与传统公立学校的学生成绩在小学和初中阶段无明显差异,在高中阶段前者略低于后者。具体而言,在小学阶段,Ⅰ类学校的学业成绩与Ⅱ类学校的学业成绩并无明显差异,而Ⅲ类学校的总体表现较差;在初中阶段,三者无显著差异,Ⅰ类学校略好于Ⅲ类学校;在高中阶段,Ⅰ类学校的学业成绩明显低于Ⅱ类、Ⅲ类学校;③ 从年度进步来看,三者在 1999～2001 年期间均有明显进步。小学阶段的进步最为明显,且三者间无明显差异;初中阶段Ⅰ类学校的进步幅度低于Ⅱ类、Ⅲ类学校;高中阶段Ⅰ类学校的进步幅度几乎是Ⅱ类、Ⅲ类学校的两倍;④ 比较学生的入学成绩,小学阶段的特许学校学生的低于传统公立学校,初中阶段高于后者,高中阶段则无明显差异;⑤ 学校的师资水平与学生的学业成绩呈正相关,在小学阶段和高中阶段尤为明显。HISU 最后指出:"考虑到许多特许学校仍处于探索阶段,经历着事业起步的艰辛,面临着各种挑战和压力,对于它们取得的与传统公立学校等同的或更优异的成果应当予以重视。尤其是特许学校与传统公立学校的持续进步表明加州特许学校政策有其价值"。[18]

"教育资源"的相关研究:该机构近五年每年都会发布一份的关于加州特许学校学术表现的年度报告。2005 年该机构基于 CST 的原始数据对特许学校和传统公立学校的学生成绩进行了比较,发现前者的提高幅度远远高于后者。[19] 2006 年"教育资源"转为采用 API 的原始数据对不同阶段、不同类型的特许学校进行分析,发现特许小学和特许初中较好的达到了 API 年度进步目标,特许高中却落后于传统公立高中。[20] 2007 年、2008 年、2009 年"教育资源"

同样基于 API 原始数据对特许学校和和传统公立学校的学生成绩进行了比较,得出的结论大致趋同:就整体水平而言,特许初中和特许高中的学术表现优于传统公立中学;而特许小学的学术表现则逊于传统公立小学。

表 5 特学学校与传统公立学校 API 比较

	2007 年度报告[21]	2008 年度报告[22]	2009 年度报告[23]
高中阶段	整体表现优于传统公立学校,但数学稍差	除数学,其他各项指标均高于传统公立学校	与传统公立学校相比,英语略好,数学略差
初中阶段	各项指标均高于传统公立学校	各项指标均高于传统公立学校	各项指标均高于传统公立学校,但差距不大
小学阶段	各项指标均低于传统公立学校	各项指标均低于传统公立学校	各项指标均低于传统公立学校,差距明显

2007 年资料来源:EdSource. California's Charter Schools:Measuring Their Performance. Palo Alto, CA:EdSource, 2007. 4.

2008 年资料来源:EdSource. California's Charter Schools:2008 Performance Update. Palo Alto, CA:EdSource,2008. 6.

2009 年资料来源:EdSource. California's Charter Schools:2009 Update on Issues and Performance. Palo Alto, CA:EdSource, 2009. 7.

斯坦福大学教育成果研究中心(Center for Research on Education Outcomes,CREDO)的相关研究:该中心 2009 年发布了一份关于特许学校学术表现的研究。该研究以加州、哥伦比亚特区等 16 州为调查对象,样本量覆盖全美 70%的特许学校学生,采用了 2005～2006、2006～2007、2007～2008 三年的相关数据进行分析。研究发现,加州特许学校的学生阅读水平明显高于传统公立学校,而数学水平明显低于传统公立学校。其中,特许学校非裔学生的阅读水平相关较高,而拉美裔学生在数学方面表现欠佳。此外,特学学校与传统公立学校相比更有助于提高贫困学生和英语学习者的阅读能力与数学能力;特许学校中特殊教育学生的成绩也明显优于传统公立学校中的同类人。[24]在各州报告的基础上,CREDO 对全国特许学校的概况进行了概况总结:17%的特许学校的学术表现明显优于传统公立学校;37%的特许学校绩效不及传统公立学校,46%的特许学校与传统公立学校相比无明显差异。其中特许学校的阅读和数学成绩均明显高于传统公立学校的州有阿肯色州,科罗拉多州(丹佛),伊利诺伊州(芝加哥)、路易斯安那州和密苏里州。阅读和数学方面的表现显著低于传统公立学校的州有亚利桑那州、佛罗里达州、明尼苏达州、新墨西哥州、俄亥俄州和得克萨斯州。加利福尼亚州、哥伦比亚特区、佐治亚州区和北卡罗来纳州的情况相对比较复杂,或许与传统公立学校的差异不明显,或许数学和阅读的表现不均衡。总体而言,CREDO 认为特许学校的学术表现不如传统公立学校,而"特许学校运动想要持续蓬勃发展,创设优质学校,如果不能积极应对质量的挑战,特许学校将陷于危机之中"。[25]

综上所述,已有研究并未就加州特许学校与传统公立学校"孰优孰劣"得出确切的结论,但也不乏共识,即加州特许学校的绩效表现复杂多样,不能一览而论。或许,正如特许学校领导委员会(The Charter School Leadership Council,CSLC)的布赖恩·哈斯尔(Bryan Hassel)所说:"回顾所有这些关于特许学校成绩的研究足可以让人头痛,因为矛盾的结果不断出现……问'特许学校'的质量如何就如同问'新餐馆'和'美国的汽车'质量如何一样,需要区分整体中的多样性。"[26]

结语

艾米·韦尔斯(Amy Wells)等人归纳了六项关于特许学校合理性的理论假设:① 成就取向的绩效责任制;② 自主与授权;③ 效率;④ 学生及其家长拥有更多的选择权;⑤ 发挥竞争功能;⑥ 作为革新的典范。[27]其价值核心在于通过体制创新导入市场竞争,从而推动整个公共教育系统的变革。遗憾的是,已有研究往往聚焦于特许学校系统内部,尤其是学生的个体特征和学术表现来验证特许学校的价值合理性。至于特许学校对传统公立学校乃至对整个公共教育系统变革的影响则少有关注。加州"教育政策分析"机构(Policy Analysis for California Education,PACE)1998 年曾就学区如何应对 CCSA 和特许学校进行了研究,发现约 50% 的学区感到特许学校对它们具有很强或中等程度的影响,约 25% 的学区在提高公众关注程度、制定新的教育计划等方面有显著改变。[28]然而,理查德·巴登(Buddin Richard)等人的研究却发现,大多数加州传统公立学校的校长表示特许学校的存在对自身运营没有什么影响。[29]由于相关研究的缺失,目前尚无明确的证据表明特许学校对公共教育系统变革有何效应。不过,加州立法机构的态度仍十分明确:"就拓展家庭选择、鼓励家长参与、增进教师满意、扩大校长决策、开发多样化的学校课程等方面而言,特许学校政策不失为一项可行的改革策略。"[30]

参考文献:

[1] 冯大鸣. 美、英、澳教育管理前沿图景[M]. 北京:教育科学出版社,2004:149.

[2] The Center for Education Reform. National Charter School & Enrollment Statistics [EB/OL]. http://www. edreform. com/_upload/CER_charter_numbers. pdf. 2009-11-01.

[3] California Department of Education. Enrollment in California Public Schools [EB/OL]. http://data1. cde. ca. gov/dataquest/. 2007 [EB/OL]-04-08.

[4] The Center for Education Reform. National Charter School Data: New School Estimates 2006~2007 [EB/OL]. http://www. edreform. com/_upload/CER_charter_numbers. pdf. 2006-10-01.

[5] The Center for Education Reform. America's Attitudes Toward Charter Schools [R]. Washington, DC:CER,2008:9.

[6] Buddin, R. Assessing the Effectiveness of California Charter Schools. Santa Monica, CA:RAND, 2006:5.

[7][12][15][30] Zimmer, R. Charter School Operations and Performance:Evidence from California. Santa Monica, CA:RAND, 2003:25,27,45,60.

[8] Wohlstetter, P. , Nayfack,M. & E. Mora-Flores. Charter Schools and Customer Satisfaction:Lessons from Field Testing a Parent Survey[J]. Journal of School Choice, 2008,2(1):66-84.

[9] Vergari, S. The Charter School Landscape [J]. Pittsburgh PA:

University of Pittsburgh Press，2002：49-50.

[10] Booker，K.，Zimmer，R. & R. Buddin. The Effects of Charter Schools on School Peer Composition. Santa Monica，CA：RAND，2005：18.

[11][14][16] The Center for Education Reform. The Accountability Repart • 2009 Charter Schools Washington，DC：CER，2009：14，15，5.

[13] California Department of Education. Student Populations in Charter and Noncharter Schools [EB/OL]. http://www. edsource. org/data _ charters08_populations. html. 2009-06-01.

[17] Zimmer，R & R. Buddin. Making Sense of Charter Schools：Evidence from California Santa Monica，CA：RAND，2006(1).

[18] Raymond，M. The Performance of Charter Schools in California [J]. Stanford，Calif. ：Hoover Institution Stanford University，2003：15-27.

[19] EdSource. How Are California's Charter Schools Performing. Palo Alto，CA：EdSource，2005(8).

[20] EdSource. California's Charter Schools：How Are They Performing?. Palo Alto，CA：EdSource，2006(5).

[21] EdSource. California's Charter Schools：Measuring Their Performance. Palo Alto，CA：EdSource，2007(4).

[22] EdSource. California's Charter Schools：2008 Performance Update. Palo Alto，CA：EdSource，2008(6).

[23] EdSource. California's Charter Schools：2009 Update on Issues and Performance. Palo Alto，CA：EdSource，2009(7).

[24] CREDO. Charter Schools in Californiap. Stanford，CA：Center for Research on Education Outcomes. 2009(12).

[25] CREDO. Multiple Choice：Charter School Performance in 16 States Stanford，CA：Center for Research on Education Outcomes. 2009(3).

[26] Hoxby，C. A Straightforward Comparison of Charter Schools and Regular Public Schools in the United States. Cambridge，Massachusetts：Harvard University and National Bureau of Economic Research，2004：23.

[27] Wells, A. Charter School Reform in California: Does It Meet Expectations? [M]. Phi Delta Kappan, 1998, 80(4):305-312.

[28] Corwin, R. How Are School Districts Responding to Charter Laws and Charter Schools. Analysis for California Education (PACE). 1998:32.

[29] Buddin. R, & R. Zimmer. Is Charter School Competition in California Improving the Performance of Traditional Public Schools?. Santa Monica, CA:Rand, 2005:11.

（本文发表于《比较教育研究》2011 年 8 期。作者周琴,时属单位为西南大学教育学院国际与比较教育研究所）

有关择校的其他研究

一、当代英国教育的市场化改革研究

（一）

　　"二战"结束后，围绕着如何重建社会，曾经在英国哲学界和理论界出现两种观念的激烈争论。以曼海姆（Karl Mannheim）为代表的一方，主张在全盘计划的基础上重建社会；而以海耶克（Friedrich von Hayek）为代表的另一方则倡导自由经济，反对国家控制。[1]结果，曾使英国赢得战争、体现合作精神和集体主义的计划机制得到了社会各方的支持。与曼海姆的全盘计划相一致的是凯恩斯主义（Keynesian）经济学，它强调通过政府干预的方式扩大公共需求、刺激经济增长，实现充分就业。著名的"马歇尔计划"就体现了这种政策取向。从战后直至 20 世纪 70 年代初，凯恩斯主义经济学一直是英国朝野各党的政治共识。在这种思想的主导下，英国逐步建立起涵盖公共医疗、公共保险和社会保障等领域的庞大的福利国家体系，社会各项事业得到了前所未有的发展，人民的住房条件和生活水平得到了极大的提高，消费出现持续的增长。

　　然而，福利国家政策的弊端也是显而易见的。首先，它极大地增加了政府的财政负担，在经济不再保持稳定增长的时代，就会显得难以为继。其次，政府为了平衡预算，不得不提高税收，导致生产成本和纳税人负担居高不下，严重削弱了英国经济的竞争力。第三，它容易使人产生对政府的严重依赖心理，许多可以自食其力的人不思进取，坐享政府福利，使英国成了"懒汉"的天堂。因此，在许多右翼思想家看来，这决不是一种可持续发展的道路。由于英国的经济增长不及其他发达国家，导致英国在国际间的地位每况愈下。例如，在 1962 至

317

1972 年间,法国经济年均增长率达到了 4.7％,而英国仅为 2.2％,英国的人均国内生产总值曾在世界上列第九位,而到 1971 年急剧下滑至第十五位,并有继续下滑的趋势。[2]

70 年代是战后英国社会的一个分水岭。随着长期的经济繁荣局面在 60 年代末走到了尽头,70 年代初英国又连遭厄运,先是国际固定汇率机制土崩瓦解,加大了经济的变数,接着又爆发了 1973 和 1974 年的西方石油危机,使英国经济遭受重大打击。在这种背景下,以弗里德曼(Milton Friedman)为代表的货币主义(Monetarism)经济学逐渐取代凯恩斯主义经济学而变得更有影响。与这些经济观点相关,海耶克的政治观点在 70 年代也受到了一些右翼团体思想库的推崇,其中包括撒切尔夫人于 1974 年设立的政策研究中心(CPS)。海耶克的著作《走向奴役之路》(Road to Serfdom)出版于 1943 年,当时曾被认为不符合英国的情况,但是在 70 年代,他的思想被用于批评英国的福利国家、高税率、高政府开支政策和高通货膨胀等问题。

1970 年保守党领袖希思(Edward Heath)当选为英国首相,他的政府承诺:实行降低税率、不惜增加失业率、对工业采取不干预政策、采取措施与通货膨胀作斗争(包括减少公共借贷)。但是不久他在政策上来了个急转弯。导致希思政府垮台的最致命的原因是与矿工工会的冲突,他在 1974 年的大选中败给了工党的威尔逊(Harold Wilson)。1976 年,威尔逊将首相一职让与卡拉汉(James Callaghan)。尽管卡拉汉作为工党领袖与工会有着特殊的关系,但是当他试图推行冻结工资政策时,也遇到了同样的麻烦,导致 1978～1979 年度出现"不满的冬天"(Winter of Discontent),街道无人清扫、医院运行混乱、死人无人埋葬。卡拉汉最终在 1979 年大选中败给保守党领袖撒切尔夫人,未能获得连任。

撒切尔夫人当选英国首相之后,英国政府开始实施强硬的财政紧缩政策,积极推行国有企业私有化并着手解决福利国家政策所引发的种种问题。在撒切尔内阁和智囊班子中,信奉海耶克主义自由市场观点的所谓"新右翼"(New Right)人士占据了主导地位,其中包括曾在 1981 至 1986 年间担任撒切尔内阁教育大臣的约瑟夫爵士(Sir Keith Joseph),以及撒切尔时代教育政策的主要设计师莱特温(Olive Letwin)和塞克斯顿(Stuart Sexton)。约瑟夫爵士在 1976

年时所说的一句话,也许最能代表他们的市场主义信念。他说:"盲目的、非计划性的和没有协调的市场智慧完全优越于精心研究的、理性的、系统的、善意的、合作的、有科学依据的和尊重数据事实的政府计划。……市场体制是国民财富的最佳发生器,它能够以人类思维不能理解的方式,在没有强制、指导和官僚干预的情况下,协调和满足无数个体的不同需要。"[3]

(二)

作为福利国家政策的一个重要组成部分,战后英国公立教育体系也表现出强烈的计划色彩。教育服务的消费者和提供者之间并没有直接的联系,前者通过纳税方式将教育费用上交政府财政,并无条件地接受政府设立的公立学校提供的教育服务。因此,从某种程度上看,公立教育的模式意味着教育是一种政府垄断的、计划性的商品,作为消费者的家长和学生对于学校的课程、教学等服务内容没有任何选择,只能被动地接受。同时,由于招生由政府根据计划予以保证,公立学校间也不存在同行的竞争。

80年代撒切尔夫人上台之后,英国政府逐渐重视在教育领域引入市场机制。前英国教育大臣贝克(Kenneth Baker)在1987年议会下院提出教育改革法案时说:"在已往的四十年里,我们的教育制度是建立在1944年《巴特勒教育法》规定的框架之上的,……我们需要为这个制度注入新的活力,因为它已成了一种生产者主导(Producer-dominated)的制度,无法对已往十年里日益急迫的改革要求作出敏锐的反应",[4]教育改革应该着眼于建立一个消费者主导的体制。为此,英国政府提出一个重要概念,即所谓的"家长选择"(Parental Choice)。实际上,"家长选择"的观念是消费者至上、消费者主权等市场主义价值观在教育领域的直接体现。通过扩大家长在教育事务方面的选择权,可以促进学校间的竞争,实现教育服务的多样化,使教育更好地满足家长的需要。

另一个重要的政策取向是所谓的"社会责任"(Social Accountability)。随着70年代经济的滑坡以及新闻界和右翼团体对学校不良状况的不断曝光,公众开始对学校的教学质量和教师的素质产生严重的信任危机。既然公立教育经费来自于广大纳税人,它就应该对社会和公众负责。因此,面对社会各方面的压力,英国政府开始提出加强对学校教育的外部控制,以提高学校服务大众、服务社会的责任意识。在这方面,政府将扮演学校和学生(家长)之间的一种中间人的角色,即代表公众对公立学校的服务内容(课程)和服务标准作出适当的规定,使学校教育能有效地反映社会的普遍要求。

80 年代以来,在上述观念的指导下,英国政府陆续出台了一系列面向市场的教育改革方案:

1. 公助学额计划(Assisted Places Scheme,由《1980 年教育法》颁布实施)

根据这项计划,政府将为来自低收入家庭的优秀学生进入独立学校(Independent School,指非政府举办的学校,也有人称其为"私立学校"——Privat School)学习提供全额或部分学费资助。每所参与该计划的独立学校都要与中央政府签订一份合同,其中规定:校方每年将提供一定数量的学额,根据家庭收入对学生学费进行一定程度的减免,余额部分由政府提供补偿。参与该计划的独立学校仍然保持独立的地位,它们负责对入选学生的学业水平进行甄别,但是每年享受公助学额的学生必须有 60% 来自公立学校。至 1985~1986 年度,政府已向 226 所独立学校支付了 3 380 万英镑,用于公助学额学费的减免。受惠于该计划的学生达 21 412 人,其中 40% 享受完全免费资格。1985 年,新录取学生的平均家长负担额为 360 英镑,而政府的生均花费为 1 603 英镑。[5]

英国独立学校的办学水平世所公认,它是走向牛津、剑桥和进入英国上层社会的通行证,惟其学费昂贵,只有少数上层社会子弟才能就读。因此,公助学额计划的实施,使收入较低的家庭也有了与富裕家庭一样的选择权,有效地促进了社会流动,也体现了着重资助作为消费者的学生(家长),而不是资助作为教育服务提供者的学校的市场化改革方向。然而,对公助学额计划持反对意见的人认为:资助公立学校优秀学生去独立学校学习,反映了政府对公立学校教学质量的不信任;与其将有限的公共教育经费通过该计划投入独立学校,还不如将之用于公立学校教学质量的提高;该计划仅仅使少数优秀学生受益,而政府的教育政策应面向大多数学生。因此,随着工党 1997 年上台执政,该计划被政府废除。

2. 国家统一课程(The National Curriculum,由《1988 年教育改革法》颁布实施)

1988 年以前,英国在课程方面一直没有具体的法律规定,学校和教师在实践中享有很大的自主权。国家统一课程是英国首次以立法形式对公立学校的科目设置、教学大纲和成绩评定作出的具体规定，主要包括：所有公立学校必须开设10门基础课程，其中英语、数学和科学为核心课程；为各科目起草法定的教学大纲；规定在义务教育阶段（5～16岁）对学生进行4次全国统一考试；根据全国统一考试成绩公布学校成绩排行榜，等等。

设立国家统一课程的动机主要有两个方面：一是统一学校的课程标准和考核标准，在此基础上使家长充分了解各个学校的办学状况，为他们行使选择权提供有效的信息支持。在这种情况下，好的学校将更受欢迎，而差的学校最终会走向倒闭。二是强化学校的社会责任。公立学校的经费来自于公众，它必须为公众提供相应的教育服务。国家统一课程则明确了政府代表公众向公立学校购买教育服务的具体内容。从某种程度上看，这相当于一种政府干预下的市场模式。由政府出面统一服务标准，提供完整的学校信息，有利于规范教育市场的运作。当然，人们对国家统一课程也有不同的意见，例如认为对课程规定过死，有回归计划之嫌；或者认为有效的国家课程应通过市场实现，而不是政府通过所谓的专家小组强加给社会，等等。

3. 自由入学政策（Open Enrolment，由《1988年教育改革法》颁布实施）

家长择校权在《1980年教育法》中就有了规定，但由于地方教育行政当局为热门学校人为地设置招生上限，使许多家长经常失望而归。《1988年教育改革法》对此提出了新的安排：以1979年的招生数作为一个学校的标准招生数（Standard Number，如果某一学校1988年的招生数高于1979年，则以1988年的招生数为标准招生数）；学校在标准招生数之内不得拒绝学生的入学申请；如果一个学校不再有招收标准招生数的能力，地方教育行政当局和学校董事会经中央教育主管大臣同意，可降低该校的标准招生数，但是减少的名额不能转到其他较差的学校；如果学校受理的申请人数超过标准招生数，地方教育行政当局通常实施本学区学生优先原则，但家长有权对地方教育行政当局的决定提出上诉。

自由入学政策的实施，使各个学校的招生不再得到地方教育行政当局计划的保护，而更多地依赖标准招生数之内家长的选择。这无疑强化了学校间的竞争，从而促使它们更加注意倾听消费者的呼声，不断提高自己的办学水平。不过这项政策也遭到许多批评,认为它会使好的学校人满为患,差的学校门庭冷落,甚至难逃关闭的厄运,结果使总的学额减少,反而限制了家长的选择范围;更好的政策应该是确保所有学校都达到令人满意的水平,而不是以牺牲一些学校的质量为代价去提高另一些学校的质量;不考虑学校的生源差异,仅仅根据原始成绩对学校进行排名,不利于家长作出理性的选择。此外,在许多情况下,家长选择更多是基于地理位置和环境这些非教育因素的考虑,这对于环境不利地区的学校就有失公平。[6]

4. 直接拨款公立学校(Grant Maintained School,由《1988年教育改革法》颁布实施)

《1988年教育改革法》规定,任何公立中学和学生人数超过300人的公立小学,经家长秘密通讯投票认可,都可向中央教育主管大臣申请脱离地方教育行政当局的控制,成为直接拨款公立学校。转制后的学校直接接受中央政府的拨款,并在管理方面享有与独立学校同样的自主权。

英国公立学校历来由地方教育行政当局负责开办和维持,直接拨款公立学校的出现打破了这种安排。实施这项政策背后的主要想法是:建立一种由家长主导、经费直接来自中央、具有高度自主权的公立学校。这也是右翼压力集团的重要主张,其目的是削弱地方教育行政当局的作用,最终使它们逐渐消亡。在右翼人士看来,地方教育行政当局在配置教育资源方面代表着计划和低效,而直接拨款公立学校能够在确保义务教育完全免费的前提下消除地方教育行政当局的影响。他们甚至认为,应该将公立学校的所有权从地方教育行政当局转移至独立的托管机构,由它们自主经营,自主管理。[7]不过有人也对这项政策将要造成的不良后果表示担忧,特别是允许数目不详的学校脱离地方控制,地方教育行政当局将无法对本地区的教育作出总体的规划。工党政府上台后,改变了直接拨款公立学校政策,对公立学校进行了新的分类,并着重推行教育行动区计划。

5. 督导制度的市场化改革(由《1992年教育(学校)法》颁布实施)

主要措施包括:由根据该法成立的教育质量处(Ofsted)取代原陛下督学处,负责受理注册督学的申请,并对申请者进行培训,向合格者授予注册督学资格;学校督导工作由教育质量处公开向注册督学招标,并与中标者签定督导合同;增加督学的法定权力,如果他们认定一所学校办学失败,其督导报告中提出的整改措施经学校总督学批准即具有法律效力。此次改革的一个突出特点是引入市场化的招标机制,督导管理机构和督学的关系由原来的行政隶属关系变成了合同买卖关系,促进了学校督导市场的竞争。[8]

6. 教育行动区计划(Education Action Zone,由《1998 年教育法》颁布实施)

该计划规定,政府将就教育薄弱地区公立学校的管理权向社会公开招标,社会各界,特别是私营工商企业均可提出申请,在教育薄弱地区成立教育行动区,接管所属的公立学校。教育行动区将享受政府制定的一系列优惠政策,包括可以自主设计课程、高薪聘请校长和教师、实现资源共享,等等。成功的申请者必须提供令人满意的学校革新方案和合同期内改善学校办学质量的具体目标,并在政府的额外拨款之外注入相应的配套资金。1998 年 6 月和 1999 年 11月,政府先后批准成立了两批共 66 个教育行动区,地域遍布英格兰全境。

教育行动区计划是工党政府自 1997 年上台之后在教育上采取的一项重大的改革措施,旨在通过管理权的招标,吸引教育以外的社会力量参与教育薄弱地区学校的管理和运作,从而为薄弱学校带来新的管理思路、经验 和资金,迅速扭转这类学校的办学质量。但是,对这一计划持反对意见的地方政府官员指责它将损害教育的未来和稳定,导致教育制度走向私有化;自由民主党教育事务发言人也对由私营企业经营学校感到不安,认为如果没有地方教育行政当局的有效参与,教育行动区计划是不会成功的;还有人担心一些公司急功近利,不能实现事先的承诺。[9]

英国的教育市场化改革,基于"二战"后从强调计划的凯恩斯主义和福利国家政策向注重市场价值观的货币主义和新自由主义转变。其改革中提出的公助学额计划、开放入学政策、国家统一课程及直接拨款公立学校等各项改革措施均为我们提供了宝贵的经验。

参考文献:

[1] Brian Holmes. Comparative Education:Some Considerations of

Method[M]. George Allen & Unwin,1981:2-3.

[2] Eric J. Evans. Thatcher and Thatcherism[M]. Routledge,1997:8.

[3] Denis Lawton. Education and Politics in the 1990s[M]. The Falmer Press,1992:6.

[4] K. Baker. Speech in the House of Commons[M]. Hansard. 1987.

[5] W. L. Boyd & J. G. Cibulka. Private Schools and Public Policy: International Perspectives[M]. The Falmer Press,1989:108.

[6] Julian Haviland(ed.). Take Care, Mr Baker[M]. Fourth Estate, 1988. 168;Denis Lawton. Education and Politics in the1990s[M]. The Falmer Press,1992:52.

[7] Julian Haviland(ed.). Take Care, Mr Baker[M]. Fourth Estate, 1988. 103; Hillgate Group. Whose Schools? A Radical Manifesto [M]. London, Hillgate Group,1986:7.

[8] 汪利兵.90 年代以来英国中小学教育改革的新进展[J]. 比较教育研究,1995(6).

[9] Liz Lightfoot. Government Seeks Firms to Take over Poor Schools [J]. Electronic Telegraph. 1998.

(本文发表于《比较教育研究》2001 年 6 期。作者汪利兵,时属单位为浙江大学教育系)

二、试述父母教育权的内容

——从比较教育法制史的视角

（一）实体法上父母教育权的内容

父母①的教育权，从狭义上说，是"父母基于一定的信念、价值观，教育子女的权利"；从广义上理解，是指"父母就子女的教育所具有的权利与义务的总称"。[1] 由于父母所具有的教育权涉及到子女教育的所有领域：包括时间序列上——贯穿儿童成长、发展的全过程和空间序列上——家庭、学校、社会的不同场所，而且，从不同的视角来看，父母所具有的教育权的种类也不相同。因而，本文将父母教育权限定在学校教育中或与学校教育有关的领域，从一般的意义上来探讨其主要内容。在实体法的意义上，父母到底具有哪些权利，在此以美国在 1989 年成立的"国民委员会"所采纳并通过的《亲权卡》（Parent Rights Card，1989 年)[2] 为例加以介绍。这些权利已在美国联邦法、州法、行政规则上或者判例法中被明确规定下来。

美国《亲权卡》中有关父母教育权的内容：

（1）关于学生的惩戒。① 当儿童受到过度的、或者是不合理的物理上的强制性惩戒时，有对教职员采取法律行动的权利（全国）（每项权利后面括号内

---

① 父母，准确的表述应是"父母或者其他监护人"，本文为行文方便，故而将其简略为"父母"。另外，在学校教育实践中，经常使用"家长"一词，根据习惯，本文有时是在同一意义上使用二者。

的数字表示该项权利在法律上被认可的州的数量);② 对儿童的停学处分具有上诉权(47 州);③ 对校长做出的指定让儿童就学于情绪性障碍儿童班级的决定,有上诉的权利(40 州);④ 抗议体罚的权利(10 州)。

(2) 关于学生的教育。① 有权阅读在关系到是否获得联邦教育部之资金提供的研究计划中使用的教材(全国);② 有权要求向障碍儿童提供适当的公立学校计划。在指定障碍儿童的学校(班级)时,需得到父母的书面同意(全国);③ 对校长做出的禁止女生参加男生体育运动的决定有上诉权(38 州);④ 在向学校提出申请的基础上,有访问子女教室的权利(22 州);⑤ 和班主任一起出席会议的权利(15 州);⑥ 在具备州所规定的条件、基准的基础上,有在家庭中教育儿童的权利(43 州);⑦ 基于宗教、道德或其他合理的理由,有权要求儿童免去学习某一特定学科(24 州);⑧ 基于宗教、道德或其他合理的理由,有权要求其儿童免去阅读指定的书籍(22 州);⑨ 基于宗教、道德或其他合理的理由,有权要求免去参加学校的课外活动(30 州)。

(3) 关于学生记录和其他记录。① 有权查阅儿童在学校的记录。在认为其内容虚假或不当时,有提出异议、申诉的权利,并要求教职员必须在合理的期限内予以答复。对答复尚存不满的情况下,有听证权(全国);② 有权查阅正式的、官方公认的学校政策(全国);③ 有权查阅研究或计划报告等其他非正式的学校记录(不包括人事记录)(29 州)。

(4) 其他权利。① 对妨碍发表争论性见解的学校政策、决定,有上诉的权利。但不得涉及猥亵、中伤或损坏名誉,以及引起严重分裂的行为(40 州);② 有在公开的地方教育委员会会议上发言的权利(10 州);③ 有权出席地方教育委员会的所有会议(审议人事和财产事项的除外),有权出现在对学区有影响的教育委员会的决定进行投票的现场(全国);④ 对地方委员会的决定,有权向上级州当局(法院除外)上诉(30 州);⑤ 虽有争论的余地,但有权对妨碍儿童参加合法的俱乐部活动等的政策、决定进行上诉(32 州);⑥ 有权成为父母、市民团体的一员,并且其团体有权得到教职员的认可和听证权(27 州);⑦ 有权对容许教职员对儿童自身及其财产施以不合理检查的政策、决定进行上诉——根据

1985 年 1 月联邦最高法院的判决,教职员在检查儿童之前,必须确信儿童有违反校则、法律的嫌疑,而且检查的方法必须与目的存在合理的关系(全国);⑧ 有权对教职员根据个人的好恶将书带出学校图书馆的行为进行抗议(全国)。

(二) 父母的学校选择权和学校教育参加权

如果对上述 24 项权利予以归纳,可以发现主要涉及两个重要的方面:一是父母的教育自由权,主要是选择学校的自由;二是父母的教育要求权,主要是对学校教育的参加权。

1. 父母的学校选择权

父母根据自己的意愿为子女选择合适的学校,既是父母教育自由的重要组成部分,也是世界人权宣言赋予父母在子女的教育上有"优先选择之权"的主要内容之一。如果我们把学校分为私立学校和公立学校两大类的话,则父母选择学校的自由首先表现为选择私立学校的自由;其次是公立学校中的自由选择权利问题。

(1) 父母选择私立学校的自由。父母对私立学校的自由选择权,在当今世界已是无需论证的、带有"自明"意味的权利。尤其是有着悠久的私学教育自由、宗教教育自由之历史传统的国家,私学教育以教育中的多元价值为前提,是宗教、政治多元主义社会保障市民的思想、信条多元性的重要方面。① 在我国,虽然法律上没有类似"父母有选择私立学校的权利"的明文规定,但实际上父母已经享有这一权利。私立学校的兴起便是明证。

(2) 父母对公立学校的自由选择权。从理论上说,如果我们(确切地说是政府)否认父母对公立学校的自由选择权,让父母无怨言地将子女送到政府指定的公立学校接受被规定的教育,则必须基于这样一个基本的前提:任何学区、

---

① 有关私立学校的内涵、特征、功能及其与国家的关系等研究,已有很多文章、论著问世。如,吴忠魁:《私立学校比较研究——与国家关系角度的分析》,北京师范大学出版社,1999 年。王国文:《私立学校与国家关系浅析》,北京师范大学硕士学位论文(1999,未发表)。王兆景:《美国私立学校的特征及其功能探析》,等等。

任何学校、乃至任何班级，包括教师能力、工作态度、教育活动的种类、质量以及学校设施、设备等所有教育条件、学习条件都一样。而这一前提在现实中，是任何国家、地区都不可能做到的。由此，基于学校间教育、学习条件的差异、儿童本身个体间差异的存在以及每个父母基于自身的价值观及由此决定的对教育要求的多样化，限制父母公立学校选择自由的"学区制"（我国是"就近入学"）必然受到来自父母教育选择自由要求的挑战乃至走向瓦解。由于"可选择性教育"是使每个儿童受教育权利得到充分实现的必然要求，因而，父母对公立学校的自由选择近年来在一些国家已经得到政策或法制度的确认，成为该国父母享有的现实权利。如美、英等国。

20 世纪 60 年代以来，美国公共教育发展史上，在教育管理与运营上，经历了由以学区为中心的地方自治到以联邦政府及州政府以补助金等方式积极参与教育的运营与管理的转变；在教育政策上经历了从追求效率到追求公正（60～70 年代）、进而到追求质量的提高和学校选择的自由（80～90 年代）的转变。而追求选择（或者说自由）、效率、公正与质量的基本价值的统一是美国 21 世纪教育政策的重要课题。[3]20 世纪 80 年代以来，"选择"这一价值与市场原理相结合，强调父母、居民每个人的学校选择之自由，并由此推行"择校制度"的改革与实验，如教育凭证计划等，成为近年来美国公立学校制度的主旋律。①

在英国，自 1944 年教育法第 76 条"作为一般原则"规定"学生应当按照父母的希望接受教育，国家和地方教育当局应当予以尊重"以来，尽管"父母的希望"并非完全是指公立学校的选择，但自由地让子女进入其所希望的学校自然是其中的重要方面。1980 年的教育法对此项条款作了较大的改动，在第 6 条明确了关于父母希望的"学校选择"的规定，指出"只要不给'提供有效的教育和有效地使用财源'带来障碍，地方教育当局（或学校理事会）有义务接受（父母的）希望"。这种对父母的希望由应当"尊重"到明确为"义务"的内容变化，可以

---

① 有关美国父母自由选择学校的问题，在我国已有相当的研究。如，北京师范大学国际与比较教育研究所曾晓洁的硕士学位论文——《择校制度与美国基础教育改革》（1996，未发表）。论文还对我国的"择校就学"问题进行了分析，并提出了诸多政策性建议。还有钟启泉：《美国的"自选教育"：寻求高中特色化》（《外国教育资料》，1998 年第 3 期）等。在此不多做论述。

说是 1944 年以来,围绕着父母教育权,特别是学校选择权的政策、判例以及父母教育要求运动的结果。尽管不同的执政党有着不同的政治思想和主张,而且也必然把各自的主张贯彻到教育政策之中,但扩大父母的学校选择之自由的政策主张却是一致的。可以说,扩大父母学校选择的自由和学校参加的权利贯穿于英国近年来教育改革的始终。

在我国,随着父母对子女教育的不断关心和对学校要求的不断增加,父母作为教育消费者意识的觉醒以及伴随着市场原理——自由、竞争、公平、效率等基本价值的形成,扩大父母对公立学校的选择权利也是必然的趋势。在一向严格地实行指定入学的日本也开始走上自由选择之路。如,东京都品川区从 2000 年 4 月新学期开始,实施公立学校自由选择入学制度。根据调查显示,有 13％的父母希望自己的孩子到非属本区域的小学入学。尽管这在日本只是一个开始,且招致部分人的反对,但尊重父母的教育权利,让儿童接受适合其身心发展的学校教育,是保障儿童学习权利充分实现的必要方面。更何况,"父母选择也是从根本上改变公立学校官僚主义性质的一种战略"。[4]

2. 父母的学校教育参加权

父母的学校教育参加权,或者说家长参与学校教育的权利,在英、美、德等国已是父母实际享有的法律权利乃至现实权利。关于家长参与学校教育的研究,已受到我国部分研究者的关注,对其中有关家长参与学校教育的必要性、积极意义及具体的参与活动类型、我国家长参与现状等问题作了广泛的探讨。①但这些研究大多是从教育学的视角进行的,从教育法学的视角,对父母学校教育参加权的内容、行使的方式等方面尚缺乏深入的研究。因而,在此主要从"权利"的视角对其加以简要的探讨。

从父母与学校、教师构成的委托契约的实质来看,父母作为契约的一方,毋庸置疑,有权参与学校的有关活动。而且,这种"参加"不仅是父母作为个人享

---

① 有关家长参与学校教育的文献主要有:马忠虎:《试论家长参与学校教育》,北京师范大学硕士学位论文(1997,未发表)、张希希:《美国"家长参与教育"研究》(《外国教育研究》,1996 年第 5 期)、刘力:《家长参与学校教育的功能及方式》(《教育研究与实验》,1992 年第 1 期),等等。

有的权利,也是父母集团共同行使的权利之一,是父母教育权中积极、能动权利的重要体现。日本学者结城忠认为,父母教育参加权的种类主要有如下三种:[5]一是知情权。即了解学校有关信息的权利,如教学计划、教学内容、教师的教学方法、成绩评价标准与方法等,以及与此相关联的父母直接参加的访问、参观学校的权利、进课堂听教师上课的权利等。教育行政机关、学校有义务为父母提供其所必要的信息,包括学生个人档案的记录等。知情权可以说是父母的学校参加的基础性权利,是确保父母参与学校、公共教育运行必不可少的权利。二是提案、发言权。这项权利意味着教育行政当局、学校在作出某项决定、措施之前,不仅从程序上要向父母说明理由,即父母有权利要求提供有关该决定、措施的说明,而且父母有权对该措施提出意见和建议。三是共同决定权。这是更强有力的参加权形态,是指父母与教育行政当局、学校处于同权的立场上,保障其共同参与、决定的权利。即,教育行政当局或学校有关教育的措施、决定必须征得父母的同意,如果父母不同意,则该项措施、决定便不能生效。故而,也可称为否决权。这三种权利形态可以说以知情权为前提,权利领域、权利强度逐渐增强。当然,这只是理论上的一种笼统划分,实际上参加权利也属于立法政策上的重要课题,尤其共同决定权的保障,更需要得到法律的认可。

父母的学校参加权,尤其是对于教育行政当局、学校措施的共同参与、决定权,通常是由父母集团的代表行使。在法制上承认父母参加权的国家,有关的措施、决定大多是由有父母代表参加的,包括校长、教员、学生、甚至社区居民、教育行政人员参加的组织共同决定。这种组织在不同国家有不同的名称,比如德国称为"学校会议"、美国通常称为"学校委员会"、英国称为"学校理事会"等。尽管名称不同,但其宗旨或曰基本精神却是一样的。即,强调父母、学生对学校教育乃至公共教育的运营管理等的参加权利,并使之得以真正行使。在此以德国为例,①对作为集团的父母的学校教育参加权利的法制化和具体行使作一简

---

① 众所周知,现在意义上的德国是在 1989 年 10 月由原东德、西德统一而成的,在此所谈的德国实际上是指原西德。但不可否认,统一后的原东德区域内也有明显的原西德化倾向。为行文方便,虽使用"德国",实际上指称的是原西德。

要介绍。

德国在 20 世纪 60 年代后半期至 70 年代中期,进行了大规模的教育改革,其中,父母、学生学校参加的法制化是非常重要的方面。1973 年由德国教育审议会的教育委员会发表了一项劝告——《关于教育制度组织与管理的改革,第一步是强化学校的自律性和教员、学生、父母的参加》,这份劝告显示了 70 年代学生、父母学校参加法制化的基本理念。正是基于这种理念,各州才使父母、学生的学校参加真正走上法制化、并切实加以实施的轨道。比如,北莱茵—威斯特伐利亚州制定了一项新的有关学校参加的法律。即,《关于学校制度参加之法律》(简称《学校参加法》),对参加权限和参加组织作了具体的规定。[6]规定在各个班级、学年、学校,由一定数量的教员、学生、父母组成不同层次的组织(一般称为"父母会""学生会""教员会"),同时,还规定必须有与"教员会"相并列的"最高意思决定机关"——学校会议。

学校会议由教员、学生、父母代表组成,主要审议如下事项:关于教学内容形成及教学方法适用之原则;教学安排及课程设置之原则;关于成绩评价、成绩判定、考试及升级等规定统一适用之原则;关于父母对话日实施之规程、学校内规则的制定等 20 余项。学校教育法实施五年后,基于该法对"参加"进行了评价,并提出了报告。报告书指出,尽管在信息、情报方面存在着质、量的不充分等问题,以及并未充分灵活地利用参加的机会,但从总体上来看,有八成的父母、学生回答表示"满足",有六成以上的教员、八成以上的校长分别表示"对合作的期待是能够实现的"。总之,显示了肯定性评价的倾向。

(三) 我国父母教育权的现状

在我国,从现行的法律规定来看,我国父母的教育权最典型的性质是义务性。如宪法第 49 条规定"父母有抚养教育未成年子女的义务";教育法进一步指出:"未成年人的父母或者其他监护人应当为其未成年子女或者其他被监护人受教育提供必要条件。未成年人的父母或者其他监护人应当配合学校及其他教育机构,对其未成年子女或者其他被监护人进行教育"(第 49 条);只有婚姻法第 17 条有明确的"权利"二字,即,"父母有管教和保护未成年子女的权利和义务"。但实际上,"管教"与"教育"又不尽相同。① 上述这些规定难免会使我们产生这样的感觉:我国父母的教育权与其说是权利,不如说是义务更恰当。而忽略了父母在学校教育中的权利,无疑会影响父母在学校教育中功能的发挥。体现在教育实践中,父母常常成为被遗忘的要素。经笔者调查,学校与父母间的沟通与联系不外乎处于如下的状态:

第一,即使在比较注重家长作用、与家长取得联系的学校,也只限于对学校教育活动,包括听课、参加运动会等具体活动的直接参与,而非意思决定意义上的权利参与;

第二,这些学校使课堂走向社会,让家长参与,大多是对教师师德的一种要求。从家长的角度看,一般认为,能得到学校的许可听课、提出意见,无异于学校教师对自己的一种恩赐,而并未觉得是自己应有的权利;

第三,学校召开家长会、开办家长学校固然是件益事,但其宗旨一般是让家长了解儿童的身心特点和自己孩子的学习情况,旨在提高家长家庭教育的能力,而非通过家长会、家长学校的形式行使自己在学校中的权利。

第四,有的教师或校长认为:家长根本不懂学校教育,让他们参与学校的活动、决策,完全是一种干涉和障碍。因而,根本不关心与家长的联系。自然,家长是无权利的主体,学校、教师具有无上的权威。这在年幼的孩子那里更是,他们常会把老师的话当圣旨——凡是老师说的都是对的。父母也同样,常常会有"不听话,告你老师去"等话。"目前各校虽然重视与家长的联系,但也有些不正常情况,学生犯错误,教师'训家长',利用家长之手对学生实行体罚,教师把'请家长'视为最有效的惩戒手段,学生视'请家长'为畏途"。[7]这些无不是家长与教师地位、权利不对等的反映。由此,我们说,父母在教育实践中是无权利的主体实不为过。这种无权利的现实状态又如何让家长参与学校教育呢? 是否必

---

① 值得一提的是,在 2001 年 4 月 28 日第九届全国人民代表大会常务委员会第二十一次会议《关于修改〈中华人民共和国婚姻法〉的决定》中将该条修正为:"父母有保护和教育未成年子女的权利和义务。"

然会导致"家庭、学校、社会相结合"的法律规范的空洞化呢？回答是肯定的。

在当前,笔者以为最符合现实的、也具有必要性和可行性的关键之处是:应以法制度的形式建立由学生亲权者组成的父母组织,使父母通过父母组织这一合法的组织行使其对学校教育的参与、决策权利。

从借鉴他国的经验来看,德国为确保父母对学校教育的影响力和发言权,在1920年的学校自治法中为"加强学校和家庭间的协调,增进儿童肉体的、精神的、道德的福利"设立了家长会,发展至今,已形成由最底层的各班级家长会→学年家长会→学校家长会→郡、市家长会→联邦家长会系统的法制度,从而保障父母对学校教育的积极参与权利的充分实现。我国宪法中明确规定公民在不损害国家的、社会的、集体的利益和其他公民的合法的自由和权利的前提下,有结社的自由权利。而在结社之自由尚未成为普遍的公民习惯性行为的背景下,换言之,自下而上的权利要求运动尚缺乏现实条件的情况下,更需要自上而下的——由政府明确制定有关制度,从法律层次上建立类似家长联合会的组织,保障父母教育权利由自然权利的理念走向法律权利,进而成为父母享有的现实权利。

当然,建立父母组织并不排斥按照现实发展的需要,制定有关的父母"个"人教育权利的法律、法规。明确父母教育权的自然权和基本权的本质,进而渐次从法律上明确规定父母所享有的具体权利,也是当务之急。例如,"父母有抚养和教育未成年子女的义务"的宪法规定也应该作相应的修改,"父母有抚养和教育未成年子女的权利和义务"的表述更为恰当。

总之,离开了父母对学校教育的参与,缺乏父母和社会的监督,必然导致学校教育中某种官僚制度的盛行,导致侵害学生、家长权利等行为的发生。因而,借鉴他国经验,扩大父母对学校的参与,建立开放的学校体系是实现我国学校、家庭、社会"三结合"的必要途径。

参考文献:

[1][2][5][日]結城 忠.学校教育における親の権利[M],海鳴社,1994:

85,90-94,279-281.

[3][4]［日］平原春好編著. 学校参加と権利保障——アメリカの教育行財政[M]. 北樹出版,1994:56-75,130.

[6]［日］堀尾輝久等編:「組織としての学校」,柏書房,1996:216-217.

[7] 张天麟. 试论双亲的教育权利与义务[J]. 教育研究,1983(3).

（本文发表于《比较教育研究》2001 年 11 期。作者尹力,时属单位为北京师范大学教育系）

三、英美教育市场化改革的价值基础及其悖论

英美两国教育市场化改革的措施有所不同,英国的主要措施有《1980 年教育改革法》实施的公助学额计划(Assisted Places Scheme)、《1988 年教育改革法》实施的自由入学政策(Open Enrolment)和直接拨款公立学校(Grant Maintained Schools)、《1992 年教育法》颁布实施的督导制度的市场化改革、《1998 年教育法》实施的教育行动区计划(Education Action Zone),美国则主要采取了特许学校(charter school)、学券制(Education Voucher)与民营教育公司(educational management organization,EMOs)几种形式。英美两国教育市场化改革的价值基础基本相似,主要是为了家长的自由选择、促进社会公平、提高学术成绩、学校自治及学校之间的竞争。但现在越来越多的人对这些改革措施提出质疑,对这些价值基础能否实现表示怀疑,有些学者甚至进行了深入的研究。因此,我们有必要重新审视英美两国教育市场化改革的价值基础与实际悖论。

(一) 竞争

英美教育市场化改革的一个主要背景是政府对教育服务供给的垄断,因此,改革的一个重要目标就是打破政府的垄断,把市场竞争引入教育领域。最早提出教育市场化观点的弗里德曼(Milton Friedman)教授在《政府在教育中的作用》一文中指出:"我相信,若要对我国教育体制动大手术,唯一的办法就是通过私有化之路,实现将整个教育服务中的相当大的部分交由私人企业个人经

营。否则,……也没有什么办法能给公立学校带来竞争,而只有竞争才能迫使公立学校按照顾客的意愿改革自身。"[1]市场的根本法则是"优胜劣汰,适者生存"的自然法则,这就意味着学校将要为得到家长手中的教育经费而竞争。那些不能满足一定数量的教育消费者需求的学校将被淘汰出教育市场,而那些幸存下来的学校由于满足了教育消费者需求将会逐渐壮大起来,但它们也时时面临着新进入市场的学校所带来的压力。如美国的学券制,学生家长可以使用该学券在政府承认的任何学校(包括私立学校)就读,这就促进了各学校,尤其是公立学校与私立学校之间的竞争。

但 Wells(1988)在加利福利亚十个学区所做的研究则表明市场给公立学校带来的压力很小甚至没有,因为这些学校从政府或私人部门获得了额外的资金。"那些教学质量差的学校并没有失去很多的预算(有的甚至得到更多的钱用来改善质量),而那些享有良好声誉的学校也很少能扩展其规模——不同的是这些学校等待入学的学生名单更长了"。[2]Eric Rofes(1988)在美国十个州及哥伦比亚地区进行的研究同样表明,多数地区对特许学校带来的竞争反应缓慢,只有四分之一的学区已经做出重大变革。不仅如此,有些学区的领导(如New Jersey)对特许学校极其仇视,认为特许学校夺走了预算经费,使他们失去了进行改革所需的费用。教育经济学家 Caroline Hoxby(1996)曾预言竞争将使一个学区失去 6%~9% 的入学,但人口统计学则表明,近年来学校在总量上的增加刚好平衡或者超过了进入特许学校的学生数,这就使公立学校根本不用担心会失去生源。[3]具有讽刺意味的是,本来为公立学校设计的市场原则似乎对特许学校的影响最大。公立学校(甚至那些多年来学生成绩一直特差的学校)根本不惧怕学校会被关闭,因为公立学校的收费相对较低,所以在不提供较好的教育的情况下仍可以吸引或留住一定数量的学生。而特许学校一方面要符合政府的学术标准,另一方面又要迎合家长的需求,这样使特许学校显得非常的脆弱。因此,教育市场化改革在多大程度上把市场的竞争机制引入了教育领域,政府(更确切地说是公立学校)是否完全退出了对教育服务供给的垄断还需要进一步思考。

(二) 自治

Chubb and Moe 在《政治、市场与美国学校》一书中从制度的角度对公立学校与私立学校进行了比较,他们认为学校是制度环境的产物,学校的低效能是政府管制与控制的结果,而学校的高效能则是市场环境下学校自治的结果。"市场通过它们自身的特性,能够培养高效学校所必须拥有的自治。……消费者不会有购买低效学校的产品的需要,因此这些学校就会从市场中消失。……对学校进行民主管理不可避免会培养官僚作风,而这就会扼杀高效学校所必须拥有的自治"。[4]因此,他们主张进行教育市场化改革,用市场制度代替民主控制制度,给学校以充分的自治。如英国 1986 年宣布成立的城市技术学校(CTCs)完全不受地方教育当局的影响,由独立的信托公司与赞助商一起经营,课程设置上则偏重科学与技术。拨款公立学校的董事会不再包含任何由地方政府指派的成员,另外,它在有关招生、财政与职员聘用方面获得了更大的权力。美国的特许学校一般由家长、教师、学校管理人员、社区成员或民营企业创办。虽然其设立必须基于创办者与学区或其他政府教育管理机构签订契约或协议,但它们仍可享有广泛的自治权。这些自治权使其免受来自学区、政府或行业组织等的外在控制。特许学校的自治权一般集中在课程设置、教学方式、预算管理及人事任免等方面。

然而,政府从来都是"寻求一手给予、一手索取的方式"。[5]"决策者似乎乐意授予地方层面的学校和家长更大的自治权,但不情愿放弃高层政府的控制权。……向单个学校放权的措施往往与那些增强中央控制权的措施并驾齐驱"。[6]学校可能在财政和行政两方面被赋予新的职责,但在其他领域,特别是与课程相关的领域则节节退让。无论是国家还是州政府,都掌握了决定学校知识的标准、成就评估的方式以及评估报告的对象等新的权力。[7]国家进行控制的主要手段是国家课程,如英国《1988 年教育改革法》明确了核心学科——英语、数学和科学的学习计划和成就目标以及另外 7 门基础学科,同时它还需要复杂的评价和报告程序,以便将学校按成绩排定座次。因此,尽管英国的拨款公立学校不再受地方教育当局的控制,但它们并没独立于中央政府。它们必须向学生讲授规定的国家课程,并达到中央强加的验收标准。正如一位英国前教育大臣所说,"拨款公立学校可以自由地追求它们自己教育目标的说法有些言过其实"。[8](P23)国家对学校进行控制的另一种手段是考试或绩效责任(Accountablity)。如美国的特许学校被授予涉及预算、人事及课程等领域的决策权,交换条件是它们应担负达到协议成就标准的绩效责任,否则学校将面临关闭。所以,"教育自治实际上被看作培植更为严格的绩效责任制度并帮助公立学校提高质量的关键对策"。[9]有人甚至认为,将教育决策权下放到每所学校和家庭是政府"推卸责任"的有效策略。"放权并非它所声称的样子——它是打着让学校更多地管理自己事务的旗号,干着消减预算拨款的勾当。对于那些在市场竞争中处于弱势地位的学校而言,责权的下放只会导致责难的下放"。[10]

民营学校不仅仍然要受到国家的控制,而且还要受到各种捐赠者的控制。"随着特许学校更少的受制于学区,他们在某种方式上越来越受制于私立拨款者。……他们更可能受制于企业和其他外界的捐赠者,被迫对那些拨款者的利益做出更多的反应……特许学校从官僚学区获得的自治却不得不依赖捐赠集团"。[11]如一所特许学校从一家银行接受了大量的捐赠,作为交换条件,学校同意教授多数贫穷的非洲美国人和拉丁美洲人的小学生银行课程。"特许学校从学区的官僚控制中获得的自由的代价可能非常高,他们被迫更多的依赖它们所能获得的私立资源,如从家长、地方基金会或企业"。[12]因此,民营学校的自治从来都不是绝对的,自由的获得必须付出高昂的代价。

(三) 公平

弗里德曼认为,进入传统私立学校的家庭必须为孩子支付了两次学费,一次是为它要逃避的公立学校交税,另一次是向它们选择的私立学校交费。这显然是不公平的,它甚至比强迫穷人的孩子进入教学质量低劣的学校更加不公平。为此他提出将学券制作为更为公平的手段,因为穷人的孩子既可以选择学校,又不用支付两次学费。[13]英美两国的教育市场化改革政策对公平问题也给予了许多关注,采取了许多弱势补偿措施。如美国到 1997 年末,全国已有 30个这样的凭单体系(学券制),等待参与的家庭达到了 42 000 家。得克萨斯州圣安东尼奥的一个商业团体打算提供 5 000 万美元作为学券,资助那些处在贫困中的学生。还有一些商界领袖募集了 2 亿美元资助一个全国性的学券项目,该项目可以使 50 000 名大城市公立学校的学生进入教区学校和其他民营学校学习 4 年。[14]还有英国的公助学额计划,政府将为来自低收入家庭的优秀学生进入独立学校(Independent School,指非政府举办的学校,也有人称其为私立学校——Private School)学习提供全额或部分学费资助。至 1985～1986 年度,政府已向 226 所独立学校支付了 3 380 万英镑,用于公助学额学费的减免。受惠于该计划的学生达 21 412 人,其中 40％享受完全免费资格。[15]公助学额计划的实施,使收入较低的家庭也有了与富裕家庭一样的选择权。

然而,"市场导向的教育改革并不像其支持者所宣扬的那样更为公平,相反,它在许多方面是不公正的,因为它使强者更强,弱者更弱。'好'学校可以选拔那些在学术和社会地位都处于强势的'好'学生,从而维护或提高自己的'好'学校地位;而'差'学校和'差'学生则不能摆脱相反的恶性循环局面。"[16]市场并未赋予每个人同等的权利,因为消费者在选择的过程中得到的信息、资源以及受所选择学校欢迎的程度各不相同。这样很容易造成两极分化的现象。具有相似背景、相似能力的学生聚集到相同的学校。越来越多的经验性证据表明,对家长择校和学校自治的强调并没有给弱势群体带来好处,相反却进一步强化了他们在市场竞争中的不利地位。"与极个别有幸从处于声望底层的学校中脱颖而出的人不同,对大部分弱势群体的成员来说,新制度似乎仅仅是一种在不同类型的学校和在这些学校就读的学生之间再生产传统差别更为隐蔽、复杂的方式"。[17]雷·格兰德和巴特利特对英国社会政策中的准市场改革进行研究后指出:"一旦学校满员,校门便紧紧关闭。而且通过鼓励(超额注册)的学校日渐采用一种选拔性招生政策,开放入学可能造成为选拔优等生增加了机会并因此是不公正的后果"。[18]因此,"只要人们倾向于按照学术优异的单一尺度来评价学校,择校就不可能如其倡导者所言会导致更加多样、灵活的办学形式,相反,它会加强基于学术考试成绩和社会阶级的现存学校分层机制"。[19]同时,它还扩大了受欢迎与不受欢迎的学校在线性坐标上的差距——强化了学校类型的纵向等级,而不是导致所希望的横向上的多样化。[20]

威尔斯(1990)认为,"公正的择校方案需要明确的目标陈述;扩展性服务;为家长提供信息与咨询;一种'公平的、不受限制的、非竞争性的招生程序'以及为学生提供充分的交通便利"。因此,"一个公正的社会不能是在剥夺弱者基础上使强者更强的社会,而应是强者扶助弱者从而使弱者变强的社会"。[21]

（四）自由选择

传统的基础教育一般采取就近入学原则，父母无法为孩子选择学校，除非搬家。教育市场化改革的立足点则是以消费者的需求为导向而不是以供给者为导向，要把选择权完全交给家长。莉娃西科则认为，教育市场化使"需求与供方的分离以及需求方可在不同供方之间做出选择"。[22]Chubb and Moe 认为，教育中的家长选择是一种根除民主政治与官僚的反作用的方法。因此，"拓展父母的选择权日益被视为撬动教育体制改革的杠杆，'选择而非指派'成为这一运动的旗帜"。[23]学校在市场竞争中变得多样化，人们可以自由地根据自己的利益做出抉择，如果家长和学生对某所学校提供的教育不满意，他们可以选择退学，寻找更能满足自己需求的学校。家长可在公立学校和民营学校、宗教学校和世俗学校、营利性学校和非营利性学校之间，甚至跨学区进行选择。如果家庭居住地与选择的学校不属于同一学区，居住地学区应当向学校所在学区转移一定的资金，包括州政府给居住地学区的资助。

然而，"在'择校'和'多样化'这些表面看似华丽的辞藻背后，改革消弱了许多家长的择校权利，而市场倡导者的本意是，市场应全方位向消费者赋权"。[24]家长的选择并不像倡导者所说的那样自由，尤其是那些社会经济地位较低、家长的受教育水平较低、贫穷家庭或少数民族家庭，他们对学校的选择将受到很多条件的限制。

1. 能够获得学券或公助学额的家庭非常有限

如美国有的州为了不增加教育开支，只允许公立学校中的学生获得学券，因为这部分教育支出已经包含在教育预算中了，这样在私立学校就读的学生就无法使用学券。同时给予公立学校的学券名额也是非常有限的，如在华盛顿特区，4 725 个来自贫困家庭和劳工家庭的孩子向 1 000 个民营学校的学券提出了申请，在纽约有 22 700 个孩子对 1 300 个名额提出申请。[25]

2. 家长可能因无法便捷地得到充分的信息而未能为孩子选择最佳学校

虽然特许学校声称"谁先来，录取谁"或采取抽签录取的形式，但实际上，学校在做宣传时就有目的选择人群，从而使很多人根本不知道这所学校的存在。Paul Teske 等对美国关于教育选择结果方面的众多实证研究发现，虽然人们希望选择,有更大的教育自主性,但不同人群对选择的参与和判别能力并不一致,社会经济状况较差的家庭进行选择判断的知识相对不足,而社会经济状况较好的家庭更关心子女教育,对选择更加积极。[26]

3. 家庭收入

美国的学券金额是以公立学校生均费用为限,有的私立学校的学费要高于此金额,这样家长就必须补足差额部分,这对于贫穷的家庭的来说带来了额外的负担。

4. 学校对学生与家长的要求

美国有 29 个州的法律允许特许学校有入学要求或进入标准,29 个州中只有 9 个州的标准不是以"智力"或"学术性向测验成绩"作为入学标准。[27]这样就使学校有更多的自由控制谁能进入谁不能进入学校。学生能够被录取,一方面取决于他们自己是否符合学校的行为和(或)学术标准,另一方面取决于他们的父母能否符合学校的期望,如给孩子阅读、检查家庭作业、当自愿者参与学校活动、给学校捐赠等。那些学术成绩较差的学生以及那些为了生计而没有时间与精力参与学校的家长将被拒之门外。因此,"如果缺乏对学校选拔权的有效控制,被赋权的就是生产者,消费者则需适应学校的目的"。[28]

5. 宗教问题

美国有 9 个特许学校法要求特许学校应该反映所在地区的种族构成情况。有的州还不允许学券流入教会学校,这对于那些更希望在教会学校就读的家庭失去了选择。

6. 交通也会对许多选择加以限制

如果家庭选择的学校离居住地较远,他们还要考虑交通问题。

7. 教育必须在消费者权利与公民权利之间寻求平衡

消费者并不能完全按照自己的意愿来选择,学校也不能完全为了迎合消费者的需要行事,他们都必须考虑教育的社会目标。

因此,"市场并不能为所有消费者提供他们所需的多样化的、高质量、多层次的服务,而且价格也会偏高"。[29]Brett Lane 认为,决策者与分析家关注的问题不在于是否应该有选择,而是什么样的选择制度最公平。[30]只有给予弱势群体更多的信息、更方便的交通、甚至进入特定学校的优先机会,以及所有家长在公立学校和民营学校、宗教学校和世俗学校、营利性学校和非营利性学校之间享有广泛的选择权,这种选择才具有实质意义。[31]

(五) 学术成绩

对公立学校进行市场化改革的一个重要原因是人们对公立学校教育质量严重下降表示不满,因此,市场化改革的一个重要目标是提高教育质量。改革者的基本思路是:与民主控制制度相比,市场制度把竞争机制引入教育领域,学校被赋予更多的自主权,家长被赋予自由的选择权,从而使学生的学术成绩得到改善。Rouse 和 Cecilia 的研究表明,参加 Milwaukee 学券计划进行选择的贫困家庭的学生学习成绩有所提高。Howell 和 William 的研究也表明,参加学券计划的学生学习条件得到了一定改善,一般到了小班教学的规模较小的学校,家庭作业更多,与教师和同学间沟通更好,学生和家长比较满意。

然而更多的人对美国一些学校和学区从失败的边缘奇迹般地转向成功的著名实例表示怀疑。他们认为,人们无法确定这些结果确实是反映了学校管理模式的变革,还是学生成分的变化。这些成功的案例也许只是这些学校能够从本学区甚至其他学区挑选较高社会经济群体中学生的结果。"设备精良的学校对家长可能更有吸引力……但这在很大程度上不是通过提高办学质量,而是通过扩大优势学生的入学比例来实现的"。[32]而且,现在衡量一所学校是否成功的标准是其在教育市场中的绩效,这种只重结果的评价方式把教育这种本来十分复杂的社会现象简化为一种"投入——产出"的过程。这就使市场机制中的学校只追求那些可被测量的教育目标,如学术成绩;忽视教育中极其重要的其他方面,如合作精神。绩效责任方案使教学更加标准化和表面化,从而导致"为考试而教"的危险。再者,在不同类型学校之间进行的横向比较或对一所学校在自治前后所做的纵向研究若不考虑学生的"输入"特点,不仅是无意义的,而且会将人引入歧途。"只使用'输出'数据来区分学校的家长很有可能会选择相对来说缺乏效率但却吸引了更优秀学生的学校,而不再考虑使以前成绩较差的学生取得巨大进步的其他学校。因此,除了决策者武断,目前几乎没有可靠的研究表明学校的自治身份提高了学生的成绩"。[33]同样,几乎也没有证据表明自治学校更加有效地利用资源来提高学生的成绩。虽然它们拥有更大的财政控制权,但这并必然意味着会有更多的资金流入课堂。资金和时间可能会被导入因政府要求而大量增加的行政事务及市场运动策略之中。[34]因此,教育市场化改革并不必然地提高效率与学校成绩。

参考文献:

[1][4][美]罗伯特·G·欧文斯著. 教育组织行为学[M]. 窦卫霖等译. 上海:华东师范大学出版社,2001:489.

[2][12][13][14][23][25][31][美]E. S. 萨瓦斯著. 民营化与公私部门的伙伴关系[M]. 周志忍译. 北京:中国人民大学出版社,2002:277,238-239,276,280,276,281,278.

[3][11][26][27][30] Henry M. Levin Privatizing Education[M], Colorado:Westview Press, 2001:240、242—243、247、239、223.

[5][6][7][8][9][10][15][16][17][18][19][20][21][22][24][28][32][33][34][英]杰夫·惠迪、萨莉·鲍尔、大卫·哈尔平著. 教育中的放权与择校——学校、政府和市场[M]. 马忠虎译. 北京:教育科学出版社,2003:35,60,49,23,34,144,3,54,147,2,105-106,110,3,152,154,149-150,54,4.

[5] 汪利兵. 当代英国教育的市场化改革研究[J]. 比较教育研究. 2001(6).

[29] John E. Chubb and Terry M. Moe Politics, Markets, and America's Schools[M], Washington, D. C:the Brookings Institution,1990:38.

(本文发表于《比较教育研究》2003 年 11 期。作者朱科蓉,时属单位为北京师范大学教育学院)

四、择校权实现的差序格局

（一）西方国家家长择校权利的经验考略

近代以来，随着社会经济的发展，受教育权利的主体——家长和学生的范围逐步扩大，受教育权利的种类逐渐增多，权利的享有和实现的程度日益充分，这是西方发达国家受教育权利实现的一种普遍现象。

从表 1（下页）可知，西方发达国家家长择校权利的实现，大多数遵循的是差序格局。所谓权利实现的差序格局，是指权利实现中的一种状态，它有两层含义：第一，现实中的权利主体是逐步扩大的，即一部分人先享有法定权利，然后再推广到其他人；第二，现实中不同种类（政治、经济、文化、社会、教育等）权利的法律化及其实现是循序渐进而非一蹴而就的。传统的身份社会是一种"义务"的差序格局，现代社会则是一种权利的差序格局。[1]在没有普及义务教育之前，家长择校的问题还没有提到议事日程，接受初等和中等教育也只是一部分有权或有钱阶层子女的特权。随着义务教育的普及，义务教育领域各类学校或不同学校教育水平之间出现了差异，部分经济条件好的家长或民主意识强的家长开始为其小孩接受更好的义务教育而奔走，随着这类家长人数的增多，政府不得不把择校问题纳入议事日程，改变起初对择校限制的态度，转而制定政策让择校成为现实。[2]此后，政府不断修订已有政策，使家长择校权利拓展、完备和法制化。

表 1

	教育平等权利的初步实现，普及初等义务教育	教育平等权利的进一步实现，义务教育的延伸	择校权利的初步实现	择校权利的拓展
英国	1870 年《初等教育法》	1918 年的《费舍法案》、1944 年的《巴特勒法案》	《1980 年教育法》在国家层面上正式确立了家长在公立学校系统内进行选择的权利	《1988 年教育改革法》、《1993 年教育法》、《1998 年学校标准和组织法》
美国	1852 年马萨诸塞州的《义务教育法》	1920 年前后，多数州将义务教育规定为 9 年	明尼苏达州在 1988 年通过制定全州公立学校的学区内和跨学区并行的开放入学选择权方案	1990 年教育部长卡瓦佐斯的《推进选择制，改革美国教育》
联邦德国	1872 年《普通教育法》、1919 年《魏玛宪法》	1949 年《基本法》	1969、1971 年两次修订了《基本法》	20 世纪 70 年代以后
法国	1882 年的《费里教育法》	1959 年《教育改革法》	1980 年教育法令	199 年教育法、2002 年教育法
俄罗斯	1918 年的《统一劳动学校规程》和《统一劳动学校宣言》	1958 年《关于加强学校同生活的联系和进一步发展苏联国民教育制度的法律》	1992 年《教育法》	1994 年《关于教育领域非国有化、非垄断化法律草案》
日本	1872 年的《学制》和 1886 年的《小学校令》	1947 年《教育基本法》	2000 年部分地区开始实现	
中国	1903 年的《奏定学堂章程》；1911 年的《试办义务教育章程案》；1912 年的《壬子癸丑学制》；1985 年的《中共中央关于教育体制改革的决定》；1986 年的《中华人民共和国义务教育法》	1995 年《中华人民共和国教育法》	2001 年浙江长兴发放教育券。此举并没有达到应有的效应。[2]	

美国在 20 世纪 80 年代以前,各州均实行"划分学区,就近入学"的政策,择校只局限于少数富裕家庭选择私立学校,或者有宗教信仰的家庭选择教会学校的范围内。1980 年代以来,美国一部分州采取了多种择校形式。根据择校政策的类型,可以归为如下几类:① "学区内的选择学校"。家长只能在自己所属的学区内为子女选择一所学校就读,不得向其他学区的学校提出入学申请。如麻州、纽约州、华盛顿州等部分地区。另有些学区则采用"控制式选择",即允许家长将子女送往学区内任何公立学校就读,但仍需顾及种族、性别、家长社会经济地位的平衡;② "学区间的选择"。明尼苏达州在 1988 年制定了全州公立学校的学区内和跨学区并行的开放入学选择权方案,于 1990~1991 学年开始实施;③ 教育券式的学校选择。这种择校方式曾在 20 世纪 70 年代小规模试行,争议性较大,1987 年民众支持率降至 44%。里根政府曾多次提出"教育券"或"所得税扣抵学费额"的方案,但国会在公立学校系统及教师团体的强烈反对下,始终没有通过该方案。小布什上台后大力推行教育券制度,其主要动机就是利用教育改革促进社会平等,以教育凭证协助人口中居于最劣势的黑人、西班牙语族后裔、穷人和妇女;④ "特许学校和磁石学校"式的自由选择。这两类学校学生不受学区的限制,可自由选择,美国约有 41 个州和哥伦比亚特区、波多黎各通过了特许学校法,全美约有 3 000 所特许学校,超过 70 万学生就读。[3]公立学校中有 24%的学生在"磁石学校"就学。

进入 20 世纪 90 年代以后,英国家长择校权得到了进一步的扩大。《1993年教育法》要求地方教育当局向公众公布更多关于学校的信息,包括区内学校考试结果和其他行为指标。1998 年的《学校标准和组织法》对择校作出了新的规定:一是限定了学校的入学标准,学校必须保证家长择校的公正和透明,家长必须有机会表达对一所公立学校的选择意向,阐述其理由。[4]学校必须满足他们的要求,除非家长的小孩已被两所学校所拒绝或者他们所选择的学校的注册生已超过限额。如果家长的要求没有得到满足,他们有权向法院起诉。二是缩减以能力为取向选择学生的比例。规定学校可以根据学生的性向(aptitude)在一些限定的领域内优先选择 10%的学生。[5]三是设立了裁判员来调解与学校入学有关的事项,鼓励家长和有关当局对学校的部分选择学生计划提出反对意见,由审判员来调解。[6]

联邦德国在 1949 年《基本法》的基础上,分两次(1969,1971)分别修订了基本法。在现行《基本法》第二部分第六款,规定个体选择学校的权利为一项宪法的权利。在小学阶段,家长无权选择特别的公立学校,只能在住处所在的学校进行注册,但是因某种特殊的原因,他们可以在学区以外申请别的小学。在中学阶段,家长可以根据小孩的能力和成绩,在不同种类公立学校之间进行选择,也可在同一类(级)学校的不同学校中进行挑选。在大多数州的小学阶段乃至中学阶段的主体中学(Hauptschule),地理上的学区依然存在;在中学阶段的实科中学和文法中学,地理上的学区并不存在,跨区择校也是可能的。[7]

在法国,破除"就近入学",推行择校的政策在 1980 年的一项法案中提了出来。[8]时隔 4 年,社会党的教育部长,阿兰·萨瓦日(Alain Savary)第一个使"就近入学"政策弹性化,1984 年他将天主教学校整合到普通公立教育中,这种整合导致家长择校一发而不可收,择校逐步拓展到整个公立学校系统中。[9]1998年的教育法案强调择校的规则和目标,既促进了社会阶层的整合,也有助于避免学校遭受不公正的评价。

俄罗斯教育改革的特点是大力推进私有化进程,而私有化进程也是靠国家发放教育支票或教育券来实现的。1992 年 7 月颁布的《教育法》明确规定,在义务教育阶段,学生有选择进入各类性质学校的自由。1994 年 9 月,俄罗斯制定了《关于教育领域非国有化、非垄断化法律草案》。为了实现教育领域非垄断化,草案提出一种新的财政构想,即实行教育机构按人头拨款的教育支票制度。具体做法是:政府将教育拨款以教育支票的形式一次性直接拨给学生,以完成全过程的义务教育。教育支票上没有面额,其具体数额由政府根据当年的经济发展状况确定。义务教育阶段的教育支票可以送交任何一个教育机构,不受地点、学校所有制形式(国立、私立、民办)和学校类型的限制。

日本首次提出择校制的构想是在 1984 年的"展望世界京都座谈会"中。由于择校制被指定为临时教育审议会"教育自由化论坛"的核心内容,曾引起激烈的争论。1996 年,日本行政改革委员会下属的"松绑支委员"重新提议在全国范围内实施择校制度,主张打破公立学校僵化、封闭、划一的局面,在公立学校中引入市场竞争原理。该提议再次引发了关于择校制的争论。自 2000 年 4 月开始择校在日本成为现实,东京平川区 40 所小学划分为 4 个块,每一块内家长和学生可以自由选择学校，从 2001 年开始这一做法扩大到初中。足力区从 2002 年起在全区的 76 所小学，39 所初中中实行自由选择制。[10]

此外，20 世纪 80 年代以后澳大利亚、比利时、荷兰、新西兰、以色列等国也在实现义务教育的基础上，努力推行择校政策。

（二）择校权实现的规律

在受教育权利的实现方面，不同种类权利的实现是有先后顺序的。马歇尔指出："权利的实现分为'民事权利'（18 世纪）、'政治权利'（19 世纪）、'社会权利'（20 世纪）。"受教育权利既是一项民事权利，也是一项政治权利，还可以被看作是一项社会权利。在 19 世纪，义务教育权利的实现是一项民事权利，进入 20 世纪后，受教育权利得到各发达国家的重视，演变成了政治权利。自 1919 年德国的魏玛宪法首次明确规定受教育权利开始，在 142 个成文的国家宪法中，规定了公民受教育权利的占 51.4％。[11]进入 20 世纪 70、80 年代，人们则从社会保障的角度来看待受教育权利，择校权利更多的是一项社会权利，其目的是让教育从形式上的平等走向实质上的平等，成为一种社会保障。从义务教育的普及，再到义务教育的拓展，最后到择校权利的实现，遵循的是受教育权实现的差序格局。

受教育权利的实现与社会的经济发展状况、民主化程度、法制化完备、义务教育的普及程度等密切相关，其中择校权利的实现依赖于以下几个条件：

1. 经济条件

权利总是先由少数人获得，然后再扩大到其他多数人。这是一个历史发展的通道和事物发展的路径。[12]择校权的实现也是这样。家庭经济收入的高低会影响到学生及其家长选择学校的意愿。例如，美国新泽西州孟克雷尔市在实施"控制式选择"时，发现有较高收入的家庭具有较强烈的选择学校的意愿。在年收入 10 万美元以上的家庭中，有 75％的家庭会参与学校在晚间所举行的说明会；而在年收入 5 万美元以下的家庭中，只有 45％的家庭会出席该类会议。有 76％的较高收入家庭会运用文字信息来评估他们所做的选择；而只有 35％的较低收入家庭会运用同样的信息。[13]威尔姆兹（Willms）和恩卡尔兹（Echols）在分析苏格兰的择校政策时发现，有权利选择学校的家长比起那些被迫接受学区分派的家长,往往拥有较高的教育程度和职业声望。[14]

在我国,家长择校与其家庭的经济状况是紧密联系在一起的。有调研机构对北京、上海、广州、成都、西安五城市 2000 年度"择校费"情况作了调查,结果显示:有 32.6% 的家长交过择校费,平均 3 150 元。北京最高,为 50.8%,平均4 767 元。[15]时至 2005 年,在有些地方,如广州、深圳等地,"2.5 万元"已成了重点中学择校费的下限,上限则有可能达到 10 万元,甚至更多。

2. 义务教育的普及程度

义务教育的普及是择校权实现的根本基础。在普及义务教育之前,只有部分具有某种特权或有钱人的子女可以享受这种教育。随着初等教育的普及,人民群众接受中等教育的呼声越来越高,于是中等教育普及的立法也随之进行。到 20 世纪中期,各个发达国家已基本普及了中等教育,高等教育也开始由精英阶段走向大众化,在这种背景下,不论是上层社会,还是中产阶级,甚至连贫困阶层的子女均有权接受初等和中等阶段的义务教育。在接受义务教育既是义务也是权利的背景下,人民不仅追求形式上的平等,而且追求实质上的平等,家庭经济条件优越或民主意识强的家长开始为其子女接受更好的义务教育,以便上名牌大学而殚精竭虑。择校的问题便呼之欲出。

3. 法制的完备

法制的完备包括立法、司法和执法几个方面。西方国家择校的成功实施取决于法制的完备,这些国家制定了可供操作的择校规则。20 世纪 80 年代以后,美国实行择校的各州均制定了相关的政策法规,如明尼苏达州在 1988 年制定了全州公立学校的学区内和跨学区并行的开放入学选择权方案。美国联邦政府通过了专门的《磁石学校辅助方案》,开办特许学校的州也制定了相应的法案。

英国的择校成功推行取决于教育法中有关择校规定的完备以及执法的有效。自 1980 年以来,家长的择校计划如果遭到否决,他们就有权上诉,于是越来越多的家长上诉。据最近数据显示,2001～2002 年上诉案达到了 94 900件。[16]在正式提出的 66 100 桩上诉案件中,有 21 700 桩法院裁决家长择校获胜,也就是说,1/3 的家长打赢了官司。大量的判例(case law)和官方的指导文件为司法公正提供了依据,也为家长择校提供了指路明灯。

（三）我国家长择校权利实现的初步探索

择校的实现是从应然权利到法定权利，再到实然权利的一个过程。自休谟以后，权利的二分法——应然权利与实然权利成了一种经典。然而，这种划分忽视了一个对权利主体而言最为重要的步骤：自身的权利如何从应然转化为实然？毫无疑问，应然权利的法定化是权利实现的一个最重要的途径，管权利的法定化并不等于权利的实现。近年来，法学界逐步接受了在应然权利和实然权利之间加上"法定权利"的权利三分法。其中，应然权利是指道德权利，即权利主体应当享有的权利；法定权利是由立法（国内立法和国际立法）加以确认的那些应然权利；实然权利是指权利主体能够实际享有的应然权利和法定权利。三种权利并非并行关系，而是层级关系，其中有很大一部分是重叠的。[17]

从应然权利到法定权利的实现有待于我们国家经济的发展，简单地制定有关择校的法规并不能解决所有的问题。在我国择校权的实现主要依赖于以下两个条件：

首先，经济的发展是择校从应然走向法定的必要条件。权利实现中的差序格局是和现代法治追求权利平等性、普遍性的价值目标相冲突的。这种冲突的根源在于现代法治和市场经济的对立统一关系。权利实现的差序格局说到底是由市场经济决定的。现代法治追求公平，市场经济追求效率，公平应当在效率的基础上实现，我们不能为了未来才能实现的权利普遍性、平等性价值目标，而牺牲现实的市场经济的特性。理想引导现实，但不能代替现实。不是社会以法律为基础，而是法律以社会为基础。解决应然权利与实然权利、法定权利与实然权利的冲突，根本依赖于经济的极大发展，而不是法学家的一场启蒙运动和立法者的一番变法。只有经济发展了，人民群众的生活水平提高了，义务教育在广大农村和边远地区得到较好的实施，公众的民主意识极大地增强了，择校权的实现才有可能。

其次，减少人为划分的重点学校与非重点学校，教育部门必须根据学生注册的名额，向各个学校提供等额的生均经费，平衡学校的师资力量。德国尽管存在不同种类的学校，但择校风没有其他国家严重，各州保证各个学校水平一致，除了保证教学设备相同，各州更注重使各个学校的师资力量保持平衡。在亚洲国家中,日本的择校热属比较"冷"的。日本的中小学校,无论学校规模大小,在校生人数多少,学校都必须达到办学标准,具备办学的条件和设施。校长和教师的轮换制,既保证了各中小学教学管理与教学水平的均衡性,又有利于各校办学经验的交流,能够最大限度地避免择校热的兴起。英国近年来为有力地推行择校政策,对中小学校的拨款是按学生的注册人数来下拨的。在我国,重点学校与非重点学校之间的差距太大。减少各类学校的差距的重要手段是对所有中小学一视同仁,按学生注册人数进行拨款;加大对薄弱学校的改造力度,使薄弱学校在短期内达到或接近与重点学校同样的教育条件;定期推行教师轮换制度。这样可以尽可能地消除城市与农村、东部与中西部地区、重点学校与普通学校之间的差距,促进各类学校公平的竞争,促进教育的均衡发展。在这种情况下,择校热会有所降温。

对待经济发达地区和经济欠发达地区,择校政策的制定可以采取分步走的办法,在经济发达的沿海地区和省会城市,可由当地教育管理部门制定地方性的择校政策,待条件成熟后再推广到经济欠发达地区。

参考文献:

[1] 郝铁川.权利实现的差序格局[J].中国社会科学,2002(5):113,124.

[2] 贺武华.教育券在中国实践的再认识[J].比较教育研究,2004(10):72-75.

[3] US Charter School. [EB/OL] http://www. uscharterschools. org/pub/uscs_docs/sp/index. htm. 2005-08-08.

[4] The 1998 School Standards and Framework Act,Section 86. [EB/OL] http://www. opsi. gov. uk/ acts/acts1998/80031—t. htm♯99. 2005-06-01.

[5] The 1998 School Standards and Framework Act. Chapter Ⅱ Selections of Pupils,102. 1(b)[EB/OL] http://www. opsi. gov. uk/acts/acts1998/80031—t. htm♯99. 2005-06-01.

[6] Anne West & Dabney Ingram. Making School Admissions Fairer?

'Quasi-regulation' under New Labour [J]. Educational Management and Administration, 2001(4).

[7] Lutz R. Reuter. School and Civic Values in Germany. Patrick Wolf, Stephen Macedo, David J. Ferrero and Charles Venegoni(edited). Educating Citizens [M]. Washington D. C. :Brookings Institution Press. 2004:222.

[8][9] Denis Meuret School Choice and Its Regulation in France. Patrick Wolf, Stephen Macedo, David J. Ferrero and Charles Venegoni(edited). Educating Citizens [M]. Washington D. C. :Brookings Institution Press. 2004:255.

[10] 孙晓明. 择校收费的经济学思考[J]. 天津师范大学学报(基础教育版),2004(2):11.

[11] 亨利·范·马尔塞文,格尔·范·德·唐. 成文宪法的比较研究 [M].陈云生译. 北京:华夏出版社,1987:159-160.

[12] 孙霄兵. 受教育权法理学——一种历史哲学的范式[M]. 北京:教育科学出版社,2003:454.

[13] Carnegie. Foundation for the Advancement of Teachering. School Choice [M]. Princeton, New Jersey. 1992:101.

[14] Willms, J. D. , & Echols, F. H. . The Scottish Experince of Parental School Choice. In E. Rasell & R. Rothstein(Eds.),School Choice: Examining the Evidence [M]. Washington, DC:Economic Policy Institute. 1993:49-68.

[15] 邱小健. 择校:一个值得研究的经济学问题[J]. 教育科学,2003(4):11.

[16] Department for Education and Skills. Admissions Appeals for Maintained Primary and Secondary Schools in England 2001/2002 [Z]. London. 2003.

[17] 王家福、刘海年主编. 中国人权百科全书[Z]. 北京:中国大百科全书出版社,1998:646,116,535.

（本文发表于《比较教育研究》2006 年 8 期。作者彭虹斌,时属单位为华南师范大学公共管理学院）

五、国外基础教育管理及财政体制改革分析

建立一个公正而有效的教育体系,对于消除社会贫困、缩小贫富差距、建立一个和谐与文明的社会具有十分重要的意义。从 20 世纪中期开始,世界各国政府日益意识到教育对经济和社会发展的重要性。在政府的积极干预下,公立教育系统得到了快速的扩张。但是,这种发展方式也带来了一定的问题。目前,不论是发达国家,还是发展中国家,都不同程度地遇到了教育经费不足、经费使用效率不高、教育机会不均、教育质量无法令人满意等问题。为此,各国政府积极探索改革教育管理及财政体制的有效措施,寻找解决问题的办法。[1][2]

从教育管理体制改革方面看,一些国家采取的主要改革措施包括:下放中央政府对教育的管理权,扩大地方政府的统筹权;扩大学校的办学自主权;增加家长选择学校的权利和参与学校管理的机会;发展私立教育;采用市场机制,鼓励私营企业参与办学等。随着教育管理机制的改革,教育财政形式也发生了相应的变化。各国政府主要通过两种方式提供教育经费:一种方式是把经费直接提供给教育供给方,即学校;另外一种方式是把经费提供给受教育者,在受教育者选择学校的同时,将办学经费间接地带到了学校。前者被称为"供给型财政"(supply side financing)形式;后者被称为"需求型财政"(demand side financing)形式。公立学校财政改革方式主要包括:一是在公共教育经费投入不变的情况下,改变公共教育经费的分配方式,从政府对公立学校提供直接资助方式,转变为通过学生选择学校把公共教育经费间接地带到公立学校的方式;二是在缩减公共教育经费投入的情况下,扩大学生家庭贡献在教育总经费

353

中所占的比例。私立学校财政改革方式主要包括：一是政府对私立学校采取税收优惠政策，鼓励社会资金流入学校；二是政府向私立学校提供直接经费资助，资助标准低于或相当于公立学校资助标准；三是政府通过发放学券和扩大学生教育选择机会，对私立学校提供间接经费资助。

（一）部分发展中国家和发达国家教育管理及财政体制改革

在教育领域，发展中国家与发达国家遇到了不同的问题，它们所采取的管理及财政改革措施也不尽相同。

1. 发展中国家教育管理及财政体制改革

在教育领域，发展中国家面临着许多共同的问题，包括：教育经费短缺、适龄学童入学率和完成率低、不同社会阶层子女接受教育机会不平等、教育质量低下等。针对这些问题，各个国家开展了积极的探索。表 1 所示为部分发展中国家教育管理及财政改革的一些主要做法。

表 1 部分发展中国家需求型教育财政改革措施

国家	机制
孟加拉国	对公立和私立学校中女童提供经费补贴
巴西	采取配套资助和按学生人头拨款措施，发放奖学金，保证穷人孩子的受教育机会
智利	对所有公私立学校学生按人头拨款；实行学校选择计划
中国	配套资助；对贫困家庭及少数民族学生提供经费补贴；提供免费教科书[a]
印度	配套拨款项目与大额度奖励
印度尼西亚	对初中学生设立奖学金
墨西哥	对贫困家庭和土著民孩子提供资助
缅甸	社区资助

资料来源：Patrinos, Harry Anthony. Market Force in Education, European Journal of Education, 2000, 35(1), 61-80.

发展中国家在教育领域遇到一些特殊的问题，主要表现在教育经费不足和教育机会分配不平等两个方面。由于公共教育经费供给不足，所以上学的家庭需要交纳一定的费用，这给一些家庭带来了一定的经济负担。在乌干达，教育支出占家庭总支出的 57%；智利为 45%；印度尼西亚为 37%；马里为 26%。在

OECD 国家,这个比例不到 10%。在发展中国家,教育公平也是一个突出的问题。平均来说,收入最高的 20% 人口享受了 30% 以上的公共教育经费,而收入最低的 20% 人口只享受到 8~15% 的公共教育经费。[3] 这是发展中国家目前面临的最大挑战。由于私立教育可以部分地满足过度教育需求,即公立教育系统无法满足的那部分教育需求,所以可以得到政府公共财政经费有条件的支持。

2. 发达国家教育管理及财政体制改革

欧洲及 OECD 国家面临着的主要问题包括:科层制限制了学校的自由度,社会对教育发展状况感到不满意,教育经费使用效率不高,社会较低阶层人群子女受教育状况恶劣等。针对这些问题,各个国家积极地开展了教育管理及财政体制改革探索。表 2 所示为部分欧洲及 OECD 国家教育管理体制和财政改革的基本情况。

表 2 部分欧洲国家及 OECD 国家需求型教育财政方式

国家	机制
澳大利亚	实行中央和地方财政分担制度;政府按照家庭收入状况和学生规模,对私立学校提供补助
比利时	学生可以在公立和"自由"学校(天主教)之间进行选择
加拿大	按学生人头划拨经费;对私立学校提供资助
法国	私立(天主教)学校可从政府部门获得资助
匈牙利	家长具有选择公立或私立学校的权利,但要为选择学校付费
日本	政府对私立学校提供资助
荷兰	对私立和公立学校按学生人头划拨经费;实行学校选择计划
新西兰	为低收入家庭孩子提供更多经费(80% 的经费按学生人数划拨,20% 的经费按学生社会经济状况划拨);对特定人群实行学券制
波兰	政府对私立学校提供资助
西班牙	在学前教育阶段,实行教育券试验
瑞典	按学生人头划拨经费;对私立学校提供资助
英国	政府对接受低收入家庭孩子的私立学校提供经费资助
美国	教育券试验:公私立学校、特许学校

对于许多发达国家来说,教育改革的首要目的并不是为了从非公共渠道获

得经费和节省公共教育开支,而是要扩大教育选择机会,减少科层制对于教育系统的限制,提高教育的公平程度与质量。在不同国家和同一国家的不同教育阶段(小学、初中和高中),私立学校形式和规模有着不同的表现形式。由于私立学校属于非营利组织,所以各个国家政府对于私立教育给予了不同程度的公共资助,同时也对私立学校的教学制定了相应的规范和标准。

(二)教育管理及财政体制改革效果评价

在新的社会环境要求下,发展中国家和发达国家对其教育管理及财政体制进行了多种形式的改革。评价改革效果的指标有哪些? 这些改革措施的效果又如何呢? 列文提出了评价私立教育的四个维度:效率、选择、公平和社会凝聚力。[4]教育决策者应该根据社会的具体情形,综合利用各种政策工具,促进公立教育和私立教育的发展,从而保证社会的均衡发展。

目前,由于教育改革形式多样,同样名称的改革在不同国家具有不同的表现形式和实际内涵,影响改革效果的因素复杂多样,这些都为从事评价教育改革效果的研究工作带来一定的困难。下面,本文对学券制实施效果、公立学校与私立学校之间的办学效果(effectiveness)和效率(efficiency)进行一些比较分析。

1. 学券制改革效果分析

目前,虽然学券制在一些国家得到了不同程度的实行,但是对于学券制实施效果仍然缺少系统的评价研究。[5]

麦克依万和卡诺依对智利实施学券制的私立学校的办学效果和办学效率进行了实证研究。[6]研究结果表明,接收学券的私立学校与接收学券的公立学校在办学效果和办学效率方面,没有很大的差异。在学生学业成绩指标上,接收学券的非宗教私立学校(占多数)不如公立学校好;接收学券的天主教学校(少数精英)要优于公立学校。从办学效率角度看,接收学券的非宗教私立学校办学效率高于公立学校,即能够以较低的成本达到同样的学生学业成绩,原因是私立学校教师工资较低,公立学校教师工资较高,公立学校在资源分配时受到一定的约束,无法有效地降低成本;接收学券的天主教学校办学效率与公立学校相似。研究者认为,虽然学券制扩大了私立学校的规模,私立学校的办学效率高于公立学校,但是未必非得采取学券方式才能提高公立学校的办学效率,也可以通过改变公立学校的管理规则,达到同样的提高办学效率的目的。

列文和贝尔费德对于学券及其他教育选择形式在美国的实施情况,进行了系统的回顾和总结。[7]他们指出,学券在美国实施的范围很小,对于实施效果缺少系统的评价研究,研究结论的政策含义不很清晰。他们选择了四个评价指标对学券制的实施效果进行了分析,得到以下一些结论:(1)对于"教育选择"这个指标来说,学券制度可以提高学生家长的选择范围,获得选择机会的家长比没有获得选择机会的家长表现出更高的满意度。(2)对于"效率"这个指标来说,多数研究用学生考试成绩作为因变量。研究结果表明,学券制的影响是中性的。他们还指出,实施学券制需要配套成本支出,它们约占普通生均支出的1/4。(3)对于"公平"这个指标来说,存在着两种情况:完全的市场方式(没有限制的学券制)有可能扩大不同社会人群之间在受教育水平的差距;以贫困家庭为资助对象的学券制(排富型学券制)有利于改善来自贫困家庭孩子的受教育状况,缩小不同社会人群的教育差距。(4)对于"社会凝聚力"来说,公私立学校类型对于培养学生公民意识没有显著差别。

2. 公立学校与私立学校成本效益比较

美国从 20 世纪 80 年代开始实施学校选择计划。这些改革措施的效果到底如何?为了回答这个问题,卡内基教学促进委员会成立了以米特冈为首的专门研究小组,在全国范围内对这些问题进行了为期一年的研究,并于 1992 年发表了《学校选择特别报告》。[8]该研究报告对于美国学校选择计划在 90 年代初的实施效果持比较慎重和保守的态度。报告提出的核心观点是,虽然公众对于学校选择计划普遍持肯定的态度,但是学校选择并不是改善教育状况的灵丹妙药。学生发展与社会环境有着密切的关系,学校并不能解决所有的教育问题。

列文和贝尔费德评述了 1972~2002 年间公开发表的 40 篇有关美国教育选择的研究文献,分析在这些研究中竞争程度是如何影响教育产出的。[9]多数研究结果表明,竞争程度对于公立学校学生学习成绩有积极影响,但是影响程度有限。当竞争程度提高一个标准差时,公立学校学生学习成绩提高 0.1 个标准差,相当于 SAT 语言考试 10 分。当公私立学校间竞争程度提高一个标准差时,公立学校的毕业率提高 0.08~0.18 个标准差。学校之间的竞争程度与教育经费支出之间的关系不确定。当私立学校在校生人数提高一个标准差时,公立学校的办学效率(考试分数/生均支出)提高 0.2 个标准差。公私立学校之间的教学效果是否存在着显著差异? 一些实证研究结果表明,当考虑学生入学条件后,公私立学校学生学业成绩差别不大。对于贫困和少数民族家庭背景 2~5 年级的学生来说,私立学校学生数学成绩略高;对于学生阅读成绩没有产生一致的影响。对于完成学业情况来说,进入天主教学校学习的学生有更大可能从高中按时毕业,也有更大的可能升入大学学习,这个结论对于城市少数民族背景的学生尤其成立。如果将特许学校与普通公立学校相比,两类学校学生学业成绩没有显著差异。在控制学生家庭社会经济背景后,没有充分的证据表明,由教育公司经营的学校的学生学业成绩要高于公立学校的学生学业成绩。

詹姆斯对荷兰公立学校与私立学校进行了对比分析。[10]她认为,从教育经费支出看,两者均可以获得相同的政府财政拨款,私立学校还可以向学生收取部分杂费,所以私立学校的生均收入和成本要高于公立学校的生均收入和成本。从教育产出看,宗教属性是解释家长愿意多支付费用去私立学校上学的主要原因。但是,随着荷兰社会的世俗化,私立学校并没有萎缩。她认为,这是由于私立学校特殊的教学理念吸引了许多家长把孩子送来学习。从学校的管理体制看,公立学校与私立学校之间是存在差别的。公立学校受政府限制多,所以在支配经费时,不得不把钱较多地花在"设备维护和环境清洁"方面,而私立学校拥有较多的经费支配权,可以将较多的经费花在"教学设施"方面,有利于促进教学效果的提高。

詹姆斯还比较了公立学校与私立学校的运行成本,结论是私立学校的成本低于公立学校的成本。曾满超采用不同的成本核算方法,对公立学校和私立学校成本再次比较的结果是,两者基本相当。[11]

洛克希德和希门尼斯对 5 个发展中国家私立学校和公立学校进行了比较研究。他们的研究结果表明,私立学校学生可以以较低的成本,取得更好的学业成绩。他们认为,造成这种差异的主要原因是,私立学校有较大的办学自主权。[12]曾满超对这项研究结果的评价是,研究人员低估了私立学校的个人成本,因而高估了它们的办学效率。[13]

曾满超对于发展中国家公、私立教育成本效益(cost-effectiveness)研究进行了全面的综述和比较分析。[14]他区分了公立、私立学校的办学效果（effectiveness）与成本效益。以智利为例，在公立学校之外，三种私立学校分别是：宗教性并且接受政府学券的私立学校、非宗教性并且接受政府学券的私立学校（占私立学校的多数）以及不接受政府学券的私立学校（精英型私立学校）。如果将公立学校生均成本与非宗教性并且接受政府学券的私立学校生均成本相比，两者相差无几；但是如果将公立学校生均成本与不接受政府学券的私立学校生均成本相比，后者的生均成本要远高于前者的生均成本。对于公立、私立学校有效性的比较，还需要考虑两类学校录取的学生是否具有相同的学习动机，如果私立学校录取的学生具有比公立学校录取的学生更强的学习动机，在评价有效性时不考虑这一点，就会高估私立学校的有效性。另外，私立学校往往可以不必对学习有障碍的学生给以特殊的关照，不必为他们开设特殊教育课程，而公立学校必须这样做，所以私立学校运行成本低是由于学习项目设置不同造成的。

总之，私立学校与公立学校在诸多方面存在着差别，需要进行全面系统的分析，对于私立学校和公立学校简单的比较结果，往往会误导政策。

（三）政策建议

如何制定教育改革的政策呢？列文和贝尔费德认为，这里存在着"先有鸡，还是先有蛋的悖论"（chicken or egg dilemma），即在教育改革范围有限的情况下，没有研究的素材，也不可能进行扎实的研究；反之，在缺少研究指导的情况下，制定有效的教育改革政策又很困难。[15]

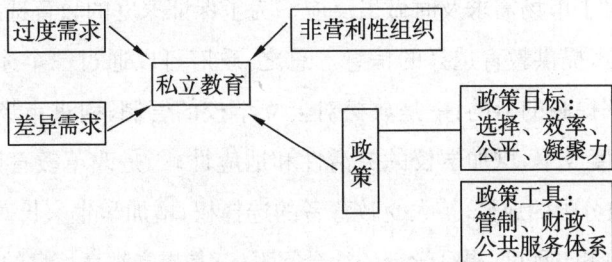

影响私立教育发展的因素图

上图所示为詹姆斯和列文教授提出的对私立教育进行经济学分析的基本

理论框架。[16][17]我们可以分别从需求、供给和政策三个方面,分析私立教育的发展状况。从需求角度看,私立教育的出现是由于存在着"过度需求"和"差异需求"。过度教育需求是指学生的实际人学需求大于公立学校所能提供的受教育机会。差异教育需求是指在公立教育能够满足人们基本受教育需求的前提下,人们的受教育需求超过了现有公立教育的发展水平和范围。从教育供给角度看,绝大多数私立学校属于非营利组织。非营利性教育组织的特殊使命和获得办学资源的方式,使得它能够满足社会的过度教育需求和差异教育需求。一个国家的私立教育政策会促进或抑制私立教育的发展,在一定程度上也决定着该国私立教育在整个教育系统中所占据的相对地位以及发展态势。政府在制定私立教育政策时,应该考虑四个目标:扩大教育选择机会,提高教育资源配置效率,增加社会公平和社会凝聚力。为实现私立教育的政策目标,政府可以采取三种政策工具:管制、财政和公共服务体系的建立。下面试用这个理论框架以及教育管理和财政改革的国际经验,提出改革中国教育的一些建议。

1. 改革公立教育的政策

公立教育具有由政府控制和受公共资助的特点,这决定了它在保证公平和维护社会团结方面的特殊地位和作用。与此同时,公立教育在实现提高办学效率和扩大教育选择目标方面有待改进。如表 3 所示,政府可以分别或综合地运用财政、管制与公共支持手段,促进公立教育系统效率的提高和家庭选择学校的权利。经验表明,扩大办学自主权是提高管理效益和教学质量的重要途径。从供给型财政体系向需求型财政体系转变,是近年来一些国家教育财政改革的趋势,因为需求型财政体系被认为能够较好地反映教育需求者的要求,使得教育系统能够对于市场需求及时做出反应。为了保证家庭的教育选择权,需要政府与学校配合,提供教育选择的信息。总之,政府可以通过三个途径实现公立教育系统效率提高的目的:一是放松对公立学校的管制,引进市场机制和竞争机制,减少制度成本,增加学校的灵活性和适应性;二是改革教育财政体制,增加需求型财政分配的成分,扩大受教育者的选择权,增加学生家长对于教育决策和教育过程的参与程度,提高学校的社会问责;三是提高教育信息的完备性,减少学校与学生家长之间的信息不对称性,帮助学生家长做出有效的选择。

表3　改革公立教育系统的途径

	效率	公平	选择	社会凝聚力
财政	·将教育经费重点投在能够有效提高教育质量的项目上 ·扩大学校使用教育经费的权力	·建立和执行免费义务教育制度 ·建立上级政府转移支付制度 ·向弱势人群倾斜的财政资助政策 ·为学习优秀的贫困家庭子女提供特别奖学金 ·设立专门基金,鼓励优秀教师和其他人员到边远地区学校短期任教	·学券 ·扩大学生家长选择学校范围的其他财政政策 ·非歧视性的公立与民办学校教育财政政策	·为提高社会凝聚力的教学内容提供特别经费资助 ·为城市公立学校提供经费,鼓励其接收流动人口子女入学 ·为改善少数民族人口教育状况,设立的特别经费资助项目
管制	·放松对学校不必要的行政管制 ·允许私立学校的建立,鼓励学校之间的竞争 ·鼓励在公立教育系统内部进行管理体制改革 ·建立公立学校问责制 ·允许办学效果差的公立学校倒闭	·公立学校非歧视性录取学生政策 ·对于有特别学习需求的儿童,设立特殊教育项目 ·满足所有学生基本的教育需求	·扩大家长参与学校决策和管理的程度	·开展公民教育 ·鼓励城乡学校开展多种互助交流活动
公共支持	·鼓励专业机构和研究机构为改进办学效率提供咨询服务 ·公布学校办学绩效信息	·建立网络教育平台,城乡学校共享优质教育资源	·提供家长选择学校的相关信息 ·发展公共交通	·发挥社会舆论的积极作用

2. 发展私立教育的政策

私立教育是实现社会目标的一种手段和途径。对于复杂的政策制定过程来说,即使考虑了目标与教育形式之间的关系,也是不充分的,另外还应该考虑每一种教育形式内部的多样性,如私立教育系统内部既有面向富人家庭的精英学校,也有面向大众的普通学校。

曾满超从政策角度总结了发展私立教育与五个政策目标之间的对应关系,[18]指出私立教育在促进某一个目标实现的同时,有可能对另外的目标产生不利影响。例如,发展私立教育在扩大教育选择机会的同时,有可能对公平和社会凝聚力产生不利的影响;对于公立教育与私立教育的效率,不能简单地下结论说,私立教育就一定比公立教育效率高,要选择适当的样本,并且尽可能全面地分析两种教育形式的社会成本、个人直接成本和个人间接成本。

发展私立教育有以下一些好处:第一,有利于增加教育系统的多样性。在公共教育供给有限的情况下,发展私立教育可以满足过度教育需求。在单一的公立教育供给之外,发展私立教育可以满足差异教育需求;第二,私立学校较少占用公共资源。在非营利组织和税收优惠条件下,私立学校比较容易吸收社会捐赠,所以发展私立教育可以缓解教育财政经费投入不足所产生的一些问题;第三,私立学校受市场供需机制作用,比较注重经费的使用效率。由于私立学校受政府管制程度低,所以可以避免一些负面的制度成本。另外,在私立学校与家长之间容易形成"生产者"与"消费者"关系,有利于学生家长监督学校的教学和管理工作;第四,随着私立教育的出现,增加了教育系统的多样性,也提高了公立学校与私立学校之间的竞争程度,有利于实现提高办学效率的目的。

当然,发展私立教育也有可能产生一些问题:第一,如果私立学校是贵族学校,就会引起教育公平的问题;第二,私立教育的独立性有可能会影响社会凝聚力;第三,从 20 世纪末以来,在传统非营利性私立学校之外,又发展了一种新的教育组织形式——营利性教育机构。这类学校的运行机制与普通私立学校的运行机制有所不同,它们采取多种金融手段融资,成本意识和控制手段很强,办学的根本目的是为了获得经济利润,对于实现社会公益目标的作用是有限的。

从政府角度看,如何制定私立教育发展政策呢? 第一,利用财政手段,对教育系统进行调节,解决教育公平和质量问题。按照是否能够获得公共经费补贴,私立学校又可以分为"政府补贴依赖型"(government subsidy dependent)和"非政府补贴依赖型"(government subsidy independent)。政府利用财政手段,既可以控制私立学校的收费水平,从而缩小不同人群接受教育机会的差别,又可以增加私立学校的经费收入,帮助它们提高教学质量;第二,通过法律、法规和政策等手段,对于私立教育系统施加积极影响,增强私立教育在社会凝聚力形成方面的积极作用,减少消极作用;第三,政府采取直接或间接方式,建立私立教育管理信息系统,有利于保证信息的真实性和学生家长的选择行为。

3. 建立公立教育与私立教育之间的合作伙伴关系

由于经费来源的多元化和教育供给形式的多样化,公立、私立教育之间的界限变得模糊了。如表4所示,在纯粹的公立学校与私立学校之外,还出现许多混合型的教育形式。于是,公立与私立之间的融合趋势变得越来越明显了。

表4　教育形式与教育财政之间的关系

		教育形式	
		公立学校	私立学校
经费提供方式	公共经费	纯粹公立学校	
	私人经费	成本分担型公立学校	纯粹私立学校

要实现社会发展目标,就要在政府部门和非政府部门之间建立一种密切合作的伙伴关系,正确地处理好市场调节与政府调节、集权与分权、学校自主办学与社会问责、教育数量与质量之间的关系。一种合理的政策框架有助于为处理这些关系奠定制度基础。

有两个制度因素会影响公立与私立教育系统之间的合作伙伴关系:一是私立学校的宗教性质。如果私立学校是宗教性质的,而国家宪法规定政教分离,那么就会影响私立学校的公共财政资助政策。世俗私立学校容易获得公共财政资助;二是私立学校的营利属性。如果私立学校是营利属性的,就不容易获得直接的公共财政资助,也不容易获得社会捐赠。

对于如何建立公立教育与私立教育之间的合作伙伴关系,还存在着许多理论问题和实践问题需要深入探究,需要根据各个国家的具体情况,在实践中不断探索和总结。

参考文献：

[1] Tilak，J. and Hyalab，G. Public and Private Sectors in Education in India [M]. In Robert F. Amove, Philip G. Aitbach and Gail P. Kelly(eds.) Emergent Issues in Education：Comparative Perspectives [M]. Albany：State University of New York Press,1992：73-186.

[2][5] Patrinos,Harry Anthony. Market Forces in Education European [J]. Journal of Education，2000，35(1)：61-80.

[3] 帕崔诺. 私立部门在全球教育市场中扮演的角色[J]. 北京大学教育评论,2005(2)：7-9.

[4][11][17] 列文. 中国教育私营化的机遇与挑战[J],北京大学教育评论,2005(1)：5-10.

[6] McEwan，P. J. and Camoy，Martin. The Effectiveness and Efficiency of Private Schools in Chile's Voucher System [J]. Education Evaluation and Policy Analysis，2000，22(3)：13-239.

[7][9][15] Levin，Henry M. and Belfield，Clive R. The Marketplace in Education，Teacher College, Columbia University, Occasional Paper [N]. No. 86. http:// www. ncspe. edu, 2005-08-15.

[8] Mitgang，Lee. A Special Report：School Choice [J]. The Carnegie Foundation for the Advancement of Teaching,1992.

[10] James，Estelle. Public Subsidies for Private and Public Education：The Dutch Case [M]. In Daniel C. Levy(ed.) Private Education：Studies in Choice and Public Policy [M]. NY：Oxford University Press,1986：113-137.

[12] 贝磊. 中等教育的私有化：问题和政策意义[A]. 联合国教科文组织编著. 为了 21 世纪的教育：问题与展望[C]. 王晓辉,赵中建译. 北京：教育科学出版社,2002. 91-115.

[13][14][18] Tsang,Mun C. Comparing the Costs of Public and Private Schools in Developing Countries [M]. In Levin，H. and McEwan，P. (eds.) Yearbook of the American Education Finance Association, 2002, NY：

Larchmont,.

[16] James, Estelle. Why Does Different Countries Choose a Different Public-Private Mix of Educational Services [J]. Journal of Human Resources, 1993,(28):571-592.

（本文发表于《比较教育研究》2007 年 11 期。作者阎凤桥，时属单位为北京大学教育学院教育经济研究所）

六、美国最高法院关于政府与私立
学校关系的判例法

在关于中国私立教育发展的讨论中,有的学者提出政府应该拨款支持私立学校,有的学者不同意。这牵涉到一些理论难题,比表面上看上去要复杂得多。经过长期的发展,美国最高法院的判例对这个问题已经提供了比较合理的答案,很值得我们参考。美国是普通法国家,联邦最高法院的判例是全国都必须遵守的法律。探讨最高法院的判决对于了解美国教育也有重要的意义。

(一) 前列门时期

一个民主政府应该是全体人民的代表。因此,在正常情况下,政府不应特别支持人民中任何一派的思想观点。18 世纪,美国宪法第一修正案规定,国会不得制订法律建立正统国教或者限制宗教、言论和出版自由。因为政府的行动必须得到法律的授权,国会不制订这样的法律,政府就不能提出自己的正统信仰,不能压制人民不同的思想观点。

虽然有合理的宪法条文,美国在相当长的时间里却忽视了实践中的错误。大多数美国人信奉新教。为了进行道德教育,公立学校教学生读新教圣经,还举行新教的仪式。公立学校是政府开办的,这实际上是政府支持一种宗教。随着新移民的增加,天主教信徒的人数迅速发展。到 19 世纪后期,他们开始反抗教育中的不合理做法。天主教徒建立了自己的学校,对抗公立学校中新教的影响。他们要求将新教清除出公立学校,又要求政府资助天主教的私立学校。面对这样的情况，一些不宽容的新教信徒企图利用新教的多数派地位对天主教和其他少数派进行压制。1875年国会议员伯令(James Blaine)提出宪法修正案，规定各州不得将公共教育资金或土地交给任何教会。这项法案没有在国会通过。但由于一些新教分子的努力，大约有40个州将类似的规定写入本州宪法。这些规定表明上是中立的，但实际目的是"保护公立教育中新教非正式的国教地位，并保证少数派宗教(特别是天主教)无法对新教的这种地位进行公开的挑战"。[1]

进入20世纪之后，随着人们认识的进步，公立学校逐渐消除了新教的影响。但政府和教育界又出现了不宽容宗教的世俗主义倾向。由于上面介绍的历史背景，美国的教会学校多数属于天主教会。虽然所有非营利的私立学校都有免税地位，但政府如何进一步支持私立教育仍然是一个不容易解决的问题。

尽管政治形势一再变化，在20世纪70年代以前，美国最高法院一直对私立教育采取比较合理的包容态度。美国宪法规定，没有通过宪法赋予联邦政府的权力由人民和各州保留。宪法没有关于教育的规定，因而教育由各州管理。1868年，宪法第十四修正案通过，规定各州不得制定和推行剥夺公民权利的法律。这意味着联邦宪法关于公民权利的规定在各州也有效力。1897年，最高法院开始用权利法案限定州政府的行为。此后，最高法院在调整政府与学校关系方面有重要的决定作用。从20世纪初到60年代，最高法院对政府支持私立学校问题作出了一些重要判决。

例如1930年的"柯可伦案"(the Cochran Case)：路易斯安那州教育委员会按照本州法律，免费给学生提供教材。公民柯可伦等提起诉讼，指责这是用纳税人的钱买书给教会和其他私立学校使用。地方法院和路易斯安那州最高法院都判柯可伦等败诉。柯可伦等上诉到联邦最高法院。联邦最高法院认为，路易斯安那州向公立和私立学校的学生都提供教材，目的并非支持私立学校。"这些学校不是公款的受益者。它们从公共拨款中一无所得……学生和州政府才是受益者"。[2]这个判决理由后来被称为"儿童受益原则"，是以后40年判决这类案件最重要的标准。

总的来说，这个时期最高法院对私立教育的包容态度基本上是合理的，但支持这种态度的论证却不够严密。根据"儿童受益原则"，如果教会学校的学生得到政府的财政帮助,学校是"一无所得"。这显然不是事实。1947 年的"艾瓦森案"(the Everson case)按照儿童受益原则支持政府报销学生的车费,最高法院的判决书也承认:由于政府提供车费,儿童得到帮助到教会学校上学。[3]一个更为复杂的问题是:"儿童受益原则"认为,如果提供帮助时不考虑公立和私立学校的界限,那么政府平等对待了所有学生。但是,学生在公立学校学习已经得益于公共财政。政府另外提供帮助,公立学校的学生是第二次受益。私立学校学生的父母要交税支持公立学校,又要向私立学校缴纳学费。政府另外提供帮助,私立学校学生得到的跟公立学校学生一样,这怎么能说是平等? 这些漏洞使最高法院的包容态度缺乏坚实的认识基础,在不宽容天主教的新教势力和不宽容宗教的世俗主义势力的影响下,最高法院的判决很可能会出现偏差。

(二) 列门时期

20 世纪 70 年代,美国最高法院的态度发生了巨大的变化。转折点是 1971 年的"列门案"(the Lemon Case):由于教育成本的迅速提高,宾夕法尼亚的私立学校陷入了经济危机。州议会认为,如果原来私立学校的学生涌入公立学校,就会给政府造成严重负担。因此,议会通过法案,决定私立中小学可以向政府申请返还开设数学、物理、现代外语和体育四门课程的开支。公民列门和其他一些人指责州政府的行为违反联邦宪法第一修正案。地区法院判列门等败诉,列门等上诉到联邦最高法院。与此同时,罗得岛州议会发现,因为教师工资的迅速提高,私立学校难以招聘高水平的教师,因而立法规定政府可以给私立学校非宗教课程的教师提供津贴。地区法院判决罗得岛州的法令违宪。这个案件也上诉到联邦最高法院。

最高法院提出三条标准检验法律是否违宪:第一,"立法必须是为了世俗目的";第二,"它首要的或基本的影响必须是既不促进又不阻碍宗教的发展";第三,"法律一定不能造成政府与宗教的过度纠缠"。最高法院认为,宾夕法尼亚和罗得岛的法令符合第一和第二条标准,但违反了第三条标准。判决书指出,按照宾夕法尼亚的法令,任何包含宗教内容的课程都不能得到资助。这使政府必须经常对教会学校进行检查。罗得岛的法令规定得到津贴的教师不能传播宗教,要保证法令实施,政府必须不断地进行监督。因此,宾夕法尼亚和罗得岛的做法都造成政府与教会过度的纠缠,违反了宪法第一修正案。[4]从此到 70 年代末,列门案提出的三条标准取代了"儿童受益原则",成为判决政府与私立中小学关系案件的基本尺度。因此,20 世纪 70 年代被称为"列门时期"。

如果说"儿童受益原则"不够严密,那么,取代它的列门标准更不合理。就在列门时期,美国最高法院的一位法官已经声明:他一直完全无法理解列门案提出的第三条标准有什么宪法依据。[5]这是一个相当明显的问题。美国宪法第一修正案全文只有这样一句话:"国会不得制定法律确立国教或禁止宗教活动自由,限制言论自由或出版自由,或限制人民和平集会和向政府请愿申冤的权利。"从这句话确实无法推导出禁止政府与宗教过度纠缠的要求。

"列门案"造成了对教会初等和中等教育的歧视。也许有人认为,不支持不等于歧视。但是,本来各个学校都能得到的资助,因为某些学校是教会建立的,就不能获得,这种以宗教划界的做法不是歧视是什么?另外,各个学校、各种思想流派是互相竞争的。如果公共资金只支持世俗学校,那就是只支持教会学校的对手,使教会学校在竞争中出于不利地位。在这样的情况下,不支持实际上就是压制。

(三) 后列门时期

严格分离主义的严冬 20 世纪到 70 年代末结束,列门时期出现的不合理问题逐步得到解决。最高法院明确转变态度的标志是 1983 年的"穆勒案"(the Mueller case):明尼苏达州的一项法律允许居民因为孩子上中小学的费用减少部分税款。穆勒和其他一些纳税人提起诉讼。地区法院和上诉法院都判决明尼苏达的法律不违宪。于是这个案件到了联邦最高法院。表面上,最高法院仍然以列门案的三条标准进行审查,但在审查中采取了宽松的态度。

对于"列门案"的第一条标准,最高法院指出,在已往办理的案件中,从来没有政府立法不是为了非宗教的目的,明尼苏达的法律也不例外。对于第二条标准,最高法院的判决书写道,明尼苏达州的减税适用于公立和私立中小学生的父母。学生父母通过减税得到的经济支持实际上使学校得到了帮助,但哪所学校得到帮助不是政府的决定,而是学生父母的私人决定,所以不能认为政府支持了宗教。这是一个非常重要的观点,它纠正了"儿童受益原则"的错误,承认政府对学生或学生父母的帮助最终会使学校受益。它也否定了"列门案"禁止用公共资金支持教会中小学的规定。"穆勒案"巧妙地解决了教会学校在公共资金的资助计划中不应受到歧视，而政府又不能支持宗教的难题：政府可以完全不考虑宗教因素，以中立的态度向公民提供资助，再由公民决定使什么学校受益。

反对明尼苏达州法律的一方提出，虽然这项法律在形式上是中立的，但实际结果却不是中立的。私立学校的学生中有 96％就读于教会学校，所以明尼苏达州的法律实际上主要是支持教会学校。最高法院回应说，各类不同的公民申请政府资助的情况是经常变化的。一些公民可能在某一年没有申请他们可以得到的资助，于是不同种类受益者的比例就不同了。这样的变化对于判断一项法律是否违宪没有多大的意义。我们不应该用年度报告上不同申请者数量来审查形式上中立的法律。这也是一个重要的观点。法律和政策本身的中立（即形式中立）并不能保证结果是对不同的人产生平均的影响。追求结果的平均往往要使法律和政策有意倾斜，破坏法律政策本身的中立，而坚持法律和政策本身的中立经常会导致结果的不平均。"穆勒案"要求以形式中立为标准，这是合理的。最高法院后来的另一个判案指出，假如以后果为标准，还可能出现这样的情况：在同一个州，因为一些地区教会学校较少，得到资助的教会学校学生比例小，所以一项法律不违宪；在另一些地区，因为教会学校较多，得到资助的教会学校学生比例大，同一项法律却变成违宪了。同样的道理，一项全国性的法律，在一些州可能不违宪，在另一些州却可能违宪。这是可笑的。[6]"穆勒案"确立了以法律本身形式中立为宪法审查标准的原则。从此以后，一项法律导致多大比例的私立学校或教会学校学生受益就不在宪法审查的考虑的范围之内了。

最后，"穆勒案"的判决书引用了"列门案"的第三条标准。最高法院认为，按明尼苏达州的法律，唯一需要政府长期监督的是禁止购买宗教课本的费用减免税款。这在过去已被判为政府的正常工作，并不造成与宗教的过度纠缠。因此，最高法院宣布明尼苏达州的法律不违宪。[7]

"列门案"的第二和第三条审查标准显然很不明确。"穆勒案"对它们进行了宽松的解释，实际上否定了禁止政府资助私立学校规定，被美国法学界视为里程碑式的判例。在"穆勒案"的指导下,最高法院对政府和私立学校关系的审查进入了一个新的时期。到1993年的"佐布瑞斯特案"(the Zobrest case),最高法院直接引用"穆勒案"提出的法律形式中立和公民私人选择两大原则,支持政府为天主教高中的聋人学生提供手语译员,"列门案"的标准被正式抛弃。[8]

另一个里程碑式的判决是2002年的"兹尔曼案"(the Zelman case):俄亥俄州克利夫兰市的公立学校属于全国教育质量最差的公立学校。1995年,联邦地区法院命令州政府接管克利夫兰学区。于是,州议会通过法案,授权政府向这类学区从幼儿园到八年级的学生提供两种资助。一种是学费资助。如果学生到本学区的私立学校学习,州政府支付75%~90%的学费。具体做法是政府给学生父母支票,再由学生父母背书交给他们选择的学校。另一种是辅导资助。如果学生留在本学区的公立学校,学生父母可以请人进行课外辅导,政府报销75%~90%的费用。俄亥俄的一些纳税人提起诉讼,把本州公立教育总监兹尔曼(Zelman)等列为被告。地区法院和上诉法院都支持控方。兹尔曼等向联邦最高法院上诉。

最高法院回顾了"穆勒案"以后的一系列判决,然后引用一个判例的意见,说明政府中立和私人选择不是机智的辩解,而是维护宪法精神的合理原则:"如果是根据中立的分配原则,由为数众多的私人选择,而不是单一的政府意见,决定资助的去向,那么政府就不能,起码不容易偏袒任何一方;不能,起码不容易建立正统宗教。"最高法院指出,俄亥俄的法律不考虑宗教因素,向有关地区所有学龄儿童的父母提供资助;资助计划不包含鼓励学生选择教会学校的经济刺激;学生可以留在原来的公立学校,享受课外辅导补贴,也可以获得资助进入教会学校、非教会私立学校或其他种类的公立学校。判决书宣布:"在这次诉讼中受到挑战的资助……是真正由私人进行选择的计划,因而符合宪法。"[9]

现在公共资金支持私立教育有四种基本形式:一是向学校提供资金或设备,二是减免学生家庭的税款,三是政府向学校"购买"学位,四是向学生提供教育券。四种方法都可以产生积极作用,但前三种有明显的局限性。提供资助或设备是政府直接支持私立学校,因而往往要对私立学校利用资助和设备的范围加以限制。这种做法还很容易受到政府偏袒一方或支持宗教的批评。减免税款使收入最低因而免交直接税的家庭得不到帮助;如果公私立学校学生的家庭都可以减免,公立学校的学生两次受益。所谓"购买"学位,就是政府提供经费,让私立学校接收政府认为应该入学的青少年。实际做法往往是政府选择一些合适的学校,向它们提供资金。这样的选择也有可能会被指责为不公正。相比之下,提供教育券是支持私立教育最好的方式。教育券制度把学生应得的教育经费交给学生或他们的监护人,由他们行使自己的权利进行处理,政府不偏袒任何派别和学校。通过教育券提供的资金用途不受限制,学校可以自主支配。

在 20 世纪 60 年代米尔顿·弗里德曼对教育券进行讨论之后,这种做法的合理性得到研究者的广泛肯定。但它的具体实施却受到相当大的阻力。俄亥俄州向学生提供的学费资助就是一种教育券,"兹尔曼案"是最高法院第一次对教育券制度表示支持。它以判例法的方式明确宣布,像俄亥俄州那样的教育券方案符合宪法的规定。这立即造成了巨大的震动,并具有深远的影响。从 20 世纪 30 年代肯定向学生提供教材的做法,到 21 世纪初支持教育券制度,美国的教育法逐渐进步。

(四) 现在和将来

人民往往有不同的信仰和看法。怎么能够使人民中的各个派别和各种学校都得到应有的公共资金支持,而政府又保持公正,这是一个不容易解决的问题。在纠正了列门时期的错误之后,美国最高法院逐渐发展了一系列判例法,比较合理地解决了这个难题。这些判例提出的基本原则是政府中立和私人选择:公共资金可以支持私立教育,但什么学校得到资助应该由人民来决定。这为中国私立教育的发展提供了有益的启示。一些学者看到目前中国私立教育的困难状况,提出政府应该资助私立学校。他们没有想到,这可能导致某些有关系的学校(例如政府机构建立的"民办学校")得到特别的支持,使其他私立学校在竞争中处于更不利的地位。

美国最高法院判案依照少数法官服从多数法官的民主原则,希望按自己意见判决的法官往往要争取其他法官的支持,这经常导致一定程度的妥协。因此,用学术标准衡量,最高法院的判例法并不一定是 100% 合理的。民主社会是人民做主的社会,在一切有可能的时候都应该由人民自己做决定。教育券制度不但是目前公共资金支持私立学校最好的办法,而且是政府办教育最好的办法。它让人民掌握应该属于他们的教育经费,自己决定入读什么学校。但教育券制度在美国的实施却遇到相当大的阻力。除了有些人歧视宗教(特别是天主教)信徒,还有一些公立学校的教师担心教育资金和优秀学生流向私立学校。这是很不合理的想法。教师怎么能用不准学生选择好学校的办法来维护自己学校的教育质量? 由于各种原因,2002 年"兹尔曼案"肯定的法令仍然规定接收克利夫兰学生的公立学校可以得到比私立学校多得多的教育经费。这就是说,选择私立学校的学生得到的教育券还不是他们应得教育经费的全额,人们还不能完全决定自己教育经费的使用。这是美国教育法继续发展必须解决的问题。

参考文献:

[1] Mark Edward DeForrest, An Overview and Evaluation of State Blaine Amendments [J]. Harvard Journal of Law and Public Policy, 2003,26 (2), 551 642.

[2] Cochran v. Louisiana State Board of Education, 281 U. S. 370.

[3] Everson v. Board of Education of Eving TP. , 330 U. S. 1.

[4] Lemon v. Kurtzman, 403 U. S. 602.

[5] White Concurring, Roemer v. Maryland Public Works Bd. , 426 U. S. 736.

[6][9] Zelman v Simmons—Harris, 536 U. S. 639, 639.

[7] Mueller v. Allen, 463 U. S. 388.

[8] Zobrest v. Catalina Foothills School District, 509 U. S. 1.

(本文发表于《比较教育研究》2008 年 3 期。作者袁征,时属单位为华南师范大学教育科学学院)

七、择校对中小学生学业成就的影响
——国外实证研究的视角

20 世纪 80 年代以来,随着公众对公共教育体制的不满以及由此促成的教育重建运动的兴起,"择校"(school choice)也成为世界范围内折射出学校教育领域改革走向的一个重要术语。尽管择校已经在很多国家的教育实践中成为既定的事实,但其合理性甚至合法性问题一直处于争议之中。在这种情况下,进行实证研究、寻找能够说明问题的经验性的证据,显得尤为必要。

(一) 问题的提出:实证研究的证据左右人们对择校问题的认识

当前,美国绝大部分州对择校持支持和鼓励的态度,各州在近年来颁布了很多有关择校的政策文件,甚至联邦政府和美国教育部也一再颁发涉及择校的文件。但择校带来的后果是积极的还是消极的,这在美国有很大争论。择校的支持者认为,面对公立学校的低效率和重重积弊,择校可以改变官僚主义的科层体制,打破"就近入学"的原则,消除公立学校的垄断,通过允许家长自由择校而强化学校之间的竞争,从而提高教育的效率和质量;而反对择校的一派则从"学校教育是一种公共产品"这一"公理"出发,认为择校会使得"那些更强势的学生被分流到那些有着跟他们一样强势学生的高质量的学校中去,而那些弱势学生则被留在低劣的教育环境中"。[1]支持择校和反对择校的观点针锋相对,在这些争论中间,各种政治派和利益集团的观点又杂陈其间,使得择校问题更加扑朔迷离。

在不同的观点相持不下的情况下,进行实证研究往往是获得有力证据的最好途径。但在择校问题上实证研究有着相当的难度,围绕择校进行的讨论和争论大多集中在理论和意识形态层面上,来自实证研究的观点相对少见。对此不少学者也深有同感。"近年来对择校问题的争论很多,但很突出的是,在有关家长如何为孩子择校方面,人们几乎没有经验性的证据"。[2]英国伦敦大学教育学院院长杰夫·惠迪(Geoff Whitty)引用别人的话指出,"除了决策者的武断,目前几乎没有可靠的研究表明学校的自治身份提高了学生的成绩。即使在美国这样具有深厚定量和纵向比较研究传统的国家,也几乎没有根据成绩被评估的改革项目,在有限的评估中显示出明显成绩提高迹象的更是寥寥无几"。[3]尽管如此,鉴于实证研究在权衡择校问题方面所具有的不可取代的价值,国外学者还是努力克服重重困难,进行了一些卓有成效的实证研究。

在实证研究的早期,崇尚实证研究的学者们较早关注的是哪些因素影响了家长的择校。例如,20世纪90年代初,莱克富德(R. H. Lankford)等人针对影响择校的因素进行了实证性的调查,通过分析试图揭示学生及其家长的社会经济特征和学校特征是如何影响家长在公立学校和私立学校之间进行选择的,研究发现影响择校的因素主要有如下几个方面:公立学校中复杂的种族问题、犯罪率、学校的宗教倾向、学生及其家庭的社会经济特征等。[4]

近年来,国外学者有关择校对学生学业成绩影响的实证研究文献呈上升趋势。1997年,德瑞克·尼尔(Derek Neal)发现,尽管白人学生和郊区学生转入宗教学校获益不多,但处于市中心的少数群体学生则获益明显,首要的原因是这些学生能够进入的公立学校质量低劣。威廉·豪威尔(William G. Howell)等人对纽约市、代顿市和华盛顿特区这三个城市私人赞助的教育券进行的研究发现,尽管教育券并不能提高参与调查的所有学生的平均成绩,但那些借助教育券进入私立学校的非洲后裔学生分数上的进步在统计学上是显著的。[5]2006年,罗伯特·彼弗科(Robert Bifulco)等人针对北卡罗来纳州特许学校的学生展开研究,探讨特许学校是如何影响不同种族和不同社会经济背景的学生的。他们尤其关注北卡罗来纳州的特许学校计划是否会加剧或是弥合白人学生和黑人学生之间的成绩差距。[6]在美国,也有学者从连续的时间段上去考察择校对学生学业成就的影响。例如,最新的一项研究发现,在特许学校的第1年,学生的成绩很糟糕,但在随后的学年中,他们的成绩开始上升。在特许学校里,学生要经过大约 3 年的时间才能表现出进步来。而且,在 1 到 2 年后又从特许学校回到公立学校的那些学生,并没有遭受很长时间的负面影响,尽管在特许学校的第 1 年他们的平均成绩很糟糕。[7]

这些研究有一个共同的特点:用实证主义调查和统计学的方法去获得经验性的证据,试图为围绕择校而引发的一些改革措施和争论提供参考。鉴于教育券和特许学校是目前美国最受争议、也是最流行的择校方式,有关实证研究的文献也相对集中在这两个方面,因此本文仅对这两种择校形式的实证研究结论加以分析。

(二) 教育券对中小学生学业成就的影响

教育券(educational voucher)也称为"学券"(school voucher),是美国当前择校政策中很流行的一种择校方式。它是一种政府分发给家长的有价证券,家长在政府许可的学校范围内持这种有价教育券为子女自由选择学校,不足部分由家长自付,学校再拿获得的教育券向政府兑换办学经费。在围绕教育券的争论中,人们期望引入实证研究而提供切实的证据。然而,由于评价教育成就方面存在困难,相关研究的开展困难重重,甚至"两个围绕同一教育券方案的研究得出的结论却大相径庭"。[8]

1990 年,第一个教育券计划在美国威斯康星州密尔沃基市启动。但是,要评估教育券在学生学业成就方面产生的效果,一般要考察公立学校未转学的学生和凭教育券而转入私立学校的学生学习成绩之间的关联。研究者不得不面对这样一个问题:选择私立学校的家长往往为孩子的学习而提供更多的资金支持并给孩子以更高的期望,这样无疑会在教育上产生更大的动力。这被称为"自选择效应"(self-selection effect)。有了"自选择效应",研究者就会遇到一个很棘手的问题:人们所获得的可观察的数据(如考试成绩)在本质上所反映的差异是来自公立学校和私立学校的差别呢,还是来自两类学校中学生本身的差异?

为尽可能避免类似的问题,2001 年威廉·豪威尔等人对纽约市、代顿市和华盛顿特区这三个城市所发起的私人赞助的教育券进行了实验研究。在研究中他们采用了自然取样的方法。三个教育券计划都发放给低收入家庭,这些家庭大部居住在市区内,而且申请者超出了教育券供应的数额,教育券被随机发放到申请者的手里。在华盛顿和代顿市,没有获得教育券的学生自然就成了控制组;在纽约市,由于没有获得教育券的申请者远远超过了获得者,因此研究者从未获得教育券的家庭中随机选择了960家作为控制组,从获得资助的学生总体中随机选择出样本构成实验组。对实验组和控制组的学生进行前测,结果两组的平均成绩没有差别。因此,随后如果能发现成绩上的差别,就可以归因于教育券的影响了。这在方法论上具有积极的意义,有助于将教育券产生的影响从其他综合因素中剥离出来。

为了获得基线数据,研究者利用"依阿华基本技能测验"对学生在阅读和数学两个学习领域的表现进行了测试。然后在二月、三月和四月进行三次实验测试,每次测试在研究者的监督下持续大约1小时。在孩子们接受测试的同时,其家长要在另一房间里等候,并完成有关他们对孩子的学校满意程度、他们在孩子的教育方面的参与程度以及他们的人口统计学特征方面的问卷。所有的实验组和控制组的学生都被要求在1年和2年后再次参加后续的测试。

研究发现,1年后,三个城市的获得教育券的学生都未表现出成绩有显著进步。2年后,只有华盛顿特区的教育券计划显示出进步。如果从不同种族学生的表现来看,这三个城市的非洲后裔学生的进步在统计上表现出显著性。对此,研究者认为,"这项研究是初步的……我们仅仅对参加这三个城市的教育券计划的学生进行了考察,不能说教育券能产生'系统的影响',而教育券能发挥系统影响的观点在很多市场理论中扮演了重要角色。尽管从公立学校转到私立学校的那部分非洲后裔学生在成绩上表现出显著的、积极的进步,没有证据表明其他种族的学生可以从教育券中获益"。[9]

在有关教育券对学生学业成就影响的研究中,这项研究比较具有代表性。其他学者的研究也有似的结论。2006年,吉·格林(Jay P. Greene)等人在《教育工作论文》(Education Working Paper)上撰文指出,通过对联邦政府资助的"华盛顿特区奖学金计划(OSP)"实施的第一年的效果进行评估发现,该教育券计划"在1年内对华盛顿特区公立学校的学生没有在学术成就上产生影响,不管是积极的影响还是消极的影响"。[10]还有学者对智利从1981年就实施的教育券计划进行了研究,并于 2006 年在《公共经济杂志》(Journal of Public Economics)上发表文章指出,通过对智利教育券计划的研究中发现,没有证据表明以教育券的方式提供的择校能够提高学生的平均成绩;相反,有证据表明,教育券强化了对学生的分流,公立学校中"最好的学生"流向了私立学校。[11]通过对目前文献的研究我们发现,从实证研究中研究者很难找到"坚实的证据"来支持教育券可以普遍提高学生成绩的观点。与此相关的一个课题是,美国教育界长期以来一直受到"学业成就差距"这一问题的困扰。据卡潘杂志(Phi Delta Kappa)2006 年在全美范围内的民意调查显示,弥合学生的学业成就差距对于美国教育来说非常重要。[12]为了反映印第安那州市民对弥合学业成就差距而采取的措施所持的态度,约桑•普拉科(Jonathan A. Plucke)等人在民意调查问卷中设计了五个弥合成就差距的方案:择校(30%)、为有失败风险(at-risk)的小学生提供科学的阅读方案(29%)、全日制幼儿园(18%)、由州财政支持的学前教育方案(13%)、为家长把孩子转到私立学校而提供资金支持(10%)。[13]除了学者的实证研究,从民意调查可以看出,除了择校、以教育券的方式资助家长择校之外,民众对于如何弥合学生的成就差距还有其他可以选择的途径。

(三)特许学校对中小学生学业成就的影响

特许学校(charter school)是美国学校重建运动中产生的一种新的学校形式。史静寰认为,特许学校"是一种独立的公立学校,由美国州或市政府与一些团体、企业及包括教育工作者、家长、社区领导等在内的个人签订合同、相互承诺的一种办学形式。这种学校的经费来源与美国一般公立中小学一样,由政府提供,接受州均生费用。因此,在性质上仍然属于公立学校"。[14]在美国,择校有很多方式,最流行的就是特许学校,它体现了美国试图在公立学校体制内部引入市场机制而提高公立学校办学质量的一种努力。[15]但正如特许学校引起的争论一样,特许学校对学生学业成就的影响也有不同观点。部分研究表明,特许学校的学生成就要好于普通公立学校,认为特许学校促进了学生的学业进步。"在亚利桑那州的研究发现:那些就读于特许学校 3 年的学生在数学和阅读方面比传统的公立学校的学生有着明显的优势。2003 年,全州斯坦福—9 的考试结果表明:数学和阅读考试成绩中,州内 25 所中小学成绩最好的学校中有

17 所是特许学校".[16]但更多的研究并没有发现特许学校跟学业成就之间有直接相关的证据。

在北卡罗来纳州,1996 年州政府通过了授权建立特许学校的法案,到 2002,全州已经有 94 所特许学校。这些特许学校跟普通学校一样,在同一水平上获得办学经费并达到同样的考试要求,所有的特许学校要遵从《北卡罗来纳州课程学习标准》,这个标准是全州考试的基础。同时,大约四分之一的特许学校要对有失败风险的学生进行特别的干预;跟普通公立学校相比,特许学校吸纳的黑人学生的比例更高(黑人学生约占 44%),接受过四年大学教育的学生家长的比例也更高(占 38.4%)。研究者利用来自"北卡罗来纳州教育研究数据中心"所提供的数据来对特许学校进行评价。他们提取了学生在 1996 年、1997 年、1998 年、1999 年和 2000 年的数学和阅读学年末考试成绩。从 6 480 名转学学生的成绩来看,这部分学生的平均分稍微高一点,但来自黑人学生的可能性降低,也就是说,成绩的提高更有可能是由白人学生带来的。他们的结论是:北卡罗来纳州的特许学校体制增加了白人与黑人学生的种族隔离,也使得二者之间的学业成就差距拉大。[17]

公众对特许学校的态度也从一个侧面反映了特许学校对学生学业成就的影响,为此,民众对特许学校的态度是美国学者研究的重要内容。2003 年起,印第安那州立大学的评价和教育政策研究中心进行了一项大规模的民意调查,其中有关择校、教育券和特许学校的问题也被作为调查的重要内容。2006 年,他们又进行了一次大规模的民意调查,2007 年 3 月,以约桑·普拉科(Jonathan A. Plueke)为首的研究团队公布了他们的调查报告《2006 年印第安那州关于教育问题的民意调查》。报告指出,61%的居民认为,政府改善学校的努力应该是致力于为薄弱学校的学生提供额外的帮助,而不是为家长提供择校的机会,把学生转到其他学校(支持转学的占 15%),或者由州政府提供资金为转到私立学校的学生抵消部分或全部学费(支持这样做的占 18%)。此外,对于特许学校的建立问题,2003 年和 2006 年公众的意见有不少的改变。跟 2003 年相比,2006 年熟悉特许学校的居民下降了 4%,不熟悉的上升了 3%;支持建立特许学校的下降了 7%,反对的上升了 14%,不置可否的下降了 7%。由此,他们的结论是:公众对特许学校的关注意识在下降。[18]

（四）结论与讨论

到目前为止，国外有关的实证研究并没有提出明确地支持择校可以提高学生学业成就的经验性的证据。对教育券的实证研究表明，教育券很难在总体意义上提高所有择校学生平均成绩，尽管对特定种族的学生（如非洲后裔的学生）有积极的影响。对美国特许学校的实证研究也表明，特许学校的学生成绩要比传统公立学校的学生成绩要好一些，但它却拉大了白人学生和黑人学生之间的成绩差距，这暗示，对特许学校成绩的贡献更有可能来自白人学生，而不是总体上所有学生的成绩均得到提高。从美国的来自对教育券和特许学校的实证研究结果来看，我们只能说，在美国，择校对学生学业进步的促进作用不明显。

从我国中小学择校的现状来看，择校显然也是一个牵动人心的敏感问题，在尚未出现大规模的实证研究之前，我国中小学生的择校究竟对其学业成就带来怎样的影响，似乎也难以给出一个明确的回答。但从国外的研究来看，择校群体中总有一部分学生并没有从择校中受益。我国也有研究者对某重点高中的择校生成绩进行了研究，根据高考上线率和三年来的成绩差异进行统计分析，得出的结论是："重点中学择校生学业成绩不像家长所期望的那样好。"作者总结说："虽然有个别学生经过个人的努力使学习成绩得到提高，但是许多择校生由于对学习环境和学习方法的不适应，导致学业失败，从而产生了挫折感，逐渐失去了自信心。加上长期生活在一种压抑无助的环境中，长期体验紧张、焦虑，势必影响他们的健康成长。"[19]在我国现阶段，家长的择校行为有着复杂的动机和择校机制，很多问题并非能够靠实证研究的结果就可以去验证。

从社会规范的角度来看，择校实际上属于一种社会越轨行为，是一种"对制度性规则的一种制度化的抗拒"方式。[20]因此，择校也可以看作是对政府的强制规定的一种抗拒。侧重以市场机制驱动的择校行为只追求一些可被观测的教育目标（如学习成绩和升学率），而忽视了教育过程中极为重要的其他方面（如合作精神和人格养成）。要规避市场配置资源的弊端，在教育领域则必须由政府主导来配置教育资源，这是现阶段我国教育公平发展的必然选择。

参考文献:

［1］ Robert Bifulco & Helen F. Ladd. School Choice, Racial Segregation, and Test-Score Gaps: Evidence from North Carolina's Charter School Program [J]. Journal of Policy Analysis and Management. 2006. Vol. 26, No. 1.

［2］ R. H. Lankford, et al, An Analysis of Elementary and Secondary School Choice [J]. Journal of Urban Economics. 1995:236.

［3］［英］杰夫·惠迪等. 教育中的放权与择校:学校、政府和市场[M]. 马忠虎译. 北京:教育科学出版社,2003:106.

［4］ R. H. Lankford, et al, An Analysis of Elementary and Secondary School Choice [J]. Journal of Urban Economics. 1995:237.

［5］ William. G. Howell, et al, School Vouchers and Academic Performance:Results from Three Randomized Field Trials [J]. Journal of Policy Analysis and Management. 2002. Vol. 21, No. 2.

［6］ Robert Bifulco & Helen F. Ladd. School Choice, Racial Segregation, and Test-Score Gaps: Evidence from North Carolina's Charter School Program [J]. Journal of Policy Analysis and Management. 2006. Vol. 26, No. 1.

［7］ Kevin Booker, et al, The Impact of Charter School Attendance on Student Performance [J]. Journal of Public Economics. 2007.

［8］ 崔敏. 评析美国的教育券政策[J]. 外国教育研究,2006(11).

［9］ William. G. Howell, et al, School Vouchers and Academic Performance:Results from Three Randomized Field Trials [J]. Journal of Policy Analysis and Management, 2002. Vol. 21, No. 2.

［10］ Jay P. Greene, Marcus A. Winters. An Evaluation of the Effect of D. C's Voucher Program on Public School Achievement Racial Integration After One Year [J]. Education Working Paper. 2006(10).

［11］ Chang-Tai Hsieh, Miguel Urguiola. The Effects of Generalized

School Choice on Achievement and Stratification: Evidence from Chile's Voucher Program [J]. Journal of Public Economics. 2006. Vol. 90.

[12] [13] [18] Jonathan A. Plucke, et al. 2006 Public Opinion Survey on Education in Indiana. 2007:14,16,13.

[14] 史静寰. 当代美国教育[M]. 北京:教育科学出版社, 2001:159.

[15] 赵忠建. 今日美国特许学校[J]. 教育发展研究, 2000(7).

[16] 陈建莹. 美国特许学校绩效研究[D]. 华南师范大学 2005 届硕士学位论文(打印稿), 2005:26.

[17] Robert Bifulco & Helen F. Ladd. School Choice, Racial Segregation, and Test-Score Gaps: Evidence from North Carolina's Charter School Program [J]. Journal of Policy Analysis and Management. 2006. Vol. 26, No. 1.

[19] 杨咸平. 一种徒劳的选择——中学择校生的学业和心理分析[J]. 中小学心理健康教育, 2006(1).

[20] 吴远芳,吕正军. 从经济学的视角看当前的择校现象[J]. 湖北成人教育学院院报, 2006(1).

(本文发表于《比较教育研究》2008 年 10 期。作者杨明全,时属单位为北京师范大学教育学院)

八、美国择校研究的理论与方法述评

择校话题历来为人们所争论不休,也是研究者始终关注和面临的一个难题,择校问题的独特性就在于其涉及的利益相关方众多,而择校问题又不仅仅是个教育问题,它需要多学科理论视角的分析,由此增加了研究的难度。在过去的 20 多年中,美国择校研究数量激增,不同学科理论视角的介入,不断丰富的实证研究方法,使得美国择校研究具备多学科理论基础和较为科学、严谨的研究方法。

(一) 美国择校研究的理论基础

美国的择校研究与其择校改革实践一样,从一开始就具备一定的理论基础。20 世纪 70 年代以来,随着美国新自由主义思潮的兴起,教育选择理论(theory of educational choice)、公共选择理论(public choice theory)、民营化理论(privatization theory)等不同学科的理论分析影响着择校改革的实践与研究,美国学者不仅仅从教育研究的角度,而是更多地从经济学、政治学等多学科理论视角来阐释择校行为的形式、动因和效应。

新自由主义思潮的核心理念是强调市场机制、反对国家干预。新自由主义思潮对美国教育最重要的影响体现在米尔顿·弗里德曼及其教育券思想。弗里德曼不仅是美国新自由主义思潮中货币学派的代表人物,同时也是美国民营化理论和教育选择理论的奠基人。弗里德曼主张自由市场经济,强调自由与选择的重要性,他在《资本主义与自由》、《自由选择:个人声明》和《公立学校:让其私有化》等重要著作文献中阐述了教育私有化和教育券的思想,为日后的择校改革实践和研究奠定了重要的理论基础。进入 20 世纪 90 年代,美国教育经济学家亨利·莱文(Henry Levin)进一步发展了弗里德曼的思想,探讨教育选择的本质与内容,同时在经济学框架下分析教育的市场选择与公共选择,并探讨这两种选择机制在产生社会收益和私人收益方面的作用。莱文认为,教育选择权本质上是一种不可剥夺的基本人权,教育选择的内容可以十分广泛,如对学校类型的选择、对特定教育计划和教育形式或方式的选择、对学校质量的选择。莱文认为教育选择包括市场选择与公共选择,市场选择通过引入市场机制满足学生及其家长的教育选择需要,其主要实施途径包括建立和改进私立学校,推行教育券制,实行税收优惠豁免等;而公共选择是学生及其家长在公共学校体系范围内作出的教育选择,相对于公共选择,市场选择对于提高教育的私人收益更为有效。[1]莱文等人的研究标志着新自由主义思潮影响下的教育选择理论已渐成熟,该理论成为指导美国及其他西方国家择校及教育私营化的主要理论依据。

以詹姆斯·布坎南(James Buchanan)为代表的公共选择学派将新古典经济学的理性人假设及经济学的研究方法与工具运用到政治领域,开展对政府行为的经济学分析,形成公共选择理论。公共选择理论认为,政治市场中的主体,如选民、利益集团、政党、官员等,如同经济市场中的消费者和供给者一样,都是追求自身利益最大化的经济理性人,他们在进行诸如公共物品提供等方面的决策时,所依据的原则并非利他而是利己的,因此政治领域决策的结果往往只能代表一部分群体的利益,在这种情况下的政治决策将缺乏经济效率,造成社会资源的浪费。[2]从义务教育这一准公共物品的提供来说,在传统的以政府为主导的公立教育系统中,政府是教育产品或服务的惟一安排者和生产者。但是,由经济理性人组成的政府作出的教育决策和提供的教育服务只能代表和满足官僚政府及利益相关群体的需求,而不一定是集体利益的代表和诉求,稀缺的教育资源并没有得到合理有效的利用,从而滋生了传统公立教育系统管理僵化、效率低下、缺乏责任等问题。公共选择理论运用经济学的基本假和方法,分析政府在公共物品决策与提供方面存在的问题,基本回答了美国传统公立教育系统种种困境以及择校行为产生的缘由。

在新自由主义思潮的影响下,作为 20 世纪 70 年代"新公共管理革命"浪潮的主流,民营化理论为美国公立学校教育系统指出了改革的新思路:引入市场竞争机制、政府与市场合作共同提供教育服务。所谓"民营化"即"更多依靠民间机构,更少依赖政府来满足公众的需求",新的公共服务供给模式要求政府履行公共服务供给责任的方式,不再是直接生产,而是提供外在的制度维护和以间接的方式进行资助,"不是划桨,而是掌舵",政府的责任不是提供公共服务,而是确保公共服务被提供。民营化大师萨瓦斯(E. S. Savas)以美国 20 世纪 70 年代后在公共服务提供领域的改革实践为例,对不同物品和服务的安排与生产机制作了详细分类和探讨,进而提出民营化背景下,政府及私营部门之间在公共服务提供上的合作伙伴关系。萨瓦斯认为,公共物品和服务的生产者与安排者是两个不同的概念,一项服务的生产者可能是也可能不是服务的安排者,当政府部门和私营部门都可以充任服务安排者和生产者时,公共物品的提供机制便多样化并呈现各部门合作提供服务的态势。民营化理论对美国教育、医疗、基础设施等公共服务提供领域的改革产生深远影响,尤其是公立中小学教育,20 世纪 80 年代以来美国择校政策的颁布、特许学校及教育券等多种形式择校制度的实施、教育服务提供方式的日益多元化在很大程度上基于民营化理论的推动。[3]民营化理论认为,在教育产品和服务的提供方面,应发挥政府的保护功能、限制政府的生产功能。具体到择校来说,政府的主要作用是构建一个稳定的教育财政框架,在此框架下,引入市场竞争机制,保护纳税人自由选择教育的权利而在教育产品和服务的生产方面,政府应尽量减少干预,退出教育服务生产的直接环节,更多地与私营部门合作,形成多部门的伙伴合作关系,以提高教育资源的使用效率、更好地满足学生及家庭的教育需求。

(二) 美国择校研究的方法

美国的择校研究不仅具备扎实的理论基础和宽泛的研究视角,其研究方法和过程也比较规范、科学、严谨。从研究方法来看,美国择校研究主要包括以下几种类型:从经济学、政治学、社会学等多学科视角对择校问题展开的理论分析,对择校效果的评估研究(既有针对某种或少数几种择校计划或项目的案例研究,也有大规模调查基础上的定量研究),关于择校问题的综述类研究,其中以定量的评估研究为主,可以说实证研究代表了美国择校研究的主流和特色。从理论分析类研究来看,美国已有的择校研究很多是从经济学角度展开的,或者说择校问题本身更多地被认为是个经济学的问题。美国教育济学家亨利·莱文在其 1991 年代表性的文章《教育选择的经济学》中,把教育选择问题置于经济学的研究框架下来讨论,同时考虑市场选择和公共选择,并分析这两种选择机制在产生社会及私人收益方面的作用。[4]美国哈佛大学经济系教授卡罗琳·霍克斯比(Caroline Hoxby)2003 年主编的《学校选择的经济学分析》是近年来国际上择校研究高水平的代表作品,全书八篇论文运用经济学方法从不同角度研究学校选择问题,经济学家们运用微观经济学中的均衡分析方法、宏观经济学中的动态分析方法对择校问题的动因和效果进行深入的理论分析。[5]除经济学分析之外,美国学者还从社会学角度对择校问题进行理论分析,例如探讨择校对教育公平的影响,关注择校对学生社会流动、社会分层的影响。

从择校效果的评估类研究来看,如上所述,这类研究无论从研究数量和研究影响来说都占据美国择校研究的主要位置,这与美国择校制度的规范、择校调查数据的丰富密切相关。同时,不可忽视的是,由于择校问题涉及的利益相关群体比较繁多,使得围绕这一问题展开的研究和讨论比较复杂。因此,实证研究的证据往往可以左右人们对择校问题的认识。综观美国择校效果的评估研究可以发现,无论是在理论层面还是经验层面,择校效果都取决于具体的择校计划或项目。在美国基础教育分权体制下,择校的具体表现形式多样,各地具体的择校计划和项目更是五花八门、各不相同,关于择校的实证研究大多是针对某地区、某个时点或时段、某类学生及家庭群体的某项具体的择校计划的评估性研究。因此,关于择校效果的评估研究结果常常不一致,甚至相互矛盾和对立,很难统一。既然择校研究不可能也没有必要有一个统一的研究结论,那么实证研究能否增进人们对于择校政策的正确认识和判断就在于研究方法与过程是否科学、可靠。总之,对择校实证研究来说,重要的是研究方法与过程的科学性,而非研究结论的普适性。

下面从研究数据、核心研究问题、计量研究方法等方面对美国择校的评估类研究进行深入剖析,同时对美国择校实证研究方法进行简要的评论。

(1) 研究数据:美国学者对择校效果的评估研究常采用的数据资料包括:

案例数据、包含时间序列资料的面板数据、截面数据等,高质量的评估研究往往采用样本随机抽取基础上的实验数据,建立在长期跟踪调查基础上的关于家长、学生择校前后行为变化的动态、时间序列数据。

(2)核心研究问题:在美国众多的择校形式中,教育券和特许学校是最为盛行的两种,因而大部分的择校效果评估研究都围绕这两种择校形式的公平与效率问题展开,评估的主要内容或者说核心话题包括,择校计划对不同学生群体学业成绩、毕业率、大学录取率的影响,择校计划对学生之间社会经济地位差距、种族分化的影响,择校计划对教育财政、教育成本的影响,择校计划对教师质量及教师劳动力市场的影响,择校计划对学校责任的影响。

(3)计量研究方法:判断一篇择校效果评估研究其方法是否科学,最主要的是看研究者能否较好地克服样本选择偏差(sample selection bias)等计量方法上的问题,能否尽可能客观、精确地"剥离"出择校计划的真实效应。由于择校评估研究数据往往具有非随机性,而实验数据的缺乏给研究者精确评估择校计划的作用带来很大困难,不过在实际研究中,美国学者尤其是经济学者构建了大量的计量模型,运用了工具变量法(Instrumental Variable,简称 IV)、DID 模型(Difference-in-Differences,简称 DID)、两阶段回归法(2SLS)、固定效应模型等方法,特别是采用随机实验的方法对择校效果进行评估。[6]再例如,洛斯(Rouse)1997 年采用非常翔实的数据资料、运用包括工具变量在内的计量方法对密尔沃基市(Milwaukee)择校计划进行深入细致的评估研究,成为对密尔沃基市择校计划评估研究中的上乘之作;[7]严(Yan Chen)2006 年采用实验方法对不同的择校形式和机制进行比较研究。[8]

虽然近年来美国择校效果的评估研究数量激增,但质量参差不齐,既符合科学的社会研究方法要求,又能对一些重要的择校问题给予确切回答的研究并不多见。综观美国择校的实证研究,其方法上固然有许多值得我国学者学习的地方,但是也存在着一些需要讨论和完善的地方。首先,很多择校实证研究仍然无法很好地解决选择性偏差问题,这是择校评估研究在方法上面临的主要问题,同时也是评价一篇择校实证研究方法是否科学、结论是否可信的重要依据。择校实证研究中的选择性偏差问题源于样本选取的非随机性、数据的非实验性。具体来说,即参与择校的家庭样本并不是经过随机抽取的,参与和不参与择校的家庭存在一些不易被观察和控制的差异,两类家庭之间存在异质性(heterogeneity)。例如,在研究教育券对学生学业成绩影响的过程中,选择性偏差的问题经常会出现,因为参与择校的家庭其成员具有更强的学业成就动机和更高的教育期望,家长为了子女的教育会努力创造更好的家庭学习环境,子女本身的学习态度和能力也更强,这些隐性的差异往往不易被发现,同时很难在计量上加以控制,因此也就无法剥离这些可能会干扰到学生学业成绩的影响因素,从而无法获得对教育券作用的准确评估。在计量上解决选择性偏差的常用方法是工具变量法,但是能找到一个合适的工具变量实属不易,从目前的择校实证研究来看,还很少有研究能够较好地解决选择性偏差的问题。其次,在择校评估研究中,有相当比例的研究关注择校计划对学生学业成绩的影响,但是仅仅用学生的学业成绩无法很好地测量出择校计划对教育产出的影响。一方面,在美国,家庭参与择校的目的是多元的,提高子女学业成绩确实是许多家长择校的重要动机,但绝不是惟一的动机;另一方面,教育产出是多元的,关于考试分数能否很好地替代学生的学业成绩,从而衡量教育产出,从来都是存在很大争议的,因为用考试分数、毕业率、大学录取率等指标表征的学生学业成就无法体现教育产出的其他重要表现形式,如学生的技能、态度、人格、价值观等。

从择校问题的综述类研究来看,美国关于择校问题的综述类研究大致分为两种:一种是从某一具体学科出发对某种具体的择校形式的研究的综述,例如莱文1998年对1980年代以来美国教育券的实证研究进行梳理,得到如下的综述结果:第一,教育券并没有对学生的学业成绩产生实际影响,但也有研究表明,教育券可以提高天主教中学(Catholic high school)学生的毕业率和大学录取率。第二,教育券强化了学生之间社会经济地位及种族分化,加强了家庭社会经济地位和子女就读学校水平之间的一致性和对应性,加剧了教育不公平。第三,为配合教育券制度的实施,所采取的相关配套措施将耗费相当高昂的成本。[9]另一种综述类研究是从多学科视角出发,对不同择校形式的研究的综述,例如保拉(Paul Teske)2001年从经济学、教育学、社会学等学科出发,对100余篇涉及不同择校形式的美国择校实证研究进行综述,得到如下的综述结果:第一,美国众多择校研究能够得出的比较一致性的结论是,大部分家庭对择校政策是支持的,多数家长愿意介入到学校选择的过程中来,参与择校的家庭主要出于提高学业成绩的考虑。第二,关于择校对学生学业成绩的影响、择校对学生的社会经济地位、种族分化的影响等方面的问题,美国已有的择校研究尚未得出比较一致的结论。[10]

(三) 结语

美国择校研究受新自由主义思潮的影响,具备公共选择理论、民营化理论、教育选择理论等不同学科的理论基础;在研究方法上,注重方法与过程的科学性,而非研究结论的普适性。虽然中美两国的择校问题存在较大差异,但综观美国择校研究,其扎实的理论基础、宽泛的研究视角、规范严谨的研究方法都可以为我国择校研究提供一定的参考和借鉴。鉴于实证分析在择校研究中的重要性,我国未来实证取向的择校研究必须具备以下条件,或者说需要作好以下两方面的准备工作:首先,需要建立相关的数据资料库,包括在不同时间和地点进行比较的学生成绩信息、学生家庭背景特征以及学校的相关信息,收集相关的案例数据、包含时间序列资料的面板数据、截面数据,否则科学的实证分析难以展开。其次,在计量回归中要特别注意选择性偏差等问题,尝试采用随机实验的方法,或者找到合适的工具变量,这样才能把择校的效应准确地分离出来,以便于我们正确认识择校带来的影响。

参考文献:

[1] 曲恒昌. 西方教育选择理论与我国的中小学入学政策[J]. 比较教育研究,2001(12).

[2] 方福前. 公共选择理论[M]. 北京:中国人民大学出版社,2000:1-30.

[3] E. S. 萨瓦斯. 民营化与公共部分的伙伴关系[M]. 钟启全译. 北京:中国人民大学出版社,2002:66-115.

[4] Henry M. Levin(1991). The Economics of Educational Choice [J]. Economics of Education Review, 1991. V. 10, No2, 137-158.

[5] 刘泽云. 美国学校选择研究的最新进展与经验[J]. 北京大学教育评论,2007(1).

［6］Henry M. Levin(2004). Review Works of The Economics of School Choice by Caroline M. Hoxby［J］. Journal of Economic Literature, 2004, V. 42, No3, 861-862.

［7］Rouse, Cecilia E. (1997). Private School Vouchers and Student Achievement: An Evaluation Milwaukee Parental Choice Program ［M］. Industrial Relations Section, Princeton University, Princeton, NJ.

［8］Yan Chen(2006). School Choice: An Experiment Study ［J］. Journal of Economic Theory, 2006, V. 127, 202-231.

［9］Henry M. Levin (1998). Educational Vouchers: Effectiveness, Choice, and Costs ［J］. Journal of Policy Analysis and Management, 1998. V. 17, No3, 373-392.

［10］PT& MS (2001). What Research Can Tell Policymakers about School Choice ［J］. Journal of Policy Analysis and Management, 2001, V. 20, No4, 609-631.

（本文发表于《比较教育研究》2008 年 10 期。作者李湘萍,时属单位为北京师范大学教育学院）

九、父母、国家与儿童的教育

现代社会中,儿童的教育是父母[1]与国家共同的责任。在国家广设学校、普遍推行义务教育制度、取得优势教育地位的背景下,父母在儿童教育上应具有什么样的地位,其与国家在儿童教育上的权限应如何划分,向来是教育法学关注和研究的重要问题。本文从父母教育权的视角出发探讨上述问题,希望引起更多人对此问题的关注和思考,也希望藉此完善我国的教育立法,更好地实现儿童的最大利益。

(一) 父母教育权的确立

父母教育权是父母对其子女教育所具有的权利,被认为是一种自然权利。[2] 在人类社会早期,父母对子女的教育拥有完全的权利,可以在抚育及教育的概念内自由地依其意志教育子女。但是自 18 世纪以来,伴随教育的国家化,父母对儿童教育的权利范围大大缩减,儿童的教育已非由父母独占,国家基

---

① 父母,英文为 Parents。根据《布莱克法律词典》的释义,父母指法律上的父亲和母亲,不单纯指生育某个儿童的人,普遍被理解为与儿童分享爱与感情,维持儿童生存,对其抚养、照顾、教育及管理的人;包括儿童自然的亲生父母(无论该儿童是合法的婚生子女或非婚生子女)、继父母、养父母以及其他被确认为儿童监护人的个人或机构。参见:Black's Law Dictionary. sixth ed. West Publishing Co., 1990. 1114.

② 所谓自然权利,是指可以从人类的生理、精神、道德、社会和宗教的特性引导出来的权利,为了人类获得自尊和个性的发展,它们必须得到确认。参见:Duglas Hdogson. The Human Right to Education. England Dartmouth Publishing Company & Ashgate Publishing Ltd. 1988. 20.

于为人民谋福利的立场亦对儿童的教育拥有权利。特别是伴随义务教育制度的普遍确立,国家教育权得到进一步强化,父母教育权的地位受到威胁。在这种新的权利格局下,父母教育权的地位和内容需要得到法律的确认和保护。

1925 年,美国的皮尔斯判例最早确认了父母教育权的合法地位。该案起因于 1922 年美国俄勒冈州议会通过的《义务教育法》,该法案规定所有 8 至 16 岁的儿童,除残疾、离校路途太远或已经读完 8 年级的儿童外,都必须在公立学校接受教育。该法案的通过导致修女会运营的私立学校中的儿童陆续退学,以致其收入持续下降。为此,修女会提起诉讼,宣称俄勒冈州的法案与父母按其意愿为子女选择学校的自由冲突,也使该修女会的经营和财产遭受不可挽回的损失,请求颁布适当的禁止令。联邦最高法院的 3 名法官对此案进行了审理,指出:"联邦各政府赖以建立的基本自由理论否认各州有任何普遍性的权力,可对儿童进行标准化训练,强制他们只接受公立学校教师的教育。儿童不只是国家的创造物,养育儿童并引导其命运的人有权利,同时也有崇高的义务,认识儿童并教育他们准备负起其他一些责任。"[1]法官判决俄勒冈州《义务教育法》违宪,从此确立了父母教育权的合法地位。

进入 20 世纪中后期以来,父母教育权普遍得到各国、地区及国际层面的法律承认。1950 年《欧洲人权宣言》提出:"不能剥夺任何人的教育权利。国家在行使任何它认为与教学有关的职能时,应尊重父母确保此类教育和教学与他们自己的宗教与哲学相符的权利。"1948 年《世界人权宣言》第 26 条第 3 项规定:"父母有优先权利选择子女的教育方式。"1966 年的《经济、社会、文化权利国际公约》第 13 条第 3 项也规定:"本公约各缔约国应承诺尊重父母及法定监护人的自由,使其能为子女选择公立学校以外符合国家最低教育标准的私立学校,并确保子女接受符合其信仰的宗教及道德教育的自由。"与之同年颁布的《公民与政治权利国际公约》也作了同样的规定。[2] 因此,在当代社会中,人们普遍承认,儿童的教育不仅是国家的职能,也是父母的权利和神圣义务,两者都必须为儿童的最大利益而尽其职责。

---

[1] Pierce v. Society of sisters, 268 U.S. 510(1925).

[2] 中国分别于 1997、1998 年签署两部公约,其中《经济、社会、文化权利国际公约》于 2001 年由全国人大批准,正式对我国生效。

（二）父母教育权与国家教育权的划分

父母与国家都对儿童的教育拥有权利。在家庭教育中，父母教育权占据绝对优势。但在学校教育领域，父母与国家的关系为何，父母与国家在学校教育中的权限应如何划分，是个关键问题。

德国法学界有两种学说区分父母与国家的教育权。[1]一种为"区分理论"，该理论认为学校教育和家庭教育可以明确地加以区分，各有其主管的权限。学校教育属于国家，家庭教育属于父母，国家和父母分别在各自领域内行使教育权。另一种为"三领域理论"，该理论认为除了父母和国家各自行使教育权之外，尚有第三领域存在。在此第三领域内，父母和国家共同行使教育权，父母可以通过家长会共同参与学校教学和管理意见的形成。如果在第三领域内发生利益冲突时，则须判断该行为较接近哪一领域的核心，越接近父母的权利核心时，国家作用的程度越轻；反之，越接近国家权利的核心时，则国家干预的可能性越大。[2]

"区分理论"现已被德国联邦宪法法院通过"能力升级"判决否定，而"三领域理论"也被进行了若干修正。联邦宪法法院承认父母在学校教育中也有一定的权利，父母和国家在学校教育的特定重合领域内，不必透过固定的位阶分配，而是具有同阶性。由于父母与国家在第三领域内并不是在竞赛，而是以儿童的人格发展为其共同的教育任务，因此，必然要求两主体"理智地合作"。①

对德国联邦宪法法院关于国家与父母在第三领域具有同位阶的观点，学界有很多反对的意见，认为其一厢情愿而无视现实中两者的冲突，并且同位阶的标准非常模糊，基本上不具有可操作性，因此还是较倾向于传统的"三领域理论"。但在父母和国家究竟谁应在第三领域处于优位的问题上，又有很大的争执，从而产生出两种不同的意见。一种意见认为，《基本法》既然将父母的亲权视为一种与生俱来的权利，而非国家所赋予者，则父母就子女之教育事项，相较于国家应具有决定的优先权，亦即对何为子女的利益，父母有解释的优位。虽然《基本法》第6条第2款规定国家的监督权，但是该规定并非在授予国家教养子女的权限，而是在防止亲权的滥用。换言之，原则上国家只能补充父母的教

---

① BVerfGE 34,165。

育义务,而不能取代父母的教育地位,只有当父母滥用其亲权,且显然不利于子女利益时,国家才能取而代之。[3]

相反的意见则认为,《宪法》授予国家教育高权的目的在于由国家整合规划教育的基本事项,以建立并维持教育的基本体制。在此意义下,父母亲权的行使应当受到学校教育的限制。尤其是关于学生基本知识的传授、基础能力的培养以及与知识相关的价值判断及社会基本规范的介绍,特别是民主法制国家精神的传播等,均属国家的教育任务,从而构成父母行使亲权的界限。因此,国家基于国民义务教育制度,设立公立学校,并强制学生入学,虽然对父母教育权有所影响,但是符合《宪法》赋予国家教育高权的宗旨。[4]

传统的"三领域理论"仍是德国学界目前较为认同的理论。它对于理解和分析父母教育权与国家教育权的区分有重要的指导意义,但依然存在不确定性。首先是如何界定三个领域,父母与国家各自的教育权何在,特别是国家的教育权以及第三领域的范围如何界定,并不是那么容易。其次,在第三领域内,父母与国家究竟哪一方处于优位,仍有不同的观点,而在两者产生权利冲突之际应如何解决,也有很大的模糊性和难于操作性。因此,虽然现代社会各国都承认儿童的教育是父母与国家共同的责任,但对两者关系的区分和处理,还是因各国的政治、文化、教育传统和具体国情而存在差异。

(三) 父母教育权的内容

在处理父母与国家教育权的区分问题上,许多国家选择了更为现实和具操作性的方式,那就是通过立法界定父母教育权的内容并予以保障,以此实现其与国家教育权的区分。这中间首要的一个问题就是,在国家普遍建立公共教育制度,要求一定年龄的国民接受义务教育的背景下,父母能否优先决定子女的教育方式并进行选择。这一问题虽在 1925 年的皮尔斯判例中已得到法律上的部分回答,但在理论界仍存在着支持父母选择与反对选择的激烈争论。[5]

"公民教育"说认为,向儿童传递基本的、共同的公民价值需要国家控制教育,反对父母选择。但反对该观点的人认为,政府并非一定要拥有学校才能控制课程,政府完全可以通过对私立学校进行执照管理等间接手段实现控制,而且认为间接控制要比政府直接控制学校和教师要有效得多。

"公共产品"说认为,学校教育是一种公共产品,个人的自由选择会导致市场失灵,因而反对父母选择。[6]但反对者认为,学校教育并非公共产品,而且即使学校教育是公共产品,那么纠正市场失灵的手段也只是需要政府的资助,而不是政府对学校的所有权。

"保护儿童"说认为,父母在总体上没有能力明智地为其子女选择最适合的教育,因此应当由政府为他们作出选择。但反对的人认为,虽然有些父母不能或不愿为其子女的教育作最好的选择,但绝不能因此剥夺所有父母的选择权。

"促进平等"说主张,为了确保中等和高等教育机会的平等,所有的儿童都应当接受同样的初等教育,而这个目标只能通过公立学校实现;如果父母有自由选择学校的权利,他们就会被其社会阶层、民族或能力水平定位,进而损害那些出身低微或智力水平有限的社会群体。但反对的意见指出,公立学校并"没有"保证所有儿童的机会平等,因为家庭在选择其居住场所时已根据他们的社会阶层和民族身份在地理空间上进行了自我区隔。即使是政府努力使所有学校保持一致的教学水准(尽管这是代价高昂的),但优势阶层的父母依然会通过补习及聘请私人家教等行动使政府保持平等的努力落空,因此政府不可能保证所有儿童的机会平等。相反,由于市场仅会在消费者的购买力不平等的前提下才会不平等,它对穷人反而是有利的。[7]

尽管理论界不乏反对父母选择的意见,但皮尔斯判例所确定的"父母有权为其子女选择私立学校"的原则还是被各国立法和国际人权文件确认,成为最具普遍性的父母选择内容。同时随着理论争辩的深入,一些国家和地区在父母选择权的保障方面已经走得更远。如美国部分州允许父母在学区内或所在州的公立学校进行选择;教育券被视为一种促进平等的重要财政手段得到应用,使得父母选择私立学校也可得到政府的资助;政府还可以为就读私立宗教学校的学生提供校车,理由是"社区已经为所有入学接受教育的学生付了费",因此并不违反《宪法》中的"政教分离"原则。① 不仅如此,在很多西方国家,父母的教育选择还超出了学校教育的范围,如美国从 1993 年起全部 50 个州已将"在家教育"合法化,父母可以在公私立学校之外选择对子女实施"在家教

---

① Everson v. Board of Educ., 330 U. S. 1(1947).

育"。因此,教育选择权是当今各国父母教育权的重要内容之一,其范围仍在进一步扩展中。

除了教育选择权,父母对公立学校的参与权也被各国立法所保障。学校参与权是父母教育权中积极、能动的权利,父母不仅基于亲权享有对子女的教育权,而且作为子女利益的法定代理人,也可以个人名义在学校主张参与权。父母除可依个人身份参与其子女的学校教育,同时根据民主原则,也可对政府或学校的总体的教育决策或政策发表意见,提出建议,为了达成这个目的,父母可以组织父母团体,由父母团体或选出代表行使其参与权。因此,父母的教育参与权主要分为两类:一类为父母的个体参与权,另一类为父母的集体参与权。其中,父母的个体参与权属于实体性权利,而父母的集体参与权只能保证父母代表对学校行政发表意见,但不能保证其意见一定被采纳或最后的投票结果与其意见一致,因此在性质上为一种程序权。

在个体权利的层面,父母的参与权包括对学校教育内容影响权、异议权、知情权及隐私权保障等。如美国在 1974 年制定的《家庭教育权与隐私权法案》(FERPA)就确认了父母个体参与学校教育的各项权利。在集体权的层面,父母的参与权以父母组成家长会参与学校行政为主要内容。在很多国家和地区,法律规定学校的某些事务必须有父母代表的参与,父母可以通过选举代表参与某些学校事务。但学校的哪些事务必须有父母代表参加,各个国家、地区的规定或政策未必相同。以台湾地区为例,其教育法规定下列组织应有家长会代表的参与,包括教师评审委员会、校长遴选委员会、校务会议、课程发展委员会、教科书评选委员会、午餐供应委员会、特殊教育委员会、学生奖惩委员会、学生申诉委员会、体育委员会、编班委员会、校园事件处理小组、教育审议委员会等,父母代表的参与非常广泛。

迄今,父母参与是西方各国公立学校管理的重要力量,扩大父母的参与权成为教育改革的重要内容。如美国 1994 年通过的《2000 年教育目标法案》列出的 8 项全国教育目标中,第 8 项就是父母的教育参与权,提出"到 2000 年,所有的学校都要形成家庭与学校之间的伙伴关系,加强父母对学校事务的参与,促进学生的社会技能、情感发展以及学术能力方面的发展和提高"。该法案得到民主和共和两党、全国性的父母组织、教育组织以及政府官员的有力支持,显示出社会各界对父母参与学校必要性的广泛认同。

（四）结语

儿童的教育是父母与国家共同的权限和责任，缺少其中任何一方都不利于儿童最大利益的实现。父母与国家的教育权限应有所区分，也应彼此配合。对我国而言，目前国家教育权处于强大且优势的地位，相关立法不乏对父母教育义务及责任的规定，但整体上缺乏对父母教育权，特别是父母对学校教育参与权的认可。父母教育权的法律地位不明，内容欠缺法律规范，制度保障有待建立，实际行使状况不够普遍、规范和制度化。未来有必要在教育基本法中明确父母教育权的地位，并结合理论研究和我国的实际不断充实父母教育权的内容并予以有效的保障。

参考文献：

[1] 董保城. 德国教育行政"法律保留"之探讨[A]. 董保城. 教育法与大学自由[C]. 台北：元照出版公司，1997：226.

[2] 何希皓. 父母在儿童教育中的宪法地位[J]. 宪政时代，21(2).

[3][4] 李明昌. 在家教育法制化之研究[D]. 台北：辅仁大学法律研究所，2003：24-25.

[5] Katarina Tomasevski(2004). Economic Social and Cultural Rights, the Right to Education. E/CN. 4/2004/45. 5-12.

[6][7] Fischel W. A. An Economic Ease against Vouchers：Why Local Public Schools Are a Local Public Good [N]. Dartmouth Economics Working Paper，2002：02-01(24).

[7] Willmore L. Education by the State [N]. DESA Discussion Paper No. 27. ST/ESA/2002/DP. 27. United Nations. 2002：10-12.

（本文发表于《比较教育研究》2009 年 3 期。作者申素平，时属单位为中国人民大学公共管理学院）

十、论美国判例中家庭教育权的演变

对儿童的教育,近代多由父母自行选择私人教师或送往私立学校,家庭具有绝对的操控权。当今各国推行义务教育之后,儿童达到一定年龄,多被送至公立学校,公立教育进而取代了家庭儿童教育上的主导地位。然而即便如此,家庭和父母为保留其民族传统和宗教文化,常会在学校教育之外附加额外的学习内容,甚至拒绝学校教育。我国前几年的"孟母堂"事件即为一例,具有现代私塾性质的"孟母堂"作为家庭自愿组织的私人教育机构,与义务教育产生冲突。在美国,面对公立学校的崛起,家庭仍不愿在儿童教育上全身而退,法院对此也抱有同情态度,认为家庭对儿童的教育权受宪法保护。但迫于政府利益的压力,法院也不得不对此权利进行不同程度的限制。本文试图透过美国法院有关家庭教育权的判决,从一个侧面阐述家庭和学校在儿童教育中的作用。

(一) 家庭教育权的提出

在美国,20 世纪以前儿童教育权专属家庭,父母可亲自教养或聘请家庭教师,也可送往教会及私人教育机构。自公立学校创立和义务教育推行以来,国家权力延伸,家庭教育权大为萎缩。许多州制定法律限制家庭对儿童的教育,如规定强制义务教育、命令和禁止学校开设某些课程等。这常激起家庭的抵制,此类法律也受到合宪性质疑,家庭教育权也由此应运而生。

因为美国《宪法》中并未规定家庭对儿童的教育权,当有关法律引发违宪争议时,联邦最高法院便引用《宪法》上的概括条款予以判决,这就是《第十四修正案》的正当程序条款——"任何一州,⋯⋯不经正当法律程序,不得剥夺任何人的生命、自由或财产"。法院将此处的"自由"解释为个人对其家庭事务的自决权,其中首先包括父母对子女的教育权。[1]在"迈耶案"(Meyer v. Nebraska)中法院第一次提出"家庭教育权"。案中内布拉斯加(Nebraska)州制定一项法律禁止公立学校开设除英语之外的其他语种的课程。根据这项法律,一名犹太教区学校的教师因教授德语受到州政府的指控。案件最终惊动联邦最高法院,该法院依据上述正当程序条款,宣布该法侵犯了父母决定子女教育的权利,因而是违宪的。[2]

法院这样裁决:尽管正当程序条款所保障的权利并不清楚明了,但是它至少包括个人"结婚、成家、抚育子女、依自己内心的指示信仰上帝"的权利;[3]因为"父母教育儿童是一种天然的责任"。[4]内布拉斯加州立法的目的在于保障英语在所有美国公民中的普及,增进国民的素质,但"政府所采用的措施(禁止教授德语)⋯⋯却超过了其权力的界限,和原告主张的权利冲突,⋯⋯而且它也未能提供足够的理由",[5]故而该法律是"专断的",和州政府的立法目的"没有合理的联系"。[6]

该案首次承认了父母对子女的教育权是一项自然权利,并提出该法律规定的措施与立法本身的目的没有关联,所以这项立法就具有违宪嫌疑。对此处提到的父母对子女的教育权,本文为了简明起见称为"家庭教育权"。两年后,法院在"皮尔斯案"(Pierce v. Society of Sisters)中进一步详述了迈耶案所揭示的权利。俄勒冈(Oregon)州的一项法律要求儿童必须进入公立学校学习,对此一个私立宗教学校提起诉讼。[7]经过审查,法院声言,"根据政府所依据的自由的基本原理,它无权迫使儿童仅仅接受公立学校的教育,儿童不仅是国家的儿童,哺育教导之人也有权利或职责督促儿童接受其他教育",[8]由私人对儿童进行教育"并非是本质上有害的,家庭教育一直被认为是有益的和富有成效的"。一项宪法权利"不能被那些与立法目的不相关的法律所剥夺",[9]俄勒冈州的法律"不合理地干涉了父母和监护人引导儿童成长和教育儿童的自由",[10]侵犯了家庭教育权,所以是违宪的。

虽然迈耶和皮尔斯案件司法推理后来也受到质疑,但它们迄今仍被认为是家庭法、儿童法和宗教自由法的两个中流砥柱。[11]几乎没有人能够否认它们作为家庭教育权和宗教活动自由的先例的价值。[12]

（二）20 世纪 40 年代——政府和法院对家庭教育权的限制

通过上述两个案件，联邦最高法院承认了家庭教育权作为宪法权利之一，但过分强调家庭教育权也可能忽略对儿童自身的保护，而保护儿童也是政府的责任所在。同时，美国社会各种不同文化间的分歧和冲突严重，也促使法院限制少数民族家庭对儿童的教育权。此时公立学校希望通过灌输主流道德观念，以同化不同传统和信仰，整合多元社会文化。据菲莉丝·施拉夫利（Phyllis Schlafly）教授介绍，从 20 世纪 50 年代起，公立学校的课程不仅包括基础知识，还包括基本价值观念，如诚实、爱国、尊老，希望通过对语言、法律和习惯的学习来同化那些外来移民生育的儿童。[13] 故而法院在承认迈耶和皮尔斯判决的基础上，对家庭教育权也适度限制，主张家庭教育权并不绝对，社会和政府应该在教育儿童中发挥更大影响，国家在必要时，为保护儿童的利益也可限制家庭教育权。

在"普林斯案"（Prince v. Massachusetts）中一位 9 岁女孩被父母要求为一个名为"耶和华见证人"的教派募款，法院便根据《儿童劳动法》禁止家庭如此对待儿童。法院将家庭对子女的教育归入家庭私生活，"国家不能进入家庭生活的隐私领域"。[14] 但是，"家庭自身也不能完全不受公共利益的调整……为保障儿童健康这种公共利益（general interest），州作为政府监护人（Parents Patriae），可以限制父母的控制权，学校有权调控或限制儿童参加劳动，并禁止儿童参加其他有损身心健康的活动"；"为保护儿童免受剥削和伤害，法律可以禁止儿童劳动，即使是父母主动为之，即使是为了宗教目的"。[15]

此案法院虽也承认家庭教育权，但为保护儿童自身的利益，整合美国多元价值观念，消除宗教和种族文化之间的隔阂，已经倒向政府和公立学校一边。因为此案涉及儿童的人身保护，其结论受到学者一致肯定。然而时过境迁，在 20 世纪 60 年代的民权运动浪潮的冲击下，法院又转而对家庭教育权有所侧重，甚至被人认为有纵容之嫌。[16]

（三）20 世纪 70 年代——家庭教育权的复兴

20 世纪 70 年代最常被引用的家庭教育权案件为"约德案"（Wisconsin v.

Yoder),该案标志着家庭教育权重振雄威。威斯康星州义务教育法规定儿童16 岁前必须接受公立学校的义务教育,这引起艾米什(Amish)族家庭对该法的合宪性争议。联邦最高法院承认艾米什族父母拥有管教子女的权力和宗教自由权,他们可以不受义务教育法的限制将其 14 岁和 15 岁的两个子女留在家庭进行教育。[17]判决说,州政府对公民进行普遍教育的公共利益无论如何重要,都不是绝对的,当它侵害到其他基本权利和利益时,必须对两者进行衡量,尤其当它是触犯了《宪法第一修正案》(宗教信仰自由)保护的利益以及父母对子女进行宗教教育之传统利益时,更是如此。[18]法院认为,"并无证据证明儿童的身心健康因此会受到损害,公共安全、和平、秩序和幸福会受到影响"。[19]由于学校的教育会威胁其子女的宗教信仰,为维护艾米什民族文化的独特的封闭特色,法院援引"迈耶案"所揭示的原则,认为该立法明显干预了父母及监护人引导和教育儿童的自由。[20]

该案中,一方面政府要求儿童在 16 岁前要接受义务教育,另一方面家庭要求培养其宗教信仰,两者孰重孰轻,确难厘定。法院则肯定了艾米什民族信仰的重要性,认为公立学校的正式教育并不是不可替代的。其后另一个案例也体现了法院对父母教育权的尊重,即"帕勒姆案"(Parham v. J. R.)。[21]该案的问题是,父母将儿童送往某一机构抚养时,应该经过哪些程序。联邦最高法院以前判定,除非紧急情况,当成年人被送往某一个机构时,必须进行听证与告知。[22]但此案中法院认为,当父母将儿童移交到某机构时,不一定需要听证,因为法院断定父母会为了孩子的利益着想。博格(Burger)大法官写道:"父母或许有时对儿童不利,……这需要我们谨慎对待,但这并不能就此完全否定人类以往的经验,即父母一般总会为子女着想。如果因为某些父母会虐待或忽视儿童的利益,而以政府完全取代父母的管教地位,这不能为美国传统所接受。"[23]法院的结论是,儿童在被父母送往某一机构之前,仅需医生和其他中立的知情者出具一份调查报告即可。儿童不像成人,不必给与告知,也不必进行证据方面的听证。

此案法院重视传统,论证也颇为有力,它和"约德案"都显示了法院对父母决定的极大尊重,体现了对多元文化和非主流文化的尊重。法院警告道,"不能因某种生活方式与众不同,便应受谴责"。[24]这是一种自由主义传统,它反对国家强制将所谓的正确高尚的生活方式强加给同样自认为追求合理价值观的人，虽然这样极易陷入文化争议。[25]

（四）20 世纪以后——家庭教育权的退守

上述案件虽然捍卫了文化的多元性，但却给人以过分低估了儿童自身利益，忽视儿童基本教育的嫌疑。"布朗案"（Brown v. Hot, Sexy & Safer Production, Inc. ）[26]修正了以上的立场。该案并未上诉到联邦最高法院，由第一巡回法院作出终审判决。案中原告起诉包括学校在内的 10 位被告筹备、资助以及实行一项艾滋病知识讲座，其中明显提及性生活，并提倡与其信仰相违背的性行为。[27]活动资助者就是一个避孕套厂商，它公开地支持婚前性行为。原告认为该活动目的旨在消除学生对婚前性行为、同性恋等行为的戒备心理，也试图减弱和消除父母对子女性教育方面的权威。原告认为，强迫未成年人参加此类活动违反了实质正当程序和程序正当程序条款，侵犯了父母的自决隐私和宗教活动自由。

第一巡回法院认为原告不能证明家庭教育权受到侵害，因为这项权利仅仅针对那些基本的自由，"只要他已经为子女选择了公立学校，就必须接受学校制定的课程"。[28]法院提到"皮尔斯案"、"迈耶案"以及"约德案"，但对先例进行了缩小解释，认为虽然原告具有宗教活动自由和实质正当程序保障的自由，但宪法上家庭对子女的教育权也应受到限制。[29]因为原告不能证明公立学校的行为影响了他们"整个生活方式"，[30]其影响只是局部的，家长应该容忍。法院认为前述判例仅仅是避免州政府禁止父母为子女选择教育方式，"根本不是"授权父母反对学校课程设置，[31]所以此类判例并不能适用于本案。

如"普林斯案"一样，此案法院肯定了公立学校多元化性道德的教育方针，目的在于培养儿童对异类文化的宽容，以消除社会不同价值观念之间的冲突。法院担心，如果赞成原告，"学校会被迫为每个具有不同道德传统的学生单独安排课程"。[32]但是关于此案批评意见也极为激烈，有学者认为此案法院存在几个错误：第一，错误地认为宗教自由是否受到侵害取决于"他们整个宗教生活"是否受到威胁，原告不能证明国家行为影响了他们"整个生活方式"。但宗教信仰中的一个重要方面受到影响，便足以侵害宗教活动自由，并不需要整个宗教活动受损才给予补偿。第二,法院不承认原告有"为公立学校制定课程的基本宪法权利",是误解了原告主张。原告未曾要求改订学校课程,只是希望子女不参加与其信仰相抵触的活动。第三,即便父母在像性教育一样的私人的与价值相关的领域中具有决定权,也不一定会产生骨牌效应,因为这并不意味着他们同样有权决定那些更加根本的为社会普遍承认的事项。[33]

尽管存在批评,进入 21 世纪后美国法院仍沿袭上世纪末之做法,承认公立学校对儿童优越的教育权,如强迫学生参加支持同性恋的节目,使用色情性的教室展览材料,要求学生回答有关性、毒品和自杀内容的问题,拒绝离婚父亲查阅子女在学校的操行纪录;2006 年第九巡回法院甚至指出公立学校可以教授学生"任何信息,即使与性相关",父母教育子女之权"不能逾越学校大门"。[34]由此可以窥见,今天的美国法院在家庭教育案件中已经后退到何种程度。

(五) 结语

从美国法院一个多世纪以来保护家庭教育权判例可以看出,法院在呵护家庭教育权的同时,亦不忘兼顾政府利益。虽然其主导思想呈现出变动不居之状态,但是可以肯定的是,美国法院决不可能完全漠视普通家庭对子女的教育权,家庭教育权不可能完全绝迹。根据学者希瑟·古德(Heather M. Good)的研究,在美国,家庭仍可选择三种教育子女方式:公立学校、私立学校、留在家庭接受教育。虽然后两者对于经济条件要求较高,但毕竟为儿童进行特定宗教和文化的教育提供了途径。[35]同时,如上文所示,即使是公立学校,其秉承的价值观念也呈现出多元化,对于异类文化的宽容也成为主流。虽然这也引起某些种族和教派的反对,但某种程度上还是减少了不同文化之间的冲突,为美国社会的整合作出了贡献,使美国真正成为多元文化的"大熔炉"。

参考文献:

[1] Erwin Chemeringsky. Constitutional Law, Principles and Policies [M]. New York: Aspen Publishers 2006:792-919.

[2][3][4][5][6] 262 U.S. 390, 399, 400, 402, 400.

[7][8][9][10] 268 U. S. 510，535，535，534-535.

[11] Rosemary C. Salomone. Common Schools，Uncommon Values：Listening to the Voices of Dissent[J]. 14 Yale L. & Pol'y Rev. (1996)169，186—88(1996).

[12]［35］ Heather M. Good. "The Forgotten Child of Our Constitution"：The Parental Free Exercise Right to Direct the Education and Religious Upbringing of Children[J]. 54 Emory L. J. 641，648，679.

[13][34] See Phyllis Schlafly. The Role of Government in Defining Our Culture：How the Government Influences Our Culture[J]. 102 Nw. U. L. Rev. 491.

[14][15] 321 U. S. 158,166,166.

[16] See James G.. Dwyer. Parents' Religion and Children's Welfare：Debunking the Doctrine of Parents' Rights[J]. 82 Cal. L. Rev. (1994)1371.

[17][18][19][20][24] 406 U. S. 205，214，230，232—233，224.

[21][23] 442 U. S. 584，602—603，626. (Brennan，J.，Concurring in Part and Dissenting in Part)，638-639. (Brennan，J.，dissenting).

[22] Addington v. Texas，441 U. S. 418(1979).

[25][29][33] See RECENT CASE：Brown v. Hot，Sexy & Safer Productions，Inc.，68 F. 3d 525(1st Cir. 1995)，Cert. Denied,116 S. Ct. 1044 (1996). [J]. 110 Harv. L. Rev. 1179.

[26] 68 F. 3d 525(1st Cir. 1995)，Cert.，Denied116 S. ct. 1014(1996).

[27][28][30][31][32] Brown,68F. 3d, at 530，532,533,539,533.

（本文发表于《比较教育研究》2009 年 3 期。作者骆正言,时属单位为浙江大学光华法学院）

十一、基于就近入学政策的学校选择权发展研究

在我国义务教育阶段,关于就近入学与学校选择(择校)之间的争议持续了很多年,一部分学者认为,应该坚持维护就近入学政策,不应允许择校;另一部分学者认为,随着时代的发展,政府应该废除就近入学政策,准许在一定范围内择校。本文就"基于就近入学政策的学校选择发展"进行研究,以期对这些争论做进一步探讨。

(一) 就近入学是发达国家一项长期的教育政策

1. 就近入学是义务教育阶段的一项基本政策

西方各国在普及义务教育的初期和中期大多将就近入学作为一项基本的教育政策加以执行。

英国早在 1870 年的《初等教育法》74 条第 1 款就规定:学校的设置应在儿童可以抵达的距离之内,"这个距离按地方法规定的方法以儿童居住地到学校的最近路线计量",如果"在儿童可以抵达的距离(不超过 3 英里)内没有公立初中学校",那么儿童有权拒绝进入学校读书。[1]英国 1944 年出台了《巴特勒法》,实行"三轨制"分流,学生可以在文法、现代、技术三类中学中进行选择。该法第 39 条规定,如果"儿童注册的学校不在儿童可以从家里步行赴校的距离之内,而且地方教育当局在接送儿童往返学校的交通车辆、或在校内或在学校附近供应儿童膳宿、或使儿童转至离家较近学校注册上学等方面未能做出妥善的安排",那么家长有权不送儿童入校读书。[2]但在 1969 年,英国的"11+考试"和

"三轨制"逐步消失,大多数地方教育当局代之以综合中学制和就近入学制 (neighbourhood or catchment)。总之,英国 20 世纪 80 年代以前,家长选择学校的权利不能完全实现。

美国在 20 世纪 80 年代以前,各州均实行"划分学区,就近入学"的政策,择校只局限于少数富裕家庭选择私立学校,或者有宗教信仰的家庭选择教会学校。

联邦德国在 1969 年和 1971 年修订了《基本法》。该法规定:在小学阶段,只能在住处所在的学校进行注册;在中学阶段,家长可以根据孩子的能力和成绩,在不同种类公立学校之间进行选择,也可在同一类(级)学校的不同学校中进行选择。

法国在 1789 年资产阶级革命爆发时期,有许多提案已经提出了就近入学的思路。以较有代表性的孔多塞提案为例,该提案认为"每个拥有居民 400 人以上的村庄都应设立 1 所学校和拥有 1 名教师。每个地区,以及每座拥有 4 000 居民的城镇都要设立 1 所中学。……采取恰当措施,防止在设施分布方面造成不平衡的情况"。[3] 该提案含有就近入学的思路。

在 20 世纪 80 年代,丹麦政府也做出过类似的规定,按照不同的年龄划分不同的就学距离,如超过相应的就学距离(4 至 9 岁为 6 千米,10 岁为 7 千米),政府就要提供交通工具。

此外,日本在 2000 年以前实行的也是就近入学的政策。

2. 20 世纪 80 年代以后择校推行,就近入学政策仍然得以保留

20 世纪 80 年代以后,英国推行的择校政策中,"申请者居住在学校的所在地或附近"是相当重要的一个因素,地方教育当局通常把它当作配置"学位"的一种方式。如 1998 年的《学校标准和组织法》规定:"如果学校的当地注册生已经达到限度,那么它可以拒绝其他学校学生提出的择校要求。"[4]

20 世纪 80 年代后,美国多数学区的择校是以就近入学为基础,学生只能在居住地附近的学校进行选择,另外也可以选择学费较高的私立学校,[5] 但政府不给予补助。而且,学区内择校方式仅限于马萨诸塞州、纽约州和华盛顿州的部分学区;跨学区择校仅在明尼苏达等州实施,跨学区择校的学生很少。[6]

德国现行的《基本法》第二部分第 6 款对就近入学进行了严格的规定。尽管该法承认个体选择学校是一项宪法权利,但在小学阶段,只能在住处所在的学校进行注册,只有在某种特殊的情况下,才可以在学区以外申请进入别的小学。[7]也就是说,在大多数州的小学阶段乃至中学阶段的主体中学(Hauptschule),地理上的学区依然存在;而如果中学阶段区分实科中学和文法中学,地理上的学区就不存在,跨区择校也是可能的。

今天的法国公立中小学仍然保留就近入学的原则,家长择校要经过教育局的同意。如果家长希望到分区以外的学校注册,须有适当的理由和相应的证明材料,如学习其他语种、到父母工作所在地的学校读书。如果申请被拒绝,学生仍需在规定分区的学校入学。[8]

日本在 2000 年 4 月以后,东京都区域内,虽然有文京区、品川区等开始引入了区域内择校的体制,但其他区域内仍是划区域,就近就学。

(二) 学校选择权是受教育权的一种延伸

为了保护、促进和监督各国公民享受完整的受教育权,联合国通过了四部国际文件:《世界人权宣言(UDHR)》(1948)、《经济、社会、文化权利国际公约(ICESCR)》(1966)、《公民与政治权利国际公约(ICCPR)》(1966)、《儿童权利公约(CRC)》(1989)。其中,《世界人权宣言》的规定已被国际社会普遍承认和接受,从而已具有国际习惯法的性质;另外三部属公约,对其缔约国具有法律约束力。这些国际文件共同确立了受教育权国际标准的基本要求,对全世界产生了深远的影响。

在受教育权基本实现的基础上,国际社会延伸了受教育权,即赋予家长作为儿童的监护人,在所在学区甚至跨学区,在公立与私立、公立与公立学校之间进行选择的权利,这就是学校选择权。

《世界人权宣言》第 1 款和第 3 款规定,"父母对其子女所应受的教育的种类,有优先选择的权利"。这是国际文件中最早规定父母为儿童选择教育种类的权利,也给各国进行教育选择提供了法律参考与依据。《经济、社会、文化权利国际公约》第 13 条第 3 项也规定:"本公约缔约各国应尊重父母和(如适用时)法定监护人的下列自由:为他们的孩子选择非公立的但系符合于国家所可能规定或批准的最低教育标准的学校,并保证他们的孩子能按照他们自己的信仰接受宗教和道德教育。"《公民权利和政治权利国际公约》的第 18 条第 4 款规定:"本公约缔约各国应尊重父母和(如适用时)法定监护人保证他们的孩子能按照他们自己的信仰接受宗教和道德教育的自由。"

　　如果说这四部国际文件只是为教育选择权提供了一个方向,那么欧美国家则是在教育选择权方面充当了开路先锋。以英美两国为例,我们可以看到学校选择权是逐步扩大的。

　　美国家长的教育选择权是从争取"在家上学"合法化开始的。1893 年,马萨诸塞州的最高法院的联邦诉"罗伯特案"(Commonwealth v. Robert)、1904 年印第安那州法院的州诉"彼得森案"(State v. Peterson)等案件的判决为儿童"在家上学"合法化提供了支持。1907 年,俄科拉荷马州立法会采纳了一位议会代表的建议,同意 8~16 岁的儿童或青少年以其他的方式接受教育,保护家长选择学校教育的权利。时至 1993 年秋季,"在家上学"最终在 50 个州实现合法化。

　　美国学校选择权的另一条路线是家长为子女在公立学校之间进行选择的权利合法化,明尼苏达州在 1988 年制定了全州公立学校的学区内和跨学区并行的开放入学选择权方案。

　　1991 年,《美国 2000 年教育战略》(America2000:An Education Strategy)特别强调家长的择校权。该战略写道:"如果标准、测试和成绩报告单能告诉父母和选民他们的学校做了些什么,择校给予学校行动的杠杆,那么被选择的学校应该包括所有为公共事业且对公共权威负责的学校,不管谁在经营他们。新的刺激计划将给州和地方学区综合性的择校政策。"[9] 两年后,美国政府又拨出 32.3 亿美元用于该计划的实施。

　　1998 年,克林顿在国会发表国情咨文,强调拓展对公立学校的择校权,并且支持特许学校的设立。

　　2002 年颁布的《不让一个孩子掉队》法案的 1116 节规定,如果一个孩子所上学校的质量低于国家规定的标准,地方教育当局应在新学期开学之前提供选择机会给家长,让他们把孩子送到其他的不属于此类的公立学校,包括特许学校。在转学时,地方教育当局应当优先考虑来自最低收入的家庭的、成绩最差的学生。该法案子部(Subpart)的 5241 节提出,"国务卿应提供资助,鼓励符合条件的实体建立和发展公立学校选择计划"。[10]

美国联邦政府近些年来对择校越来越支持,实施了很多项目以鼓励地方政府制定和实施择校政策。在地方分权制的背景下,各州和学区根据当地的实际情况制定地方的择校政策,学校选择权已经成为受教育权的一部分,深入到普通公众的心中。

英国则是在中央政府的主导下,加大宏观层面的择校立法,20 世纪 80 年代以后家长学校选择权逐步扩大。《1980 年教育法》在国家层面上正式确立了家长在公立学校系统内进行选择的权利。该法第 44 章规定:学校应根据父母的意愿进行教育,若父母向教育当局提出书面申请要求将孩子送往指定的学校,地方教育当局有责任将孩子安排到所在学校。[11]该法还规定:"从公款中拨给家庭贫困但天资聪颖的儿童资金,使其进入独立学校。"[12]《1988 年教育改革法》颁布以后,英国家长择校的数量有了实质性的增加。1991 年《家长宪章》、《1992 年白皮书》、《1993 年教育法》、1994 年《家长宪章》、《1996 年教育法》、《1997 年学校教育法》等一步步扩大了家长学校选择权。尤其是《1998 年学校标准和组织法》规定:"家长必须有机会表达对一所国立学校的选择意向,阐述其理由。"[13]

西方其他国家也在相关法律或者政策方面加大家长学校选择权的制定与实施,学校选择权作为受教育权有进一步延伸的趋势。这种延伸就是政府为保障家长的学校选择权,提供各种公开的信息,提供经费资助,并让义务教育阶段的学校多样化、均衡化,为家长提供多种选择机会,力争让儿童享受公平的教育机会。在起点——受教育机会平等的前提下,力争使教育过程和教育结果也平等。

(三) 我国学校选择权的未来

2010 年,我国颁布的《国家中长期教育改革和发展规划纲要》第四章义务教育第 9 节要求"切实缩小校际差距,着力解决择校问题"。政府的改革理念在于促进教育公平,着眼点在于以教育均衡发展,推进义务教育学校标准化建设来解决择校问题。

笔者认为,政府在对待民间择校的问题上,可以继续坚持就近入学的政策,

但可将学校选择权在合适的时间和部分地方试点,具体如下:

1. 政府始终将就近入学作为义务教育阶段一个重要的法律原则或政策。就近入学有利于节省儿童上学时间,减少因路途遥远给儿童带来的身心疲惫,也有利于地方教育当局为儿童配置学位,减少管理可能产生的混乱。

2. 促进义务教育阶段教育的均衡发展。义务教育阶段学校的均衡发展,学校的办学条件、师资和教学水平大致相当,会减少家长的择校行为。

3. 试行学校选择权。可在某些地区试行学校选择权。

具体措施为:

1. 教育行政部门根据每所学校的师资状况,确定学校的招生限额,任何学校招生人数的增减必须征得教育行政部门的同意。

2. 具有所在城市或学区的常住户口,或者在本学区居住半年以上的非本地住户的学生家长以就近入学为基准,即以"申请者居住在学校的所在地或附近"为参照,可对本市(区)或学区的学校做出选择,家长向所在学区的某所学校提出申请,并在教育局(镇教办)备案,由所在学校根据实际情况做出答复。如果某所学校的申请者超过了学校的招生限额,"申请者居住在学校的所在地或附近"应成为首选条件;所选学校在没有达到招生限额时不能拒绝家长的要求。

3. 如果家长的选择已被两所学校所拒绝,或者他们所选择的学校的注册生已超过限额,该儿童由教育行政部门安排入学。

4. 如果家长的选择意向没有得到满足,他们有权向教育行政部门申诉,如果得不到满意的答复,可以进一步向法院起诉。

5. 学校经所在的地方教育局同意,可以根据自己的特色优先招收 20% 的具有某种特长的学生。

参考文献:

[1][2][3] 夏之莲. 外国教育发展史料选粹(上册)(第二版)[M],北京:北京师范大学出版社,1999:289,10-11,355-335.

[4] The 1998 School Standards and Framework Act. Chapter Ⅱ Selections of Pupils, 102. 1 (b) [EB/OL] http://www. opsi. gov. uk/acts/

acts1998/80031，2009-01-01/2010-06-01.

［5］Joel Spring. American Education(tenth edition)［M］. New York：McGraw-Hill，2002：15.

［6］程晓樵."择校"政策对教育机会均等的影响——中国与欧美国家的比较［J］.江苏教育学院学报(社会科学版). 2002(5).

［7］Lutz R. Reuter. School and Civic Values in Germany［A］. Patriek Wolf，Stephen Macedo，David J. Ferrero and Charles Venegoni(edited). Educating Citizens［C］. Washington D. C.：Brookings Institution Press. 2004：222.

［8］教育部国际合作与交流司.国外基础教育调研报告［M］.北京：首都师范大学出版社，2001：206-209.

［9］America 2000：An Education Strategy［R］. Department of Education，Washington，D. C. 1991：16.

［10］No Child Left Behind Act of 2001［R］. the Senate and House of Representatives of the United States of America in Congress，2002：1804-1805.

［11］The Educational Act 1980［EB/OL］http://www. opsi. gov. uk/Revised Statutes/Acts/ukpga/1980/cukpga _19800044_en_5# IDAROLPD. 2005-08-08/2010-09-10.

［12］Neville Harris. Regulation，Choice and Badic Values in Education and Wales in England and Wales：A Legal Perspcetive［A］. Patrick Wolf，Stephen Macedo，David J. Ferrero and Charles Venegoni(edited). Educating Citizens［C］. Washington D. C.：Brookings Institution Press，2004：100-101.

［13］The 1998 School Standards and Framework Act，Section 86.［EB/OL］http://www. opsi. gov. uk/acts/acts1998/80031—t. htm#99，2005-01-01/2010-06-01.

(本文发表于《比较教育研究》2011年8期。作者彭虹斌,时属单位为华南师范大学公共管理学院;作者袁慧芳,时属单位为广东工业大学文法学院)

十二、美国教育公共治理的公共性转型

20 世纪 80 年代中期以来,美国中小学教育进行了一场重大的教育公共治理改革活动。它在公立学校内部尝试突破官僚制结构,实现多元中心治理,并采取凭单制形式在公立学校内外推进择校制,整顿"失败"学校,挽救"失败"的学生。这项改革至今仍在艰难中推进。对于这项改革,国内学者进行了大量的研究,并进而研究中国自身的教育公共治理,但是我们还主要停留在或主要关注于教育公共治理模式本身,即主要关注教育公共治理的结构本身,而忽略了其教育发展新阶段下的治理公共性结构与内涵的转型。笔者曾在一篇文章中提出美国教育公共治理改革的公共性衰退问题,现在看来,这不是一种衰退,而是在公立学校系统内部对教育公共治理的公共性内涵的一种扩大和提升。

(一)美国教育公共治理改革的两个维度:多元中心治理和择校制

所谓教育公共治理改革,是相对于传统教育公共管理而言的,它包括两个维度:从治理结构上看,其主要改革框架是要在公立学校系统内突破教育官僚制结构,实现多元中心的治理;从机制上看,它在公共教育系统内注入市场因素,引入竞争机制,比如采取凭单制的形式为学生择校提供自由。

教育官僚制包括学校内部官僚制与外部官僚制。学校内部官僚制虽然也侵入了学校日常教学生活,但学校教育还是在科学训练与艺术性之间求得相对自治的空间,因为学校毕竟在教学上具有自己独有的专业领域。外部官僚制主要是指学校外部力量对学校治理形成的官僚制结构形态,它具有垄断性经营与生产的特点。教育外部官僚制结构的缺点在于,学校一旦"失败",官僚系统内的治理力量很难实行自救;而且这样一种垄断性特点使得公立教育系统过于笨重,缺乏灵活性,不能回应学生的教育需求。

在公立学校系统内引入社会与市场的力量,突破教育外部官僚制,改进教育的公共治理,最核心的问题在于政府、市场与市民社会各自在公共教育管理中的权力限度问题,实际上是如何在相互合作与相互监督的关系中加强政府的主导、控制与监管的问题。特许学校就涉及到教育服务的提供者与生产者相互分离的问题,政府如何与学校经营者处理好各自关系是特许学校要重点研究的问题。此外,政府与企业共同投资兴建职业技术类或特色实用类的学校,关键也是要处理好各自的权限与职责,在此基础上谋求相互合作的伙伴关系。

公共教育多元中心治理的结果存在两种可能性,它既可能导致公共性的衰退,也可能保障教育公共性。拥护与反对的声音都有。从公共行政理论看,越来越多的学者倾向于拓展"公共"和"治理"的内涵,认为公共不是政府的同义词,[1]它既不是公共权力领域也不是市民社会领域,而是一个超越私人领域之外的空间;治理是各种公共的或私人的机构管理其共同事务的诸多方式的总和。[2]同时,学者们认为,公共行政的范式也需要转换。欧文·休斯认为,公共行政是与官僚范式、技术路线、服从、政治与行政二分、过程等范畴紧密相联,公共管理是与非正规组织、市场范式、技艺、责任、政治与行政相分离、结果等范畴紧密相联的。[3]治理理论想要突破的正是官僚制结构,寻求公共事务的多元治理——治理主体不限于政府,还包括社会公共组织,市民社会承担越来越多的责任;在公共事务管理中各组织形成相互协作机制,最终形成一个有别于官僚系统的自组织网络。教育公共治理也需要形成政府、市场与市民社会三种力量之间的合作治理,它强调的是三种力量的互动关系及其形成的框架或模式。倡导者认为,引入市场机制实行学校间竞争,可以改善效率。反对者认为,市场的力量会损害教育的公共性,包括:个人利益超越公共利益之上,[4]个体价值超越于教育的公共目的之上,[5]公共教育对培养公民精神与德性的公共责任的放弃,[6]强化种族分离。[7]

同样,对于公立教育系统内部的凭单制式的择校改革也有不同的声音。倡导者的出发点是，在公立学校之间实行竞争，可以提高学校质量，也为学生提供择校自由，特别是为那些"失败"的学生或得不到公平受教育的学生提供择校机会。反对者认为，自由择校的结果必然是低收入家庭子女的利益受损：普遍的凭单制方案只会加剧美国教育中存在的不平等，隐蔽与阻碍对平等的追求；[8]学校教育中的择校制，包括凭单制、特许学校和磁石学校使富裕的、白人家长和学生享有更大的特权。[9]

显然，改革教育外部官僚制，并非是要在公立学校系统内完全推行多元中心治理。以查布（John Chubb）和莫伊（Terry Moe）为代表的教育市场化改革倡导者认为公共教育可以由政府供给，但不一定由政府生产；市场化的教育生产更能提高学校的学术成就。这样的说辞有它的道理，但不完全正确。如果市场化的教育生产完全被证明更能提高学校的学术成就，那么多元中心治理就完全有理由在公立学校系统内外全部推行，它就获得了政治上的正确性。事实上，教育多元中心治理的合理性在于：官僚制系统内的学校失败可以推行外部力量治理的尝试，所以它主要是充当传统公共教育的外围竞争物，改善了一些"失败"的学校，也满足了"失败"学生的教育选择需求。

同样，择校也并非是完全的择校。个体择校虽然来自于个人自由的理念，但这样的改革首先还是政治上的考虑。全面地推行凭单制必定因损害低收入者的教育公平而造成公共性的衰退，因而它是哲学上的考虑，而不是政治上的考虑。

（二）教育公共治理公共性转型的可能：政治的考虑与家长的需求

教育公共治理在 20 世纪六七十年代以前还没有成为一种理论话语，[10] 在实践上说也还不成为一个重要的社会问题。换句话说，当教育公共治理成为重大的社会与政治问题时，改革开始进行。20 世纪 80 年代后，教育公共治理成为政治与社会的问题，即"失败"的学生和学校影响到国家的竞争力。当然这是一种政治的考虑。

通常认为，美国教育公共治理改革与福利国家的失败有关。应当说，20 世纪 80 年代后的美国教育公共治理改革是在新自由主义经济政策失势和新保守主义学说抬头的背景下进行的,或者说是在福利国家的失败和新公共管理运动的兴起这样的背景下进行的,把教育公共治理改革放到公共服务改革的大背景下进行考察,总体上说是对的,但是它与其他公共服务改革的原因与动机还是有重大差别,虽然采取的形式基本类同。通过比较两者的差异,可以看出教育公共治理改革关涉到公共教育利益和个体教育利益。

公共服务改革主要是从经济效率上考虑的,着眼于缩减公共开支,教育公共治理改革则不同。其一,国家希望提高公共教育质量,增强劳动力的国际竞争力,以满足经济竞争的需要。1983 年《国家在危机中》的报告把美国经济竞争力的下降归结为公立学校的平庸和失败,一些公司也把注意力引向学校失败和经济衰退。于是,教育市场化取得了政治因素的支持。其二,个人对优质教育资源的需求出现了。20 世纪 80 年代,由于财富的向上转移,大公司对中层管理人员的大量解雇,信贷市场化加深出现了大量的个人债务,制造业工作转向为工作时间长而报酬低的零售业和服务业工作,导致美国中产阶级的急剧萎缩。身份危机中的中产阶级放弃了对教育公平政策的支持,优质的公共教育成为首要资源。[11]

一般公共服务的改革主要着眼于缩减公共开支,提高公共服务的生产效率,理顺政府与市场之间的关系,实现政府的"善治"。教育服务改革不同的地方在于,它被期望是国家提高经济竞争力的手段,同时也与个体的教育需求密切相关,不过这种需求并非完全基于学业考虑。作为教育市场化的主要形式——公共投资凭单制,最初目标是瞄准低收入者,特别是黑人低收入者,其后扩展到在公立学校失败的学生和有特殊教育需求的学生,最后扩展为所有家长都有权选择适合自己孩子的凭单计划。从凭单制的参与学校来说,起初是在公立学校内进行,其后扩展到私营学校,后甚至扩展到宗教学校。凭单制的推行从所有人到所有学校,表明教育公共治理改革除了一般意义上的政治考虑外,即实现教育的公共性,解决教育公平,提升劳动力的经济竞争力;它还表明教育服务改革与个体的教育需求密切相关。

研究表明,择校制,尤其是跨学区的择校,对学校管理者并没有产生预定的影响,即学校教育模式并没有产生改变,学校的行为表现也没有得到改进,[12]对部分学校而言倒是减少了问题学生,降低了入学率。择校制的存在与家长的需求密切相关,然而,家长的择校需求并非完全基于学生的学业失败,学校的安全和种族歧视问题对家长的择校有很重要的影响。拉波斯基(Thomas Rabovsky)认为,家长的择校在低年级阶段主要基于学校的安全与种族歧视的考虑,而在高年级阶段才是基于学生学业失败的考虑。[13] 所以,就择校制而言,政治的考虑与学校和家长的考虑是不相吻合的:政治上的考虑是基于学校与学生"失败"对经济竞争力的影响,学校则没有改进教育效率的愿望,家长则是基于学校安全、种族因素与学业因素的多种考虑。应当说,政治的考虑与家长的需求共同推进教育公共治理公共性的转型。

(三) 在教育均衡政策与官僚制失败下的个体择校需求应对中实现公共性的转型

教育外部官僚制比较好地保障了教育公共性,较好地实现了教育公平,但是公平永远是动态的,因为教育公平可以保障机会的公平,对于结果的公平则需要进行动态的调整。教育外部官僚制的问题就在于它可能存在学校教育的失败问题,其自身系统内难以迅速调整,缺乏回应性和灵活性。其在系统内的可能解救办法就是寻求外部力量,改革教育官僚制型态,实现多元中心治理。

同样,公共教育发展到一定阶段后,即教育均衡和相对优质的问题得到基本解决后,按学区就近入学政策如何应对学生"失败"就成为一个问题。可能的解救办法是在公立学校系统内外推行择校制。

这两个问题归根结蒂是一个问题,即教育官僚制系统如何应对学校"失败"与学生"失败"的问题,这个问题因为它的政治性使美国教育步入一个新的发展阶段,对这个问题的解决使美国教育公共治理改革进入一个新的阶段。

但是,由于教育市场化或私营化会冲击政府垄断性生产教育下的公共性问题,因为市场作为一种资源配置的工具在形式上是中性的,而教育市场机制的运作过程也是中性的,缺乏对"公共性"的价值追求,因此,教育公共治理改革在教育的政治性与哲学性之间存在冲突。公共教育关切公共利益,而教育哲学则关切个体幸福。教育公共治理改革一方面要保卫公共性,但同时也需要避免呆板的教育均衡政策与公共性对个体教育需求的忽略。均衡化的教育政策与"失败"学生的择校需求之间总是存在矛盾。这就是美国教育公共治理在现代性社会中的境遇。

这种境遇实际上是现代性自身矛盾的体现。集体与个体之间的矛盾始终跟随着现代性自身。社群主义与新自由主义对此有过激烈的争议,除了各持自身的理论观点之外,至今没有也不会有同一化。现代政治哲学就是这样,"诸善共舞",既要公平,又要自由。但正如托克维尔的深刻洞察,自由与平等往往是矛盾的。事实上,集体与个体的矛盾问题在卢梭那里就有了最为深刻的探讨。在卢梭看来,自然状态下的人是最为自由的,而人的社会化因为使人活在他人的认同中,从而使人失去了内心的快乐和真正的自由。当然,卢梭知道,人是无法逃避政治社会的,也不可能重返自然状态;卢梭的政治哲学也不是主张回到自然状态,而是要为政治社会的联结的正当性找到合适的方式,[14] 为在人道的范围内朝向自然状态寻求最大可能性。对择校制的探索实际上在一个层面上保持了这种卢梭式的追问。

从终极上看,教育公共性与择校自由之间一定是矛盾的。作为问题的实际解决,教育政策必定是调和的产物,必定是在两种政治哲学——以国家利益为中心和以家庭选择为中心——之内寻求平衡,有些学者就试图调和这种冲突。[15] 还有一些学者,如帕奎特(Paquette. Jerry)[16]、库克森(Cookson. Peter)[17]、库恩斯(Coons. John E)[18] 等从治理结构上对择校制、凭单制、特许学校等提出了很多改进策略。比如,帕奎特主张在某些领域实施政府管制,为公立学校择校制提供平等框架;库恩斯主张实行有目标的凭单制(针对穷人和有特殊需求的学生)与普遍的凭单制。这些策略都希望找到一种新的治理结构以解决公共性与私人性的矛盾,解决公共教育系统的低效率状况,既想保持学校教育的公共性功能,又想有限地满足个体的择校自由。

教育公共治理正是在这种价值冲突中、哲学的追问中实现了公共性的转型。这种转型并不仅仅表现为治理结构上的转型,更重要的是表现为公共性内涵的转型:既持守教育均衡,又尝试满足个体择校自由。在转型中对教育公共性丧失的担忧是对的。但是,从终极上看,多元中心治理与有限的择校是方向性的策略,是必然的趋势,这是由教育官僚制的缺点所规定的。只要操作方法得当,它不但不是教育公共性的衰退或丧失,反而是教育公共性的提升。当然,多元中心治理与择校,只可能是某种限度内的突破,或者说它是教育官僚制的外围存在物，旨在给传统的教育官僚制解放出某些活力，弥补均衡教育政策下的对个体教育需求的反应迟钝。从根本上说，它并不想突破教育官僚制系统，也不会以个体的教育需求作为最高的指向。它的基本的政治逻辑是，始终要体现教育的公共性。

作为教育公共治理改革的主要政策成果，特许学校通过实现多元中心治理，为学校教育的成功奠定了外部力量的保障，弥补了教育官僚制的缺陷，既保卫了教育公共性，又在均衡教育政策下通过择校制回应了个体教育需求。它是对教育公共性内涵的重要拓展和提升。这种内涵的拓展与提升，可以解除我们对义务教育治理与政策的保守的认识：即认为教育的公共性意味着教育的政府生产与治理，意味着统一的就近入学。

（四）对中国教育公共治理的反思

中国当下的教育公共管理改革（指义务教育阶段，下同）并不处在美国教育改革的阶段，因此，美国教育公共治理改革对中国有多大的借鉴意义是值得反思的。多元中心治理与有限的择校制对中国并没有很重要的借鉴意义。可能的借鉴在于，实行多元评价，推进教育评价机制改革。

当下中国的教育官僚制系统存在的问题与美国教育官僚制的问题并没有相似性，我们的问题并不是缺乏灵活性和回应性的问题，而在于我们教育官僚制的优势还没有充分发挥出来，表现为教育质量普遍还不高、教育还不够均衡，自身该承担的职责还没有履行好。我们现在还不是引入外部力量实现多元治理的问题，外部力量无法改变教育官僚制普遍的效率不高（教育质量不高和不均）的问题；也不是推行择校制的问题，相反还需要杜绝择校制，因为教育不均衡的条件下更应禁止择校。

中国与美国的教育官僚制系统有一些共同点，比如义务教育的政府统一提供与生产；而差别主要在于，我们没有处理好教育行政与专业发展的关系。教育教学是一个专业性、技术性、艺术性都很强的工作，需要有自身相对自治的空间。美国虽然也有官僚制侵入日常教学领域的问题，但总体上对于行政与教学有一套区分的系统。教育官僚制有自身的优势，统一指挥、政府统一生产、强有力的教育质量监管，但统一指挥是指教育理念、教育大纲、教育监管的统一，而不是教育公共权力的高度统一。因此,教育的质量改进与均衡发展有赖于教育官僚制系统自身的改革,而不是靠引进外部力量。美国教育的多元中心治理,改变的是教育生产的主体结构,而不是改变教育模式;中国教育最需要改变的是教育模式,而不是谁来治理的问题。多元中心治理对我们当前教育问题于事无补。

参考文献:

[1] 弗雷德里克森. 公共行政的精神[M],北京:中国人民大学出版社,2003:43-46.

[2] 俞可平. 治理与善治[M],北京:社会科学文献出版社,2000:4.

[3] 欧文·休斯. 公共管理导论(第二版)[M],北京:中国人民大学出版社, 2001:6.

[4] Lubienski, Christopher. Public Schools in Marketized Environments: Shifting Incentives and Unintended Consequences of Competition-Based Educational Reforms [J]. American Journal of Education, 2005, Vol. 111(4):464-481.

[5] Bauman, Paul C.. Governing Education: Public Sector Reform or Privatization [M]. Boston: Allyn and Bacon, 1996:169-170.

[6] Ball, Stephen. Education Reform: A Critical and Post-Structural Approach [M]. Philadephia: Open University Press, 1994:119.

[7] Bifulco, Robert & Helen F. Ladd. School Choice, Racial Segregation, and Test-Score Gaps: Evidence from North Carolina's Charter School Program [J]. Journal of Policy Analysis and Management, 2006,26(1):31-56.

[8] Witte, John F. The Market Approach to Education: An Analysis of America's First Voucher Program [M]. Princeton: Princeton University Press, 2000:221.

[9] Bartlett, Lesley, et al. The Marketization of Education: Public Schools for Private Ends [J]. Anthropology and Education Quarterly, 2002, Vol. 33(1):5-27.

[10] Bottery, Mike. The Ethics of Educational Management: Personal, Social and Political Perspectives on School Organization, Cassell Educational Limited [M]. 1992:7.

[11] Bartlett, Lesley, et al. The Marketization of Education: Public Schools for Private Ends, Anthropology and Education Quarterly [J], 2002, Vol. 33(1):9-11.

[12] Hess, Frederick, Robert Maranto & Scott Milliman. Small Districts in Big Trouble: How Four Arizona School Systems Responded to Charter Competition [J]. Teachers College Record, 2001,103(6):1102-1124.

[13] Rabovsky, Thomas. Deconstructing School Choice: Problems Schools or Problems Students [J], Public Administration Review, 2011, Vol. 71(1):87-95.

[14] 凯斯·安塞尔-皮尔逊.尼采反卢梭[M]. 北京:华夏出版社,2005:69,80.

[15] Ferrero, David J.. Fresh Perspectives on School Choice [J], Journal of Philosophy of Education, 2004, Vol. 38(2):287-296.

[16] Paquette, Jerry. Public Funding for "Private" Education: The Equity Challenge of Enhanced Choice [J]. American Journal of Education, 2005, Vol. 111(4):568-595.

[17] Cookson, Peter. School Choice for Strong Schools, in Simon Hakin, eds. Restructuring Education: Innovations and Evaluations of Alternative Systems [M]. Westport:Praeger Publishers, 2000:30-31.

[18] Coons, John E. Dodging Democracy: The Educator's Flight from the Specter of Choice [J]. American Journal of Education, 2005, Vol. 111(4):598.

（本文发表于《比较教育研究》2012 年 3 期。作者潘希武,时属单位为深圳市教育科学研究院）

十三、从中美家长择校倾向的差异看教育改革路向

"择校"现象在很多国家都有,在我国则可以说是一个教育顽症。择校的原因很多,学校间存在差距无疑是择校的根本原因。但学校间的差距永远是存在的,即使在美国这样的发达国家,学校之间也不可能没有差距。事实上,美国学校间的差距也是非常大的,但择校的现象却远没有中国这么严重和普遍,更没有成为社会关注的热点。除了客观条件的不同,有没有深层的文化原因,有没有对教育价值和理念认识的不同呢? 带着这样的问题,作者对中美两国家长的择校倾向进行了问卷调查,以考察两国家长在择校问题上的文化异同,从而为更新教育观念、深化教育改革提供实证研究基础。

(一) 研究方法

本研究的对象为中美两国的学生家长,子女为正在小学至高中就读的学生。问卷设计为内容相同的中英两个版本。问卷调查于 2011 年 5 月进行,共发放问卷 120 份,收回有效问卷 103 份,其中中国家长问卷 57 份,美国家长问卷 46 份。笔者通过在美国西雅图的同学和朋友联系到符合问卷调查条件的家长,通过电子邮件和纸质问卷的形式发放和回收。针对中国家长的问卷主要通过笔者所认识的北京三所中学和石家庄两所中学的老师及家长发放,部分是面对面调查,部分是通过电子邮件发放和回收。

被调查的美国家长有 45 人从事专业技术、管理或者非体力劳动工作,有 1

人暂时待业。被访的中国家长有 54 人就职于国家机关、事业单位、国有大型企业，或者是企业管理者，3 人暂时待业。笔者主要使用 Excel 对调查问卷的数据采用频数分析的统计方法，刻画出中美两国大城市中，中产阶级家庭家长的择校态度和文化倾向。

本研究的问卷主要分为五个部分，包括客观选择和开放问题两种。第一部分调查家长对子女择校必要性的看法，选项分为五级，从"非常有必要"到"完全没必要"；第二部分调查家长的择校动因，即家长择校时重点考虑的因素，问卷列举出家长普遍关注的 10 个因素，被访家长按照从"非常重要"到"很不重要"五级选项中选择；第三部分调查家长择校类型的倾向，问卷列举出中美两国普遍存在的 5 种学校类型，请被访家长按照顺序从"首选"至"不考虑"五级选项中排序；第四部分调查家长对择校公平性的看法，问卷列举了四个关于择校的陈述，被访家长根据对其认同度从"非常同意"至"非常不同意"五级选项中选择；第五部分是开放问题，如果家长认为完全没有必要为子女择校，继续填写此题，陈述不必要为子女择校的理由。

（二）调查结果

1. 择校的必要性

从统计分析中看出，在回答"您认为为孩子选择学校有必要吗?"这一问题时，中美家长的回答存在巨大差异。61.4% 的被访美国家长认为完全没有必要为子女择校，而 100% 的被访中国家长都认为有必要为子女择校，尽管认同的程度不同。中美家长对择校必要性看法的问卷调查结果详见图 1。

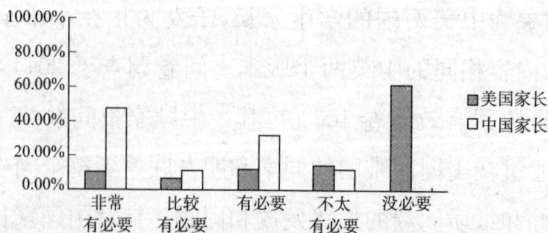

图 1 中美家长对择校必要性看法的问卷调查结果

2. 择校的原因

在回答择校的原因时，绝大部分美国家长并没有考虑过为子女选择本学区以外的学校入学，但主动择校的家长考虑的因素也比较多，其中占主导因素的是学校良好的学术环境，这一点与中国家长不存在很大差异。如下页图2所示，超过50%的被访美国家长认为学校的师资、标准化考试成绩、学校的校风、校纪及学校的教育理念是择校时重点考虑的因素。美国教育部1993年的一次调查表明，好的学术环境是家长择校的普遍理由。[1]索尔门(Solmon)对亚利桑纳特许学校的研究表明，在家长给出的普遍择校理由中，排在前三位的依次是：学校有好的教师(44.8%)、不满意原来学校的课程和师资(40.0%)、大家公认的好学校(34.6%)。[2]这意味着家长们在择校时非常关注教师和教学。怀特(Witte)的研究也表明，参加密尔沃基教育券计划的家长中，88.6%的家长认为教育质量是择校时非常重要的原因；85.7%的家长认为教学方法和方式非常重要。[3]这些调查结果与笔者的研究结果是一致的。被访的中国家长与美国家长同样关心的是学校的教育质量。由于美国属于多民族国家，家长在择校时也会考虑种族因素，比如黑人比较集中的城区学校就不受白人家长欢迎。与美国家长的想法有类似之处的是，中国家长在择校时，会避开农民工子弟比较集中的学校。

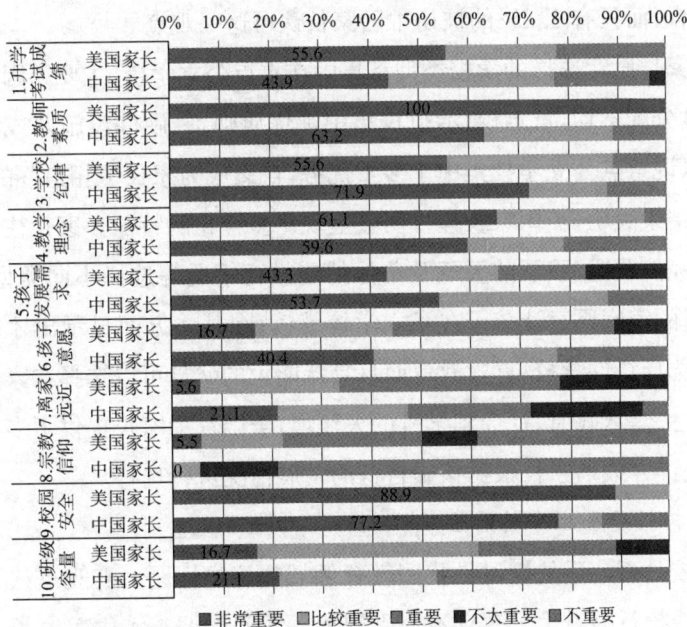

图2　中美国家长对择校原因的问卷调查结果(单位:%)

为了给孩子创造理想的就学条件，美国家长会进行事先调查，收集资料。

孩子在学龄前,美国父母就开始了解附近学校的情况,听取教育专家有关择校的意见。与中国家长择校时不同的是,美国家长除了注重学校评级、学生学习测验成绩、班级人数多少等基本情况以外,还很关心学校是否鼓励家长参观学校,会观察教师在课堂如何教学,了解校长如何引领学校教职员工发展等多种因素。

3. 择校类型的倾向

对这一问题的调查主要是考察中美家长在择校时选择学校类型的倾向。笔者选择了五类在两国共有的基础教育学校类型:学区内公立学校、学区外教学质量较好的公立学校(重点公立学校)、私立学校、特许学校(民办学校)、家庭式私塾。请被访家长就这五类学校的选择倾向做出排序。

调查结果显示,61.1%的被访美国家长把学区外教学质量较好的公立学校作为首选,而高达 94.7%的中国家长把重点公立学校作为择校首选;16.7%和5.6%的被访美国家长分别把私立学校和特许学校作为首选,而被调查的中国家长没有把民办学校作为首选的。22.3%的被访美国家长表示可以接受家庭式私塾教育,而只有 1.8%的被访中国家长认可这一观点。

中国家长愿意选择的学校类型都集中在重点公立学校,主要原因是教育资源有限,且分配不均,重点校、示范校集中了优质师资、硬件设施及成绩优秀的生源,可以说重点公立学校集中了多重优势,自然成为家长争相追逐的对象。

调查结果表明,美国家长择校明显呈现出多样化的特征。家长往往结合自己的家庭经济状况、孩子的天赋及父母的受教育情况等选择不同类型的学校。比如:富裕的家庭愿意让孩子在私立学校就读;在某一方面显示出才能的孩子家长愿意选择特许学校;喜欢教育而且具备能力的父母可以选择在家里自己教育孩子。总之,从政府、社会到学校的大环境,美国都为家长提供了多样化的择校条件,允许并鼓励家长根据孩子自身的发展情况进行选择。

4. 对择校是否公平的看法

对择校是否公平的探讨是我国教育领域热议的话题。有观点认为正是因为家长的择校行为滋生了教育不公平现象。本问卷调查了中美家长对择校过程公平性的看法,结果如图 3 所示。在对"我认为现在的择校制度对于学生是公平的"认同程度上,分别有 38.9%的美国家长同意这一说法和表示不确定,只有 16.7％的家长表示不同意。而在中国家长中表示不同意和完全不同意的分别高达 49.1 和 47.4％，也就是说 96.5％的中国家长都认为中国的择校制度是不公平的。

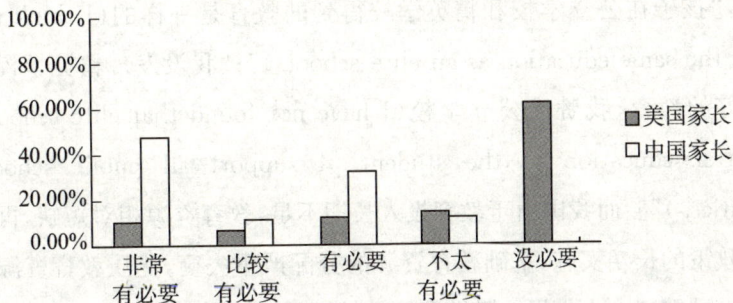

图 3　中美家长对择校必要性看法的问卷调查结果

对中美之间这一差距原因的调查发现，美国家长对择校过程的公平性普遍认同，认为如果自己对就近入学的公立学校不满意，可以直接向更好的学校提交申请，或者通过教育券计划，或者州内其他鼓励择校的政策，进入教学质量更优的公立学校，甚至是私立学校。而中国家长普遍认为择校制度不公平，主要是因为"择校需要考虑家长的社会关系、地位和经济状况"。正如中国家长所担心的，择校行为将影响到教育的公平性，尤其是在基础教育阶段，择校将会使社会关系、社会分层反射到本应公平的教育体系中来，过早地将学生按照家长的社会阶层进行分流，并建立起教育分层与社会分层之间的对应关系，把孩子的未来与家庭的经济条件直接挂钩。[4]

（三）对深化教育改革、缓解择校现象的启示

从以上中美家长择校倾向的分析来看，可以获得这样几点认识：

1. 办好每一所学校，缩小学校差异，是解决择校问题的根本途径

学校本身的差距是家长择校的首要原因。由于中美两国的经济发展水平存在较大差距，中美两国的教育资源状况也存在很大差异。中国家长 100％认为择校很有必要，重点学校几乎是所有家长的首选，而美国家长认为择校有必要的只有 39％，这是因为在美国占基础教育主体的公立学校校际差距不大。美国学校之间的差距主要存在于公立和私立学校之间，因此没有经济实力选择

私立学校的家长,往往会选择本学区内的公立学校。美国家长对学区内公立学校的师资、硬件设施、教学内容等普遍感到满意,认为与所谓"好学校"没有很大距离。用美国家长在问卷最后的开放问题中所陈述不必要为子女择校的原因的话说,"孩子在公立学校和精英学校得到的教育是一样的(I think my kids will get the same education as an elite school.)";"我没发现精英学校给孩子提供更好的教育,我赞成公立学校(I have not found that elite schools offer any better education to the student. I support all public schools and universities.)"。而我国由于教育投入长期不足,教育资源相对短缺,再加上重点学校政策的长期实施,基础教育资源的分配严重失衡,优质教育资源相对集中到了一批重点中小学里。随着我国政治、经济体制改革的深入,地区之间、行业之间和家庭收入之间的差距有增大的趋势,原来就存在的不平等现象有所放大,于是以争夺优质教育资源为目的的择校就不可避免地发生了。总之,我国义务教育阶段投入不足,特别是教育资源分配不均衡,是择校现象的主要原因。所以,办好每一所学校,缩小学校差异,是解决择校问题的根本途径。

2. 树立正确的育人观、成才观,是避免盲目择校的根本保证

中国家长都把重点公立学校作为首选,都认为学校的教学质量是最主要的选择考虑,进入重点学校本身就是目的,可以为考进好大学铺平道路。而美国家长的选择则比较分散,私立学校、特许学校,甚至家庭私塾式的教育都可能是首选,认为适合孩子特征和能力发展的学校才是最好的学校。正如美国家长们所说,"学校好坏是相对的,合适孩子发展的学校才是最好的(I do what is right for my child and my family. Actually, all types of schools have pros and cons.)";"是否择校取决于孩子本身和公立学校是否能满足孩子的发展需要(I think it depends on the child and what their public school is like.)";"如果你不一定要孩子将来上斯坦福大学或哈佛大学,公立学校已经很好了(If we don't want our child to go to Stanford or Harvard, these schools are already good enough.)"。在大多数美国人的心目中,一定要上名校出人头地的意识并不那么强烈,美国家长更希望让子女自己做出选择,找到自己在社会中合适的位置。一方面,"如果孩子很聪明,上不上精英学校对他们未来的成功没有多少关系(If the child is talented, whether they attend an elite school makes no difference to their future success.)"。况且，"精英学校也有自身的问题，其学生在生活中也不都成功。(Elite schools have their own problems. Not every kid from elite schools will succeed in life.)"；另一方面，"送孩子去精英学校对一些孩子也许有帮助，但也不能保证将来会成功。(Going to an elite school is helpful but does not guarantee success in life.)"他们认为家长应该多花些时间在孩子身上，甚至有美国家长决定自己在家教育孩子。另外，部分非常富裕家庭的家长也会考虑为孩子选择条件更好的私立学校。但也有家长不赞成，认为："公立学校能让孩子接触到更多层次的社会群体朋友，扩大他们的社会交往范围，有利于他们的成长。(Kids can learn more things from public school. They can meet all kinds of friends which will enlarge their social circle.)"这种客观全面地看待学校好坏的态度，认为学校好坏是相对的认识很值得我们借鉴，合适孩子发展的学校才是最好的学校，树立正确的育人观、成才观，是避免盲目择校的根本保证。

3. 发挥学生的自身能力是摆脱择校依赖的根本动力

在教书育人的理念上，美国家长看重孩子学习动力的激发和学习能力的培养，他们说："孩子需要习得在现实中生存的能力，将来的成功主要取决于他们自己的努力而不是家长能给与他们多少东西。(Children need to learn how to live in the real world. Their success in the future depends on their own efforts, not how much parents can provide.)""孩子内在的学习动机比学校本身更重要。(The inner motivation of a child is more important than the school itself.)"况且，"只要学生守纪律、努力学习，我认为公立学校完全可行。(If a student is disciplined and dedicated to school, I think a public school works.)"而且，"孩子认知能力除了学校以外还取决于家庭和社会环境。家长有责任教育孩子在社会环境中学习并提问，这将加速他们的学习进程(The learning ability of the child depends on the family and social environment. It's the parents' responsibility to teach the child to learn and ask questions in a social environment that enhance the learning process.)"。而中国家长择校的目的基本上都是为了考进重点高中或好大学，认为这样才能保证孩子毕业后找到好工作，除此以外的因素往往被忽视，导致很多学生成为高考的奴隶，一旦进入大学

427

便产生厌学情绪,甚至出现严重的心理问题。所以,发挥学生的自身能力是摆脱择校依赖的根本动力。

值得强调的是,政府的主导作用也不容忽视。中美两国政府对待家长择校采取不同的政策,因此两国家长在择校态度和择校行为上也产生了很大差异。在美国,择校有深厚的理论基础和政府支持,联邦和地方政府都相继颁布支持鼓励择校行为的政策。选择学校被认为是家长的一种正当权益,被看作是打破政府公立学校效率低下的手段。而且,美国的择校不是表现为一种社会现象,而是体现为一项变革"政策"。[5]美国理论界长期以来一直在探讨如何打破政府对教育资源的垄断,将教育的经营权与所有权分离,避免出现在政府垄断下官僚化的倾向。在政府的主导下,美国的家长择校已经成为教育改革、发展教育的一种重要制度和措施,用法律条文的形式加以规定。而在我国择校行为是一种片面的选择,根本不宜提倡,甚至是家长的无奈行为。择校在美国主要体现为"自上而下"的政府推动,而在中国更多地表现为"自下而上"的个人行为。[6]

总之,我国择校问题是优质教育资源相对集中与民众对优质教育资源需求日益增长之间的矛盾所造成的。在治理我国"择校"乱象的过程中,政府如何变革公立学校的体制是关键问题。《国家中长期教育改革和发展纲要》提出,"教育公平的关键是机会公平,重点是促进义务教育均衡发展和扶持困难群体,根本措施是合理配置教育资源,向农村地区、边远贫困地区和民族地区倾斜,加快缩小教育差距"。政府应制定义务教育的办学标准和质量标准,均衡学校的办学条件、经费投入和师资配备及待遇;应通过体制和机制创新,加大义务教育阶段校长和教师的培训和交流力度,探索和创新农村中小学教师补充机制。同时,在义务教育阶段,引入市场机制,打破公立学校垄断局面,鼓励私立学校发展,为家长提供更多、更丰富的选择。

参考文献:

[1] 李海生. 美国家长择校能力研究进展及启示[J]. 外国中小学教育, 2005(3):27-31.

[2] Solmon, L. C. Findings from the 2002 Survey of Parents with

Children in Arizona Charter School：How Parents Grade Their Charter Schools[M]. Santa Monica，CA：Human Resources Policy Corporation，2003.

［3］Moe，T. M. Private Vouchers. Stanford［M］，CA：Hoover Institution Press，1995.

［4］胡咏梅，卢珂，薛海平. 中小学择校问题的实证研究[J]. 教育学报，2008(4)：74-78.

［5］［6］董辉，卢乃桂. 国外择校研究的前沿图景：现象与政策[J]. 比较教育研究，2010(12)：27-31.

（本文发表于《比较教育研究》2013 年 7 期。作者窦卫霖，时属单位为对外经济贸易大学英语学院；作者田丽，时属单位为北京物资学院外国语言与文化学院）

英文目录
(Contents)

School Choice's Plan(A): Education Voucher

School Choice's Plan(B): Charter School

| Other Researches of School Choice |

后记

《比较教育研究》(Comparative Education Review)(原名《外国教育动态》)创刊于 1965 年,是受中央宣传部委托创办的新中国第一本教育学术专业刊物。半个世纪以来,《比较教育研究》虽历经坎坷,但不断成长。1966 年,《外国教育动态》在创刊仅一年之后就被迫停刊。在党和国家领导人的关怀下,1972 年,《外国教育动态》作为内部资料重新得到编辑,1980 年正式复刊,并公开发行。1992 年,《外国教育动态》更名为《比较教育研究》,2001 年由双月刊改为月刊。《比较教育研究》现兼作中国教育学会比较教育分会会刊,多年来一直是 CSSCI 来源期刊、全国中文核心期刊、中国人文社会科学核心期刊、教育类核心期刊。2013 年,《比较教育研究》成为国家社科基金首批资助期刊。

50 年来,《比较教育研究》共发表了近 5 000 篇文章,它"立足中国,放眼世界",引介国外重要的教育理论与思想,追踪世界各国的教育政策与实践,持续关注我国比较教育学科的发展,促进比较教育学领域学者的成长,助力我国教育改革。2015 年,《比较教育研究》创刊 50 年,我们根据刊物多年关注的重点,以及当前我国教育改革的热点,选编了这套"中国比较教育研究 50 年"丛书。

本套丛书选编历时一年,是教育部人文社会科学重点研究基地北京师范大学国际与比较教育研究院各位同仁集体合作的成果。2014 年 9 月至 12 月,《比较教育研究》编辑部成员对 50 年来所刊文章进行了阅读与分类,提出了丛书选题建议,又经过顾明远教授、王英杰教授、曲恒昌教授等专家反复讨论,并征求出版社意见后,编委会最终确认了现有的 12 本分册主题。2014 年年底,确认各分册主编。2015 年年初到 6 月,各分册主编完成选稿工作。

《比较教育研究》创刊 50 年,不同时期的稿件编辑规范不同,这给本套丛书的选编带来巨大困难。除参与选编的老师外,北京师范大学国际与比较教育研究院的众多学生也加入到这一工作中,牺牲了宝贵的寒暑假和休息时间,为此付出了艰辛的劳动。在此,特别感谢以下同学(以姓氏笔画为序):

丁瑞常　卫晋津　马　鹜　马　瑶　王玉清　王向旭　王苏雅

王希彤　王　珍　王　贺　王雪双　王琳琳　尤　铮　石　玥

冯　祥　宁海芹　吕培培　刘民建　刘晓璇　刘　琦　刘　楠

孙春梅　苏　洋　李婵娟　吴　冬　位秀娟　张晓露　张爱玲

张梦琦　张　曼　陈　柳　郑灵臆　赵博涵　荆晓丽　徐　娜

曹　蕾　蒋芝兰　韩　丰　程　媛　谢银迪　蔡　娟

在丛书即将出版之际,我们衷心感谢山东教育出版社对本套丛书的出版给予的最热忱的支持。

特别感谢国家社科基金对《比较教育研究》的资助!

本套丛书的选编难免存在一些瑕疵,敬请专家和读者批评指正!

"中国比较教育研究50年"丛书编委会

2015 年 10 月